애국과 독립을 노래하라

동양학 학술총서 9

애국과 독립을 노래하라

동양학연구원 편

단국대학교출판부

발간사

'항일음악'은 한국인들이 일본 제국주의의 침략과 무력 지배에 맞서 투쟁하면서 만들고 노래했던 민족음악이다. 한국인들은 1894년 동학농민전쟁부터 1945년 광복 때까지 조국의 해방과 자주적인 민족국가의 수립을 위해 애국계몽운동, 의병투쟁, 독립전쟁, 사회변혁운동을 전개하였고, 그들의 활동 현장에는 항상 음악이 있었다. '항일음악' 연구를 시작했던 고 노동은 교수는 애국가를 비롯하여 독립가, 혁명가, 독립군가, 항일가요, 혁명가요 등이 모두 '항일음악'에 포함된다고 하였다.

단국대학교 동양학연구원 항일음악 연구팀은 2017년부터 한국연구재단의 지원을 받아 국내외의 '항일음악' 자료를 전수 조사하여 이를 체계적으로 연구하고 분석하는 사업을 진행하였다. 그동안 본 연구팀은 국내외에 흩어져 있는 각종 문헌 자료와 악보 자료를 수집하고 중국, 일본, 미국, 러시아, 중앙아시아 등지를 방문하여 현지 조사를 벌이기도 하였다. 그리고 이렇게 수집된 자료를 바탕으로 연구 논문을 작성하여 학술지에 발표하였으며, 그중에 중요한 논문을 선별하여 한 권의 학술총서로 묶게 되었다.

동양학 학술총서 『애국과 독립을 노래하라』에는 총 10편의 논문이 수록되어 있다. 제1부 '디아스포라 해외 한인들의 조국 사랑 노래'에서는 미국 하와이 한인이민연구소의 이덕희 소장이 하와이에 이주한 한인들이 부른 나라 사랑 노래를 소개하고, 부록에는 이선일 컬렉션 창가집에 수록된 노래 가사를 정리하였다. 반혜성 동양학연구원 연구교수는 1916년 하와이 호놀룰루에서 발행된 『애국창가』에 수록된 악곡을 분석하고, 김보희 연세대 객원교수는 1910년대 북만주지역에 망명한 한인들이 세운 민족학교에서 간행한 창가집에 수록된 독립운동가요를 분석하여, 그 음악적 특징을 밝혔다.

제2부 '일제의 민족음악 통제와 독립운동가요'에서는 일본 도쿄대학의 김지선 박사가 일본 제국의 식민지 조선에 대한 음악교육 정책과 음악 도서에 대한 통제 조치를 검토하였고, 김수현 동양학연구원 연구교수는 도산 안창호가 항일운동 과정에서 창작한 항일가요와 이들이 가창되는 양상을 정리하였다. 장유정 단국대 교수는 독립운동가요로 불린 대중가요를 '유랑의식'과 '임에 대한 그리움'을 표출한 노래로 구분하여 분석하였다.

제3부 '해외 한인 독립투쟁과 항일음악' 편에서는 노복순 동양학연구원 연구교수가 미국 남북전쟁기에 만들어진 '조지아행진곡'에서 파생된 독립운동가요를 주목하여 그 가사와 곡조에 나타나는 결합 양상을 분석하였다. 중국 연변대학교의 최옥화 교수는 중국 동북지역의 조선족들이 부른 항일가요의 언어적 특징과 음악적 특징

을 소개하였고, 김명섭 동양학연구원 연구교수는 1937년 중일전쟁 이후 항일무장투쟁 세력인 조선의용대(군)에서 창작한 항일음악을 소개하고 분석하였다. 국립대한민국임시정부기념관의 양지선 박사는 대한민국임시정부의 무장세력인 한국광복군에서 발행한 『광복군가집』에 수록된 군가의 내용, 작사가, 작곡가에 대해 조명하였다.

이 책에 수록된 논문들은 동양학연구원 항일음악 연구팀이 주최한 국제학술회의에서 발표되었거나 전문 학회지에 실렸던 논문을 필자의 책임하에 수정 보완한 것이다. 본 학술총서의 출간을 위해 귀중한 옥고를 기꺼이 제공해 주신 필자 여러분께 감사의 인사를 드린다. 필자는 항일음악 연구팀의 연구책임자를 맡은 인연으로 이 발간사를 작성하게 되었다. 본서의 출간을 계기로 조국의 해방을 위해 분투했던 독립지사들이 만들고 불렀던 '항일음악'에 대한 관심이 늘어나고 관련 연구가 더욱 활발해지기를 기대한다.

2022년 2월

단국대학교 동양학연구원장 김문식

차례

제3부 해외 한인 독립투쟁과 항일음악

제1부

디아스포라 해외 한인들의 조국 사랑 노래

하와이 한인의 나라 사랑 노래

이덕희(하와이 한인이민연구소)

Ⅰ. 머리말

하와이 한인 사회를 이루기 시작한 약 4,500명[1] 초기 이민자들은 1902년 12월 말부터 대한제국을 떠난 사람들로 을사보호조약이라는 정치적 관계를 직접 경험하지 않은 이들이었다. 이들에 더하여 1910년말부터 1924년까지 하와이에 온 약 700명 이른바 '사진신부'들 중에는 적은 수이지만 일본의 식민지 조국에서 학교를 다닌 이들도 있었다. 그러나 조국에서 7,300여 킬로 약 4,600 마일 떨어진 다문화, 다민족 사회인 하와이에 살고있는 한인의 심성은 '반일' 또는 '항일'이라기 보다는 두고 온 조국을 향한 '나라 사랑'이었고, '국권회복'과 '나라 세우기'였다.

사진신부를 포함한 초기 이민자들 중에는 모국에서 외국인 선교사들과 함께 세운 예배당에서 신앙을 받아드리고 찬송가를 부르던 이들이 많았다. 1903년 1월 13일 호놀룰루항에 도착한 102명의 첫 이민단에는 제물포, 부평. 강화, 남양, 파주 등에서 온 교인 가족 50명이 있었다. 이들은 일본 나가사키에서 호놀룰루로 오는 14일 동안 망망창해를 건너며 예배를 드렸는데 "천부여 의지 없어서 손 들고 옵니다. 주 나를 박대하시면 나 어디 가리까"라고 절박하게 찬송가를 불렀을 것이다. 이 찬송가 곡조는 스코트랜드 민요 올랭사

---

[1] 1905년 여름에 대한제국이 이민을 중단할 때까지 약 7,400명이 하와이에 도착하였다. 그 후 약 800명은 미주 본토로 이주하였고, 2,200여 명은 환국하였다. 그리하여 1910년 미국의 인구조사에 하와이에 4,533명 (하와이 출생 362명 포함) 한인이 거주한 것으로 집계되었다.

인 Auld Lang Syne Old Long Since: "석별의 정"으로 알려짐 곡이다. 이들이 제물포항을 떠나던 1902년 12월 22일에 존스 George H. Jones 목사가 환송예배를 주관하여 주었고, 또 그들에게 많은 서적을 주었다. 자신이 로드와일러 Louise C. Rothwiler 양과 공동 출판한 1892 [찬미가] 악보 없는 27곡의 번역 찬송가도 주었겠지만, 교인들은 여러 찬송가를 외워서 부를 수 있었다. 첫 이민단 사람들과 3월 3일에 도착한 64명의 두 번째 이민단 사람들이 4월부터 카후쿠 농장에서 예배 모임을 갖기 시작하여 하와이 이민 교회가 시작되었다 이 교회는 1943년까지 존속. 호놀룰루 시내에서는 1903년 11월 10일에 감리교회 예배 모임이 시작되었고 현 그리스도연합감리교회, 계속 도착하는 한인들로 1905년 말까지 호놀룰루 교회를 위시하여 17개의 한인 교회가 많은 사탕수수 농장에 조직되었다.

하와이에서의 삶이 겨우 안정 되어가자, 1905년 여름에 한인들은 차세대 교육에 정성을 붓기 시작하였다. 어린 아이들은 농장 근처 공립 초등학교에 다니기 시작했지만, 초등학교 나이를 넘은 청소년들은 학교에 갈 수 없었다. 월급이 $16 정도인 사탕수수농장 한인들이 $2,000 2021년 구매가격으로 약 $50,000에 해당을 약정하면서 하와이 감리교선교부에게 학교를 세워 달라고 요청했다. 감리교선교부가 신설한 한인기숙학교가 8학년까지의 65명 남학생으로 1906년 가을학기부터 시작되었다. 어린 학생들뿐만 아니라 청소년들도 입학하였다. 한인 지도자들이 학교를 원했던 주 목적은 연령 제한으로 초등학교에 다닐 수 없는 청소년들에게 교육의 기회를 주고자 했던 것이다. 곧 사탕수수농장 노동자들은, 특히 다른 섬 농장 노동자들은 젊은이들에게 장학금을 모아 주고 한인기숙학교에 다니도록 하였다.

1907년 4월 5일에 하와이섬 힐로에 국어학교가 설립된 것을 시작으로 하와이섬에 7개, 마우이섬에 1개, 오아후섬에 12개, 카우아이섬에 5개 등 총 25개 국어학교가 조직되었다. 이민 학부모들은 일반 학교를 '영어학교'라 불렀고, 방과후와 주말에 열린 학교를 '소학교' 또는 '국어학교'라 불렀다. "한글" 이라는 명칭 자체가 없었던 시절에 한글학교는 '국어학교' 였다. 자녀들이 영어교육을 받고있지만, 국어도 가르쳐야 한다고 믿은 이들이었다. 농장 노동자들은 국어 교사 월급과 학교 비용을 기꺼이 부담했다.

1907년 9월 2일에는 그동안 조직된 여러 단체들이 통합하여 합성협회로 조직되었고, 1909년 2월 1일에는 합성협회가 샌프란시스코의 공립협회1905년 4월 조직와 합동하여 국민회를 조직하였다. 국민회의 설립 목적은 "교육과 실업을 진발하며, 자유와 평등을 제창하여 동포의 영예를 증진하며, 조국의 독립을 광복케 함"에 있었다. 이렇듯 하와이에 정착한 한인의 심성은 두고 온 조국을 향한 '나라 사랑' 이었고 힘을 길러 독립된 새 나라를 세우려는 '기도'였다.

하와이 한인 이민사에 빠질 수 없는 것이 '나라 사랑' 노래들이다. 한인들은 교회와 학교에서 찬송가와 창가를 불렀다. 국민회가 주최한 모임에서도 찬송가와 창가를 불렀다. 이들이 부른 '나라 사랑' 노래에 관한 기록을 시기순으로 나열하면 아래와 같다.

Ⅱ. 하와이 한인의 나라 사랑 노래(1906~1945)

1906년 4월 이전

1903년 11월 18일에 하와이에 도착하여 사탕수수농장에서 3년간 일하다가 1906년 4월에 샌프란시스코로 이사한 양주은은 농장카우아이섬 카파아 Kapaa에서 한인 200명이 〈무궁화가〉 혹은 〈황제가〉를 함께 불렀다고 회고했다. 이 두 노래의 가사와 곡조를 확인할 수 없지만, 아래에 언급할 이승만의 글에서〈무궁화가〉가 1896년 11월 21일 독립문 정초식에서 배재학당 학생들이 올랭 사인 곡조로 불렀다는 〈애국가〉 였음을 알 수 있다. 배재학당 학생들이 부른 〈애국가〉 가사는 다음과 같다.

1절: 성자신손 오백년은 우리 황실이요
　　산고수려 동반도난 우리 본국일세
후렴: 무궁화 삼천리 화려강산
　　대한사람 대한으로 길이 보전하세
2절: 충군하는 일편단심 북악갓치 놉고
　　애국하는 열심의기 동해갓치 깁헤
3절: 천만인 오직 한마음 나라 사랑하야
　　사롱공상 귀천업시 직분만 다 하세
4절: 우리나라 우리황데 황텬이 도으사
　　만민공락 만만세에 태평독립하세

〈황제가〉와 비슷한 제목 〈황실가〉가 아래 언급할 [애국창가]에 곡조와 함께 포함되어 있다29장. 가사는 아래와 같다.

샹뎨는 우리 황뎨 황뎨를 도으샤셔
셩슈무강하샤해 옥주를 산갈이 싸으시고
권이 환영에 떫이샤
이천만세에 복록이 일신케 하쇼셔
상뎨는 우리 황뎨를 도으쇼셔

양주은이 하와이에 머물었던 1903년 11월부터 1906년 4월 사이에 사탕수수농장에 있는 한인들이 이 노래를 불렀다는 것은 이들이 이미 대한제국에서 이 노래를 부르다가 왔음을 알 수 있다. 1896년 1월에 서울 새문안교회에서 〈황제 탄신 축가〉를 부른 사실로 미루어 같은 무렵에 〈황제가〉 또는 〈황실가〉를 불렀을 것으로 추측할 수 있다.

오아후섬의 에바Ewa 농장에서 1907년 고종황제 탄신 기념행사를 하고 찍은 사진이 남아 있다. 이곳에서도 〈황제가탄신 축가〉를 불렀을 것이다.

1907년 9월

[포와=하와이 한인교보] 1907년 9월호에 한인기숙학교를 소개하는 기사가 실려 있다274쪽. 학교에 약 30명의 학생이 있는데, 〈권도가〉를 부른다며 6행의 가사를 실었다.

학도여 학도여 져긔 청산 바라보게
고목은 썩어지고 녕목이 소생하네
동반구 대한에 우리 청년 동포들아
놀기를 됴화말고 학교로 나아가셰
소년에 공부난 금은보석 싸하둠이니
청년을 간직하야 백수를 예비하셰

악보는 없어 곡조를 알 수 없는데, 1904년에 김인식이 작곡한 곡으로 〈권학가〉 또는 〈학도〉라는 제목으로도 알려진다고 하지만 확인해야 한다.

1908년 1월 16일

1908년 감리교선교부의 연회에서 한인기숙학교 학생 45명이 소개되었는데, 이 학생들이 영어와 한어로 찬송가를 불렀다.[2] 찬송가 제목이나 장수는 밝혀져 있지 않다.

그러나 영어로 "Father, I Stretch My Hands to Thee"를 부른 후 부모들이 부른 것처럼 "천부여 의지없어서 손들고 옵니다"를 불렀으리라 추측해 볼 수 있다.

[2] *Journal of the Third Session of the Methodist Episcopal Church* 감리교연회록, 1908, 14쪽.

1909년 3월 25일

제2회 건원절순종황제의 즉위일 경축식이 1909년 3월 25일에 호놀룰루의 국민회 회관1313 Miller Street: 현 하와이주 보건국 주차장 일부에서 있었다. 참석자들이 〈무궁화가〉와 〈대한국혼가〉를 불렀고, 승용환과 강영소가 〈애국가〉를 병창하였다. 신한국보, 1909년 3월 30일, p.2

이 세 노래의 가사는 신한국보에 밝혀 있지 않지만, 1914년에 쓴 이승만의 글에서 〈무궁화가〉가 1896년에 배재학당 학생들이 올랭 사인 곡조로 불렀다는 〈애국가〉 임을 알 수 있다. 배재학당 출신1895~1897 이승만은 1913년 2월에 호놀룰루에 정착하였고, 8월 말에 한인기숙학교 교장으로 임명되었다.

1910년 6월 11일

한인기숙학교 학생들은 1910년 졸업식 다음 날인 6월 11일에 학교 강당에 학부모와 후원자 등을 초청하고 화류회 모임을 가졌다. 이 모임은 참석자들 모두가 〈무궁화가〉를 부르면서 시작되었고 〈대한정신가〉를 부르면서 끝냈다.『신한국보』, 1910년 6월 14일, 2면 〈무궁화가〉 와 〈대한정신가〉 가사는 밝혀 있지 않으나, 위에 언급한 〈무궁화〉와 〈대한국혼가〉 일 것으로 추정한다.

1914년 2월 2일

국민회 창립 5주년 기념식이 오페라 하우스 Opera House 현 중앙 우체국자리에서 열렸는데, 한인 1,500명이 참석하였다. 식순에는 조국의 13 도를 상징하는 대표 13명 부인들이 국기를 들고 "조선아 조선아 우리 조선 주인을 찾아 돌아오라" 라는 노래를 부른 순서가 있었다『국민보』 1914년 2월 14일, 1면. 이 노래의 제목이나 가사 전체는 밝혀 있지 않다.

1914년 4월

위의 각주 3에서 밝혔듯이, 이승만이 1914년 4월호 『태평양잡지』에 "애국가와 찬미가"라는 제목 아래 장문의 글을 실었다발행인겸 주필 이승만. 이글은 윤치호의 찬송가집 『찬미가』 1908년; 초판 발행은 1905년에 관하여 쓴 것이다.

요약하면 아래와 같다.

'15개 장수의 대개가 남의 나라 국가와 찬송시인데 우리나라 말로 번역한 것이다. 모두가 우리가 다 아는 것이나, 새로 번역하여 정신과 기운이 새로운고로 능히 사람의 마음을 더욱 흥기시킨다. 윤씨의 애국심과 종교심의 고상함을 가히 보겠다.

제1장은 미국 국가 곡조에 맞춘 것으로 '우리 황상폐하 텬디 일월갓치 만수무강 만수무강' 으로, 〈충군애국〉 이라 하던 것이다.

제 2장은 본국에서 쓰는 찬송가1908년 발행 146장[3] 곡조이며 대강 고친 번역이 찬송가보다 낫다.

제9장은 찬송가 124장 곡조이며, 대단히 잘된 번역이다. 영어 본문을 보면 대단히 힘있는 말인데, ----윤씨의 번역이 매우 좋은 것이기로 기재한다.[4]

1. 그리스도군사 앞서 나가세
   예수 거느리사 적병 치시니
   싶자가 앞 세우고 전쟁에 가듣
   깃발 가는대로 싸움나가세
   후렴: 그리스도군사 앞서 나가세
   십자가 앞세우고 전쟁에 가듣
2. 대군 이동하듯 교회나가니
   우리 성도 다니던 길 우리도 가네
   믿는 형제들아 한 몸과 한 마음
   한 바람 한 도리 한 사랑일세
3. 면류관 용상은 있다 없으며
   나라와 권세는 잃고 쇄하나
   예수의 교회는 하나님 도우사
   영원 불변함을 허락하셨네
4. 십자가 가는데 마귀 패하네

---

[3] 찬송가 146장 제목은 〈영혼의 구주〉이며, 1절 가사는 "풍우대작할 때와 물결 일어날 때에 사랑하는 나의 주 저를 품어 줍소서. 풍파 지나가도록 나를 숨겨 줍시고 나중 편한 포구에 영혼 영접하소서."

[4] 이 찬송가는 2006년 한국 찬송가공회가 발행한 '현 찬송가' 352장 '십자가 군병들아'이다.

예수 군사들아 나아가 이기세
찬송하는 소리 천지 울리니
우리 한 소리로 승전가 하세

제 10장은 〈무궁화가〉 인데 이것도 본래 서양 애국가이승만이 스코트랜드 민요 올랭 사인을 오해한 것 같다이며 우리가 다 항상 부르며 윤씨의 번역이라 안다.

제 14장은 〈무궁화〉 곡조로 다른 말가사을 만든 것이다. 혹 아는 사람도 있으나 모르는 이가 많기로 이에 기록한다

1. 동해물과 백두산이 마르고 달토록
   하나님이 보호하사 우리 대한 만세
후렴: 무궁화 삼천리 화려강사
      대한 사람 대한으로 길히 보전하세
2. 남산 우에 뎌 소나무 쳘갑을 두른듯
   바람 이슬 불변함은 우리 기샹일세
3. 가을 하늘 공활한대 구름 업시 놉고
   발근 달은 우리 가슴 일편 단심일세

제 15장은 선교사상을 고동하는 찬미다. 곡조도 좋고 사연도 좋으나, 찬송가에 빠졌기에 여기 기록한다. 곡조를 찾아 배워서 이 번역을 쓰게 되기를 바란다.

1. 그린랜 어름산과 인도 산호섬과
   아프리 더운 내에 금모래 깔닌 곳

강과 산과 널은 들 사람 산데마다
죄의 속박 풀으라 우리를 부르네
2. 셕란도 가는 바람 향긔 가득하고
경치마다 됴흐나 사람만 악하다
하나님의 은혜는 남도록 주시나
인심은 우매하야 목셕에 졀하네
3. 하늘노 나린 영광 우리 발 켜스니
어두은 동포의게 생명도 감출가
구원의 깃븐 소식 만방에 널니펴
멀고 번 나라라도 구셰주 알니세
4. 쥬의 영광 물갓치 디구를 덥도록
죄인 대속하신 쥬 우리 왕 되도록
바람아 쉬지말고 바다야 흘너서
븍극셔 남극까지 이 복음 젼하라

(필자: 이 찬송가는 현 찬송가2006년 507장 "저 북방 얼음 산과"라고 추정한다.)

'이 책『찬미가』은 본국에서 압수당하고 매매가 금지된 책이다. 한 권을 얻었기로 몇개를 뽑아서 등재한다. 우리 나라 사람들이 차차 노래를 애국제도로 모본하여서 다만 남의 글만 번역할뿐 아니라 곡조와 말을 새로 지어 내기를 바란다.'

'대저 노래라 하는 것은 사상을 고취하며 기운을 발달시키는 고로 자고로 개명한 사람이나 야만 사회를 물론하고 다 신을 섬기는 노래와 전쟁 노래와 사랑하는 노래 모든 종류가 있는데, 개명이 진보될수록 노래와 풍류가 또한 발달되어 나라마다 좋은 노래와 풍류가 아니면 사람의 기운을 펼 수 없고 나라 사랑하는 마음을 발표할 수 없다.'

'근래에 우리 나라에서도 좋은 노래를 외국 풍류에 맞추어 번역도하고 저술한 것도 많으나 압수한 바 되어 하나도 쓰지 못하게 하느니 이는 노래의 관계가 중대한 연고라. 지금 한인계에 간혹 애국가를 보면 사의가 다수 유치하여 혹 나라가 영히 망하였다든지 민족이 노예가 되었다든지 철사로 결박을 이었다든지 혹 참혹한 지경에 있다든지 이런 모든 약하고 상심하는 말이 많다. 이것이 과연 사실이요, 애국심에서 나온 말이지마는 청년지사의 애국심을 고동하며 의기 남자의 용진심을 충격하는 활발 장진할 기상이 적다. 없어진 것을 슬퍼하고 노예된 것을 원통히 여길진데. 정신을 가다듬고 용기를 내여 일어나 앞으로 나갈 길을 찾을지언정, 다만 앉아서 슬피울려 원망이나 하면 무슨 힘이 있으리요. 우리 애국가의 사상이 변하기를 바라는 바이다.'

'파란국폴란드이 조만간 독립을 하기는 세상 사람이 다 바라며 믿는 바이다. 애국가를 보면 하나님께 기도하는 말이니 한인의 처지에 있는 자, 보고 감동할만한 노래이다.'

그리고 이승만은 〈파란인의 애국가〉를 소개하였다. 이 〈파란인의 애국가〉는 윤치호의 『찬미가』에 포함된 것이 아니며, 이승만 자신의 번역인 것 같다.

'1. 파란을 권고하신 하나님 문명부강으로 길이 주샤
악한 비와 모진 바람에도 용상 압헤 보호하셨도다
후렴: 천부의 보좌 압헤 업디니
주소셔 우리 자유 주소셔

1914년 12월 19일

하와이의 대한인 국민회 총회관1306 Miller Street: 현 주지사 관저 뒷편 사저 낙성식이 1914년 12월 19일에 열렸다. 낙성식은 찬송가 157 장 병창으로 개회되었고, 〈무궁화가〉를 함께 부른 후 폐회되었다『신한민보』, 1914년 12월 31일, 1면.

찬송가 157장의 제목이 밝혀져 있지 않지만, 1908년 발행, 곡조 찬송가인 『찬숑가』를 사용하였을 것으로, 157장은 〈주만 의지함〉이며, 가사는 아래와 같다.

> "환란고초 당할 때 나의 밋음 적으나
> 의지하는 내 주를 더욱 의지합니다.
> 후렴: 세월지나 갈 때에 의지할 것 뿐일쎄
> 아모일을 맛나도 예수 의지합니다."

이 곡은 현 찬송가2006년 543장 〈어려운 일 당할 때〉이다.

1915년

1915년 2월에 평양에서 발간된 『챵가집』 한 권이 하와이대학교 한국학연구소에 소장되어 있다Duk Hee Lee Murabayashi Collection. 수록과 편집은 평양의 남산현교회 소속 Mrs. Annie L. A. Baird한국명 안애리와 백 부인Arthur Becker의 부인이 하였고, 발행은 안애리가 하였다.

첫 편에는 46개의 창가가, 둘째 편에는 19개의 찬송가가 포함되었다.

이 창가집 속표지에 2세 Norah Pahk의 이름이 적혀 있는 것으로 미루어, Nora가 소유했던 것 같다. 하와이에서 학교를 다닌 1.5세나 2세라야 악보를 읽을 수 있었고, 이것을 호놀룰루 책방에서 구입했을 것이라고 생각한다. 1909년부터 호놀룰루에 책방이 있어 본국에서 책을 가져다 팔았다『신한국보』, 1909년 5월 4일, 4면. 1909년 11월 광고에는 '없는 책이면, '본국에 주문하여 수응한다'고 하였다. 1914년 4월 18일부터는 표우 표유상점Pyo and Yoo Store 이 본격적으로 책광고를 실었는데『국민보』, 교회서적, 국한문책, 소설, 대한제국지도, 대한전지도 등을 광고. 판매하였다. 국민보가 1914년 8월 1일~1936년 12월 30일 동안 결본이기 때문에, 이 사이에 어떤 책들을 가져다 판매하였는지 알 수 없다. 아마도 이 책방에서『챵가집』을 판매하지 않았나 생각해 본다.

1916년 5월 13일

이승만의 글, "애국가와 찬미가"가 발표되고 2년 후인 1916년 5월 13일에 호놀룰루에서 등사판『애국창가』집이[5] 발간되었다. 국한문혼용체의 서문에이승만이 알린 대로 윤치호 등의 책이 압수되었음에 이들 노래를 후일까지 잊혀지지 않도록 모아서 편찬한 것임을 밝혔다. 전문을 한글로 적으면 아래와 같다.

[5] 반혜성,「1916년 하와이 호놀룰루 발행 [애국창가] 연구」, 2017, 참조.

"국가의 흥망성기는 국민의 정신에 재하고 국민의 정신을 감발함에는 노래가 은음 이라. 그런고로 태서각국에는 웅수의 시인과 악가의 아름다운 시조와 가독으로 국민의 정신을 수양하며 국성을 함양케하것만은. 오호라 오직 우리 해동일방엔 자래로 노래가 없지 아니하나 그 뜻이 음탕방일함에 지나지 못하니, 이 어찌 우리 대한 지인, 지사의 큰 유감이 아니리오. 그런데 현시 유지대가가 저작한 노래를 저 무도무법한 이등이토 히로부미과 사내데라우찌 마사다케 무리의 압수한바를 이에 규집편찬하여 후일까지 없어지지 않기에 기약하고 70여장을 이 아름답지 못한 등사판으로 인출하여 우리 청년 애국동지에게 소개하오니 독자제군은 심량하시옵소서"

당시 국민보와 태평양잡지가 발간되고 있었지만, 악보에 국어 가사를 인쇄할 수 없었기에 붓글씨로 등사한 것 같다. 60개의 악보와 17개의 악보 없는 노래로 총 77개의 노래가 포함되었다. 판권지에 발행 일자를 서기와 단기로 1916년 5월 13일이라고 기록하였고, '하와이 호놀룰루' 발행이라고만 밝혀 있다. 판매가격은 밝히지 않은 것으로 미루어, 판매용으로 많이 등사한 것은 아닌 것 같다. 누가 취집·발간하였는지 모르지만 이승만이 구했다고 한 윤치호의 『찬미가』를 빌려 보았거나, 자신도 한 권을 구해 보았을 것이라고 추측한다. 또한 이승만의 글과 같은 맥락에서 이 작업을 하면서 조국에서 발간된 다른 여러 책도[6] 참고하였을 수 있다.

독립기념관에 소장되어 있는 『애국창가』는 2000년에 구입한 것

[6] 반혜성은 그의 논문에 7개의 노래집을 언급하였다.

이며, 2020년 현재까지 하와이 소재가 확인된 다른 것은 없다.

1916년 이후

필사자와 필사일을 알 수 없는 46개 노래 가사와 자작 노래시문 1개 등 총 47개의 가사를 적어놓은 공책이 하와이대학교 한국학연구소에 소장되어 있다Sun Il Lee Collection. 46개 노래 중에 〈성경기억가〉라고 필사된 것은 "창세기출애급기"로 시작하는 〈신구약성서목록찬송〉으로도 알려진 노래인 것으로 미루어 필사자가 기억하고 있는 것이거나, 『챵가집』이나 『애국창가』 등을 보고 자신이 좋아하는(?) 노래를 골라 복필한 것으로 추정한다.

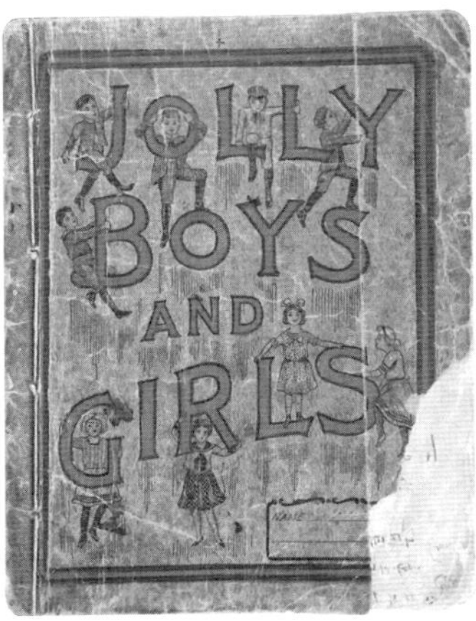

하와이의 노래 필사 노트 겉장

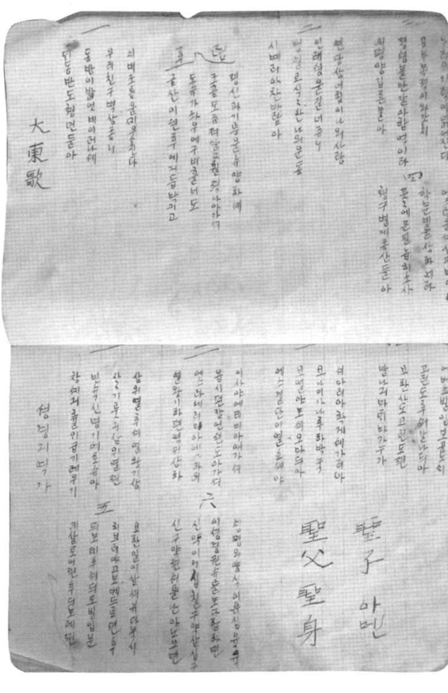

필사 노트 속 장

46개 노래 가사중에 포함된 〈昌信 紀念歌 창신기념가〉에는 '경상남도 창원 마산포교회안에 학교를 설립하고 학생 김화진이 지은 창가'라는 주석을 달아 놓았다.

또한 자작 노래, 〈마산 경치가〉는 9절로 되어 있는데 자신이 '고국을 이별할 때 살던 동리 경치를 보고 지은 창가' 라고 기록하였다. 창신학교가 1906년에 호주 선교사에 의하여 시작되고 1908년에 정식 학교체제로 된 것으로 미루어 필사자는 1903~1905년에 온 이민자가 아니라 1910~1924년 사이에 도착한 사진신부로 학교 교육을 받은 사람이라고 추정한다.

필사된 47개 노래의 제목, 첫 구절 가사, 필사 순서를 작성하여 가나다 순서로 아래표를 작성하였다. 10개 노래가 『애국창가』에 포함된 것과 같은 가사이기에 지적하였다.

〈표 1〉 필사 노래 목록

필사 노래				애국창가	
제목	첫 구절	절 수	필사 번호	제목	장수
2천만인 군가	어화 우리 군인들아	7절	27		
가정가	자옵던지 깨옵던지	4절	41	가정가	30
감시가	대동제국 삼천리에	2절	26		
감탄가	슬프도다 우리 민족아	9절+후렴	20		
개극절가	굳은 마음 한결같이	4절	44		
거국가	간다 간다 나는 간다	4절	9	거국가	45
경성가	나아가세 나아가세	8절	1		
공부가	공연히 허송말세	1절	11		
국가	우리 나라 대한제국	2절	18		

필사 노래				애국창가	
제목	첫 구절	절 수	필사 번호	제목	장수
국혼가	춘산에 화초를 바라보게	4절	7		
대동가	대동반도 청년들아	4절 +후렴	5		
대한 학교가	아름다운 대한 나라	3절+후렴	34		
대한혼가	화려 강산 우리 대한은	3절+후렴	29	대한혼가	38
마산 경치가	천자봉에 떠오르는	17절	43		
망향가	부모형제를 이별하고	4절	16	망향가	47
모란봉가	금수산에 뭉킨 연기	10절	42		
모험 행진가	눈을 들어 삼천리를	4절	35	모험맹진가	14
민충정공 추도회*	천지지간 정기가	8절 +후렴	8		
백두산가	웅장타 저 높은 백두산이여	3절+후렴	30		
사절가	춘색을 자랑하는	4절	12		
상봉가	사랑하온 우리 쳥년들	5절	17		
석별가	세월이 여주마로다	2절+후렴	47		
성경기억가	창세기출애굽기	6절	6	셩경책명기억가	65
애국가	대한제국 공명이오	4절	33		
용진가	묘하고 묘하다 우리 대한은	6절	25		
운동가	만위근본 이 내몸	4절	13	운동가	50
자유가	대한의 국민들아	3절	3		
자유가	절한 하저포의 기재한	3절	38		
작별가	가지를 끊어	3절	2		
작별가	세월이 여류한대	1절	21	쟉별가	20
전정 만리가	나아가세 나아가세 대동	3절	36		
졸업식가	동창에 공부하던	11절	14		
지리가	아세아 동편에 특출한 반도	3절+후렴	23		
지리산가	산세가 웅장한 저 지리산	3절	32		
창신 기념가	용마산하 영숙절은	3절+후렴	39		

필사 노래				애국창가	
제목	첫 구절	절 수	필사 번호	제목	장수
청년 남자가	무쇠팔뚝 돌주먹 소년남자야	3절+후렴	45	소년남자가	11
청년의 입지가	층암과 절벽을 굽이 돌아서	2절+ 후렴	19		
청천 자유가	뒷동산에 꽃이 피고	2절	15		
태평양가	태평양은 천하에 흠하도다	3절	24		
태평양가	5대양의 대왕으로	2절	46		
학문가	금강석이라도 갈지 않으면	1절	10		
학생가	대한 청년 학생들아	3절+후렴	28		
한반도가	동해에 돌출한	5절	4	한반도가	27
해가	순풍파 만리향은	4절+후렴	40		
행선가	대한제국 통상 수로는	4절+후렴	37		
혈죽가	웬일인가 국 위하여	5절	31		
흑노망향가	내 집을 떠난 후	3절+후렴	22		

* 가사 끝에 "민충공 순일은 광무 9년 십일월 삼십일 오전 육시라"고 적었다.

이 47개 필사본을 활자화하여 논문 끝에 〈부록〉으로 실었다.

1919년 3월 12일

하와이에 3.1독립운동 소식이 알려진 것은 3월 9일 오전 10시였다. 상해에 있는 대한국민대표원 현순이 보낸 전보가 국민회 사무실에 도착하였다. '평양, 서울 등 각 도시에서 대한독립을 공포하였고, 대표자 3명손병희, 이상재, 길선주을 공선하여 신 정부를 조직하고, 미합중국 정부에 원조를 요청하였다'는 내용이었다. 국민보 1919년 3월 12일, p. 1 국민회 총회장 이종관이 국민회 임원회를 열고 3월 12일에 국민공동회를 가질 것을 결정하였다.

3월 12일 오후에 국민회 총회관에서 열린 국민공동회에는 여러 학교의 학생 100명을 포함하여 한인 600명이 모였다. 당시 1920년 인구조사 하와이 전체 한인 4,950명 남 3,498; 여 1,452/ 이 중 71%인 3,498명이 한국 출생 중 1,319명 남 843; 여 476이 오아후 섬에 있었다. 오아후 한인 인구의 반이 참석한 모임을 국민회 총무 김광재가 진행하였는데, 제일한인감리교회 현 그리스도연합감리교회의 신홍균 목사의 기도로 시작되었다. 하와이대학 학생 박관두가 〈애국가 〉합창을 인도하였는데, 〈애국가〉 가사는 아래와 같다.

> "하나님 도으사 대한독립
> 하나님 도으시면 영원 독립
> 무궁화 삼천리 화려강산
> 대한사람 대한으로 기리 보젼"

1920년 3월 1일

마우이섬의 마우이 대한적십자회가 1920년 3월 1일 3.1절 제2주년 기념식 행사를 주최하였다. 참석자들이 〈독립군가〉, 〈전진가〉, 〈대한혼가〉를 다 함께 불렀다. 순서지와 나누어 준 노래 가사 용지가 남아있다. 함께 부른 노래 가사는 아래와 같은데, 곡조는 알려지지 않는다.

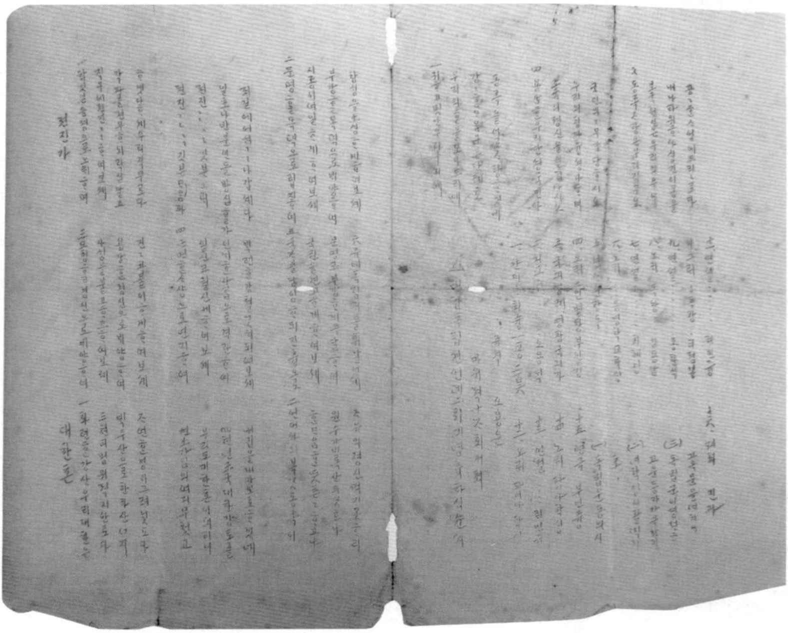

1920년 3.1절 기념식 순서지 첫 장과 둘째 장

〈독립군가〉

1절: 나아가세 독립군아 어서 나가세
기다리던 독립전쟁 도라 왓다네
이때를 기다리고 10년동안을
가랏던 날낸 칼을 시행할 날이
나아가세 대한민국 독립군사야
자유독립 광복할 날 오늘이로다
정의의 태극깃발 날니는 곳에
적의 군세 락엽갓치 스러지리라

2절: 보나냐 반만년 피로직킨 땅
오랑케 말발굽에 밟히는 모양
듯나냐 이천만 단조의 혈손
원수의 칼 아래서 우짓는 소리
양만춘 을지문덕 필를 밧앗고
리순신 림경업의 후손 아니냐
나라위핸 목숨을 터럭과 갓치
싸호던 네 조상의 후손 아니냐

3절: 탄환이 비빨갓치 퍼붓더라도
창과 칼이 네 압길을 가로막아도
대한의 용장한 독립군사야
나아가고 나아가고 다시 나가라
최후의 네 피방울 떠러지는 날
최후의 네 살점이 떠러지는 날
네 그리던 조상나라 다시 살리라
네 그리던 자유꽃이 다시 피리라

4절: 독립군의 백만용사 달리는 곳에
압록강 어별들이 다리를 노코
독립군의 불근 피가 내뿜는 때에
백두산 구든 바위 길을 열리라
독립군의 날낸 칼이 빗기는 날에
현해탄 푸른 불이 핏밧이 되고
독립군의 벽력갓흔 고함소리에
부사산 소슨 봉이 문허지노나
5절: 나아가세 독립군아 한 호령 밋헤
질풍갓히 물결갓히 달려나가세
하나님의 도으심이 우리에 잇고
조상의 신령오서 인도하리니
원수군세 산과 갓고 구름갓하도
우리 발에 띗글갓치 흣허지리니
영광의 최후 승리 우리 것이니
독립군아 질풍갓치 달려나가세
6절: 하늘은 맑앗도다 땅은 열렷네
영광의 독립군기 노피 날리네
수플갓흔 창과 칼에 림리한 것은
십년 원한 씨서내던 핏줄기로세
빗은 날고 해여진 우리 군복으
장백산 낭림을 장구한 표요
우레갓치 몰려오는 만세소리는
한양성 대승리의 개선가로다.

이 가사는 『항일음악 330곡집』의 〈독립군가 2〉와 같다. 노동은은 〈독립군가 2〉의 작사자와 작곡자가 알려지지 않고, 상해에서 발간된 『독립신문』의 1920년 2월 19일자에 발표된 것이라고 설명하였다373쪽. 그러나 이 노래를 마우이섬에서 인쇄하여 3월 1일에 불렀다는 것은 2월 19일 이전에 작사/작곡되었을 가능성이 높다. 당시 일본-하와이는 증기선으로 10일이 걸렸고, 우편물이 상해로부터 하와이에 도착하려면 적어도 2주일은 걸렸기 때문이다.

〈전진가〉

1절: 참 깃븐 음성으로 노래하여
직무에 젼진젼진 하여보세
각과를 젼무하되 락심말고
하겟다하세 우리 직무로다

후렴: 전진전진 깃븐 마음과
전진전진 깃븐 노래
일초나 반분인들 방심할가
적길에 어서어서 나갑셰다

2절: 문명할 목적으로 립지하여
시종이어 일하게 하여보세
부강할 목젹으로 배양하여
챵성을 소생하게 하여보세

3절: 모험할 졍신으로 배맏하며
사생을 불고하고 하여보세
용감한 정신으로 배양하여

진진코 불이하게 하여보세
4절: 근면한 사상으로 연개하여
일신코 월신케 하여보세
인내한 사람으로 격란하여
백련한 강철갓치 되어보세
5절: 국사를 담임하되 진츙으로
국권을 견고하게 하여보세
문명코 부강하게 득달하여
6 주에 독립긔를 휘날니세

이 〈전진가〉 가사는 샌프란시스코에서 발행한 『신한민보』 1916년 5월 4일자에 실린 김인식 작사의 10절 가사와 거의 같다. 『신한민보』는 아무런 설명 없이 가사만을 기재하였다. 「신한민보」의 가사는 『항일음악 330곡집』에 〈전진가 1〉로 실렸다160-161쪽. 샌프란시스코 신문에 기재되었다면, 호놀룰루의 『국민보』에도 실렸을 것이다. 그러나 『국민보』가 결본이기 때문에 어떻게 이 노래가 알려졌는지 그 배경이나 상황을 알 수 없다.

〈대한혼〉은 앞에 언급한 필사 노래의 〈대한혼가〉와 같은데, 2절이 더 보태져 5절이다. 4절과 5절 가사는 다음과 같다.

4절: 용감한 우리 단성 국민아
조국의 정신을 일치 마시오
우리의 힘과 츙셩 다하며
국민의 의무 감당하시요

5절: 동족사랑은 우리의 직무요
　　보구천상은 우리 의무니
　　내 나라 위하야 생긴 이 몸을
　　공공한 사업에 드리리로다

1923년 7월 10일

한인기독학원1918년 개교 학생 20명남학생 12명, 여학생 8명이 6월 20일에 호놀룰루를 떠나 조국을 방문하고 9월 18일에 돌아왔다.[7] 교사 민찬호, 김노디, 김영우와 학생들은 7월 5일~9월 2일에 30개 이상의 도시와 마을 또 남만주 지린길림과 차오양조양 마을을 순회하였다. 7월 10일 저녁 8시에 서울 YMCA 에서 음악회를 열었는데, 학생 합창단이 〈나의 고향〉 이라는 노래를 불러 청중들이 눈물을 흘리게 하였다. 동아일보, 1923년 7월 12일, p.3 동아일보는 이 노래 가사를 소개하였다.

〈나의 고향〉
사랑스런 내 집 삼천리 강산
너의 깊은 애정은 적지 안코나
너를 일즉 떠나온 이 몸은
언제 다시한번 차저가 회포를 풀가

[7] 이덕희, 「한인기독교회, 한인기독학원, 대한인동지회」, 한인기독교회·동지회, 2008, 272쪽.

1925년 7월 15일

하와이에서 발행된 단산시보1925년 7월 15일, p. 4에 창가 모집 광고가 실려있다. '애국가, 군가, 기념가, 국치가, 추모가, 환영가, 송별가, 운동가, 진진가, 당체가, 학교가, 독립운동가 등 순국문으로 누구든지 알아보기 쉬운 창가를 모집한다'는 광고이다. '곡보는 단음식 혹은 복식으로 작자의 성명을 밝히고 1925년 7월 말까지 중국 남경관 가교 6호No. 6 Kwanga Chyo, Nanking, China로 보내라며, 기한은 늦어도 관계 없으니, 늦으면 늦은대로라도 보내라고 덧붙혔다. 이 통신처 주소는 남경에 있던 흥사단의 사무실이며, 차리석1881-1945가 관리하고 있었다. 이 창가모집의 결과물이 있었는지 확인되면 좋을 것이다. 같은 광고가 샌프란시스코에서 발간된 신한민보 1925년 7월 2일자에 실린 것으로 미루어, 하와이의 단산시보가 신한민보 기사를 실은 것 같다. 하와이 한인이 응답하였을까?

1925년 이후

오아후섬 와히아와의 한미클럽Korean-American Club, 1925년 조직이 발행한 〈조선국가〉 1장이 한국학연구소Duk Hee Lee Murabayashi Collection에 소장되어 있다.이 〈조선국가〉가 언제 인쇄되었는지 또 한인들이 이 〈조선국가〉를 불렀다면 언제부터인지 확인할 수 없다. 조선국가 가사는 아래와 같다.

〈조선국가〉

상뎨는 우리 나라를 도으쇼셔

영원 무궁토록

나라태평ᄒᆞ고 인민은 안락ᄒᆞ야

위권이 셰샹에 떨치여

한미클럽이 인쇄한 조선국가

독립자유부강을
일신케홉소서
상뎨는 우리 나라를 도으쇼서

1931년 이후

1931년에 조선예수교서회The Christian Literature Society of Korea가 『신뎡 곡됴 찬숑가』신정 곡조 찬송가를 발간하였다. 총 314장의 곡조 찬송가가 들어있는데, 현상 모집에서 채용된 한인이 창작한 6개 찬송가도 포함되었다.

남궁억이 작사한 "삼천리 반도 금수강산"으로 시작하는 노래 〈일하러 가세〉가 219장에 실렸다. 미국에서 사용한 면려찬송가The Endeavor Hymnal 125장 "Hark! Tis the Clarion 나팔소리 들려온다"의 곡에 남궁억의 시를 부친 것이라 한다.

원래 곡조는 도니제티G. Donizetti의 오페라 루치아 라메르 무어Lucia di Lammermore에 나오는 합창곡이다.

『신뎡 곡됴 찬숑가』 한 권이 하와이대학교 한국학연구소에 소장되어 있는데Sun Il Lee Collection, 책 표지 안에 1936년 12월 18일에 Mrs. P. Chung 이 Mrs. Y. K. Lim 에게 선물한 것으로 씌여 있다. 이로 미루어 『신뎡 곡됴 찬숑가』가 새로 도입되어 크리스마스 선물용으로 사용되었음을 알 수 있다. 그러나 일반 교인들 그리고 교회에 구비된 찬송가는 1931년에 예수교서회가 곡조 없이 발행한 『찬

송가』인 것 같다.[8]

한인 교회 교인들은 〈일하러 가세〉를 항상 불렀고, 특히 이승만 박사의 애창 찬송가로 알려진다.

1933년 3월 1일

1933년 3.1절 기념행사 순서에서 "애국가 [무궁화가]"를 합창하였음이 기사화되었다. 이 기사는 〈애국가〉와 〈무궁화가〉 가 같은 것임을 지적하였다『국민보』, 1933년 3월 3일, 2면.

한편, 같은 날자 『국민보』에는 "한국 애국가 작곡" 이라는 제목으로 아래와 같은 기사도 실렸다3면.

> "성악계 천재인 안익태씨가 다년 연구하여 창작한 애국가 새 곡조가 출판되었는데, 창가와 풍금반주를 포함한 것이오. 그 값은 20전$0.20씩 이며 상항샌프란시스코 신한민보사에서 발행할 것이라 하더라."

안익태의 〈애국가〉 1장이 하와이대학교 한국학연구소에 소장되어있는데Duk Hee Lee Murabayashi Collection, 상항의 대한인국민회가 발행하였고, 신한민보사에서 인쇄하였다. 이 컬렉션에는 1944년에 발행된 영문 번역 〈Korean National Anthem〉도 소장되어 있다. 영어 번역은 존 김John Starr Kim 이 했고, 판권copy right이 Korean

[8] 그리스도연합감리교회에 교회 도장이 찍혀 있는 1931년 발행 찬송가 두 권과 1937년 발행 찬송가 한 권이 소장되어 있다.

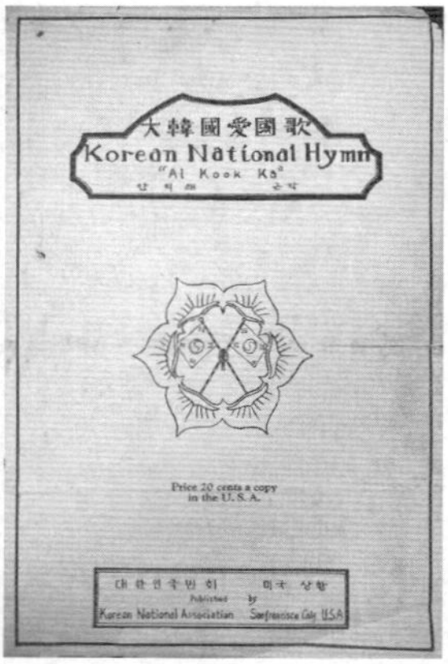

안익태의 애국가 겉장

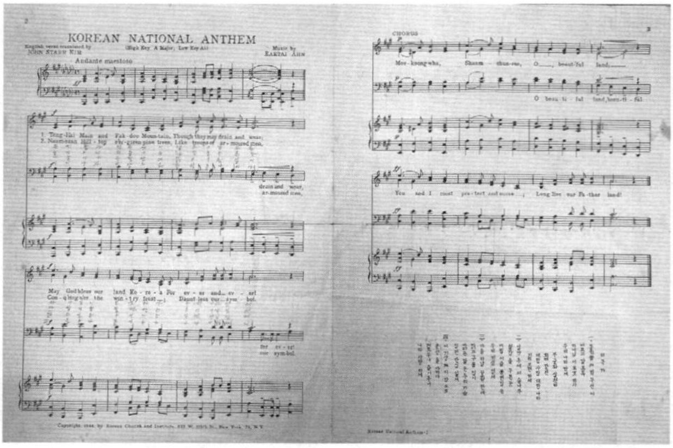

Korean National Anthem 1944

Church and Institute, 633 W. 115th Street, New York 으로 되어있다. 이 주소는 뉴욕 한인감리교회Korean Methodist Church and Institute: 1921년 설립이다.

1938년 3월 1일

3.1절 경축순서에 청중이 〈애국가〉를 불렀고, 신흥국어학교1918년에 설립된 한인기독교회 소속 학생들의 〈창가〉, 기독학원 학생의 〈창가〉, 부인구제회의 〈창가〉, (한인)기독교회 찬양대의 〈창가〉가 있었다. 이 기사와 함께 "동해물과 백두산이" 〈애국가〉 가사 1절과 2절이 실렸다『태평양주보』, 1938년 3월 5일, 17쪽.

1938년 7월 24일

박기홍의 이름으로 〈혁명객의 아리랑〉 시가사가 『국민보』1938년 7월 27일, 4쪽에 실렸다. 박기홍이 저자인지 아니면, 그저 소개한 것인지는 앞으로 확인해야 한다. 또한 이 노래시가 불려졌는지, 그렇다면 곡조는 어떤 것이었는지도 확인되어야 한다.

운종룡풍종호는
구름가는데 용이간다
연조비가 노래 끝에
혁명지사 모여드네
아리랑 아리랑 아라리요
아리랑 황무대 집을 짓자

창해 역사가 가슴속에
위한 보구 끓는 피가 뛰다
박랑사 모래밭에
쇄방망이 때를 기다린다
아리랑 아리랑 아라리요
아리랑 황무대 집을 짓자

놀다가게 자다가게
저 달이 지도록 놀다가게
놀다가면 성공인가
목적을 이뤄야 성공이지

아리랑 아리랑 아라리요
아리랑 황무대 운동가세

뜻 같은 선비 뭉친 곳에
말성도 많고 일감도 많다
풍찬노숙 우리 살림
위국단심이 밑천일세
아리랑 아리랑 아라리요
아리랑 황무대 준비하자

홍구물결 지나간 후
천하인심 동정한다
앵전 문앞 못다한 일
성공할 자 네냐 내냐
아리랑 아리랑 아라리요
아리랑 황무대 춤을 추세

1944년 2월 23일

1944년 3.1절과 관련하여, 재미한족연합위원회 주최 경축순서와 대한부인구제회 경축순서를 알리는 기사가 국민보에 실렸다. 두 순서에 참석자의 애국가 합창이 들어있다『국민보』, 2월 23일, 1면. 그런데, 같은 『국민보』 2면에 〈애국가〉라는 제목으로 아래와 같은 가사가 실렸다.

〈애국가〉
삼천리반도 금슈강산
상뎨의 동산이라
삼천리반도 금규강산
상뎨의 동산이라
이 동산에 할일 만아
사방에 일군을 부르네
곳 금일에 일하려고
누구가 대답을 할가
일하러 가세 일하러 가
삼천리반도 위해
상뎨의 명령을 밧앗스니
반도강산에 일하러 가세

남궁억의 〈삼천리반도〉 가사를 약간 고친 것이다. 주필 겸 편집인 김현구가 고친 것인지, 아니면 당시에 이렇게 고쳐서 애국가로 불렀는지 확인할 수 없다.

같은 『국민보』 3면에는 안정송 작사 〈혁명군가〉가 실렸는데, 작사자 안정송[9]은 "3.1절 노래의 참고로 밧치노라" 라고 밝혔다. 가사는 아래와 같다.

---

[9] 안정송(1895~1989)은 1913년 봄에 이화학당을 졸업하였다. 1919년 1월 8일에 호놀룰루에 도착하여 사업가 안원규와 결혼하고 안정송으로 알려졌다. 한인 YWCA 와 대한부인구제회 임원 등으로 활발히 사회활동을 하였다. (2021년 건국훈장 애족장 추서) 1948년 1월에 국민회편 부인구제회가 국민부인회로 이름아 바뀌었는데, 〈국민부인회 회가〉를 작사하였다. 곡조는 알려지지 않는다

〈혁명군가〉

1절: 젼진젼진 나가자 우리 혁명군사야
기다리던 시기 도라왓도다
창건을 빗켜들고 용맹하게 나가서
대한독립 자유위해 싸호자

후렴: 밤새도록 젼젼하던 혈성대의 거름이
져벅져벅 울릴 때에 휘날리던 기빨은
우리 태극기가 분명하다

2절: 젼진젼진 나가자 우리 혁명군사야
정의에 창검을 휘두를 때에
저 원수의 군세는 락엽갓치 되리라
이러나라 동포들아 나가자

3절: 젼진젼진 나가자 우리 혁명군사야
탄환이 피빨갓치 퍼부어도
북소리에 발맛추고 태극기를 따라서
최후일인 일각까지 싸호자

노동은은 그의 편저 『항일음악 330곡집』의 안정송의 〈혁명군가〉를 〈혁명군가 2〉라고 이름하고, "1944년 미국에서 이 가사로 부르면서 국내에 알려진 작품"이라고 기술하였다. 덧붙혀 곡조는 1919년 3.1운동 직후부터 부른 〈3.1절가〉와 같다고 하면서 〈3.1절가〉의 원곡은 로버트 로우리Robert Lowry의 "Shall We Gather At the River 우리 그 강에서 만날까요" 로 한국에서는 "우리 그 강가 모이리" 또는 "아름다운 강"의 제목으로 알려졌다고 했다. 하지만, 안정송의 작사 노래가 호놀룰루에서 정말로 불려졌는지 또 얼마나 불려졌는지 확인할 수 없다.

1944년 3월 22일

1944년 3.1절 기념행사는 국민회총회관에서 열리지 않고 진주만해군부 정원에서 열렸는데, 기후관계로 연기하고 3월 9일 정오에 열렸다. 미 해군부 전쟁 공채발매와 관련하여 해군부 관련자와 한미공채 위원장이 함께한 행사였다. 따라서 다른 해와 달리 〈미국애국가〉와 〈한국애국가〉를 부른 후 폐회하였다『국민보』, 1944년 3월 22일, 1면. 〈한국애국가〉가 남궁억의 가사를 변형한 애국가였는지, 아니면 올랭 사인 곡조로 부른 〈애국가〉인지는 확인할 수 없다.

1945년 이후

1945년 이후 매해 3.1절 기념행사에서 〈애국가〉를 불렀는데, 다른 노래를 불렀다는 기사는 없다.

III. 맺는 말

1928년생 에스터 권 아리나가Esther Kwon Arinaga의 어머니 권이희경 1894-1947은 대구 신명여학교 1회1915년 졸업생이다. 졸업하던 해 10월에 권도인의 사진신부로 와서 결혼하였고현 그리스도연합감리교회에 충성한 교인으로 사회활동도 활발히 하였다. 권도인에게 1998년에 건국훈장 애국장이, 그리고 이희경에게는 2002년에 건국포장이 추서되었다.

자녀들도 모두 교회에 다녔고, 4 자녀 중 막내인 에스터는 고등학교 때 교회 피아노 반주도 가끔하였다. 바로 위 오빠와 함께 교회 소속 대동국어학교를 다닌 에스터는 국어학교에서 부른 애국가가 지금의안익태 작곡 애국가가 아니고, 올랭 사인 곡조였다 한다. 안익태의 애국가는 2차 대전 후에야 부르기 시작했다고 하며, 와히아와 한미클럽에서 인쇄한 〈조선국가〉는 알지 못한다.

하와이 한인들은 교회와 학교 등 단체 모임에서 나라 사랑 노래를 불렀다. 한편, 하와이 한인들이 사탕수수밭에서 일하면서 타령을 불렀다는 기록은 찾을 수 없다. 그러나, 고국을 그리며 민요를 불렀다는 기록은 1930년 경에 나오기 시작한다. 한인 YWCA의 형제클럽 2세들의 동아리 회원들은 한인 총무 황혜수의 지도로 한국 노래와 무용을 배우고 공연하였다. 남아있는 1928년-1930년 사이에 있었던 한 공연 순서지에서 회원 일동이 〈강원도 아리랑〉과 〈도라지 노래〉를 불렀음을 알 수 있는데, 가사는 알려지지 않는다.

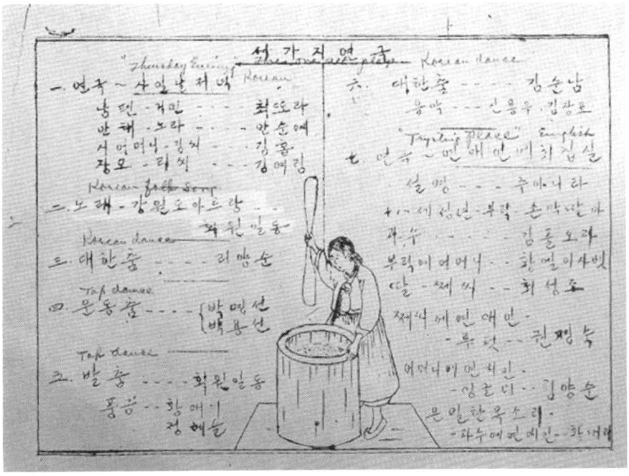

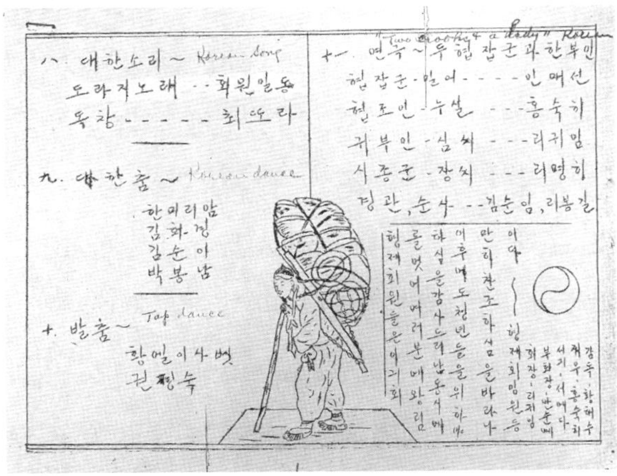

YWCA 공연 순서지 첫 장 (1928-1930년 경)과 둘째 장

〈아리랑〉을 불렀다는 다른 기록은 1931년 6월 15일 부인구제회1919년 3월 조직 모임에서 김해나가 〈아리랑〉 타령을 불렀다는 기사이다. 기사에 가사도 함께 실렸다『태평양주보』, 1931년 6월 20일, 14쪽.

1절: 청텬하날에 빌도 만코 세상사리는 말도 만타

2절: 날 바리고 가난임은 십이를 못가 발병난다.

3절: 인제가면 언제 오나 오난 날을 알이어라

에스터가 어렸을 때 1930년도 중반 어머니와 교회부인회 회원들이 자주 모일때마다 〈아리랑 타령〉과 〈도라지 타령〉을 불렀던 것을 기억한다. 에스터도 〈아리랑〉은 물론 〈도라지타령〉 가사를 아직도 기억하고 있다.

타령에 관한 위의 2개 기록 이외에, 한국학연구소의 Susan Chun Lee Collection 과 Nam Yong Chung Collection 에 옛 레코드들이 포함되어 있다. 일본의 Columbia, Victor, Okhe, 등 레코딩 회사에서 제작한 것이다. 1930년에 호놀룰루에 조선 유성기 판을 파는 상점이 있었다. 조선 유성기 판은 매장 1원$1 이었고, 음률, 시조, 조래, 가사, 서울 소리 서도소리, 남도소리, 창가, 동요, 찬미 등 각종이 구비되어 있었다 대표 김영기, 150 Fort Street. 전수산과 정남용2세 이 레코드판의 대부분을 이 상점에서 구입하였을 것이라고 추측한다. '대한 유성기 판'을 판다는 광고 태평양주보 1930년 12월 20일 p. 16 와 '조선 유성기 판 매장 1원$1 이고, 음률, 시조, 노래, 가사, 서울소리, 서도소리, 남도소리, 창가, 동요, 찬미 등 각종을 구비'하였다는 광고가 남아있다 태평양주보, 1931년 5월 9일, p.12. 위에 언급한 박기홍의 1938년 〈혁명객의 아리랑〉 시 가사도 유성기판의 보급으로 〈아리랑〉 〈도라지〉 등 타령을 접하면서 지어지지 않았나 추측할 수 있다.

한국학연구소 소장 레코드에 관한 연구가 이루어지길 기대해본다.

부록

이선일 컬렉션 필사본 창가집 수록곡의 가사

〈일러두기〉

1. 왼쪽은 원문 그대로 오른쪽은 현대어로 고친 것(한글로 이해가 안되는 부분은 한자를 넣어줌).
2. 행 순서가 다르게 적힌 것은 현대어에서 고쳐서 적음.
3. 접혀 있어서 모르는 글자는 △로 표시(현대문에는 추정하여 채움).
4. 원본에는 띄어쓰기가 전혀 없으나 맥락을 이해할 수 있게 띄어쓰기 함
5. 가사가 아닌 덧붙여 쓴 말은 *로 구별하여 표시해 주었음.

순	곡제목		원문 가사	현대문 가사
1	警醒歌	경성가	警醒歌 나아가셰 나아가셰 우리 학도들 잠을 자던 이 셰상에 나아가셰 ᄐᆡ극기를 운슈즁에 놉히 달고 잠을 자든 이 동포를 ᄭᆡ여보셰 ᄭᅮᆷ을 ᄭᆡ셰 ᄭᅮᆷ을 ᄭᆡ셰 얼은 ᄭᅮᆷᄭᆡ셰 어화우리 동포들아 얼은 ᄭᅮᆷ깨셰 △구라츈면을 불직호런야 못드럿나 못드럿 못드럿나 져의 ᄉᆡ소ᄅᆡ △ 씨즈기고 해빗치 빗쳣네 이러나오 이러나오 얼는 이러나오 손이왓네 손이낫네 문젼손이왓네 쥬인이 누어시면 누졉빈ᄒᆡ 이러나 잠시 보시오 봄바람 도라왓네 먼산 만산 ᄭᅩᆺ도 펴고 입도 펴엿네 슯흐도다 ᄃᆡ한강산 삼쳘이여 △의 물ᄉᆡᆨ구비 이러한디	경성가 나아가세 나아가세 우리 학도들 잠을 자던 이 세상에 나아가세 태극기를 운수 중에 높이 달고 잠을 자던 이 동포를 깨워보세 꿈을 깨세 꿈을 깨세 얼른 꿈깨세 어화우리 동포들아 얼른 꿈깨세 △구라 춘면을 불직하런가 못들었나 못들었나 저기 새소리 △~의 지저기고 햇빛이 비췄네 일어나 일어나오 얼른 일어나오 손이 왔네 손이 왔네 문전 손이 왔네 주인이 누어시면 누졉빈해 일어나 잠시 보시오 봄바람 돌아왔네 먼산 만산 꽃도 피고 잎도 피었네 슬프도다 대한강산 삼천리이여 △의 물색 굽이 이러한디
2	自由歌	자유가	自由歌 一. 대한에 국민들아 너의 조상나라를 쟈유국으로 동셔의 활동하라면 우리의 기반을 버셔바리고	자유가 1. 대한의 국민들아 너의 조상나라를 자유국으로 동서의 활동하려면 우리의 기반을 벗어 버리고

순	곡제목		원문 가사	현대문 가사
			자유종 치ᄂᆞᆫ 소ᄅᆡ로 귀을 진동케 하라 二. 용감한 쳥년들아 너의 조상나라를 셰셰상 젼한 동방 역사국으로 오널날 이 지경 웬일인가 와신상담 잇지말고 국가 위해 힘쓰셰 三. 구미에 열강들 관찰하여 보시오 활활한 기상 부러움 하랴고나 분하고 졀통한 우리 국민들 일심단쳬 하랴면 국가를 회복하겟네	자유종 치는 소리로 귀를 진통케 하라 2. 용감한 청년들아 너의 조상나라를 새 세상 전한 동방 역사국으로 오날날 이지경 왠 일인가 와신상담 잊지 말고 국가 위해 힘쓰세 3. 구미의 열강들 관찰하여 보시오 활활한 기상 부러움 하려고나 분하고 절통한 우리 국민들 일심단체 하려면 국가를 회복하겠네
3	한반도가	한반도가	한반도가 동해에 돌츌한 나의 반도야 너ᄂᆞᆫ 나의 조상 나라니 나의 사랑함이 오직 너ᄲᅮᆫ이라 은ᄐᆡᆨ이 깁고나 나의 반도야 션조들과 모든 족속들이 너을 으ᄐᆡᆨ하야 ᄉᆡᆼ장 하얏고나 역사가 오ᄅᆡ도 나의 반도야 조션들이 유젹을 볼ᄯᆡ에 너을 사모함이 더욱 깁고나 일월갓치 밝은 나의 반도야 둥근 달이 반공에 밝을 ᄯᆡ의 너을 ᄉᆡᆼ각함이 더욱 간졀하다 산쳔이 슈례한 나의 반도야 물이 맑고 산이 웅장한ᄃᆡ 너을 향한 츙셩이 더욱 놉하진다	한반도가 동해에 돌출한 나의 반도야 너는 나의 조상 나라니 나의 사랑함이 오직 너뿐이라 은택이 깊구나 나의 반도야 선조들과 모든 족속들이 너를 의탁하여 생장하였구나 역사가 오래도 나의 반도야 祖先들의 유적을 볼 때에 너를 사모함이 더욱 깊구나 일월같이 밝은 나의 반도야 둥근달이 반공에 밝을 때의 너를 생각함이 더욱 간절하다 산천이 수려한 나의 반도야 물이 맑고 산이 웅장한데 너를 향한 충성이 더욱 높아진다
4	大東歌	대동가	大東歌 一. ᄃᆡ동반도 쳥년들아 동방이 밝엇네 이러나셰 우리친구 벽상종니 ᄉᆡ벽조름을 ᄭᆡ웃친다 후렴. 금산이 젼후에 거듭 막키고 도슈가 좌우에 구비 흘너도 조곰도 쥬져말고 훨젹 나아가셔 졍신과 기릉을 슈양하셰	대동가 1. 대동반도 청년들아 동방이 밝았네 일어나세 우리 친구 벽상종이 새벽 졸음을 깨운다 후렴. 금산이 전후에 거듭 막히고 도수가 좌우에 굽이 흘러도 조금도 주저말고 훌쩍 나아가서 정신과 기능을 수양하세

순	곡제목		원문 가사	현대문 가사
			二. 시볘리아 찬바람아 맹열코 식~한 나의 운동 인래셩을 길너쥬니 연당상 너힘이 나의사랑 三. 태평양 깁흔물아 졍셩물만 갈아함역이라 공부목젹 이와갓치 우리의 기략이 넓어진다 四. 청구별계 종산들아 곳~에 문필 높히소사 학문계를 장하여라 어즈러운 셰상 광명일셰	2. 시베리아 찬바람아 맹렬코 씩씩한 나의 운동 인내성을 길러주니 연당상 너힘이 나의 사랑 3. 태평양 깊은 물아 정성물만 같아 함역이라 공부 목적 이와 같이 우리의 기략이 넓어진다 4. 청구별계 종산들아 곳곳에 문필 높이 솟아 학문계를 장하여라 어지러운 세상 광명일세
5	셩경긔역가	성경기억가	셩경긔역가 一. 창계긔 츌ᄋᆡ급기 레우기 민슉 신명기 여호슈아 사~사기 룻긔 삼위열젼 삼위열후셔 열왕기상 二. 열왕기하편 역ᄃᆡ상하 에스라 에리마아 에스타터 욥 시편 장언 젼도 아가셔 이사야 에리미아 애가셔 三. 에스결 단이열 로셰야 요열 아모셔 오다듸아 요나 미가 난후 하박국 셔아리아 학게 셰가리아 四. 말나긔 마ᄐᆡ 마가 누가 요한 사도 고린도젼 고린도후셔 갈라듸아 에베소 빌입보 골도ᄉᆡ 五. 데살로니젼후 듸모데젼 듸모데후셔 듸도 빌입문 히브리 야고보 베드로젼후 요한일이삼셔 유다묵시	성경기억가 1. 창세기 출애굽기 레우기 민숙 신명기 여호수아 사사기 룻기 살룻기 삼위열전 삼위열후서 열왕기상 2. 열왕기하편 역대상하 에스라에 리마아 에스터 욥 시편 장언 전도 아가서 이사야 에리미아 애가셔 3. 에스겔 다니엘 호세아 요엘 아모스 오바디아 요나 미가 난후 하박국 셔아리아 학개 세가리아 4. 말라기 마태 마가 누가 요한 사도 고린도전 고린도후서 갈라디아 에베소 빌립보 골로새 5. 데살로니전후 디모데전 디모데후서 디도 빌레몬 히브리 야고보 베드로전후 요한일이삼서 유다묵시

순	곡제목		원문 가사	현대문 가사
			六. 신구약젼셔를 난아 노오면 신약이 니십칠 구약 삼십구 이 셩경 권슈를 모다 합하면 셩경의 양식이 유십육육 * 聖父 聖身　聖子 아멘	6. 신구약 전서를 나눠 놓으면 신약이 이십칠 구약 삼십구 이 성경 권수를 모두 합하면 성경의 양식이 유십육육 * 성부 성신 성자 아멘
6	국혼가	국혼가	국혼가 一. 츈산에 화초을 바라보게 엉목이 쳥 ~ 하야 식꼿이 폐네 상년에 둥글은 마를지라도 것부리만 셩하면 소싱하노라 二. 나라에 쌔리는 국혼이노니 형식상 군혼이 둥글갓도다 형식강 국혼 쎡지 안으야 오쳔년 무궁흔 영싱하리라 三. 슯흐다 이쳔단군 모여여 오널 둥그릅다 한잔 마아라 국혼을 부르고 한번 나가면 이눈물이 변하야 영광되겟네 四. 국혼아 국혼아 분발하여라 우리밧기를 참지 못하네 뇌셩갓흔 한소릐 쒸여 나가셔 일심으로 다를긔가 부르셰	국혼가 1. 춘산에 화초를 바라보게 영목이 청청하여 새 꽃이 피네 상년에 둥글은 마를지라도 겉부리만 성하면 소생하노라 2. 나라의 부리는 국혼이노니 형식상 국혼이 둥글 같도다 형식상 국혼 썩지 않아야 오천년 무궁한 영생하리라 3. 슬프다 이천만군 모여서 오늘 둥그럽다 한탄 말아라 국혼을 부르고 한 번 나가면 이 눈물이 변하여 영광되겠네 4. 국혼아 국혼아 분발하여라 우리 반기를 참지 못하네 뇌성 같은 한 소리 뛰어 나가서 일심으로 다를 개가 부르세
7	민츙공츄도회	민충정공추도회	민츙공츄도회 一. 쳔지디간 졍긔가 민츙공의 일도로다 후렴. 잇지마셰 잇지마셰 나라 위한 쯧 二. 피가 흘너 내가되니 대한뎨국 영광일셰 三. 거졔광음 밧비노니	민충정공 추도회 1. 천지지강 지정기가 (天地至剛至正氣) 민충정의 일도로다 후렴. 잊지마세 잊지마세 나라 위한 뜻 2. 피가 흘러 내가 되니 대한제국 영광일세 3. 거제광음 바삐오니 (居諸光陰)

순	곡제목		원문 가사	현대문 가사
			슌결하신 금일리라 四. 젼국동포 이쳔만이 위공츄도 일반일세 五. 학도야 ~ ~ ~ 경영 유셔 이질소냐 六. 충애목젹 쎈을 밧아 동입졍신 모도합하셰 七. 갈츙보국 우리마음 경공일반 이 안인가 八. 연 ~ 차일 그념하며 츄도가를 놉혀보셰 * 민츙공 슌일은 광무구년 십일월 삼십일 오젼 육시라	순절하신 금일이라 4. 전국동포 이천만이 위공추도 일반일세 (爲公追悼) 5. 학도야 학도야 정녕 유서 잊을소냐 6. 충애목적 본을 받아 독립정신 모두 합하세 7. 갈충보국 우리마음 경공일반 이 아닌가 8. 연연차일 기념하며 추도가를 높혀보세 * 민충정공(민영환) 순국일은 광무9년 11월 30일 오전 6시라
8	去國歌	거국가	去國歌 (一) 간다~ ~ 나는 간다 너을두고 나는간다 잠시뜻을 엇엿노라 가불셔는 잇시오니 나의 등을 닉미려셔 너를 써나 가나가게하니 일노부터 여려해을 너을보지 못할지니 그동안에 나는오직 너을위해 일할이니 나간다고 슬어마라 나간다고 슬어마라 나의사랑 한반도야 (2) 간다~ ~ 나는 간다 너을두고 나는간다 져시운을 대젹타가 열혈으로 쑤리고져 내품속에 누어자든 내형제를 다쌔여셔	거국가 (1) 간다간다 나는간다 너를두고 나는간다 잠시뜻을 얻었노라 까불대는 이시운이 나의등을 내밀어서 너를 떠나 가게하니 이로부터 여러해를 너를보지 못할지니 그동안에 나는오직 너를위해 일할지니 나간다고 슬퍼마라 나간다고 슬퍼마라 나의사랑 한반도야 (2) 간다간다 나는간다 너를두고 나는간다 져시운을 대적타가 열혈으로 뿌리고저 내품속에 누어자던 내형제를 다깨워서

순	곡제목		원문 가사	현대문 가사
			한번깁버 하여드면 속이시원 하겟고만 장내일을 ᄉᆡᆼ각하야 분을참고 ᄯᅥ나간다 내가~가면 영갈소냐 나의사랑 한반도야 (3) 간다 ~~ 나는간다 너을두고 나는간다 래가너을 ᄌᆞᆨ별한후 태평양과 대셔양을 건널ᄯᅢ도 잇슬지며 셰베리야 만쥬들에 단일ᄯᅢ도 잇슬지라 나의몸은 부평갓치 어느곳에 가잇든지 너을ᄉᆡᆼ각 할터이니 너도나을 ᄉᆡᆼ각하라 나의사랑 한반도야 간다 ~~ 나는간다 너을두고 나는간다 지금이별 할ᄯᅢ에ᄂᆞᆫ 빈쥬먹을 들고가나 이후다시 상봉할ᄯᅢ 긔을들고 올터이니 눈물흘인 이별이야 후일영광 되리로다 악풍속 심한이대 부듸 ~~ 잘잇거라 후일다시 만나보자 나의사랑 한 도야 *此는 本國를 離別할 時	한번기뻐 하였으면 속이시원 하겠고만 장래일을 생각하여 분을참고 떠나간다 내가가면 영갈소냐 나의사랑 한반도야 (3) 간다간다 나는간다 너를두고 나는간다 내가너를 작별한후 태평양과 대서양을 건널때도 있을지며 시베리아 만주들에 다닐때도 있을지라 나의몸은 부평같이 어느곳에 가있든지 너를생각 할터이니 너도나를 생각하라 나의사랑 한반도야 간다간다 나는간다 너를두고 나는간다 지금이별 할때에는 맨주먹을 들고가나 이후다시 상봉할 때 기를 들고 올터이니 눈물흘린 이별이야 후일영광 되리로다 악풍속 심한이때 부디부디 잘있거라 후일다시 만나보자 나의사랑 한반도야 *이는 본국을 이별할 때
9	學問歌	학문가	學問歌 (一) 금강셕이라도 갈지안으면 윤택한 광ᄎᆡᄂᆞᆫ 날슈업도다 사ᄅᆞᆷ도 한문을 ᄯᅡᆨ근 뒤에야 셩실한 ᄒᆡᆼ덕이 나타내리라 시계의 바늘이 간단읍시 도라감과 갓치 쉬지 말지라 촌음을 악기여 셩근이 하면 아모 업이라도 셩공하리라	학문가 (1) 금강석이라도 갈지 않으면 윤택한 광채는 날 수 없도다 사람도 학문을 닦은 뒤에야 성실한 행덕이 나타나리라 시계의 바늘이 간단없이 돌아감과 같이 쉬지 말지라 촌음을 아끼어 성근히 하면 아무 업이라도 성공하리라
10	工夫	공부	工夫歌 공연히 허송말세 오날날을	공부가 공연히 허송마세 오늘날을

순	곡제목		원문 가사	현대문 가사
	歌	가	금일 다시 두번 오지 안네 무단이 량류말셰 이 셰월 금연은 다시 두번 오지 안네 부즈런히 공부하셰 학도들 하우씨의 셕분음을 우리들도 날~이 잇지말고 우리들 고부하셰 * 古人 惜寸陰 今人 不可不 惜分陰	금일 다시 두 번 오지 않네 무단히 낭류마세 이 세월 금년은 다시 두 번 오지 않네 부지런히 공부하세 학도들 하우씨의 석분음을 우리들도 나날이 잊지말고 우리들 공부하세 * 고인은 촌음을 아끼고 금인은 분음을 아끼지 않을 수 없다.
11	四節歌	사절가	四節歌 一. 츈ᄉᆡᆨ을 자랑하ᄂᆞᆫ 조은 화원도 ᄌᆡ식고 안이하면 볼것업도다 츈화와 갓흔 부귀나 졍 업나니 한문을 ᄇᆡ양하고 안이 어드리 二. 하야ᄂᆞᆫ 훈흑하고 등화 발근데 엇지타 하즁들은 와셔 빠지나 화ᄑᆡ를 자취함이 어리셕도다 불갓흔 不의영리 감히 탐할가 三. 츄곡을 거두ᄂᆞᆫ 무삼공이뇨 알ᄑᆡ와 츈하브터 근고함이라 어려셔 공부하기 향여 쉴셔라 자라셔 사업하기 어려우이라 四. 동졀을 안과하ᄂᆞᆫ 봉밀 보시오 뢰고올 불탄하고 례비함이니 월억가 읍고보면 근우잇나니 쳥년을 허송하고야 늙어엇져리	사절가 1. 춘색을 자랑하는 좋은 화원도 栽植 곳 아니하면 볼 것 없도다 춘화와 같은 부귀나 정 없나니 학문을 배양하고 아니 얻으리 2. 夏夜는 薰黑하고 등화 밝으니 엇지타 화충들은 와서 빠지나 불같은 불의영리 감히 탐할까 禍敗를 自取함이 어리석도다 3. 추곡을 거두기는 무슨 공이뇨 알패와 春夏부터 근고함이라 어려서 공부하기 행여 쉴세라 자라서 사업하기 어려우리라 4. 동절을 安過하는 蜜蜂 보시오 勞苦를 不憚하고 예비함이니 遠慮가 없고 보면 근우 있나니 청년을 허송하고야 늙어 어찌리
12	運動歌	운동가	運動歌 (一) 만위근본 이ᄂᆡ몸은 필요할사 강건일셰 압헤오ᄂᆞᆫ 허다시업 건강코야 감당할셰 유록화홍 은양쳔에 활발운동 하여보셰 (二) 쳥년사회 이ᄂᆡ몸은 학업종사 이안인가 뎍육지육 양반사도 톄육안코 어이하리 앵비도약 자겨지여 활발운동 안이한가 (三) 학ᄉᆡᆼ시ᄃᆡ 이ᄂᆡ몸은 일심공부 힘쓰리니 셜창연산 신지로ᄃᆡ 춘복한번 떨칠지니	운동가 (1) 만위근본 이내몸은 필요할사 건강일세 앞에오는 허다사업 건강코야 감당할세 柳綠花紅 艶陽天에 활발운동 하여보세 (2) 청년사회 이내몸은 학업종사 이아닌가 덕육지육 양반사도 체육않고 어이하리 鶯飛魚躍 自在地에 활발운동 아니할까 (3) 학생시대 이내몸은 일심공부 힘쓰리니 雪窓螢案 信地로되 春服한번 떨칠지니

순	곡제목		원문 가사	현대문 가사
			우풍ᄀᆡ류 모춘자의 활발운동 조흘지니 (四) 국민분자 이내몸은 체견코야 심견이라 근뢰쥬의 실항함에 퇴션근본 이것이라 텬량ᄀᆡ청 일시야에 활발운동 조을세라	우풍기류 모춘자에 활발운동 좋을지지 (4) 국민분자 이내몸은 體健코야 心健이라 勤勞주의 실행함에 최선근본 이것이라 天朗氣淸 是日也에 활발운동 좋을세라
13	卒業式歌	졸업식가	卒業式歌 (一) 同窓에 工夫하든 우리 학友들 셰월이 如流하야 오날 當햇네 보ᄂᆡ는 ᄌᆞ 가는 ᄌᆞ 피차 나뉘니 셕별하ᄂᆞᆫ 회포ᄂᆞᆫ 가이 업도다 (二) 今日에 相別하는 우리 學友들 한말ᄉᆞᆷ 勸하노니 銘心 하시오 업을 맛고 가는 자 事業 힘쓰고 業을 ᄯᆞㄱ고 잇는 자 근고 하시오 (三) 금난갓치 親密한 우리 學友들 誠心으로 비노니 保重 하시오 先進者 後進자 우리 무리는 스승에 教訓하심 굿게 직히셰	졸업식가 (1) 동창에 공부하던 우리 학우들 세월이 여류하여 오늘 당했네 보내는 자 가는 자 피차 나뉘니 석별하는 회보는 가이 없도다 (2) 금일에 상별하는 우리 학우들 한말씀 권하노니 명심하시오 업을 맡고 가는 자 사업 힘쓰고 업을 닦고 있는 자 근고 하시오 (3) 金蘭같이 친밀한 우리 학우들 성심으로 비노니 보중하시오 선진자 후진자 우리 무리는 스승의 교훈하심 굳게 지키세
14	석음(惜陰) 추정		어언간에 ᄇᆡᆨ발이 가셕하리라 三. 귀하고 귀하다 가는 광음은 일별일각이 여텬금일세 문명의 조은 사업 감당하랴면 소년의 경ᄌᆡᆼ시ᄃᆡ가 맛당하도다 四. 생존을 결ᄌᆡᆼ하ᄂᆞᆫ 이 시대에ᄂᆞᆫ 국가흥망이 ᄂᆡ게 달엿네 이 ᄯᆡ를 보감삼아 복응하여셔 잠시도 나ᄐᆡ말고 근면합시다 五. 열광의 ᄃᆡ졉을 ᄉᆡᆼ각할사록 노례의 동물은 지룡ᄲᅮᆫ일셰 이쳔만 우리 동포 兄弟여 오ᄇᆡᆨ년 지은 눈물 ᄲᆞᆯ이 보시오 (六) 룩ᄃᆡ쥬 오ᄃᆡ양 형편 삷히니 약룩강식과 우승일피라	어언간에 백발이 가석하리라 3. 귀하고 귀하다 가는 광음은 일분일각이 如千金일세 문명의 좋은 사업 감당하려면 소년의 경쟁시대가 마땅하도다 4. 생존을 경쟁하는 이 시대어늘 국가흥망이 내게 달렸네 이 때를 보감 삼아 복응하여서 잠시도 나태말고 근면합시다 5. 열광의 대접을 생각할수록 노예의 동물은 지룡 뿐일세 이천만 우리동포 형제여 오백년 지은 눈물 빨리 보시오 (6) 육대주 오대양 형편 살피니 약육강식과 우승일피라

순	곡제목		원문 가사	현대문 가사
			국권을 회복하고 동포 구졔ᄂᆞᆫ 우리 두 억ᄀᆡ 담김하엿네 (七) 혈류를 ᄲᅮ리며 분발심으로 실디상 한문을 연구합세다 국가문명하고 자유동입은 영년의 교육밧게 다시업도다 (8) 츙신열사가 별긔 안이라 김유신 을지문덕 ᄲᅩᆫ을바다 당 ~ᄒᆞᆫ 대한국으로 우리 학도가 保全합세다 (9) 부모님 ᄭᅴ로 영광 돌이고 나라의 츙효로 공업 셰워셔 국가의 主人되ᄂᆞᆫ 우리 학도ᄂᆞᆫ 츙효겸젼으로 열ᄆᆡ되리라 (10) 일편단심 대한 글자로 뇌슈에 삭여셔 잇지마시오 굉장한 우리국긔 놉히 달고셔 만셰만셰를 동입만셰를 부르셰	국권을 회복하고 동포 구제는 우리 두 어깨에 담임하였네 (7) 혈류를 뿌리며 분발심으로 실지상 학문을 연구합시다 국가문명하고 자유독립은 청년의 교육밖에 다시 없도다 (8) 충신 열사가 별게 아니라 김유신 을지문덕 본을 받아 당당한 대한국으로 우리 학도가 보전합시다 (9) 부모님께로 영광 돌리고 나라의 충효로 공업 세워서 국가의 주인되는 우리 학도는 충효 겸전으로 열매되리라 (10) 일편단심 대한글자로 뇌수에 새겨서 잊지마시오 굉장한 우리 국기 높이 달고서 만세만세를 독립만세를 부르세
15	청쳔자유가	청천자유가	청쳔자유가 뒤동산에 ᄭᅩᆺ이펴고 압ᄂᆡ물이 흘을ᄃᆡ 가지 ~~ 붉고 소 ~ᄒᆞᆫ 물은 맑다 작ᄃᆡ우에 톳긔ᄂᆞᆫ ᄯᅦ을 지어 나아가니 거름 ~~ 이 반ᄂᆞᆫ 것은 푸르른 풀입이오 립~총~ 슈목들은 반가워 하ᄂᆞᆫ 듯 락 ~ 장송 푸르고 양유가지 흔들ᄯᅢ 두루미가 츔을 츄고 ᄭᅬ고리가 운다 청쳔ᄇᆡᆨ일 놉고 날아가ᄂᆞᆫ 황ᄉᆡ야 셰상사가 슯흐다고 슯히울 가지마라 이ᄂᆡ 속에 품은 졍은 일편단심이라	청천자유가 뒷동산 꽃이 피고 앞내물이 흐를 때 가지가지 붉고 소소한 물은 맑다 잔디 위에 토끼는 떼를지어 나아가니 거름거름이 밟는 것은 푸르른 풀잎이오 잎잎 총총 수목들은 반가워 하는 듯 낙낙장송 푸르고 양류가지 흔들 때 두루미가 춤을 추고 꾀꼬리가 운다 청천백일 높고 날아가는 황새야 세상사가 슬프다고 슬피울며 가지마라 이내 속에 품은 정은 일편단심이라
16	望鄕歌	망향가	望鄕歌 (1) 부모형졔 이별하고 타관을노 작ᄀᆡᆨ하니 셥~ᄒᆞᆫ 마음 향ᄒᆞᄂᆞᆫ 곳 나의 본향 ᄲᅮᆫ이로다 (2) 놀던 친구 엇더하며	망향가 (1) 부모형제 이별하고 타관으로 작객되니 섭섭한 마음 향하는 곳 나의 본향 뿐이로다 (2) 놀던 친구 어떠하며

<table>
<tr><th>순</th><th colspan="2">곡제목</th><th>원문 가사</th><th>현대문 가사</th></tr>
<tr><td></td><td></td><td></td><td>가솔들이 무랑한가
멀~이 나온 후의
고향 ᄉᆡᆼ각 간졀하다

(3)
도라갈 길 막~하다
도라가면 졍을 풀가
ᄃᆡᄒᆡ갓치 격한 공긔
은승 즁에 담을 쳤네

(4)
본향 계신 친구들아
놉고 맑은 구름편에
그리운 졍 포합셰다
내몸소ᄅᆡ 합품하고</td><td>가솔들이 무양한가
멀리멀리 나온 후에
고향생각 간절하다

(3)
돌아갈 길 막막하다
돌아가면 정을 풀까
대해같이 격한 공기
은연 중에 담을 쳤네

(4)
본향 계신 친구들아
내 목소리 화답하고
높고 맑은 구름 편에
그리운 정 표합시다
※ 4절은 행을 바꾸었음</td></tr>
<tr><td>17</td><td>相逢歌</td><td>상봉가</td><td>相逢歌
사랑하온 우리 쳥년들
오널날 셔로 만나본니
반가운 뜻이 만은 즁
나라ᄉᆡᆼ각 더욱 깁고나
언졔나 ~~~
동입연에 다시 만날까
언졔나 ~~~
동입연에 만날까

형졔들아 참 분하고나
져 원슈가 참 분하고나
져 원슈을 다 모라 ᄂᆡᆷ은
나의 진졍 소원이로다
언졔나 ~~~
개션가를 놉히 부르가
언졔나 ~~~
개션가를 놉히 부를

(3)
형졔들아 참 괴롭고나
나의 속ᄇᆡᆨ 참 괴롭고나
이 속ᄇᆡᆨ을 ᄲᆡ여 바리뫈
나의 진졍 소원이로다
언졔나 ~~~
자유 동입을 크게 울일가
언졔나 ~~~
자유 동입을 크게 울일가

(4)
형졔들아 참 아리고나</td><td>상봉가
사랑하온 우리 청년들
오늘날 서로 만나보니
반가운 뜻이 많은 중
나라 생각 더욱 깊구나
언제나 언제나
독립宴에 다시 만날까
언제나 언제나
독립연에 다시 만날까

형제들아 참 분하구나
저 원수가 참 분하구나
저 원수를 다 몰아냄은
나의 진정 소원이로다
언제나 언제나
개선가를 높히 부를가
언제나 언제나
개선가를 높히 부를

(3)
형제들아 참 괴롭구나
나의 속박 참 괴롭구나
이 속박을 빼어버림은
나의 진정 소원이로다
언제나 언제나
자유 독립을 크게 울리까
언제나 언제나
자유 독립을 크게 울릴까

(4)
형제들아 참 아리고나</td></tr>
</table>

순	곡제목		원문 가사	현대문 가사
			장계보호함 참 아리고나 우리 국권을 회복함은 나의 진졍 소원이로다 언졔나 ~~~ 동입긔를 놉피 날일가 언졔나 ~~~ 동입연에 놉히 날일가 (5) 형졔들아 조상나라를 보호함이 뉘 직분인가 학심을 말고 참 분하고나 나라를 함께 합셰다 소원을 ~~~ 성취할 날이 머지안네 소원을 ~~~ 성취할 날이 머지안네	장계보호함은 참 아리고나 우리 국권을 회복함은 나의 진정 소원이로다 언제나 언제나 독립기를 높이 날릴까 언제나 언제나 독립기를 높이 날릴까 (5) 형제들아 조상나라를 보호함이 뉘 직분인가 낙심 말고 참 분하고나 나라를 함께 합시다 소원을 소원을 성취할 날이 멀지 않네 소원을 소원을 성취할 날이 멀지 않네
18	國歌	국가	國歌 (1) 우리나라 대한졔국 만셰무강 하옵소셔 백두산이 외~하고 한강슈ᄂᆞᆫ 막~ᄒᆞᆫ듸 단군셩자 이쳔만아 다쥬재씌 비나이다 (2) 근하셰게 우리나라 쳔만셰의 일우도록 그와 갓치 나리소셔 거룩하고 거룩하다 우리나라 거룩하다	국가 (1) 우리나라 대한제국 만수무강 하옵소서 백두산이 외외하고 한강수는 막막한데 단군성자 이천만아 대주재께 비나이다 (2) 근화세계 우리나라 천만세의 이루도록 그와 같이 나리소서 거룩하고 거룩하다 우리나라 거룩하다
19	청년의 입지가	청년의 입지가	쳥년의 입지가 (1) 층암과 졀벽을 구비도라셔 젹거도 크ᄂᆡ을 모도 합하야 대ᄒᆡ를 목젹고 흐르ᄂᆞᆫ 져물 조곰도 간단읍시 흘너나가네 후렴. 쳥년아 ~~ 우리 쳥년아 大ᄒᆡ갓치 너은 우리 목젹은 시험과 연단에 갓치 나가 우리의 졍신을 슈양ᄒᆞᆫ 뒤의 흠악ᄒᆞᆫ ᄐᆡ산과 사ᄂᆞ운 바람 우리 압길을 막을지라도 넘긔를 조금도 쥬져 마아라	청년의 입지가 (1) 층암과 절벽을 굽이 돌아서 적거나 큰 내를 모두 합하여 대해를 목적하고 흐르는 저 물 조금도 간단없이 흘러나가네 후렴 청년아 청년아 우리 청년아 대해같이 넓은 우리 목적은 시험과 연단에 같이 나가 우리의 정신을 수양한 뒤에 험악한 태산과 사나운 바람 우리 앞 길을 막을 지라도 넘기를 조금도 주저 말아라

순	곡제목		원문 가사	현대문 가사
			우리의 희망봉이 져긔 보인다 (2) 셰베리아 늠열ᄒᆞᆫ 사나운 바람 ᄐᆡ평양 큰 물에 호~ᄒᆞᆫ 파도 우리의 장ᄅᆡ 압길되고 우리 젼진을 막을지라도	우리의 희망봉이 저기 보인다 (2) 시베리아 늠열한 사나운 바람 태평양 큰 물에 호호한 파도 우리의 장래 앞길 되고 우리 전진을 막을지라도
20	感歎歌	감탄가	感歎歌 (一) 슯흐도다 우리 민족아 사쳔여년 동방 역사국으로 자~손~ 나려오며 복락하더니 오날날 이지경 원 일인가 (후렴) 쳘사쥬사로 결박ᄒᆞᆫ쥬를 우리의 손으로 ᄭᅳᆫ어 바리고 동입만셰 우뢰소ᄅᆡ에 바다이 ᄭᅳᆯ코 산이 동켓네 (2) 일간두옥도 내집 안이오 슈뫼젼토도 ᄂᆡ것 못되네 무리ᄒᆞᆫ ᄎᆞ옥을 ᄃᆡ답 못ᄒᆞ고 공연ᄒᆞᆫ 구졍도 그져 밧도다 (3) ᄒᆞᆫ촌 벌네도 만일 발브면 쥭기 젼 ᄒᆞᆫ 번 움지거리고 조금만ᄒᆞᆫ 발도 만일 발브면 내몸을 반다시 쏙고 쥭넌다 (4) 눈을 드러 살피보오니 삼쳘이 안에 사못친 것이 우리 부모의 ᄒᆞᆫ심쁜이도 우리의 학도의 눈물이로 5. 남산 초목도 눈이 잇스면 비ᄎᆞᆷ의 눈물이 가득ᄒᆞ겟고 동ᄒᆡ의 어별도 마음 잇스면 우리와 ᄒᆞᆫ가지 슯허하리라 6. 금슈강산이 빗을 일엇고 광명ᄒᆞᆫ 명이 가득ᄒᆞ고나	감탄가 (1) 슬프도다 우리 민족아 사천여년 동방 역사국으로 자자손손 내려오며 복락받더니 오늘날 이 지경 웬 일인가 후렴. 鐵絲주사로 결박한 줄을 우리의 손으로 끊어 버리고 독립 만세 우뢰 소리에 바다가 끓고 산이 動켔네 (2) 일간두옥도 내 집 아니오 수묘전토도 내것 못되네 무리한 차옥을 대답 못하고 공연한 구정도 그저 받도다 (3) 한촌 벌레도 만일 밟으면 죽기 전에 한 번 움직거리고 조그만 벌도 만일 밟으면 내 몸을 반드시 쏘고 죽는다 (4) 눈을 들어 살펴보니 삼천리 안에 사무친 것은 우리 부모의 한숨뿐이오 우리 학도의 눈물이로세 5. 남산 초목도 눈이 있으면 비참한 눈물이 가득하겠고 동해의 어별도 마음 있으면 우리와 한가지로 슬퍼하리라 6. 금수강산이 빛을 잃었고 광명한 日月이 가득 하구나

순	곡제목		원문 가사	현대문 가사
			이것이 뉘죄인가 ᄉᆡᆼ각ᄒᆞ여도 네죄와 ᄂᆡ죄의 ᄭᅡ달이로다 7. 사랑ᄒᆞᄂᆞᆫ 우리 쳥년들아 자든지 ᄭᆡ든지 우리 마음에 나태한 악습과 의로사상을 모도다 ᄒᆞᆫ 칼로 ᄭᅳᆫ어 바리고 애국졍신과 단쳬일슴으로 육단혈류를 무렴시면 와신상담 잇지마라 우리 국권을 회복합셰다 동입긔 밧고 자유종칠 ᄯᆡ에 부모의 ᄒᆞᆫ심은 우슴되고 원슈가 비로 산과 갓트나 우리 압길을 막지 못ᄒᆞ네 대ᄒᆞᆫ반도의 광명 쳔지의 권국영웅이 우리가 안인가	이것이 뉘 죄인가 생각하여도 네 죄와 내죄의 까닭이로다 7. 사랑하는 우리 청년들아 자든지 깨든지 우리 마음에 나태한 악습과 의뢰 사상을 모두다 한 칼로 끊어 버리고 애국정신과 단체심으로 육단 혈류를 무릅쓰면 와신상담 잊지마라 우리 국권을 회복합세다 독립기 받고 자유종 칠 때에 부모의 한숨은 웃음되고 원수가 비록 산과 같으나 우리 앞 길 막지 못하네 대한반도의 광명 천지의 건국영웅이 우리가 아닌가
21	作別歌	작별가	作別歌 셰월리 여류ᄒᆞᆫᄃᆡ ᄌᆞᆨ별이 늘오네 광음이 나를 속이니 금셰가 잠관일셰 당신의 손목 놋ᄉᆞ와 평안이 가시오 모조록 쳔운 밧으ᄉᆞ ᄯᅩ다시 뵈옵셰다	작별가 세월이 여류한데 작별이 늘 오네 광음이 나를 속이니 금세가 잠깐일세 당신의 손목 놓사와 평안이 가시오 모쪼록 천운 받으셔 또다시 뵈옵세다
22	黑奴望鄕歌	흑노망향가	黑奴望鄕歌 (1) 내 집을 ᄯᅥᄂᆞᆫ 후 디방에 다~르니 산쳔과 풍경이 다셜고 언어가 ᄯᅩ달나 후렴 온 셰상이 자미업고 슯흔 ᄲᅮᆫ일세 나타방인으로 늘원ᄒᆞᆷ 내집에 가고 십소 (2) 아모리 고향 ᄉᆡᆼ각를 잇자ᄒᆞ나 슯흔과 눈물리 시~로 흐르도다	흑노망향가 (1) 내 집을 떠난 후 지방에 다다르니 산천과 풍경이 다 낯설고 언어가 또달라 후렴. 온세상이 재미없고 슬픔 뿐일세 나 타방인으로 늘원함 내집에 가고 싶소 (2) 아무리 고향 생각을 잊자하나 슬픔과 눈물이 시시로 흐르도다 여호와는 내 목자시니

순	곡제목		원문 가사	현대문 가사
			여호와ᄂᆞᆫ 내목자 시니 우리ᄂᆞᆫ 부족 ᄒᆞᆷ이 업도다	우리는 부족함이 없도다
23	地理歌	지리가	地理歌 (1) 아셰아 동편에 특츌 ᄒᆞᆫ반도 슈련과 륙년이 편이ᄒᆞᆫ 경게 북으로 요만이 여륙이 되고 동남셔 큰 물이 둘너 잇도다 (후렴) 쳥년아 ~~~ 우리 쳥년아 영쥰ᄒᆞᆫ 이쳔만 우리 청년아 우리여 지긔와 맹감ᄒᆞᆫ여를 자나ᄶᅢ나 더욱 연달ᄒᆞ여셔 맹열ᄒᆞᆫ 파도와 사나운 바람 우리여 젼도을 방ᄒᆡ ᄒᆞ여도 용긔를 조금도 허역 마아라 우리여 시엄날이 멀지 안토다 (2) ᄐᆡ평양 크 바다 광ᄃᆡᄒᆞᆫ 단들 ᄒᆞᆫ고동 긔션에 못 건널소냐 ᄐᆡ산이 놉단들 쳔하 산이라 오르고 ᄯᅩ 오르면 못 오를소냐 (3) 두홍의 ᄇᆡᆨ연 우리 지긔와 슈십년 연단 맹감ᄒᆞᆫ 쥬먹 륙쥬에 마귀를 ᄶᅡ쳐ᄂᆡᆯ ᄯᆡ의 ᄐᆡ산이 가버웁고 무거우리라	지리가 (1) 아세아 동편에 특출 한반도 수련과 육련이 편리한 경계 북으로 요만이 여륙이 되고 동남서 큰 물이 둘러 있도다 (후렴) 청년아 청년아 우리 청년아 영준한 이천만 우리 청년아 우리의 지기와 맹감한 여를 자나깨나 더욱 연달하여서 맹열한 파도와 사나운 바람 우리의 전도를 방해하여도 용기를 조금도 허역 말아라 우리의 시험날이 멀지 않도다 (2) 태평양 큰 바다 광대한 땅들 한고동 기선에 못 건널소냐 태산이 높다한들 천하산이라 오르고 또오르면 못오를소냐 (3) 두홍의 백년 우리 지기와 수십년 연단 맹감한 주먹 육주에 마귀를 까 쳐낼 때에 태산이 가벼웁고 우스우리라
24	太平洋歌	태평양가	太平洋歌 (1) 태평양은 쳔하에 크흠 ᄒᆞ도다 맹열ᄒᆞᆫ 파도 물결치ᄂᆞᆫᄃᆡ 열광에 군ᄒᆞᆷ 무궁ᄒᆞᆫ 영웅 별갓치 덤비여셔 또 츙돌ᄒᆞ도다 (2) 연긔와 ᄒᆞ날에 덥피고 포셩은 지구를 동ᄒᆞ네 웅작한 그 형셰 가관하다 그 경광 거긔 ᄯᅮᄂᆞᆫ 사슴을 누가 먼져 잡ᄂᆞᆫ가 (3) 슯ᄒᆞ도다 우리 ᄃᆡ동풍기가 어ᄃᆡ갓나냐 리순신 거복군ᄒᆞᆷ과 동명왕에 동문	태평양가 (1) 태평양은 천하에 큼 하도다 맹렬한 파도 물결 치는데 열광에 군함 무궁한 영웅 벌같이 덤비어서 또 충돌하도다 (2) 연기가 하늘에 덮이고 포성은 지구를 진동하네 웅장한 그 형세 가관하다 그 광경 거기 뛰는 사슴을 누가 먼저 잡는가 (3) 슬프도다 우리 대동풍기가 어디 갔느냐 이순신 거북함과 동명왕에 동문

순	곡제목		원문 가사	현대문 가사
25			오널날 다시 ᄯᅩ 못쎠볼가 나아가셰 동포야 태평양으로 호구반도에 큰 배 져셰계를 호령해보셰	오늘날 다시 또 못 써 볼까 나아가세 동포야 태평양으로 호구반도에 큰 배 저어 세계를 호령해 보세
25	勇進歌	용진가	勇進歌 (一) 묘ᄒᆞ고 묘ᄒᆞ다 우리 대한은 삼쳘리 강산이 긔묘ᄒᆞ도다 대~로 셩군은 우리나라오 츙효로 겸젼함은 우리 학돌셰 (二) 왓도다 왓도다 봄이 왓도다 엄동에 자든 영목 봄이 왓도다 남산에 초목은 빗히 프르고 만화가 긔를 펴고 만발ᄒᆞ도다 (三) 나라에 긔초ᄂᆞᆫ 우리 학도니 열심을 분발ᄒᆞ야 공부 함셰다 우리여 마암은 쳘셕 갓흐니 대한에 동입 긔초 분명하도다 (四) 학도야 ~~~ 우리 쥬의ᄂᆞᆫ 도덕을 배후고 학문을 널펴셔 삼쳘리 강산에 이쳔만구를 우리여 학도들이 보존 합셰다 (五) 대한에 동입를 회복하랴면 너의 ᄉᆡᆼ명 귀ᄒᆞᆫ 것 불고하여라 나라를 위하야 ᄒᆞᆫ번 쥭으면 국민의 의무가 가하리로다 (六) 츙군의 에긔ᄂᆞᆫ 날로 ᄉᆡ롭고 애국에 단심은 ᄐᆡ양 갓도다 황쳔이 도우사 우리 대한은 만세 ~~ 동입 만셰	용진가 (1) 묘하고 묘하다 우리 대한은 삼천리 강산이 기묘하도다 대대로 성군은 우리나라요 충효로 겸전함은 우리 학도일세 (2) 왔도다 왔도다 봄이 왔도다 엄동에 자던 영목 봄이 왔도다 남산에 초목은 빛이 푸르고 만화가 기를 펴고 만발하도다 (3) 나라의 기초는 우리 학도니 열심히 분발하여 공부합시다 우리의 마음은 철석 같으니 대한의 독립 기초 분명하도다 (4) 학도야 학도야 우리 주의는 도덕을 배우고 학문을 넓혀서 삼천리 강산에 이천만 인구를 우리의 학도들이 보존합시다 (5) 대한의 독립을 회복하려면 너의 생명 귀한 것 불구하여라 나라를 위하여 한 번 죽으면 국민의 의무가 가하리로다 (6) 충군의 의기는 날로 새롭고 애국의 단심은 태양 같도다 황천이 도우사 우리 대한은 만세 만세 독립 만세
26	感時歌	감시가	感時歌 (1) △동제국 삼쳘리에 △쳘여년 민족이라 △슈강산 화려ᄒᆞᆫ데 △유국민 되엿더니 슯흐고도 가련ᄒᆞ다	감시가 (1) 대동제국 삼천리에 사천여년 민족이라 금수강산 화려한데 자유국민 되었더니 슬프고도 가련하다

순	곡제목		원문 가사	현대문 가사
			오널날 이지경 원일인가 △궁ᄒᆞᄂᆞᆫ 빗치업고 △구라가 되엿스며 △극기ᄂᆞᆫ 간 곳 업고 △일긔가 와 곳핀다 △면팔방 도라보니 △은구름만 쳔ᄒᆞᆫ데 △어가ᄂᆞᆫ 우리동포 △히나이 원슈로다 △호쳔 우름소ᄅᆡ △셩 갓치 진동ᄒᆞ며 △만젹 피눈물은 △ 갓치 흘르도다 △리 조상 바라보니` (2) 나의 허물 엇지하리 애통하다 창쳔아 이 모양이 웬일인가 팔을보고 무러보고 우리형졔 자매들아 한입골슈 이차심을 하일하시 써셔볼가 창해역사 쓰든 쳘퇴 누가 다시 들어 보며 을지문덕 빗ᄂᆞᆫ 칼을 ᄲᅢ여볼 자 그 누군가 국민직분 안이ᄒᆞ면 초목금슈 일반일셰 신대한에 쳥년들아 일심으로 나셔거라 쳔사만ᄑᆡ 하드ᄅᆡ도 일본혼은 안되리라 일심함역 맹세ᄒᆞ야 방국권리 차자보셰 *잇지마오 잇지마오 부디 ~~	오늘날 이지경 웬일인가 무궁화는 빛이 없고 사꾸라가 되었으며 태극기는 간 곳 없고 욱일기가 와곳핀다 사면팔방 돌아보니 △은 구름 만천한데 죽어가는 우리 동포 △히나이 원수로다 △지호천 울음 소리 △성 같이 진동하며 △사만적 피눈물은 △나 같이 흐르도다 우리 조상 바라보니 (2) 나의 허물 어찌하리 애통하다 창천아 이 모양이 웬일인가 팔을 보고 물어보고 우리형제 자매들아 한입골수 이차심을 何日 何時 써서 볼까 창해역사 쓰던 철퇴 누가 다시 들어보며 을지문덕 빛난 칼을 빼어볼 자 그 누군가 국민직분 아니하면 초목금수 일반일세 신대한의 청년들아 일심으로 나서거라 천사만패 하더라도 일본혼은 안되리라 일심함역 맹세하여 방국권리 찾아보세 *잊지마오 잊지마오 부디 부디
27	二千萬人軍歌	이천만인군가	二千萬人軍歌 (1) 어화우리 군인들아 츙군애국 잇지마라 쳔지갓흔 우리마ᄋᆞᆷ 태극혼이 이 안인가 후렴 이천만이 한쥴갓치 유진문퇴 결심일셰	이천만인 군가 (1) 어화우리 군인들아 충군애국 잊지마라 천지같은 우리마음 태극혼이 이아닌가 후렴 이천만이 한결같이 유진무퇴 결심일세

순	곡제목		원문 가사	현대문 가사
			쳔사만ᄑᆡ 하드ᄅᆡ도 일본혼은 안되리라 (2) 원슈젹병 대ᄒᆞᆯᄊᆡ에 담긔용약 분발ᄒᆞ야 목슘살기 불고ᄒᆞ고 일광츙의 힘을쓰셰 (3) 쳘퇴만젹 피눈물은 일셩포를 ᄭᆡ쳐ᄂᆡ고 구름갓치 모힌졍병 바라갓치 혀쳐보셰 (4) 창해역사 일셩표ᄂᆞᆫ 지나젹병 이러켯고 활발ᄃᆡ 일셩포ᄂᆞᆫ 셰게영웅 다쓰러진다 (5) 우리군인 쥭기젼에 태극금이 못될소냐 부사산을 ᄒᆞᆫ번가라 우리목젹 사뭇찬네 (6) 우리손에 든물견은 양만츈의 활살이오 우리몸에 입은갑쥬 을지문덕 영혼일셰 (7) 나아가 ~~~ 적진즁 용조호쳑 ᄒᆞ여보셰 병역ᄃᆡ포 사력바람 ᄐᆡ극에 빗날셰라	천사만패 하더라도 일본혼은 안되리라 (2) 원수적병 대할때에 담기용약 분발하여 목숨살기 불구하고 일광충의 힘을쓰세 (3) 철퇴만적 피눈물은 일성포를 깨쳐내고 구름같이 모인정병 바람같이 헤쳐보세 (4) 창해역사 일성표는 지나적병 일으켰고 활발대 일성포는 세계영웅 다 쓰러진다 (5) 우리군인 죽기전에 태극금이 못될소냐 부소산을 한번가라 우리목적 사무친다 (6) 우리손에 든물건은 양만춘의 화살이오 우리몸에 입은甲冑 을지문덕 영혼일세 (7) 나아가 나아가 적진중 용조호척 하여보세 벽력대포 사격바람 태극기에 빛날세라
28	學生歌	학생가	學生歌 (一) 대한쳥년 학ᄉᆡᆼ들아 동포형졔 사랑하고 우리들에 일편단심 동입ᄒᆞ기 맹역ᄒᆞ야 화려ᄒᆞ다 우리강산 사랑홉다 우리동포	학생가 (1) 대한청년 학생들아 동포형제 사랑하고 우리들의 일편단심 독립하기 맹약하야 화려하다 우리강산 사랑홉다 우리동포

순	곡제목		원문 가사	현대문 가사
			자나ᄭᆡ나 잇지말고 기리보존 합셰다 후렴 학도야 ~~~ 우리 쥬의ᄂᆞᆫ 도덕을 ᄇᆡ호고 학문 널펴셔 삼쳘리 강산에 이 쳔구를 우리 학ᄉᆡᆼ들이 보존합셰 (二) 우리들의 ᄯᆞᆷ을 흘여 문명부강케 ᄒᆞ고 우리들의 힘으로셰 자유독입 ᄒᆞ여보세 두려움을 당ᄒᆞᆯ ᄭᆡ와 어려움을 당ᄒᆞᆯ ᄯᆡ와 우리들의 용감ᄒᆞᆫ 마음 일호라도 번치 말셰 (三) 모든고ᄂᆞᆫ 물릅쓰고 시험의로 나아가면 못할일이 무엇인가 일심으로 나아가셰 이강산 우리동포 영원보존 하랴이면 우리들의 즁ᄎᆡᆨ임 잠시인들 이질소냐	자나깨나 잊지말고 길이보존 하옵세다 후렴 학도야 학도야 우리 주의는 도덕을 배우고 학문을 넓혀서 삼천리 강산에 이천인구를 우리 학생들이 보존합세 (2) 우리들은 땀을흘려 문명부강 하게하고 우리들은 힘으로서 자유독립 하여보세 두려움을 당할때와 어려움을 만날때에 우리들의 용감한 마음 일호라도 변치마세 (3) 모든곤란 무릅쓰고 시험으로 나아가면 못할일이 무엇인가 일심으로 나아가세 이강산에 우리동포 영원보전 하량이면 우리들의 중한책임 잠시인들 잊을소냐
29	大韓魂歌	대한혼가	大韓魂歌 (一) 화려 강산 우리 대한은 삼쳘리 범위 젹지 안토다 ᄇᆡᆨ두산으로 한나산 ᄭᆞ지 쳔연한 경개 기려냇도다 (후렴) 션도가 임의 여게뭇쳣고 우리도 대한 혼이 되리니 사쳘년 조국 대한강토을 내집을 내가 보존하겟네 (二) 언어와 의복 갓튼 동족이 ᄒᆞᆫ마음 ᄒᆞᆫ 뜻을 튼~하고야 원슈가 비록 산해 갓흐나 자유의 졍신 썩지 못하네	대한혼가 (1) 화려한 강산 우리 대한은 삼천리 범위 적지 않도다 백두산으로 한라산까지 천연한 경계 그려냈도다 (후렴) 선조가 이미 여기 묻히고 우리도 대한 혼이 되리니 사천년 조국 대한 강토를 내집을 내가 보존 하겠네 (2) 언어와 의복 같은 동족이 한마음 한뜻을 튼튼하고야 원수가 비록 산해 같으나 자유의 정신 썩지 못하네

순	곡제목		원문 가사	현대문 가사
			(三) 귀하고 빗ᄂᆞᆫ 우리 태극긔에 우리혼을 모도 드렷네 강~ᄒᆞᆫ 마음 구든 단쳬로 동족을 셔로 도와쥬겟네 동포형졔여 잇지를 마소 우리나라 이쳔만을 우리들이 용진 부르셰	(3) 귀하고 빛난 우리 태극기에 우리 혼을 모두 드렸네 강강한 마음 굳은 단체로 동족을 서로 도와 주겠네 동포형제여 잊지를 마소 우리나라 이천만을 우리들이 용진 부르세
30	白頭山歌	백두산가	白頭山歌 (一) 웅장타 져 놉흔 白두山이여 이ᄇᆡᆨ이 츙쳔에 돌입ᄒᆞ엿네 산항에 셜ᄇᆡᆨ은 살ᄒᆡ를 ᄎᆞ고 셕벽에 물소ᄅᆡ 만학되리라 (후렴) 웅장타 져 ᄇᆡᆨ두산이여 웅암하 ᄇᆡᆨ두산이여 진실로 동방ᄐᆡ조산이오 억만년 뎨국긔업텬셩이로다 (2) 사자의 산속에 솟ᄂᆞᆫ 구름 ᄐᆡ평양 파도를 녑허누치고 쳔만슈 대야의 나리ᄂᆞᆫ 비ᄂᆞᆫ 달문의 폭포슈 증긔 안인가 (3) 형장의 셕벽과 갓흔 져 ᄇᆡᆨ두산 고 영웅효결 의치 만토다 실영타 져 긔상 우러~ 보니 졀셰의 인궐을 무슈ᄒᆞᆫ 영웅	백두산가 (1) 웅장타 저 높은 백두산이여 이백이 충천에 돌입하였네 산항에 설백은 살해를 차고 석벽에 물소리 만학되리라 (후렴) 웅장타 저 백두산이여 웅암하 백두산이여 진실로 동방 태조산이오 억만년 제국 기업 천성이로다 (2) 사자의 산 속에 솟는 구름 태평양 파도를 넓혀 누이고 천만주 대야의 내리는 비는 달문의 폭포수 증기 아닌가 (3) 현장의 석벽와 같은 저 백두산 고 영웅호걸 의치 많도다 실영타 저 기상 우러러 보니 절세의 인걸을 무수한 영웅
31	血竹歌	혈죽가	血竹歌 (1) 원일인가 국위하야 민츙졍 도라가셧네 국치민옥 참지못ᄒᆡ 피를 흘여 씨스나 (2) 우리동포 보존코져 ᄒᆞᆫ칼로 슌졀ᄒᆞ니 놀납고도 슯흘셰라 민츙공의 공덕이라	혈죽가 (1) 웬일인가 國위하여 민충정 돌아가셨네 국치민욕 참지못해 피를 흘려 씻으나 (2) 우리동포 보존코져 한 칼로 순절하니 놀랍고도 슬플세라 민중공의 공덕이라

순	곡제목	원문 가사	현대문 가사
		(3) 그 붉은피 츙분 묘혀 프른 ᄃᆡ가 소스니 쎄계가 현동하야 눈물 흘이도다 (4) 혈쥭혼아 ~~~~ ᄂᆡ의 가심의 ~~~~~ 가지 ~~ 열ᄆᆡ되여 독입 자유예 (5) 나도 국사ᄃᆡ홀 ᄊᆡ에 그일을 본밧아 ᄂᆡ ᄉᆡᆼ명은 불고하고 보답하리라	(3) 그 붉은 피 충분 모여 푸른 대가 솟으니 세계가 현동하여 눈물을 흘리도다 (4) 혈죽혼아 혈죽혼아 나의 가슴에 나의 가슴에 가지가지 열매 되어 독립 자유에 (5) 나도 국사 대할 때에 그 일을 본받아 내 생명 불구하고 보답하리라
32	智異山歌 / 지리산가	智異山歌 (一) 산세가 웅장ᄒᆞᆫ 져 지리산 쳔연한 형셰을 일우엇도다 남약에 무슈ᄒᆞᆫ 젹고 큰도셔 종간하나 여ᄆᆡᆨ이 숭긔ᄒᆞᆷ일셰 쳘리만리 불원ᄒᆞᆫ 우리여 힘은 나아가셰 ~~~~목젹지ᄭᆞ지 (2) 산봉이 즁쳡ᄒᆞᆫ 져 지리산 쳔연ᄒᆞᆫ 형셰를 일우웟도다 반공에 ᄯᅥ러진 만학 폭포ᄂᆞᆫ ᄇᆡᆨ년쥬사 놉히 걸엿네 청봉 만봉 답사ᄂᆞᆫ 우리 여행은 넘어가세 ~~~~ 목젹지ᄭᆞ지 (3) 산형이 릐 ~ᄒᆞᆫ 져 지리산 쳔연ᄒᆞᆫ 형셰를 일웟도다 쳔만장 쥬봉에 싸인 ᄇᆡᆨ셜은 쳔인만인 권능ᄒᆞᆫ 우리 여ᄒᆡᆼ은 슈년ᄒᆞᆫ 눈바람 사시를 차ᄌᆞ 오르고 오르셰 목젹지ᄭᆞ지	지리산가 (1) 산세가 웅장한 저 지리산 천연한 형세를 이루었도다 남약에 무수한 작고 큰 도서 종간한 여맥이 숭기함일세 천리만리 불원한 우리의 힘은 나아가세 나아가세 목적지까지 (2) 산봉이 중첩한 저 지리산 천연한 형세를 이루었도다 반공에 떨어진 만학 폭포는 백년주사 높이 걸렸네 천봉 만봉 답사는 우리 여행은 넘어가세 넘어가세 목적지까지 (3) 산형이 뢰뢰한 저 지리산 천연한 형세를 이루었도다 천만장 주봉에 쌓인 백설은 천인만인 권능한 우리 여행은 수년한 눈바람 사시를 찾아 오르고 오르세 목적지까지
33	愛國歌 / 애국가	愛國歌 (一) 대한졔국 공명이오 열셩조의 은더으로 우리동포 ᄀᆡ명ᄒᆞᆷ은 산고ᄒᆡ심 문사이라	애국가 (1) 대한제국 공명이오 열성조의 은덕으로 우리동포 개명함은 산고해심 문사이라

순	곡제목		원문 가사	현대문 가사
			(二) 어화우리 학도들아 열심공부 셩취ᄒᆞ야 나아가셰 ~~~~ 민지발달 나아가셰 (3) 츙군명의 셩심ᄒᆞ야 애국모젹 굿게셰워 위국츙신 빗나보셰 명쥬죽ᄇᆡᆨ ᄒᆞ여보셰 (4) 이쳔이하 합하야 광ᄃᆡᄒᆞ게 단쳬ᄒᆞ셰 문명ᄀᆡ화 긔회이오 부국강병 긔초로다	(2) 어화우리 학도들아 열심공부 성취하야 나아가세 나아가세 민지발달 나아가세 (3) 충군명의 성심하여 애국모적 굳게세워 위국충신 빛내보세 명주죽백 하여보세 (4) 이천이하 합하여 광대하게 단체하세 문명개화 기회이오 부국강병 기초로다
34	大韓學校歌	대한학교가	大韓學校歌 (一) 아람다온 대한나라 하려ᄒᆞᆫ 녯동산 젼과 갓고 금슈여별 고목초목 이 ᄊᆡ에 힘으로 잘 자라네 (후렴) 반도야 나의 사랑 어둠 속에 홀노 빗나 반도안에 잠든 동포을 대한아 네 힘를 입게 ᄒᆞ라 (二) 밝고 빗ᄂᆞᆫ ᄃᆡᄒᆞᆫ 학교 ᄐᆡ양갓치 널이 빗최 수풀 속에 길든 자 품에 자란 ᄌᆞ 인도ᄒᆞ네 (三) 아람다온 어미학교 공번된 네 활ᄀᆡ헐젹 펴셰 쳔만사의 슯흔 눈물 부드러운 깃으로 씻게 ᄒᆞ라	대한학교가 (1) 아름다운 대한나라 화려한 옛 동산 전과 같고 금수어별 고목 초목 이 때에 잘 자라네 (후렴) 반도야 나의 사랑 어둠 속에 홀로 빛나 반도 안에 잠든 동포를 대한아 네 힘을 입게 하라 (2) 밝고 빛난 대한학교 태양 같이 널리 비춰 수풀 속에 길든 자 품에 자란 자 인도하네 (3) 아름다운 어미학교 공번된 네 활개 활짝 펴세 천만사의 슬픈 눈물 부드러운 깃으로 씻게 하라
35	冒險猛進歌	모험맹진가	冒險猛進歌 (一) 눈을 드러 삼쳔리을 구버보니 금슈강산 대한국이 내나라이오 승~하게 자라ᄂᆞᆫ 우리 소년들 이셰국민 자격이 튼~하도다	모험맹진가 (1) 눈을 들어 삼천리를 굽어 보니 금수강산 대한국이 내나라요 승승하게 자라난 우리 소년들 이세 국민 자격 튼튼하구나

순	곡제목		원문 가사	현대문 가사
			압길에 시험과 쟝ᄋᆡ 되난 것 조곰도 사양말고 달여 나아가셰 ᄂᆡ팔등 ᄂᆡ힘을 시험ᄒᆞᄂᆞᆫ ᄃᆡ ᄐᆡ산이 가비웁고 무거우리라 (二) 이쳔만 동포 즁 더욱 우리 소년들 국가의 슈치를 네가 아나냐 텬부에 자유권사가 업건마은 우리민족 무삼 죄로 욕을 보ᄂᆞᆫ가 나라사랑 하ᄂᆞᆫ 자 젹지 안컨만 모험맹진 할 자야 몃치 될소냐 갈지라도 소년들아 흠ᄒᆞᆫ 마당에 조곰도 사양 말고 달여 나가셰 (三) 동셔양의 영웅이 별긔 안이니 이십세계 경장ᄒᆞᆫ 통흔 긔회 모험맹진 할 자 네가 네가 안인야 자나ᄭᆡ나 잇지 말고 ᄉᆡᆼ각하기ᄂᆞᆫ 나의 담임 못다 ᄒᆞ면 사ᄅᆞᆷ 못되네 뭇노니 ᄃᆡ한 동포 소년들아 이ᄯᆡ가 어느 ᄯᆡ가 ᄉᆡᆼ각ᄒᆞ여라 나아가셰 나아가셰 아모 겁업네 (四) 쳔신과 만고ᄂᆞᆫ 졸업셩취니 불골과 ᄉᆡ신을 두려ᄒᆞᆯ소냐 내 ᄒᆞᆫ 몸 죽으면 츙혼이로셰 우리 ᄐᆡ조 우리 힘을 잇 ᄯᆡ 못ᄒᆞ면 황쳔에 원혼을 잇지 못ᄒᆞ리 을지문덕 리슌신장 우리 모시고 ᄒᆞᆫ길로 붓터셔 나아갈 ᄯᆡ에 압셔기를 쥬져말고 나아갑셰다	앞길에 시험과 장애되는 것 조금도 사양말고 달려 나아가세 내 팔등 내 힘을 시험 하는 때 태산이 가벼웁고 우스우리라 (2) 이천만 동포 중에 더욱 우리 소년들 국가의 수치를 네가 아느냐 천부에 자유권사가 없건만은 우리 민족 무슨 죄로 욕을 보는가 나라사랑 하는 자 적지 않건만 모험맹진 할 자야 몇이 될소냐 갈지라도 소년들아 험한 마당에 조금도 사양말고 달려 나가세 (3) 동서양의 영웅이 별게 아니니 이십세기 경장쟁에 좋은 기회 모험맹진 할 자 네가 네가 아니냐 자나 깨나 잊지 말고 생각하기는 나의 책임 못다 하면 사람 못되네 묻노니 우리 동포 소년들아 이때가 어느 때냐 생각하여라 나아가세 나아가세 아무 겁없네 (4) 천신과 만고는 사업성취니 분골과 쇄신을 두려할소냐 내 한 몸 죽으면 충혼이로세 우리 재주 우리 힘을 이 때 못하면 황천에 원혼을 잊지 못하리 을지문덕 이순신장 우리 모시고 한 길로 부터서 나아갈 때에 앞서기를 주저 말고 나아갑시다
36	前程萬里歌	전정만리가	前程萬里歌 (一) 나아가셰 ~~~~ 大동男子야 젼진만리 운심혜에 우리 희망쳬로다 쳔산만학 다파하야 용감ᄒᆞᆫ 정신으로 본분젹을 달ᄒᆞ셰 (2) 나아가셰 ~~~~ 大동男子야 쳘셕갓흔 굿일의외 우리 결심이로다 ᄇᆡᆨ졀불글 흥진하야 활발ᄒᆞᆫ 보무로 히망 봄에 달ᄒᆞ셰	전정만리가 (1) 나아가세 나아가세 대동남자야 전진만리 운심혜에 우리 희망처로다 천산만학 다 파하야 용감정신으로 본분 목적을 달하세 (2) 나아가세 나아가세 대동남자야 철석같은 굳은 의의 우리 결심이로다 백절불굴 용진하여 활발한 보무로 희망 봄에 달하세

순	곡제목		원문 가사	현대문 가사
			(3) 나아가셰 ~~~~ 大동남ᄌᆞ야 기자산에 빗친 달은 우리 거름이로다 일심분별 셩공하야 동셔의 종행으로 독립긔를 펼치보셰	(3) 나아가세 대동남자야 기자산에 비친 달은 우리 거울이로다 일심분별 성공하여 동서의 종행으로 독립기를 떨쳐보세
37	行船歌	행선가	行船歌 (一) 대한졔국 통상슈로는 기묘ᄒᆞ게 잘지여스니 무소불능 ᄒᆞ신이가 대권능을 나리내네 후렴 ᄇᆡᄠᅥ나가네 ~~~~~ ᄃᆡ동양 반도에셔 ᄇᆡᄠᅥ나가셰 (2) ᄇᆡ머리의 ᄐᆡ극긔ᄂᆞᆫ 문명풍에 놉히나가 국긔바라 볼 ᄯᆡ마다 애국졍신이 진동ᄒᆞᆫ다 (3) 한우씨의 이졔불통 지나 ᄯᆡ에유명ᄒᆞ고 골넘보씨 신 발헌을 양반 귀가 져게 잇네 (4) 만국괴통 ᄒᆞ는 물결 수닙츌ᄒᆞ는 물결 황금ᄇᆡᆨ금 허다ᄒᆞ고 황옥ᄇᆡᆨ옥 다시렷네	행선가 (1) 대한제국 통상수로는 기묘하게 잘 지었으니 무소불능 하신이가 대권능을 나타냈네 후렴 배 떠나가네 배 떠나가네 대동양 반도에 배 떠나가네 (2) 뱃머리의 태극기는 문명풍에 높이 나가 국기 바라볼 때마다 애국 정신이 진동한다 (3) 헌원씨의 이제불통 지나 書에 유명하고 콜럼버스 신 발견을 양반 귀가 저기에 있네 (4) 만국교통 하는 때에 수입수출 하는 물결 황금백금 허다하고 황옥백옥 다 실었네
38	自由歌	자유가	自由歌 (一) 졀한하 져포 의긔 ᄌᆡᄒᆞᆫ 선조의 쥬신 살진 토지ᄂᆞᆫ 우리의 직힐 유업이로다 심으로 ᄉᆡᆼ각 팔슈로다 우리욕역 더욱 (2) 신대한에 국민 동포야 국가의 흥망이 뉘게 달엿나 우리에 졍신과 힘을 다ᄒᆞ야 쳘셧갓흔 강ᄒᆞᆫ 마음으로 내나라 국권을 회복ᄒᆞ셰	자유가 (1) 결한하저포의기재한 선조가 주신 살찐 토지는 우리가 지킬 유업이로다 심으로 생각 팔수로다 우리 욕역 더욱 (2) 신대한의 국민 동포야 국가의 흥망이 누구에 달렸나 우리의 정신과 힘을 다하여 철썩 같은 강한 마음으로 내나라 국권을 회복하세

<table>
<tr><th>순</th><th colspan="2">곡제목</th><th>원문 가사</th><th>현대문 가사</th></tr>
<tr><td></td><td></td><td></td><td>(3)
자유를 일은 나라 ᄇᆡᆨ셩은
ᄉᆡᆼ활곳이 져이 업도다
차라리 이 몸이 ᄒᆞᆫ번 쥭으면
우리의 자유ᄂᆞᆫ 영원이
못 다 가졋네 독입의 사상</td><td>(3)
자유를 잃은 나라 백성은
생활할 곳이 전혀 없도다
차라리 이 몸이 한 번 죽으면
우리의 자유는 영원히
못다 가졌네 독립의 사상</td></tr>
<tr><td>39</td><td>昌信紀念歌</td><td>창신기념가</td><td>*此는 경상남도 창원 마산포 교회 안에 뎌 학교를 셜입ᄒᆞ고 기념으로 녀학ᄉᆡᆼ 김화진이 지은 창가올셰다

昌信紀念歌
(1)
룡마산하 영슉切ᄂᆞᆫ
경남 졔일 명승이오
陰至 二月 十七日에
이 학교를 창입ᄒᆞ니

후렴
깃븐날 ~~~ 학교창입ᄒᆞᆫ날
영웅열사 ᄇᆡ츌ᄒᆞ야 목젹를 달ᄒᆞ셰
압헤빗친 져 태양은
마경창파 쥬쥬ᄒᆞ네

(2)
우리의 학교 쳥년 학ᄉᆡᆼ도
자유긔상 늠~ ᄒᆞ야
부드러운 열심으로
이 학교를 찬셩

(3)
쳥년들아 열심히
져학문을 연구ᄒᆞ야
나라걱졍 품은자야
눈물을 긋최라
독입ᄒᆞ기 젼진ᄒᆞᆯ자 우리학교일세</td><td>*이는 경상남도 창원 마산포 교회 안에 저 학교를 설립하고 기념으로 여학생 김화진이 지은 창가올시다

창신기념가
(1)
용마산하 영숙절은
경남 제일 명승이오
음력 2월 17일은
이 학교를 창립하니

후렴.
기쁜날 기쁜날 학교창립한 날
영웅열사 배출하여 목적을 달하세
앞에 비친 저 태양은
만경창파 주유하네

(2)
우리학교 청년학생도
자유 기상 늠름하여
부드러운 열심히
이 학교를 찬성

(3)
청년들아 열심히
저 학문을 연구하여
나라 걱정 품은 자야
눈물을 그쳐라
독립하기 전진할 자 우리학교일세</td></tr>
<tr><td>40</td><td>海歌</td><td>해가</td><td>海歌
(一)
승풍파 만리량은
동양의 조ᄀᆡᆨ이오
북미쥬 발견케ᄂᆞᆫ
태셔의 각용일세

바다바다 큰 바다
오ᄃᆡ양에 큰 바다
호호한 텬디간에
운동장 버럿도다</td><td>해가
(1)
승풍파 만리양은
동양의 조각이오
북미주 발견하기는
태서의 각능일세

바다바다 큰 바다
오대양에 큰 바다
호호한 천지간에
운동장 벌였도다</td></tr>
</table>

순	곡제목		원문 가사	현대문 가사
			이십셰게 소년의 오ᄃᆡ양의 활동ᄒᆞ니 우리의 활동역은 악락경파 평디로다 (2) 남빙양 북비양은 탐혼가에 경역이라 우리도 갓흔슈류 경져와 된단말과 (3) 풍조가 미려ᄒᆞᆫ들 륙디도 고해로다 순풍에 ᄯᅩᆺ을 다니 건고이일야부라 (4) 건곤강혜 우리혼은 긔션에 가득 실고 륙ᄃᆡ쥬를 도라보니 텬애가 비인일셰	이십세기 소년의 오대양에 활동하시니 우리의 활동력은 악낭경파 평지로다 (2) 남빙양과 북빙양은 탐험가의 경력이라 우리도 같은 인류 정저와 된단 말과 (3) 풍조가 밀어들면 육지도 고해로다 순풍에 돛을 다니 건곤이 일야부라 (4) 건곤강체 우리 혼은 기선에 가득 싣고 육대주를 돌아보니 천애가 비인일세
41	家庭歌	가정가	家庭歌 (一) 자옵던지 ᄭᆡ옵던지 이내몸에 복락과 깁흔 졍은 나의 가졍 국가의 큰 인물를 길너ᄂᆡ고 上졔에 큰 ᄌᆡ목도 여긔셔 나네 上帝에 큰 材木도 여긔셔 나네 (2) 어머니ᄂᆞᆫ 이곳에셔 내 입 맛치고 아버지ᄂᆞᆫ 내의 머리 어로 만지네 삭특ᄒᆞᆫ 마음 ᄒᆞ나 업ᄂᆞᆫ 나의 동ᄉᆡᆼ들 여긔셔 나를 불너 나오노누나 (3) 아참이면 동ᄉᆡᆼ 다리고 학교에 가고 져역이면 손목잡고 도라오누나 우리부모 나를 보면 ᄲᅡᆯ족웃고 반가히 손을 들어 마자드리네 (4) 도라오면 누의들 아기와 놀고 오라비ᄂᆞᆫ 아우들과 나가노누나 져역이면 ᄎᆡᆨ상에셔 공부들ᄒᆞ니 큰사랑 큰희망이 여긔셔 다찬네	가정가 (1) 자든지 깨든지 이내몸은 복락과 깊은 정은 나의 가정 국가의 큰 인물을 길러내고 상제의 큰 재목도 여기서 나네 상제의 큰 재목도 여기서 나네 (2) 어머니는 이곳에서 내입 마치고 아버지는 나의 머리 어루만지네 사특한 마음 하나 없는 나의 동생들 여기서 나를 불러 나오는구나 (3) 아침이면 동생 데리고 학교에 가고 저녁이면 손목잡고 돌아오누나 우리부모 나를 보면 발족 웃고 반가이 손을 들어 맞아 들이네 (4) 돌아오면 누이들 아기와 놀고 오라버니는 아우들과 나가 노누나 저녁이면 책상에서 공부들 하니 큰사랑 큰희망이 여기서 다 찾네

순	곡제목		원문 가사	현대문 가사
			큰사랑 큰 희망이 여긔 다찬네	큰사랑 큰희망이 여기서 다 찾네
42	牧丹峰歌	모란봉가	牧丹峰歌 一. 금슈산에 뭉킨영긔 반공 즁에 웃둑소사 모란봉이 되엿고나 활발한 긔상이 소사ᄂᆞᆫ 듯 (후렴) 모란봉아 ~~~~ 반공 즁에 웃둑소사 독입ᄒᆞᆫ 대ᄒᆞᆫ 모란봉아 네가 ᄂᆡ사랑이라 (2) 모란봉 평양셩은 뎨일강산 명싱디라 일등락원 이 아닌가 쾌활ᄒᆞᆫ 흥치가 ᄉᆡᆼ기ᄂᆞᆫ듯 (3) 모란봉하 좌우편에 보통벌과 ᄃᆡ동 뜰이 광활ᄒᆞᆫ데 터졋고나 뎨ᄒᆞᆫ 홍즁이 열이ᄂᆞᆫ듯 (4) 모란봉하 언덕밋헤 흘너가ᄂᆞᆫ ᄃᆡ동강물 거울갓치 맑을셰 어러운 마음이 씨기ᄂᆞᆫ듯 독입ᄒᆞᆫ ᄃᆡ한 모란봉아 네가 ᄂᆡ의 사랑이라 (5) 모란봉하 보통가슈 ᄃᆡ동강과 합류ᄒᆞ야 황해슈로 드러간다 무궁ᄒᆞᆫ 희망이 ᄉᆡᆼ기ᄂᆞᆫ듯 모란봉아 ~~~~ 반공 즁에 웃둑소사 독입ᄒᆞᆫ 대ᄒᆞᆫ 모란봉아 네가 ᄂᆡ사랑이라 (6) 모란봉아 먼들 밧헤	모란봉가 (1) 금수산에 뭉킨영기 반공 중에 우뚝솟아 모란봉이 되였구나 활발한 기상이 솟아난 듯 (후렴) 모란봉아 모란봉아 반공 중에 우뚝솟아 독립한 대한 모란봉아 네가 내사랑이라 (2) 모란봉 평양성은 제일강산 명승지라 일등 낙원 이 아닌가 쾌활한 흥치가 생기는듯 (3) 모란봉하 좌우편에 보통 벌과 대동 뜰이 광활하게 터졌구나 제한 흥 중이 열리는듯 (4). 모란봉하 언덕 밑에 흘러가는 대동강물 거울 같이 맑을세 얼어붙은 마음이 씻기는듯 독립한 대한 모란봉아 네가 나의 사랑이라 (5) 모란봉하 보통강수 대동강과 합류하여 황해수로 들어간다 무궁한 희망이 생기는듯 모란봉아 모란봉아 반공 중에 우뚝솟아 독립한 대한 모란봉아 네가 내사랑이라 (6) 모란봉하 민들밭에

순	곡제목		원문 가사	현대문 가사
			크고 젹은 뫼봉들에 굉장ᄒᆞ게 둘엿고나 광ᄃᆡᄒᆞᆫ 경운이 ᄉᆡᆼ기ᄂᆞᆫ듯 (7) 모란봉하 연한 맹에 을밀대 만슈 등ᄃᆡ는 진쥬같이 노엿고나 유쾌한 졍신이 ᄉᆡᆼ기ᄂᆞᆫ듯 반공 즁에 웃둑소사 독입ᄒᆞᆫ 대ᄒᆞᆫ 모란봉아 네가 ᄂᆡ사랑이라 (8) 모란봉하 강 가온대 릉라 반월 고운 셤은 비단자리 펴여 논듯 ᄋᆡ려ᄒᆞᆫ 경회가 깁허진다 반공 즁에 웃둑소사 독입ᄒᆞᆫ 대ᄒᆞᆫ 모란봉아 네가 ᄂᆡ사랑이라 (9) 모란봉하 강물가에 층암졀벽 길게 쌧쳐 쳥류벽이 되엿고나 웅장ᄒᆞᆫ 긔ᄀᆡ을 ᄯᅥᆯ치ᄂᆞᆫ듯 모란봉아 ~~~~ 반공즁에 웃둑소사 독입ᄒᆞᆫ 대ᄒᆞᆫ 모란봉아 네가 ᄂᆡ사랑이라 (10) 화려하다 금슈강산 황금인듯 ᄇᆡᆨ옥인듯 내쥭으면 바로쥭지 그ᄃᆡ를 놋코는 못살이라 모란봉아 ~~~~ 반공 즁에 웃둑소사 독입ᄒᆞᆫ 대ᄒᆞᆫ 모란봉아 네가 ᄂᆡ사랑이라	크고 작은 뫼봉들에 굉장하게 둘렀구나 광대한 경운이 생기는듯 (7) 모란봉하 순한 맥에 을밀대 만수대 둥근대가 진주같이 놓였구나 유쾌한 정신이 생기는듯 반공 중에 우뚝솟아 독립한 대한 모란봉아 네가 내사랑이라 (8) 모란봉하 강 가운대 능라 반월 고운 섬은 비단자리 펼쳐 놓은 듯 애려한 정회가 깊어진다 반공 중에 우뚝솟아 독립한 대한 모란봉아 네가 내사랑이라 (9) 모란봉하 강물가에 층암절벽 길게 뻗어 청류벽이 되였구나 웅장한 기개를 떨치는듯 모란봉아 모란봉아 반공 중에 우뚝솟아 독립한 대한 모란봉아 네가 내사랑이라 (10) 화려하다 금수강산 황금인듯 백옥인듯 내죽으면 바로죽지 그대를 놓고는 못살이라 모란봉아 모란봉아 반공 중에 우뚝솟아 독립한 대한 모란봉아 네가 내사랑이라
43	馬山景致歌	마산경치가	*此ᄂᆞᆫ 본인니 故國를 作別ᄒᆞᆯ 時 留ᄒᆞ던 洞里中 경치를 보고 지은 창가올세다 馬山景致歌 (1) 天子峰에 ᄯᅥ오르ᄂᆞᆫ 아참 해빗은 담슉 바다 반공 즁에 소사오른 듯	*이는 본인이 고국을 작별할 때 머물던 동리 중 경치를 보고 지은 창가올시다. 마산경치가 (1) 천자봉에 떠오르는 아침 햇빛은 담숙 바다 반공 중에 솟아 오른 듯

순	곡제목	원문 가사	현대문 가사
		병과 갓치 이르러 이런 조흔 곳 조상부터 젼해오ᄂᆞᆫ 명승디로다	屛과 같이 이르러 이런 좋은 곳 조상부터 전해오는 명승지로다
		(2) 남편 ᄭᅳᆺ헤 화려ᄒᆞ게 터를 ᄯᅡᆨ고셔 오ᄅᆡ동안 나려오며 변치 안토다 예나 지금 변치안ᄂᆞᆫ 산쳔이언만 우리 인ᄉᆡᆼ 엇지ᄒᆞ야 이와 갓흔고	(2) 南편 끝에 화려하게 터를 닦고서 오랫동안 내려오며 변치 않도다 예나 지금 변치않는 산천이건만 우리 인생 어찌하여 이와 같은고
		(3) 港口우에 지어논 크낙큰 져 집 졂은 우리 자라나ᄂᆞᆫ 어미학교라 우리 쳥년 가라치ᄂᆞᆫ 스승 안이면 원슈결초 우리 동창 잇ᄂᆞᆫ 곳이라	(3) 항구 위에 지어 놓은 크나큰 저 집 젊은 우리 자라나는 어미학교라 우리 청년 가르치는 스승 아니면 원수결초 우리 동창 있는 곳이다
		(4) 바다우에 웃둑션 것 逢오山인대 녯날 우리 조상들의 젼ᄌᆡᆼ디로다 엇지ᄒᆞ야 마산이라 일홈ᄒᆞ엿나 말과 갓치 용장ᄒᆞ야 그런 것일셰	(4) 바다 우에 웃둑 선 것 봉오산인데 옛날 우리 조상들의 전쟁지로다 어찌하여 마산이라 이름하였나 말과 같이 용장하여 그런 것일세
		(5) 구름 ᄯᅳᆯ고 웃둑 션 것 봉화산인 ᄃᆡ 우리조상 통신ᄒᆞ던 놉흔 봉이라 이곳에셔 불ᄅᆡᄒᆞᆫ 번젹 ᄒᆞ면은 순식간에 머리도의 득달ᄒᆞ겟네	(5) 구를 뚫고 우뚝 선 것 봉화산인데 우리 조상 통신하던 높은 봉이라 이곳에서 불래한번 번쩍 하면은 순식간에 머리도에 득달하겠네
		(6) 셔북편에 웅장ᄒᆞᆫ 것 무학산인대 유존ᄒᆞᄂᆞᆫ 이야기가 자미 잇도다 산도 놉고 물도 깁흔 이련 조흔곳 셰계상의 ᄶᅡᆨ이 잇셔 비교할소냐	(6) 서북 편에 웅장한 것 무학산인데 유존하는 이야기가 재미 있도다 산노 높고 물도 깊은 이런 좋은 곳 세계상의 짝이 있어 비교할소냐
		(7) 들가온ᄃᆡ 지심노ᄅᆡ ᄶᅡᆨ을 맛치고 왓다갓다 깁흔 노ᄅᆡ 화답ᄒᆞ도다 고동ᄯᅴ고 마산에 단기는 차은 심속ᄒᆞᆷ이 나ᄂᆞᆫ ᄉᆡ도 못 ᄯᅡ르겟네	(7) 들 가운데 지심노래 짝을 맞추고 왔다갔다 깊은 노래 화답하도다 고동 띠고 마산에 다니는 차는 신속함이 나는 새도 못 따르겠네
		(8) 바다우의 자랑ᄒᆞᄂᆞᆫ 물결 소래은 어부들의 노ᄅᆡ와 ᄶᅡᆨ을 맛치고 ᄯᅮᆨᄒᆞ고 드러나는 웅장ᄒᆞᆫ 긔션 ᄐᆡ셔의 문명셜긔 시러드리네	(8) 바다위에 자랑하는 물결소리는 어부들의 노래와 짝을 맞추고 뚝하고 드러나는 웅장한 汽船 태서의 문명 설기 실어 드리네
		(9) ᄎᆡᆨ보 ᄭᅵ고 오고가ᄂᆞᆫ 男女 학ᄉᆡᆼ들	(9) 책보 끼고 오고 가는 남녀 학생들

순	곡제목	원문 가사	현대문 가사
		순식 용감 모든 사ᄅᆞᆷ 모본이 되고 아참이면 밧부다고 급히 ᄒᆞ더니 도라올 ᄯᆡ 학문토록 화답ᄒᆞ도다	순식 용감 모든 사람 모본이 되고 아침이면 바쁘다고 급히 하더니 돌아올 때 학문토록 화답하도다
		(10) 변개갓치 단이ᄂᆞᆫ 것 자동차인대 예젼사ᄅᆞᆷ 보지못ᄒᆞᆫ ᄉᆡ물견이도 좌우편에 놉흔산이 둘너 막키고 앞으로ᄂᆞᆫ 깊은 바다 좃키도 하다	(10) 번개 같이 다니는 것 자동차인데 예전 사람 보지 못한 새 물건이오 좌우편에 높은 산이 둘러 막히고 앞으로는 깊은 바다 좋기도 하다
		(11) 통ᄒᆞ고 ᄯᅥ오르ᄂᆞᆫ ᄯᅮᆺᄲᅩᆯ이로다 白셜갓치 ᄯᅥ난임이 쉬원도 하고 총알갓치 단이것 ᄲᅦ쓰ᄲᅩᆯ인대 우리 마엄 게으름을 ᄎᆡᆨ망ᄒᆞᄂᆞᆫ 듯	(11) 통하고 떠오르는 풋볼이로다 백설 같이 떠다님이 시원도 하고 총알 같이 다니는 것 베이스볼인데 우리 마음 게으름을 책망하는 듯
		(12) 동이안에 깊게 파논 우물노셔 긋침업시 단ᄉᆡ물을 ᄂᆡ여쥬ᄂᆞᆫ대 구슬갓치 울여오ᄂᆞᆫ 고흔 노ᄅᆡᄂᆞᆫ 主의 은혜 감사ᄒᆞᆷ를 찬송ᄒᆞ리라	(12) 동이 안에 깊게 파 놓은 우물로서 그침 없이 단 새물을 내여 주는데 구슬 같이 울려오는 고은 노래는 주의 은혜 감사함을 찬송하리라
		(13) 울장밋헤 닙프른 고은나무은 먼져가신 형님들의 긔렴슈로다 ᄲᅦ~걱~ 노이ᄂᆞᆫ 것 유동우에셔 어린 학生 약ᄒᆞᆫ 마음 굿게 ᄒᆞ도다	(13) 울장 밑에 잎 푸른 고은 나무는 먼저 가신 형님들의 기념수로다 삐삐 걱걱 놓이는 것 유동 우에서 어린학생 약한 마음 굳게 하도다
		(14) 아참마다 울여오ᄂᆞᆫ 져 종소래은 조흔 마음 ᄭᆡ여쥬ᄂᆞᆫ 경셩종이오 결봉우의 나ᄂᆞᆫ 다시 넘어 오르네 長白山에 자란 범이 못따르것네	(14) 아침마다 울려오는 저 종소리는 좋은 마음 깨워 주는 경성종이오 결봉 위의 나는 다시 넘어 오르네 장백산에 자란 범이 못따르겠네
		(15) 둥지안에 누어 자는 고흔 색기를 먹이것을 구하랴고 해가 맛도록 골몰ᄒᆞ게 단기ᄂᆞᆫ 늙은 비들기 훨~ 나러 와셔 삐~ ᄭᅮ두룩	(15) 둥지 안에 누어 자는 고은 새끼를 먹을 것을 구하려고 해가 지도록 골몰하게 다니는 늙은 비둘기 훨훨 나러 와서 삐삐 꾸두룩
		(16) 白頭山에 자란 범을 白頭虎라고 범 中에 범을 울니나리라 우르들 마산에 자라낫스니 어ᄃᆡ로 가드ᄅᆡ도 마산이로다	(16) 백두산에 자란 범을 백두호라고 범 중에 범을 울리나니라 우리들 마산에 자라 났으니 어디고 가더라도 마산이로다
		(17)	(17)

순	곡제목		원문 가사	현대문 가사
			간대마다 악이어든 사라바라고 션이어든 어ᄃᆡᄭᅡ지 일으키면셔 風波만흔 산에셔나 물결에나 다만 하ᄂᆞᆫ님ᄭᅴ 영광 돌니것네	간데 마다 악이어든 살라버리고 선이거든 어디까지 일으키면서 풍파 많은 산에서나 물결에나 다만 하나님께 영광 돌리겠네
44	開極節歌	개극절가	開極節歌 一. 굳은 마암 한길갓치 名卽사ᄅᆞᆷ 우리 聖祖 크신 빗헤 모혀 들어셔 아모거나 갓치 ᄒᆞ야 맹셰 ᄒᆞ는 날 깃븜으로 노ᄅᆡᄒᆞ야 송축ᄒᆞᆷ셰다 二. ᄭᅳᆷ이업ᄂᆞᆫ 어진바람 사해에 불고 녹지안는 은헤 이슬 팔경의 바다 영원이 복락이 보존ᄒᆞ겟네 깃븜으로 노ᄅᆡᄒᆞ야 송축ᄒᆞᆷ셰다 三. 힘것 셩것 正義 爲하야 활동해보셰 괴로옴에 빠져잇든 万方사람들 건져ᄂᆡ여 함ᄭᅴ살기 셩륜ᄒᆞ는날 깃븜으로 노ᄅᆡ하여 송축함셰다 四. 大主帝의 앞에 나가 공손히 업드러 어리아히 마음으로 졍셩 드려셔 쳐음으로 나할 길을 개쳑ᄒᆞ든날 깃븜으로 노ᄅᆡᄒᆞ야 송축ᄒᆞᆷ셰다	개극절가 (1) 굳은 마음 한결 같이 各方사람들 우리성조 크신 빛에 모여 들어서 아무거나 같이 하여 맹세하는 날 기쁨으로 노래하여 송축합시다 (2) 끊임없는 어진 바람 사해에 불고 녹지 않는 은혜 이슬 팔경의 바다 영원히 복락이 보존하겠네 기쁨으로 노래하여 송축합시다 (3) 힘껏 성껏 정의 위하여 활동해보세 괴로움에 빠져 있던 만방 사람들 건저내어 함께 살기 성륜하는 날 기쁨으로 노래하여 송축합시다 (4) 대주제의 앞에 나가 공손히 엎드려 어린아이 마음으로 정성들여서 처음으로 나갈 길을 개척하던 날 기쁨으로 노래하여 송축합시다
45	靑年男子歌	청년남자가	靑年男子歌 무쇠팔둑 돌쥬먹 소년 남ᄌᆞ야 애국에 졍신를 분발ᄒᆞ여라 다~럿네 ~~~~ 우리나라에 소년의 활동시대 다~럿네 후렴. 만인ᄃᆡ장 연습ᄒᆞ야 후일 젼공 셰우셰 절셰영웅 대사업이 우리 목젹 안인가 충열사에 더운피 슌한 잘되고 독입군의 팔다리 민활ᄒᆞ도다 공긔 좃코 구역 너른 연병장으로 활발히 나늣시 나아갑셰다 돌이고 ᄲᅢ여치ᄂᆞᆫ ᄇᆡᆨ운경긔는 심속함이 흑운 심쳔 번개불갓고 보ᄂᆡ고 바다치ᄂᆞᆫ 숙은 졍긔ᄂᆞᆫ	청년남자가 무쇠팔뚝 돌주먹 소년 남자야 애국의 정신을 분발하여라 다다랐네 다다랐네 우리나라에 소년의 활동시대 다다랐네 후렴. 만인대적 연습하여 후일 전공세우세 절세영웅 대사업이 우리 목적 아닌가 충렬사의 더운 피 순환 잘되고 독립군의 팔다리 민활하도다 공기 좋고 구역 넓은 연병장으로 활발히 날듯이 나아갑시다 돌리고 빼어 치는 백운(베이스볼)경기는 신속함이 흑운 심천 번갯불 같고 보내고 받아 치는 숙은 정기는

순	곡제목		원문 가사	현대문 가사
			분~함이 ᄇᆡᆨ일쳥~ 소낙이 비 갓도다	분분함이 백일청청 소낙비 같도다
46	太平洋詞	태평양가	太平洋詞 五大洋에 大王으로 全世界에 獨步되야 進退 自由自在 太平洋에 威嚴일셰 航海하는 뎌 汽船은 黑운 갓흔 연긔를 吐ᄒᆞ고 猛烈ᄒᆞᆫ 져 汽船 笛聲에 千萬里를 快行일셰	태평양가 오대양에 대왕으로 전 세계에 독보되어 진퇴 자유자재 태평양에 위엄일세 항해하는 저 기선은 흑운같은 연기를 토하고 맹렬한 저 기선 적성에 천만리를 쾌행일세
47	惜別歌	석별가	惜別歌 一. 셰月이 如走馬로다 졍다운 친구들 오널날 作別되니 섭~키 일般일셰 후렴. 그ᄃᆡ를 리별 ᄒᆞᄂᆞᆫ대 ᄒᆞᆫ 소ᄅᆡ 놉혀셔 ᄯᅩ다시 만날 ᄯᅢᄭᅡ지 늘 긔렴 하리로다 二. 草木도 ᄭᅩᆺ이 진 後에 열미를 ᄆᆡᆺ나이라 ᄯᅩ다시 만나는 날 즐거이 노ᄅᆡ하셰	석별가 (1) 세월이 주마와 같도다 정다운 친구들 오늘날 작별이 되니 섭섭키 일반일세 후렴. 그대를 이별 하는데 한 소리 높여서 또다시 만날 때까지 늘 기념 하리로다 (2) 초목도 꽃이 진 후에 열매를 맺나니라 또다시 만나는 날 즐거이 노래하세

가사입력: 김수현(단국대 동양학연구원 연구교수)

1916년 하와이 호놀룰루 발행 『애국창가』 연구*

반혜성(단국대학교 동양학연구원 연구교수)

* 이 글은 『이화음악논집』 23집 1호, 이화여자대학교 이화음악연구소, 2019년 봄호에 수록한 것을 수정·보완한 것이다.

Ⅰ. 머리말

창가 교육은 근대국가의 국민에게 요구되는 자질을 학습시키는 과목으로 구한말부터 시작되었지만, 민족교육의 주요 수단이 되지는 못했다. 일제의 강점 이후 창가는 오히려 일제에 의해 허용된 제국주의 이념을 실현하기 위한 교육에 활용되었다. 특히 무단통치기 중에 유통되었던 음악교재로서의 창가집이나 찬송가집은 일제에 순응한 것이 대부분이었고, 일제에 대한 저항과 독립을 고취시키는 가요나 애국 항일의 노래는 원천적으로 차단되었다. 그럼에도 불구하고 항일 독립을 위한 문화 투쟁의 방략으로 창가집은 지속적으로 간행되었다. 하지만 현재 이에 대한 연구는 매우 미진한 상황이고, 당시 국외에서 발행된 항일의 창가집은 크게 주목받지 못하였다.

1916년 하와이 호놀룰루에서 발행한 『애국창가』[1]와 1914년 북만주 광성중학교에서 발행한 『최신창가집 부 악전』[2]은 각각 1910년대 중반의 항일 독립운동의 계통을 상징적으로 보여주는 대표적인 창가집이다. 이 중 『최신창가집 부 악전』은 음악교육이나 창가의 문학 및 음악적 고찰, 서지학적 분석 등 다양한 방면의 연구가 이루어

---

1 자료번호 3-008961-000, 가로(15cm), 세로(22.8cm), 면수(67). 현재 등록문화재 제95호로 지정되어 독립기념관에 소장되어 있다. 이 창가집은 선행된 연구에서 『애국가』라고 소개하였지만(각주 4, 6 참고), 필자가 독립기념관으로부터 제공받은 자료에는 "애국창가"라 기재된 표지가 있었다.

2 길림성 연길의 소영자에 설립한 민족학교인 광성중학교에서 프린트본으로 만들어졌던 『最新 唱歌集 附 樂典』은 국가보훈처에서 1996년에 『海外의 韓國獨立運動史料(XⅥ) 일본 篇④』으로 영인하여 출판되었다..

진 바 있다.[3] 하지만 『애국창가』에 관해서는 국어학적인 검토를 통해 표기법사의 측면에서 소중한 자료임이 밝혀졌고[4], 음악학계에서는 수록곡의 곡명 정도만 소개하는 수준에 머물러 있다.[5]

『애국창가』는 미주지역의 항일노래를 살필 수 있는 중요한 창가집이면서 동시에 애국창가의 성격을 파악할 수 있는 직접적인 자료이기도 하다. 이에 본 고는 1916년 하와이 호놀룰루에서 발행된 『애국창가』를 분석해 보고자 한다. 우선 『애국창가』의 체제와 내용을 살펴보고, 다음으로 수록된 곡의 음악적 특징을 파악하여 『애국창가』가 갖는 의미와 가치가 무엇일지 알아보는 데 이 글의 궁극적인 목적을 둔다.

---

3 구양근, 「독립군의 항일노래모음 『최신창가집』」, 『민족문제연구』 8, 1995; 이수인, 「개화기 창가의 주제장르적 고찰 : 『최신 창가집』 소재 작품을 중심으로」, 『한문학논집』 14, 1996; 최순배, 「항일운동기 창가의 연구-『최신창가집』의 분석을 중심으로-」, 동국대학교 대학원 국어국문학과 석사학위논문, 2000; 김보희, 「북만주지역의 獨立運動歌謠 - 1910년대 민족주의 독립운동가요를 중심으로-」, 『한국음악연구』 43, 2008; 김경인, 「조선독립창가와 일본창가의 상관성 고찰 : 『최신창가집』과 『보통교육창가집』을 중심으로」, 『일본어문학』 64, 2014.

4 이유기, 「1910년대 하와이판 『애국가』에 대한 연구」, 『동악어문학』 51, 2008.

5 민경찬, 「"창가"를 다시 묻는다」, 『동악어문학』 51, 2008, 24~26쪽.

Ⅱ. 『애국창가』의 체제와 편찬 배경

여기서는 악보집으로 구성된 『애국창가』의 기보와 편집의 형태를 살펴보고, 서문의 내용을 분석하여 편찬 동기에 대해 알아보겠다. 다음으로 편찬에 직간접적으로 영향을 주었을 국내외의 창가집과 비교하면서 『애국창가』의 체제와 내용 전반을 분석하도록 하겠다.

1. 편집 형태

『애국창가』는 1916년 5월 13일 하와이 호놀룰루에서 등사판으로 간행되었다. 전체의 구성은 '애국창가'라 쓴 표지가 있고, 목록과 서문, 그리고 수록곡과 판권지 순으로 총 67면 1책으로 되어있다.[6] 수록곡의 목록은 곡명의 첫 글자를 기준으로 하여 'ㄱㄴㄷㅁㅂㅅㅇㅈㅊㅋㅎ'의 순서에 따라 2단으로 배열하여 해당 면수를 적고 있어서 색인의 형태를 띠고 있다.[7] 그리고 마지막 판권지에는 발행처와 시기만 기재되었고, 편저자에 관한 정보는 없다. 아래는 『애국창가』의 표지와 판권지이다.

[6] 표지 다음 장에 세로로 '애국가愛國歌'라 쓴 면 번호와 상관없는 면이 들어가 있는데, 이로 인해 선행된 연구에서는 이 창가집이 『애국가』라 명명된 것으로 보인다. 이유기, 앞의 글. 140~141쪽.

[7] 이유기, 앞의 글, 142쪽.

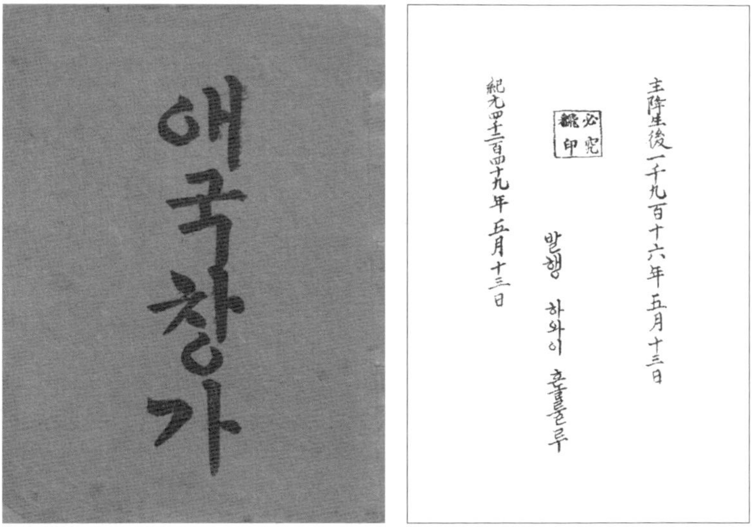

〈그림 1〉『애국창가』 표지와 판권지

『애국창가』에는 총 77곡이 수록되어 있는데, 이 가운데 오선보에 그려진 악곡은 60곡이고, 나머지 17곡은 가사만 수록되어 있다. 하지만 악보 없이 가사만 적힌 곡은 제목 아래에 "보표는 ○○장과 同흠"이라고 하여 곡조에 대한 정보를 주고 있다.

제1면은 서문이 적혀 있고, 노래는 제2면부터 실려 있다. 첫 수록곡은 '뎨二장 애국가'인데, 이는 면 번호에 따라 곡 번호를 붙였기 때문에 첫 번째 곡임에도 '뎨二장'으로 시작된다. 이에 따라 같은 면에 기재된 곡은 모두 같은 번호를 매겨서 총 77곡이 수록되어 있지만, 끝 곡은 마지막 67면의 번호에 따라 '뎨六七장 십자형가'로 실려 있다.

곡명을 기록한 방식은 제30면의 〈가정가〉까지는 한글 제목만 있고 그 이후는 한문이 병기되어 있다. 그리고 가사는 국문 가사 위주로 되어있지만, 국한문혼용체로 이루어진 곡도 두서없이 편재되어 있기도 하다. 그런데 일부 곡은 순서가 차례대로 구성되어 있지 않기도 하였다. 제47면 〈망향가〉와 〈만세가〉 다음이 제49면 〈혈성가〉, 제48면 〈혈성가〉 순이었다. 그리고 제53면 〈산보가〉 뒤에 다시 제49면 〈춘류가〉가 들어 있고, 제54면은 누락되어 없는 면이다. 결과적으로 제47면이 두 번 들어가고 제54면은 없는 상태로 제48면부터 제54면까지의 순서가 뒤섞여 있다.

노래 악보는 제55면의 〈사시가〉를 전후로 하여, 전반부는 오선보마다 여러 절의 가사를 적었고, 후반부는 오선보에 1절만 넣고 나머지 절은 하단에 별도로 기재하는 방식으로 기보 되었다. 전반부의 악보 형태를 보여주는 〈애국가〉와 후반부의 악보 형태를 보여

〈그림 2〉 『애국창가』의 악보 형태

주는 〈복슈가〉를 대표적인 예시로 〈그림 2〉에 제시한다.

〈그림 2〉의 〈복슈가〉와 같이 오선보에 가사 일부를 수록하고 나머지 가사를 아래에 따로 기재하는 악보는 보통 찬송가집의 편집 체재로 본다.[8] 1910년 이후로 국내에서 발행된 창가집을 보면, 대부분 찬송가집의 편집처럼 오선보 아래나 다른 면에 가사를 별도로 수록하는 특징이 있다.[9] 이는 대중적 가창을 목적으로 한 노래집에는 곡조보다는 가사에 더 비중을 두었던 관례가 반영된 것으로 보인다. 그러나 찬송가집이 아닌 일반 노래집에는 〈그림 2〉의 〈애국가〉 같은 기보 방식이 보다 보편적이라, 『애국창가』는 동 시기의 기보 방식을 종합한 형태라 할 수 있다. 위의 악보 〈애국가〉나 〈복슈가〉처럼 제목의 표기나 사보의 형태 같은 편집을 통해 알 수 있듯이 『애국창가』는 두 차례 이상에 걸쳐서 구성된 악보집으로 추정하기도 하였다.[10]

2. 편찬 동기

『애국창가』의 서문은 '국가의 흥망성쇠는 국민의 정신에 있고 국민의 정신을 일으키는 데에는 노래가 으뜸이라' 하는 기록으로 시작한다. 노래를 통해 국민의 정신함양을 이뤄야 한다고 강조하는

---

[8] 109쪽 『찬숑가』 206장 악보 참조

[9] 각주 14, 15, 16, 17, 18, 19, 20 참조

[10] 제목이나 목차 기재의 방식, 수록곡의 순서 등 일목요연하게 편집되어 있지 않지만, 필체는 모두 동일인의 것으로 보았다. 이유기, 앞의 글, 141~146쪽.

문구인데, 서문을 쓴 인물이 노래에는 여러 사람의 감성을 동시에 동요케 하는 힘이 있다고 충분히 인식하고 있음을 알 수 있다.

당시 국내는 각종 법령이 제정되어 공중의 가창 행위가 억압당하고 있던 무단통치기이다.[11] 하지만 일제의 간섭에서 비교적 자유로울 수 있었던 하와이의 한인사회는 이러한 국내의 사정에 반하여 오히려 애국의 노래를 통한 민족적 저항과 단결을 꾀하고자 한 정서가 있었음을 서문을 통해 알 수 있다. 〈그림 3〉은 『애국창가』의 서문 전체이다.[12]

서문에는 "이토 히로부미伊藤와 데라우찌 마사다케寺內 무리가 입수한 것을 수집 편찬하며 후일까지 남기기 위해 아름답지 못한 등사판으로라도 만들어 청년 애국 동지에게 소개한다"고 하여 일제에 의해 압수된 것을 저본으로 하고 이 노래집이 젊은 애국 동지에게 소유되기를 바라고 있다. 일제의 침략자들이 금지하는 노래를 수록하고 있다는 점이 확실히 드러나고, 앞으로 독립을 위해 투신

[11] 1910년대 음악·문화계에는 교과용도서검정규정(教科用圖書檢定規定), 출판법(出版法), 집회취체령(集會取締令), 불온문서임시취체령(不穩文書臨時取締令), 축음기레코드취체규칙(蓄音機レコ｜ド取締規則), 조선흥행등취체규칙(朝鮮興行等取締規則), 언론출판집회결사등임시취체법(言論出版集會結社等臨時取締法) 등의 강제적인 법령이 내려졌다. 강환직, 「조선총독부 민족음악 통제에 관한 연구」, 『국악과 교육』 29, 2010, 9쪽.

[12] "愛國唱歌集序文 : 國家의 興亡盛衰는 國民의 精神에 在ᄒᆞ고 國民의 精神을 感發ᄒᆞᆷ에는 노래가 은음이라 然故로 泰西 各國에는 雄手의 詩人과 樂家의 아름다온 詩調와 歌曲으로 國民의 精神을 修養ᄒᆞ며 國性을 涵養케 ᄒᆞ것만은 嗚呼라 오직 우리 海東一方엔 自來로 노래가 없지 아니ᄒᆞ나 그 ᄯᅳᆺ이 淫蕩放逸ᄒᆞᆷ에 지나지 못ᄒᆞ니 이 엇지 우리 大韓志人志士의 큰 有憾點이 아니리오 그런데 現時 有志大家의 著作ᄒᆞᆫ 노래를 뎌 無道無法ᄒᆞᆫ 伊藤及寺內 무리의 압슈ᄒᆞᆫ 바를 이에 蒐集 編纂ᄒᆞ야 後日ᄭᅡ지 없어지지 안기에 期約ᄒᆞ고 七十餘章을 이 아름답지 못ᄒᆞᆫ 謄寫板으로 印出ᄒᆞ야 우리 청년 愛國同志의게 紹介ᄒᆞ오니 讀者 諸君은 深諒〃ᄒᆞ시옵쇼서 紀元 四二四九年 五月"

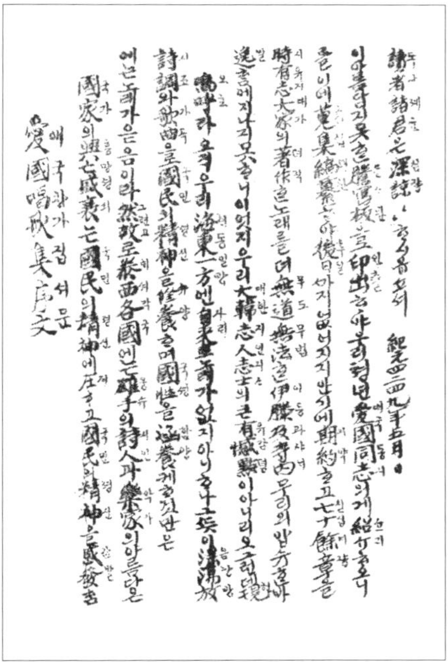

〈그림 3〉『애국창가』 서문

할 젊은이들이 애국정신의 함양을 위해 애국의 창가를 불러주길 바라는 마음이 담겨 있다.

그런데 서문에는 '우리 전래노래의 뜻은 음탕방일 하여 서양의 노래가 국민의 정신수양과 애국정신을 높이는데 더 적합하다'는 내용도 들어있다. 이는 전래노래가 실제로 음탕방일 해서라기보다는 가사의 내용이나 가창의 맥락이 창가와 달랐던 것과 관계가 있어 보인다. 당시 신구 엘리트 계층은 도시 대중이 향유 하는 전래노래에 대해서는 적대적 비평을 그친 적이 없었다. 이는 늦어도 1902년 이후 대중이 즐기던 가요의 상당 부분이 '흥행'의 맥락에 배치되었던 것과 무관하지 않았기 때문이다.[13] 이 책의 편집자 역시 애국정신과 독립투쟁의 정서를 함양하는 데에 전래노래가 적합하지 않다는 주장을 펴고 있다. 그래서 『애국창가』의 수록곡은 도시 대중이 즐기는 전래노래보다는 학교 교육에서 활용되었던 창가를 우선시하고 있음을 알 수 있다.

이상으로 살펴본 바와 같이 『애국창가』의 서문에는 일제에 의해 압수되었지만, 애국정신을 함양케 할 수 있는 노래를 모아 이 『애국창가』를 만들었다는 편찬 동기가 분명히 드러나 있다.

3. 편찬 배경

『애국창가』에 영향을 주었을 가능성이 있는 1916년 이전에 국내에서 발행된 악보형태의 노래집은 『찬양가』1894[14], 『찬숑가』1909[15],

---

[13] 권도희, 「근대기 상업민요와 대중음악」, 『동양음악』 36, 동양음악연구소, 2014, 167~223쪽.

[14] 우리나라 최초의 악보로 발간된 장로교의 찬송가집이다. 총 117편의 찬송가는 중복된 곡조를 사용하고 있어서 결과적으로는 총 88개의 곡조가 사용되었는데, 대부분 19세기 미국 장로교회의 찬송가집에서 선별한 것이다. 서문에서 밝힌 한국인의 창작가사는 총 7개이지만, 영문 차례를 보면 총 9곡이 한국인 창작찬송으로 표시되어 있다. 당시 최초로 만들어진 4성부 악보의 찬송가집이라는 것과 한국인이 창작한 찬송가를 수록하였다는 점에서 의의가 있는 찬송가집이다.

[15] 1908년에 발간된 한글가사 찬송가집인 『찬숑가』(경성:예수교서회)의 악보 찬송가집이다. 영국 찬송가 114편, 미국 찬송가 88곡, 한글로 창작된 찬송가 56곡, 한국인의 창작찬송가 9곡, 선교사의 한글 창작찬송가 32편, 작자미상 한글창작 찬송가 15곡으로 구성되어 있다.

『보통교육창가집 제1집 普通教育唱歌集 第一輯』1910[16], 『교과적용보통창가집 전 教科適用普通唱歌集 全』1912[17], 『풍금독습중등창가집 風琴獨習中等唱歌集』1913[18], 『신편창가집 전 新編唱歌集 全』1914[19], 『챵가집 Book of Songs』1915[20] 등을 꼽을 수 있다.

창가를 수록한 노래집은 창가가 가진 음악적 가능성을 예술이 아닌 교육에 두게 됨에 따라 주로 음악 교과서나 찬송가집으로 집중되었다. 이에 이들 노래집에 수록된 창가는 국내에서 선교를 위한 교회와 일본 제국주의 이념을 실현하려는 학교를 선두에 두고 보급되었다. 비록 발행물의 수는 적었지만, 이들 노래집에 실려 있으면

---

16 대한제국 학부에서 발행한 음악교과서로, 일본의 창가와 외국민요를 한국어로 번역하여 악보화한 것이다. 대부분 일본의 교육 창가에서 가져왔다. 1911년 6월 15일 조선총독부 발행으로 『정정 보통교육창가집 제1집(訂正 普通教育唱歌集 第一輯)』으로 발행되었다.

17 김인식(金仁湜, 1885~1962)이 만든 음악교재용의 창가집이다. 한국인이 만든 최초의 창가집으로 평가되며, 59쪽에 31편의 창가가 수록되었다.

18 이각종(李覺鍾, 1888~1968)이 만든 창가집으로, 제1편은 악보 없는 총 47편의 한국어 가사, 제2편은 오선보 악보에 한국어 가사를 수록한 총 47곡, 제3편은 악전 부분으로 구성되었다.

19 조선총독부에서 만든 제1차 조선교육령기(1911년~1922년)를 대표하는 음악교과서이다. 제1편에는 일본어로 표기된 의식창가 6곡, 제2편은 일본어로 표기된 일반창가 29곡을 수록하였고, 제3편은 한국어로 표기된 일반창가 6곡을 수록하였다. 총 41편의 창가는 오선보에 숫자보를 부기하여 수록하였고, 다른 한 면은 가사만을 따로 기재하는 방식으로 편집되었다. 1920년 『보통교육창가집』이 출판되기 전까지 사용되었다. 1914년 영어로 번역하여 『라마자 신편창가집』을 발행하였다.

20 안애리(安愛理, Annie Laurie Adams, 1865~1916)와 L. B. Becker가 주일학교에서 사용할 목적으로 만든 창가집이다. 제1편에는 총46편의 창가가 수록되었고, 제2편에서는 총19편의 찬송가가 수록되었다. 곡 제목은 영어로 기재되었고, 가사는 한국어로 기재되었다. 노래마다 삽화가 들어가 있고, 3성부의 반주보가 딸린 오선보 아래에 가사만을 추가적으로 수록하였다.

서 『애국창가』에도 실려 있는 곡은 대부분 근대교육과 가정윤리에 관한 악곡으로 한정된다. 국내 발행이었던 악보집의 특성상, 항일 저항의 노래는 당연히 배제되어 있었다.

국외에서 발행된 창가집 가운데 북만주 광성중학교에서 발행한 『최신창가집부 악전』에는 『애국창가』에 수록된 42곡과 거의 동일한 곡이 수록되어 있다.[21] 이 가운데 예를 하나 들어 보면, 안창호安昌浩, 1878~1938가 가사를 짓고 이상준李尙俊, 1884~1948이 곡을 쓴 "무쇠 골격 돌 근육 쇼년 남자야 익국의 졍신을 분발 ᄒᆞ여라"고 부르는 〈소년남자가〉이다. 무쇠 골격의 청년에게 애국의 정신을 분발하여 독립의 힘을 키우라는 애국 계몽의 노래이다. 이 곡은 주로 ♪.♪의 진행이 위주가 되어 경쾌하며 발랄한 리듬의 진행을 특징으로 삼는 국내외에서 널리 불리던 대표적인 창작 창가의 하나이다.

『애국창가』의 〈소년남자가〉는 『최신창가집 부 악전』에는 〈야구〉로 수록되어 있는데, 비록 곡명은 달라도 곡조와 가사가 같은 곡이다. 이 노래는 후에 국내에서 발행된 이상준의 『최신창가집 전』1918에 "활발스런 우리 청년 학도야 오늘이 우리의 깃분날일세"로 개사하여 교육계몽의 노래 〈운동회〉로 실렸다. 아래에 『애국창가』〈소년남자가〉, 『최신창가집 부 악전』〈야구〉, 『최신창가집 전』〈운동회〉를 비교할 수 있는 악보를 제시한다.

또 『애국창가』에 실린 〈거국가〉와 『최신창가집 부 악전』의 〈거국행〉도 같은 곡이다. 앞에서 살펴본 곡과 같이 본래 안창호가 작사

---

[21] 『최신창가집부 악전』에는 152곡이 실려 있다. 공통적으로 수록된 곡은 말미의 분석표에 기재하였다.

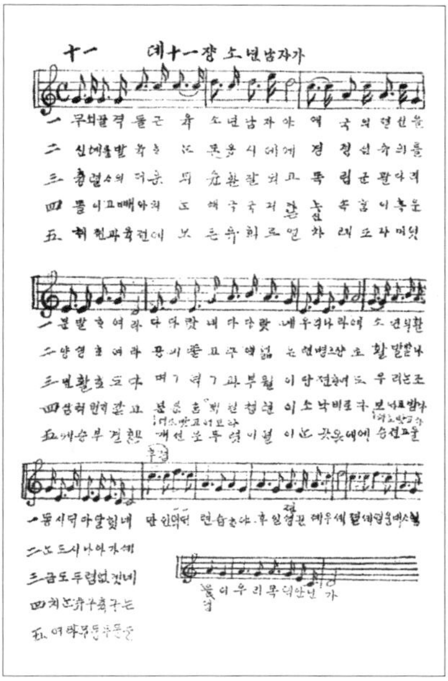

『애국창가』의 〈소년남자가〉

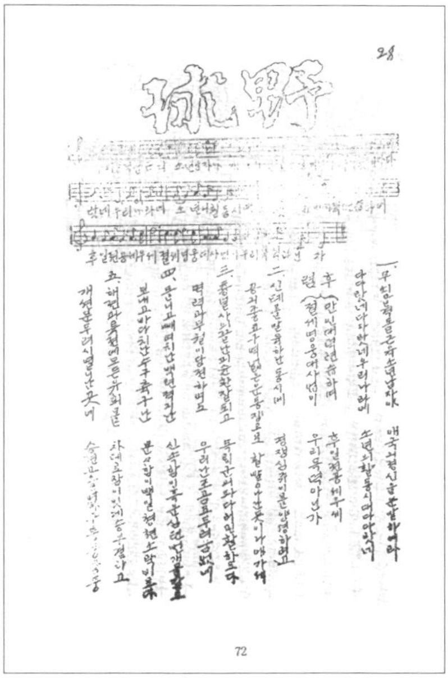

『최신창가집 부 악전』 〈야구〉

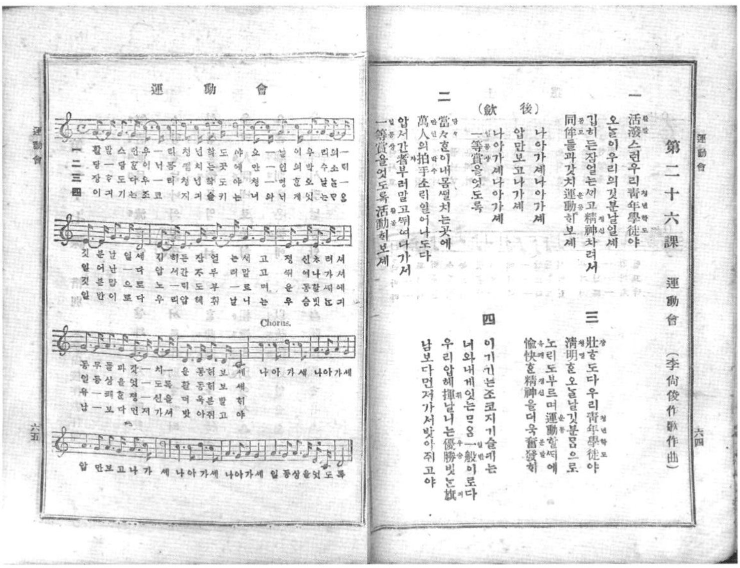

『최신창가집 전』의 〈운동회〉

하고 이상준이 곡조를 붙였다. 이 곡조도 이상준의 『최신창가집전』에 가사를 개사하여 〈석별〉로 수록되어 있다. 이상준은 김인식金仁植, 1885~1962과 함께 국내에서 창작 창가를 주도한 선구자적 입지를 지녔던 인물로, 본인 작곡의 창가를 수록한 창가집을 편찬하기도 하였다.[22]

한편, 국내에서 애국의 노래를 담았던 대표적인 항일의 창가집은 윤치호가 기독교 학교로 설립한 한영서원에서 1915년 발행한 『창가집』이 있다. 『창가집』은 제1차로 40부, 제2차로 99부가 학생과 일반 대중에게 배포되었다. 그렇지만 이 일을 주도한 교사는 출판법 위반, 보안법 위반 및 불경죄에 걸려 경성지방 법원에 송치되고, 『창가집』은 모두 압수되어 현재 실물의 자료는 전하지 않는다. 당시 경무부 보고서에 의하면, 『창가집』에는 최소 129곡 이상이 수록되었고, 일본인의 감정을 매우 손상시키는 노래가 수록되었다고 한다.[23]

『창가집』의 저본은 1913년 북간도의 명동학교에서 음악교육을 위해 만든 『신찬창가집』으로 알려져 있다. 『신찬창가집』 역시 금서 처분을 받았고, 한영서원 이외에도 호수돈여학교, 영흥 문명학교에서 편찬한 창가집 역시 모두 금서 처분되었다.[24] 이렇듯 한영서원의

---

22 이상준은 근대시기의 대표적인 음악가이며 교육자로, 창가의 작곡 작사뿐 아니라 전통음악의 채보 분야에서도 선구자적인 역할을 하였다. 『조선속곡집 상권』(1914), 『조선잡가집』(1916), 『조선신구잡가』 (1921), 『신찬속곡집』(1921), 『나팔가곡집』(1929), 『조선속곡집』(1929), 『조선신구잡가』(1929), 『보통악전대요』(1916), 『최신창가집전』(1918), 『풍금독습 중등창가』(1921), 『조선명승지리창가』(1921), 『최신중등창가집』(1922), 『신유행창가』(1922), 『소애락창가』(1930) 등의 저작물이 있다.

23 박찬호지음·안동림 옮김, 『한국가요사』, 현암사, 1992, 50~53.

24 서굉일·김재홍, 『北墾島民族運動의 先驅者 圭金 巖躍淵先生』, 고려글방, 1997,

『창가집』은 일제의 무단통치기에 강렬한 저항운동을 상징하는 대표적인 애국창가집으로, 이후에 만들어지는 국내외의 애국창가집에 영향을 주게 된다. 실제로 한영서원의 『창가집』은 『애국창가』의 서문과 거의 같다는 것이 확인되었고[25], 수록곡 중에 〈한영셔원가〉가 있는 점을 들어 『애국창가』의 완성에 영향을 주었을 것이라 시사된 바도 있다.[26]

비록 명동학교의 『신찬창가집』과 한영서원의 『창가집』 실물은 현재 전하지 않아서 수록곡을 알 수는 없지만, 동시대 만주의 광성중학교에서 발행한 『최신창가집 부 악전』이 비교의 대상이 될 수 있다. 그리고 『애국창가』의 77곡 가운데 42곡은 『최신창가집 부 악전』에도 실려 있어서 창가집의 발행에서 국내외를 막론하고 일정 부분의 자료를 공유했을 가능성을 완전히 배제할 수는 없다.

이상을 정리해보면, 북간도 명동학교의 『신찬창가집』을 저본으로 하는 개성 한영서원의 『창가집』, 『창가집』과 거의 동일한 서문을 수록한 하와이 호놀룰루의 『애국창가』, 그리고 『애국창가』와 공통의 곡을 담고 있는 북만주 광성중학교의 『최신창가집 부 악전』은 고리처럼 공유된 내용이 들어있다. 당시 북간도 발행의 창가집이 국내에서도 일부 공유되었고, 이러한 애국의 노래를 담은 창가집은 미주지역 하와이에서도 조국의 독립을 바라는 마음으로 또 그 내용을 공유했을 가능성을 보여준다. 이러한 관계도는 아래와 같이 나타난다.

280~282쪽.

[25] 박찬호 지음·안동림 옮김, 앞의 책, 51쪽.

[26] 이유기, 앞의 글, 148~15쪽.

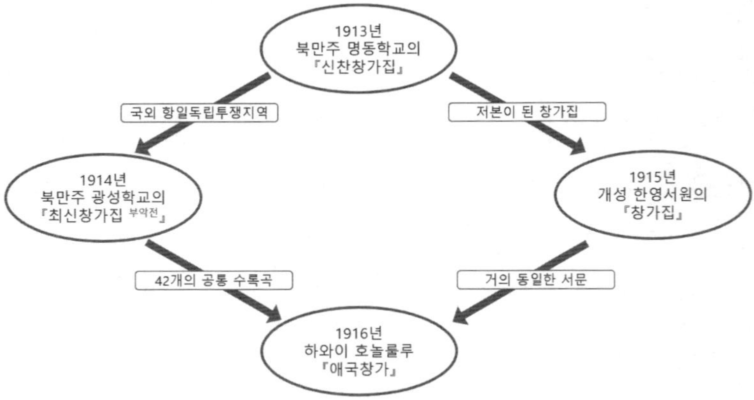

애국의 창가집 관계도

1910년대 초반부터는 만주지역에도 미주의 대한인국민회가 발행한 『신한민보』가 우송되어 미주지역 한인사회의 소식을 전해주었다. 하와이에서 대조선 국민군단이 결성되어 독립전쟁에 대비한 군사훈련을 받고 있다는 사실을 비롯하여 각지에서 일어난 독립운동 소식이 알려졌다. 그리고 1914년에는 북간도의 대표적 민족학교인 명동학교의 증축을 위하여 북간도 간민회의 부회장을 역임한 백옥보가 미주지역의 의연금을 모아 전달하였다. 또한 1916년에는 명동학교의 김약연 교장이 하와이의 박용만이 집필한 『군인수지軍人須知』와 『국민개병설國民皆兵說』, 신채호가 집필한 『최도통전崔都統傳』을 명동학교 교재로 요청하기도 하였다.[27] 당시 간도 사회와 미주사회에서 구국과 독립을 염원하며 애국의 정서와 정보가 담긴 자료를 서로 공유하고 있었음을 알 수 있다.

---

[27] 이명화, 「북간도 명동학교의 민족주의 교육과 항일운동」, 『백산학보』 제79호, 333~336쪽.

그러므로 1913년 북간도의 『신찬창가집』, 1914년 만주지역 광성중학교의 『최신창가집부 악전』, 1915년 국내 한영서원의 『창가집』은 모두 1916년 하와이 호놀룰루 『애국창가』의 저본으로 활용되었을 가능성이 있어 보인다. 지역을 초월하여 노래를 통한 애국과 항일의 정서를 모은 『애국창가』가 현재까지 전해짐으로써 당시 국내외에서 공유되었던 애국창가를 사실적으로 확인할 수 있다.[28]

Ⅲ. 『애국창가』의 음악적 특징과 의의

『애국창가』는 등사본으로 인쇄된 악보라 희미한 부분도 있고 지워진 부분도 있다. 각각의 수록곡이 갖는 음악적인 특징을 분석하기 위해서는 전체 곡조를 파악하는 과정이 필요하였다. 여기서는 부분적으로 식별이 어려운 부분을 복원하여 완성한 곡과 가사만 수록된 곡에 곡조를 넣어 완성한 곡의 사례를 제시한다. 이는 『애국창가』에 수록된 곡의 음악적 특징을 파악하기 위함이다.[29]

---

[28] 이 외에도 국내에서 1910년을 전후하여 필사된 『손승용 수진본 창가집』이 『애국창가』와 『최신창가집(부악전)』의 저본으로 활용되었을 가능성도 제기되었다. (반혜성, 「『손승용 수진본 창가집』의 특징과 가치」, 『동양학』 85집, 단국대학교 동양학연구원, 2021.)

[29] 『애국창가』에서 식별이 어려운 부분은 한철수편, 『獨立軍詩歌集 倍達의 脈搏 增補版』, 송산출판사, 1986; 독립군가보존회, 『독립군가곡집 광복의 메아리』, 교학사 공무부, 1982; 노동은, 『항일음악 330곡집』, 민족문제연구소, 2017 등의 악보를 참고하였다.

1. 수록곡의 특징

〈학교긔념식가〉는 마디 구분이 부정확하고, 마디 7과 마디 8의 일부는 지워져 있다. 식별되는 부분의 선율을 기준으로 하여 전체의 선율을 해석해보았더니 스코틀랜드 민요인 〈올드 랭 사인Auld Lang Syne〉의 곡조가 차용되었음을 알 수 있었다. 이를 악보로 다시 그려보면 다음과 같다.

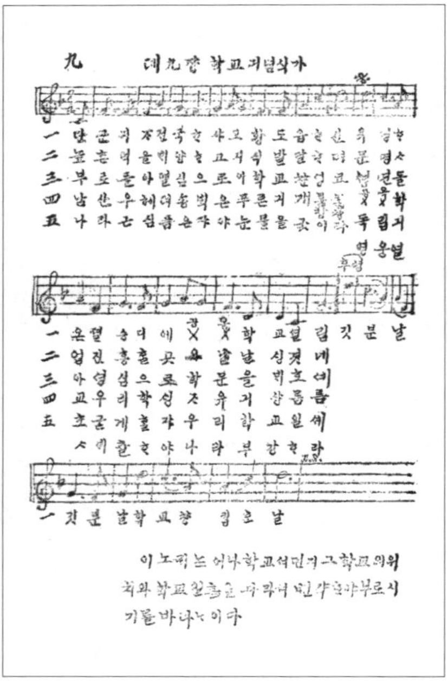

〈학교긔념식가〉

재사보한 〈학교긔념식가〉

그런데 〈학교긔념식가〉의 악보 아래에는 "이 노래는 어나 학교셔던지 그 학교의 위치와 학교 일흠을 짜라셔 변갸ᄒᆞ야 부르시기를 바라ᄂᆞ이다"라는 편집자의 주가 있다. 가창자가 임의로 가사를 바꾸어서 활용할 수 있다는 설명을 한 것인데, 기존의 곡조에 가사 전체를 바꾸어서 다른 곡으로 부르기도 하지만, 필요에 따라서 가사 일부도 바꾸어서 부르기도 하였다는 것을 보여준다.

당시의 창가 가창은 같은 곡조에 가사를 바꾸어서 부르는 것이 보편적이었다. 일종의 작창이 '가사 바꾸어 부르기'였다. 예를 들어 〈만세가〉에서 "보표는 十八장과 같음"이라 하는 부분을 보자. 여기서 '十八장'은 〈한양셔원가〉이고, 이 곡의 원곡은 〈조지아행진곡Marching Through Georgia〉이다. 〈조지아행진곡〉은 1865년 미국 남북전쟁 시기에 행진곡으로 만들어진 군가이다. 군가에 가사를 바꾸어서 노래를 만든 것인데, 일본의 〈군함행진곡〉도 곡조로 차용된

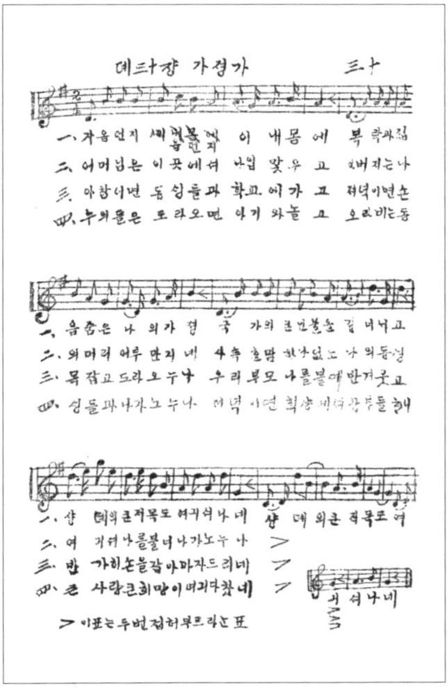

〈가졍가〉

재사보한 〈가졍가〉

다. 〈가경가〉가 바로 〈군함행진곡〉의 곡조로 노래 되는 곡이다.

그런데 군가가 차용된 것은 미국과 일본의 군가뿐 아니라 독일의 군가도 사용되었다. 〈혈성가〉는 "보표는 四장과 같음"이라고 쓰여 있는데, 이는 〈국민가〉와 같은 곡조를 사용하라는 것이다. 『애국창가』에서 '四장'은 〈라인강의 파수꾼Die Wacht am Rhein〉이 원곡이다. 이 곡은 세계 제1차대전 당시에 애창되었던 독일의 군가이다. 가사만 수록된 〈혈성가〉를 곡조를 넣어 악보로 바꾸어 보면 다음과 같다.

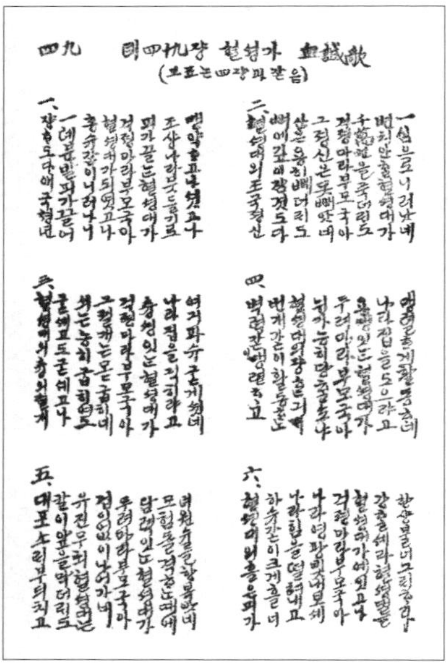
〈혈셩가〉

재사보한 〈혈셩가〉

위의 악보를 보면, 보통 4/4박자 16마디의 곡은 총 16음보의 가사와 잘 맞음을 알 수 있다. 이와 같은 사례는 〈슈졀가와 흙로망향가〉에서도 살펴볼 수 있다. 이 곡에는 악보 아래에 "뎌멀이있는수와니강"하고 시는 〈흙로가〉의 가사가 부기 되어있다. 〈슈절가〉의 악보에 이 〈흙로가〉의 가사를 넣어 보면 역시 다음과 같이 리듬과 박자를 맞출 수 있다. 두 곡의 원곡은 〈스와니강〉으로 알려진 스티븐 포스터Stephen Foster의 곡이다. 이 곡은 대중가요로 1851년에 작곡한 것으로, 원래 제목은 〈고향 사람들The Old Folks at Home〉이다. 악보의 예시는 아래와 같다.

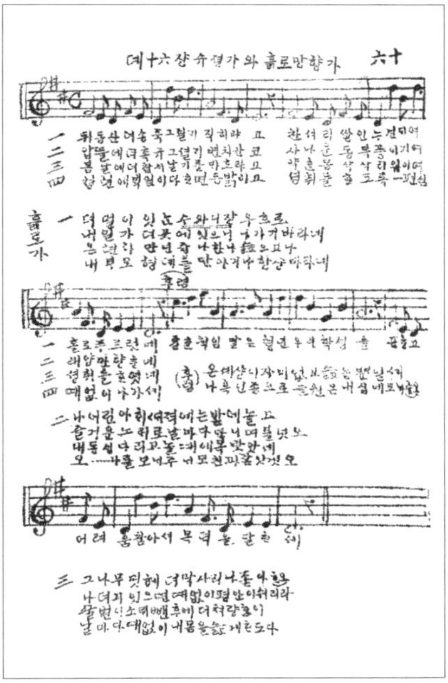

〈슈절가와 흙로망향가〉

재사보한 〈흙로망향가(흙로가)

이상과 같이 식별이 어려운 흐릿한 부분이나 가사만 수록된 곡도 보표, 즉 곡조를 일일이 지시하고 있어서 『애국창가』에 수록된 전체의 곡은 모두 곡조를 파악할 수 있다.

그런데 제55면의 〈죠션혼〉을 보면, "보표는 찬송가 206장 같음"

이라고 씌어 있기도 하다. 가사만 수록된 곡은 대부분 『애국창가』 내에서 곡조를 지시하고 있지만, 이 곡은 예외적으로 찬송가를 지정하고 있다. 그래서 『애국창가』 발행 이전인 1909년 국내에서 발행된 『찬숑가』[30]에서 곡조를 찾아보았다. 찬송가 206장의 곡조는 현재 영국국가로 사용되는 〈하느님, 여왕폐하를 지켜 주소서God Save the Queen〉과 같은 곡조였다. 이 곡조의 진행은 웅장하고 위엄이 있어서 '朝鮮魂'을 표현하기에 적당하다 여겨져서 곡조로 지정된 것으로 보인다.

이렇게 찬송가의 곡조를 지정하는 것은 안창호의 유품에서 발견된 또 다른 창가집인 『구한말 애국창가집』에도 나타난다. 『구한말 애국창가집』은 가사만 적혀 있는 노래 모음집이다. 여기에는 〈십칠편〉, 〈십팔편〉, 〈이십이편〉, 〈이십삼편〉, 〈이십ᄉ편〉등의 노래에 각각 찬송가의 곡조를 지정하고 있다.[31] 아래에 『찬숑가』 206장, 즉 〈뎨이빅륙 하ᄂ님은피란쳐〉,과 『구한말 애국창가집』[32]의 〈십팔편〉, 『애국창가』 〈조션혼〉의 가사, 그리고 재사보한 악보를 차례대로 제시한다.

30 1908년에 발간된 한글가사 찬송가집인 『찬숑가』(경성:예수교서회)의 악보 찬송가집이다. 영국 찬송가 114편, 미국 찬송가 88곡, 한글로 창작된 찬송가 56곡, 한국인의 창작찬송가 9곡, 선교사의 한글 창작찬송가 32편, 작자미상 한글창작 찬송가 15곡으로 구성되어 있다. 영인본 『한국찬송가전집』 4, 한국교회사문헌연구원, 1991.

31 이 창가집은 누락된 면이 있어서 전체의 악곡은 알 수 없다. 곡명 미상1, 〈권학가(무궁화가와한곡됴)〉, 〈무궁화가〉, 〈국가〉, 〈학도가〉, 〈십칠편(百三十七찬숑가곡됴)〉, 〈십팔편(二百六찬숑가 동)〉 〈국민가〉, 〈이십이편(四十五찬숑가곡됴)〉, 〈이십삼편(二百五十二찬숑가곡됴)〉, 〈이십ᄉ편(二百三十九찬숑가곡됴)〉 등이 수록되었다.

32 학회자료, 「새자료:구한말 애국창가집」, 『한국학보』 13, 1987, 205쪽.

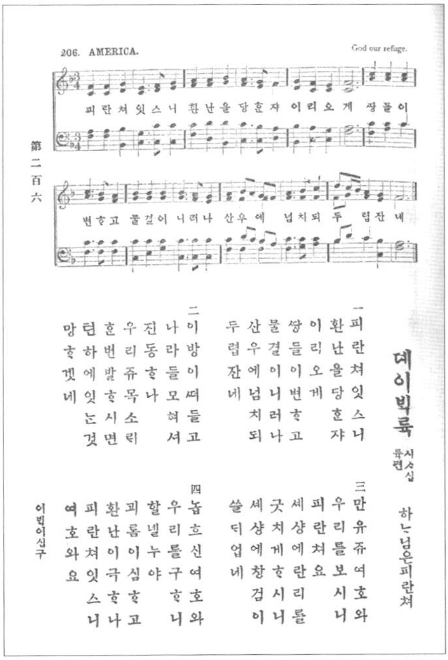

『찬송가』 206장
〈뎨이빅륙 하ᄂᆞ님은피란쳐〉

『구한말 애국창가집』〈십팔편〉

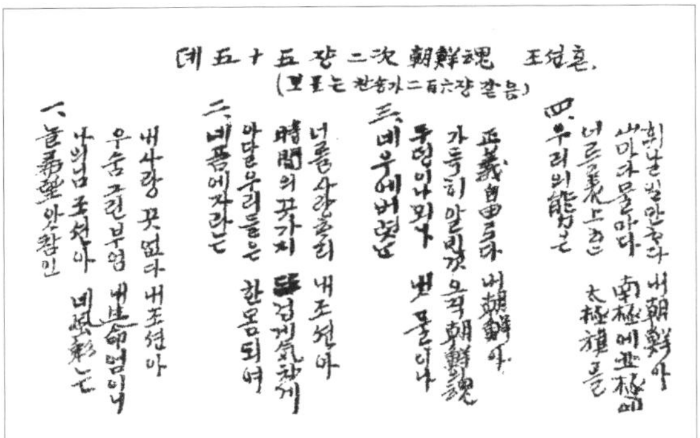

〈조션혼〉

재사보한 〈조션혼〉

1910년대 국내의 기독교 선교활동에서는 기독교 학교와 주일학교에서 찬송가를 통해 근대식의 음악교육을 체계화시켜 가고 있었다.[33] 이렇게 가사만 수록된 창가집에 찬송가의 곡조를 지정한다는 것은 국내외를 막론하고 창가집의 편집과 가창에 기독교인이 참여하였다는 것이다. 『애국창가』 전체 곡 가운데 〈십자전가〉, 〈십쟈형가〉, 〈찬미무〉, 〈구주셩탄가〉, 〈구주성탄가〉, 〈셩경책명긔억가〉, 〈구쥬젼징가〉, 〈십자형가〉 등 기독교계의 가사가 실려 있다는 점도 『애국창가』의 편집자 내지는 모본이 된 창가집이 기독교계의 창가집이었다는 것을 보여주는 일면이다.

창가집의 구성에 기독교의 영향을 볼 수 있는 대표적인 저작물은 안애리의 『창가집』1915이다. 여기에는 찬송가와 창가 이외에 〈한영셔원가〉를 비롯하여 〈졍신학교교가〉, 〈슝실학교가〉, 〈호슈돈녀슉

---

[33] 김사랑, 「'문명'의 노래, 조선인을 '위한' 음악교육;1910년대 선교사가 만든 『챵가집』 분석」, 『이화음악논집』 17, 2013, 36~37쪽.

가〉, 〈경신학교교가〉, 〈숭의녀학교교가〉, 〈대구신명녀학교의교가〉 등 기독교 학교의 교가도 다수 수록되어 있다. 남감리교의 개성 선교를 위해 선교사들이 가르치던 야학에서 발전되어 설립된 한영서원[34]과 같은 기독교 학교에서 발행된 창가집에는 기독교적인 가창물이 실려 있었을 것이다. 『애국창가』의 발행자 내지는 발행처가 기독교계일 것이라 단정 지을 수는 없지만, 최소한 수록곡의 구성을 보면 기독교계의 영향권에 있었다는 사실을 배제할 수 없다.

이상에서 살펴본 바와 같이 『애국창가』의 수록곡은 군가, 대중가요, 민요, 창가, 그리고 찬송가 등에서 차용된 곡조를 바탕으로 하고 있음을 확인할 수 있었다.

2. 음악적 특징

『애국창가』의 수록곡을 보면 세 방향으로 노래 군을 정리해볼 수 있다. 첫 번째는 조국에 대한 사랑과 향수를 표현한 노래, 둘째는 근대교육과 가정윤리에 대한 노래, 세 번째는 기독교계 노래이다. 하지만 수록곡의 노랫말이 애국과 독립의 염원을 노래하며 항일의 의지를 표출하는 내용이 많아서 애국의 노래라는 특징을 드러내고 있다. 이에 따라 근대교육과 가정윤리에 대한 노래도 독립을 위한 항일의 투쟁을 대비하여 체력과 힘을 키우자는 의도로 수록되었음

[34] 강명숙, 「윤치호와 미국남감리교 선교~개성지역을 중심으로」, 『사학연구』 124, 한국사학회, 2016, 148~152쪽.

을 확인할 수 있었다. 이외에 기독교 계통의 노래는 일종의 포교를 목적으로 한 노래로 파악되었다.

이렇듯 노랫말을 통해 노래 군을 분류할 수 있지만, 『애국창가』에 수록된 77곡을 큰 주제로 아우를 때는 '애국심의 고취와 독립의 염원'이 핵심적인 어휘로 드러난다. 특히 나라를 떠나 해외에 삶의 터전을 이룬 한인 디아스포라의 나라 사랑은 조국 그리움을 통해서 더욱 배어나고 있다. 『애국창가』의 서문에서도 밝힌 대로, 이 노래집을 통해 민족적 저항과 단결을 의도한 뜻이 수록곡의 면모에도 잘 반영되어 있다. 『애국창가』에 수록된 총 77곡의 곡명은 다음과 같다.

『애국창가』 수록곡

<table>
<tr><td>악보와 가사가 수록된 곡</td><td>〈애국가〉, 〈국민가〉, 〈보국가〉, 〈국긔가〉, 〈학교긔념식가〉, 〈작대가〉, 〈소년남자가〉, 〈영웅츄도가〉, 〈세계디리가〉, 〈모험맹진가〉, 〈애국가〉, 〈슈절가〉, 〈부모은덕가〉, 〈한영셔원가〉, 〈애국가〉, 〈쟉별가〉, 〈자유가〉, 〈유시변쳔가〉, 〈감은가〉, 〈희망가〉, 〈권학가〉, 〈단군가〉, 〈한반도가〉, 〈경축가〉, 〈독립가〉, 〈황실가〉, 〈가졍가〉, 〈하경가(夏景歌)〉, 〈사의은가(師의恩歌)〉, 〈슈신가(修身歌)〉, 〈동포가〉, 〈녀자단심가〉, 〈샹사가(相思歌)〉, 〈애국가(愛國歌)〉, 〈대한혼(大韓魂)〉, 〈혼인챵가(婚姻唱歌)〉, 〈청년득심가(青年得心歌)〉, 〈불여귀가(不如歸歌)〉, 〈관동팔경가(關東八景歌)〉, 〈자유가(自由歌)〉, 〈젼진가(前進歌)〉, 〈거국가(去國歌)〉, 〈백졀불굴가(百絶不屈歌)〉, 〈망향가〉, 〈혈셩가(血誠歌)〉, 〈죽어도 못노하〉, 〈귀안가(歸雁歌)〉, 〈산보가(刪補歌)〉, 〈츈류가(春遊歌)〉, 〈사시가(四時歌)〉, 〈원족회가(遠足會歌)〉, 〈솔을심음(植松歌)〉, 〈복슈가(復讎歌)〉, 〈츈가(春歌)〉, 〈졸업식가(卒業式歌)〉, 〈권학가(勸學歌)〉, 〈컬넘버쓰가〉, 〈구주셩탄가(救主聖誕歌)〉, 〈구주성탄가〉, 〈셩경책명긔억가(聖經冊名記憶歌)〉, 〈구쥬젼징가(歐洲戰爭歌)〉</td></tr>
</table>

가사만 수록된 곡	〈졍신가〉, 〈국문가〉, 〈흙로가〉, 〈동지가(同志歌)〉, 〈깊이생각〉, 〈만세가(萬歲歌)〉, 〈혈셩가(血誠歌)〉, 〈운동가(運動歌)〉, 〈영웅모범가(英雄模範歌)〉, 〈운동가(運動歌)〉, 〈군병가(軍兵歌)〉, 〈십자진가(十字陣歌)〉, 〈조션혼(朝鮮魂)〉, 〈운동가(運動歌)〉, 〈찬미무(讚美舞)〉, 〈십자형가(十字形歌)〉

수록곡 가운데는 같은 제목의 곡이 여럿 실려 있기도 하다. 〈애국가〉는 총 4곡이 들어있고, 〈운동가〉는 3곡, 그리고 〈구쥬성탄가〉, 〈권학가〉, 〈자유가〉, 〈혈셩가〉 등은 2곡씩 수록되어 있다. 그런데 이 곡들은 곡명이 같을 뿐이고, 가사와 선율은 각각 다르다. 이 중 〈운동가〉 3곡과 "ᄌᆞᆼ하도다 애국청년"으로 시작하는 〈혈셩가〉는 악보는 없고 가사만 수록된 곡이다.

『애국창가』에 수록된 악곡은 곡조가 차용된 곡과 새로 창작된 곡으로 분류할 수 있지만, 새로 창작된 곡에 비해 곡조가 차용된 곡이 대부분을 이룬다. 수록곡의 음악 분석은 차용된 곡조의 원곡을 알아보고, 다음으로 음계, 박자, 리듬, 조성과 같은 음악적 특징을 파악하고자 하였다. 77곡을 분석하여 음악적 특징을 정리한 결과는 다음과 같다.[35]

첫째, 찬송가의 곡조가 가장 많이 활용되었다.[36] 이는 당시의 가창 문화를 이끌고 서양식의 음악교육을 이끄는 선두에 교회가 있었

[35] 자세한 곡 분석은 논문 말미의 부록 표 참조.

[36] '새찬송가'는 『21세기 잔송가』에 정리된 것을 기준으로 표시한 것이다. 한국찬송가공회, 『21세기 찬송가』, 서울:한국찬송가공회, 2008.

기 때문이다. 〈진실하신 주성령〉[37], 〈찬송하는소리있어〉[38], 〈우리들의 싸울 것은〉[39], 〈천부여 의지하는 소리 있어서〉[40], 〈대속하신 구주께서〉[41], 〈영광을 받으신 만유의 주〉[42], 〈시온성과 같은 교회〉[43] 등이 대표적인 곡이다.

둘째, 찬송가로 불리는 곡조는 본래의 원곡이 별도로 존재한다는 것이다. 예를 들어 찬송가 〈우리들의 싸울 것은〉은 미국 남북전쟁 시기 만들어진 〈조지아행진곡〉에서 차용된 것이고, 〈천부여 의지하는 소리 있어서〉는 스코틀랜드 민요 〈올드 랭 사인〉에서 차용된 것이다. 찬송가 〈시온성과 같은 교회〉는 하이든의 〈현악 4중주〉 77번 2악장에서 차용되어 만들어진 것이다.

셋째, 곡조로 차용된 원곡의 계통은 군가, 창가, 민요, 대중가요 등으로 나누어볼 수 있다. 미국의 군가, 독일의 군가, 일본의 군가가 있고, 스코틀랜드 민요가 있는가 하면, 한국민요가 있고, 또 미국과 일본의 대중가요도 있다. 〈라인강의 파수꾼Die Wacht am Rhein〉[44]은 독일 군가이고, 〈군함행진곡〉[45]은 일본의 군가이다. 〈스

---

37 새찬송가 189장으로, 〈감은가〉의 곡조로 활용되었다.

38 새찬송가 19장으로, 〈희망가〉의 곡조로 활용되었다.

39 새찬송가 350장으로, 〈작대가〉, 〈보국가〉, 〈한영서원가〉, 〈깊이생각〉, 〈군병가〉의 곡조로 활용되었다.

40 새찬송가 280장으로, 〈학교기념가〉, 〈애국가〉의 곡조로 활용되었다.

41 새찬송가 174장으로, 〈혈성가〉의 곡조로 활용되었다.

42 새찬송가 331장으로, 〈청년득심가〉의 곡조로 활용되었다.

43 새찬송가 210장으로, 〈영우츄도가〉의 곡조로 활용되었다.

44 〈국민가〉의 곡조로 활용되었다.

45 〈가정가〉의 곡조로 활용되었다.

와니강〉[46]은 미국 대중가요이고, 일본 창가인 〈철도창가〉[47], 유행가인 〈하이카라 부시〉[48]의 곡조도 차용되었다. 하지만 전래민요는 〈국문가〉의 곡조로 사용된 〈방아타령〉이 유일하다.

넷째, 창작된 곡은 창가에 집중되었는데, 국내의 이상준이 대표적인 작곡가로 나타나고, 작자 미상인 곡이 많았다. 이 창가의 특징은 주로 5음 음계 장조이면서 2박자나 4박자를 위주로 한 ♪♪ 진행을 특징으로 하였다.

이상에서 살펴본 바와 같이 1916년 『애국창가』에 수록된 악곡은 새롭게 창작된 곡보다는 곡조를 빌어다가 가사를 새로 지어 부른 곡이 다수임을 알 수 있었다. 곡조는 찬송가, 군가, 창가, 민요, 대중가요 등 다양한 장르를 수용하고 있지만, 공통된 음악적 특징은 단선율의 간결한 구조라 하겠다. 결국 『애국창가』의 이름에서 알 수 있듯이 그 음악적 특징은 근대식의 '창가'로 귀결된다고 볼 수 있다.

3. 『애국창가』의 음악적 의의

창가는 단순한 형식과 짧게 반복되는 선율 단락을 음악적 특징으로 포함하고 있어서 군중의 가창물로 적합했다. 그러나 창가의 양

---

46 〈슈절가〉, 〈흙로가〉의 곡조로 활용되었다.

47 〈애국가 운동가〉의 곡조로 활용되었다.

48 〈전진가〉의 곡조로 활용되었다.

식을 뒷받침하는 음구조는 화성이라고 하는 비전통적 음질서였기 때문에 이에 적응하기까지는 상당한 시간이 걸렸다.[49] 아래의 인용문은 당시 군중들이 화성보다는 단선율을 선호했던 점을 엿보게 한다.

> 일반적으로 한국인은 4부로 된 음악을 듣는 것에 익숙지 않다. 한 사람이 우리 학교의 4부중창을 듣고 난 후, 한 사람만 노래하고 나머지는 가만히 있었더라면 좋았을 것이라고 말했다. 또 다른 사람은 30명으로 구성된 합창을 듣고 도망가고 싶었다고 말했다.[50]

창가 가창의 초기에는 화성의 체계를 받아들이지 못하여 창가는 민요와 같이 단선율의 간단한 음악으로도 받아들여졌다. 일반인의 가창은 당시 민요를 통해서 실현되고 있던 시기라 창가는 엄격한 화성음악을 고수했던 찬송가와는 결이 다른 장음계를 수용하면서 유연하게 화성음악에 대처하여 정착되었다.[51] 『애국창가』의 수록곡은 가창 실현 차원에서는 다성부의 화성음악이 아닌 모두 단선율 합창곡이라는 공통점이 있다. 따라서 이 악곡들은 심미감을 만족시키는 예술작품을 기념하기 위해 기록되기보다는 실질적인 가창에 무게를 두고 기록되었다고 볼 수 있다.

다른 한편으로, 『애국창가』의 활용기법과 기보방식을 견주어 보면 편집자가 음악적 소양을 갖춘 인물이라는 점을 확인할 수 있다.

---

49 권도희, 「1910년대 창가와 잡가」, 『동악어문학』 51, 동양어문학회, 2008, 96~99쪽.

50 문옥배, 『한국교회음악 수용사』, 예솔출판사, 2001, 45~46쪽에서 재인용.

51 권도희, 앞의 글, 96~99쪽.

예를 들어 5음 음계 장조의 경우 조표를 사용하지 않은 곡이 있다. 특히 5음 음계의 음정 간격이 장2도-단3도-장2도-장2도로 쌓이고, 종지음이 기능화성의 속음dominant인 경우 조표를 기보하지 않았다. 이는 편집자가 기억하는 음악을 채보하듯이 곡을 적어 내려갔기 때문에 조표를 굳이 사용하지 않아도 가창에 문제가 없다는 것을 충분히 인지한 결과라 여겨진다.

이외에도 편집자는 악상기호를 사용하는 점에서 음악적 통찰과 소양을 분명히 드러내고 있다. 〈경축가〉는 후렴구 가사의 내용에 "대한국민회 탄싱ᄒᆞ샤"라 노래하고 있어서 대한국민회 결성을 경축하며 부른 것으로 추정된다.[52] 후렴구의 마지막 부분에서는 페르마타 일원 같은 성은이 나려와 스타카토 우리 동포에게 ㅇㅇ를 사용하여 음악적인 효과를 극대화 시키고 있다. 이는 가창의 실제를 전제로 해서 충분한 음악적 해석이 들어간 실용적인 기보의 예시로 볼 수 있다.

[52] 대한국민회는 1919년 상해임시정부가 설립된 후 조선독립운동기성회에서는 고유문을 발표하고 개명한 단체의 명칭이다. 조선의 독립사업을 최종목표로 하고, 상해임시정부의 연변지역 행정기구로 자칭하여 반일활동을 전개하였다. 국민회는 1909년에 조직되어 이듬해 해외 한인을 총망라한 대한인국민회로 재출범하는 단체이다. 1914년 하와이 호놀루루에서는 대한인국민회의 창립 5주년 기념행사를 대대적으로 거행하는데, 이때 이 행사를 기념하여 불린 노래가 〈경축가〉일 것이라 추정된다. 이에 후렴구에 들어간 "대한국민회"는 하와이에서 활동하였던 국민회, 또는 대한인국민회를 지칭하는 것으로 사료 된다. 최봉룡, 「북간도 한인자치운동의 효시: 간민회의 시말과 그 성격」, 『민족학연구』 7, 2009, 135~139쪽; 宋友惠, 「北間島「大韓國民會」의 組織形態에 관한 硏究」, 『한국민족운동사연구』 1, 1986, 113~117쪽; 오천석, 「대한국민회를 논함」, 『역사와 세계』 44, 2013, 386~388쪽.

〈경축가〉

위 악보의 네모도형을 보면, 전술한 악상기호의 사례를 볼 수 있고, "이 챵가는 그때 ᄉ경을 따라셔 말을 만들어홈이 가능"이라는 편집자의 주를 통해 당시의 가창문화도 엿볼 수 있다. 『애국창가』는 단순한 기록물이 아니고 음악적 통찰력이 있는 편집자에 의해 가창과 관련된 표현과 해석을 첨가하여 만든 저작물이라는 데서 의미가 있다.

앞에서 분석한 바와 같이 『애국창가』 수록곡은 '애국심 고취'와 '독립의 염원'을 주된 정서로 표현하면서 모두 단선율을 지향하는 커다란 공통점이 있었다. 이에 간결한 형식의 따라 부르기 쉬운 가창에 무게를 둔 곡조가 차용되었고, 가장 실용적인 노래로 부합되는 장르가 채택되었다. 채택된 원곡의 곡조는 찬송가, 군가, 창가, 민요, 대중가요 등 다양한 장르에서 왔지만, 전체를 관통하는 음악적인 특징은 '창가'로 표현되었다. 그 창가가 묶여서 『애국창가』로 발행되었다는 점이 갖는 의미는 크다.

1916년 발행된 『애국창가』가 나오기 이전까지는 '애국창가'라 이름하여 만들어진 창가집의 사례는 없었다.[53] 『애국창가』는 형식이 단순하면서도 박절감 있는 선율을 지닌 곡조에 민족적 감흥을 일으킬 수 있는 '애국'의 가사를 입힌 곡을 수록하여 그 정체성을 확고히 한 '애국창가'를 탄생시켰다. 바로 여기에 이 창가집이 갖는 가장 큰 의의가 있다.

V. 맺음말

1916년 하와이 호놀룰루에서 발행된 『애국창가』는 동시대 국내에서는 찾기 힘들었던 '애국'을 전면적으로 내세운 노래집이었다. 수록곡은 악보가 있는 60곡과 가사만 있는 17곡을 포함하여 총 77

[53] 안창호 유품에서 나온 『구한말 애국창가집(미상)』은 해제를 위하여 편의상 붙인 이름이다. 신용하, 「구한말애국창가집 해제」, 『한국학보』 13, 일지사, 1997.

곡이 실려 있었다.

서문에는 '國民의 精神을 感發홈에는 노래가 읃음이라', '伊藤及寺內 무리의 압슈흔 바를 이에 蒐集 編纂ᄒᆞ야', '우리 청년 愛國 同志의게 紹介ᄒᆞ오니'를 기록을 통해 분명한 편찬의 목적과 의도를 표명하고 있었다. 이에 수록곡은 나라 사랑과 고국 그리움을 기반으로 하는 내용, 독립을 염원하여 항일의 의지를 표출하는 내용, 항일투쟁을 대비하여 체력과 힘을 키우자는 내용, 기독교 관련 내용을 노래하고 있었다. 하지만 큰 주제로 아우를 때는 '애국심의 고취'와 '독립의 염원'이 가장 주된 정서로 나타났다.

수록곡의 곡조는 찬송가, 군가, 창가, 민요, 대중가요 등 다양한 장르를 수용하고 있지만, 단선율의 간결한 구조를 가진 노래라는 공통적인 특징을 갖고 있었다. 여기서 공통적인 특징이란 전래 되는 전통 노래와는 대립되는 양식이고 가창하기 쉬운 단선율의 서양 노래, 즉 '창가'라 할 수 있다. 이는 노래집의 명칭이 『애국창가』인 것과도 관련이 있었다. 그런데 차용된 곡조에서 찬송가의 비중이 높은 것은 당시 간도나 하와이 지역의 항일운동에서 기독교의 종교활동이 어느 정도의 방패막이로 작용했던 것과 무관하지 않다. 기왕에 애국 함양과 저항의 창가를 불러야 했다면 찬송가의 곡조로 부르는 것이 당시로서는 합리적인 선택이었을 것이다.

1910년대 국내에서는 일제에 순응한 창가집이 발간되는 분위기에서 이에 반하는 애국과 항일, 독립을 노래한 『애국창가』가 전해지고 있다는 사실은 지역을 초월한 한민족의 저력과 투쟁의 의지가 확인되는 부분이었다. 『애국창가』에 수록된 곡은 당시 국내외에서 활동하던 독립운동가들의 연합체에 의해 공유되고 가창 되었던 노래였다. 『애국창가』는 노래를 통해 민족적 저항과 단결을 의도한 뜻있는 결과물임을 알 수 있었다.

참고 문헌

문헌 및 자료

독립기념관에 소장, 등록문화재 제475호 『애국창가』, 자료번호 3-008961-000. 가로15cm, 세로22.8cm, 면수67.

『海外의 韓國獨立運動史料 XVI 일본 篇④ 最新 唱歌集 附 樂典』 영인본, 국가보훈처, 1996.

노동은, 『항일음악 330곡집』, 민족문제연구소, 2017.

독립군가보존회, 『독립군가곡집 광복의 메아리』, 교학사 공무부, 1982.

문옥배, 『한국교회음악 수용사』, 예솔출판사, 2001.

박찬호지음·안동림 옮김, 『한국가요사』, 현암사, 1992.

서굉일·김재홍, 『北墾島民族運動의 先驅者 圭金 嚴躍淵先生』, 고려글방, 1997.

학회자료, "새자료:구한말 애국창가집", 『한국학보』 13. 1987.

한국찬송가공회, 『21세기 찬송가』, 서울:한국찬송가공회, 2008.

『한국찬송가전집』 영인본 4, 한국교회사문헌연구원, 1991.

한철수편, 『獨立軍詩歌集 倍達의 脈搏 增補版』, 송산출판사, 1986.

논문

강환직, 「조선총독부 민족음악 통제에 관한 연구」, 『국악과 교육』 29, 2010.

권도희, 「1910년대 창가와 잡가」, 『어문학연구』 51, 2008.

_____, 「근대기 상업민요와 대중음악」, 『동양음악』 36, 2014.

구양근, 「독립군의 항일노래모음 『최신창가집』」, 『민족문제연구』 8, 1995.

김경인, 「조선독립창가와 일본창가의 상관성 고찰 : 『최신창가집』과 『보통교육창가집』을 중심으로」, 『일본어문학』 64, 2014.

김보희, 「북만주지역의 獨立運動歌謠 - 1910년대 민족주의 독립운동가요를 중심으로-」, 『한국음악연구』 43, 2008.

김사랑, 「'문명'의 노래, 조선인을 '위한' 음악교육;1910년대 선교사가 만든 『챵가집』 분석」, 『이화음악논집』 17, 2013.

노동은, 「한국근대음악문헌목록 1860년대~1945년간」, 『음악과 민족』 50, 2015.

민경찬, 「"창가"를 다시 묻는다」, 『동악어문학』 51, 2008.

_____, 『한국 근·현대예술사 서술을 위한 기초연구-해제집① 한국창가의 색인과 해제』, 한국예술종합학교 한국예술연구소, 1997.

반혜성, 「『손승용 수진본 창가집』의 특징과 가치」, 『동양학』 85, 2021.

宋友惠, 「北間島 「大韓國民會」의 組織形態에 관한 硏究」, 『한국민족운동사연구』 1, 1986.

신용하, 「구한말애국창가집 해제」, 『한국학보』 13, 일지사, 1997.

오천석, 「대한국민회를 논함」, 『역사와 세계』 44, 2013.

이명화, 「북간도 명동학교의 민족주의 교육과 항일운동」, 『백산학보』 79, 2008.

이수인, 「개화기 창가의 주제장르적 고찰 : 『최신창가집』 소재 작품을 중심으로」, 『한문학논집』 14, 1996.

이유기, 「1910년대 하와이판 『애국가』에 대한 연구」, 『동악어문학』 51, 2008.

최봉룡, 「북간도 한인자치운동의 효시: 간민회의 시말과 그 성격」, 『민족학연구』 7, 2009.

최순배, 「항일운동기 창가의 연구-『최신창가집』의 분석을 중심으로」, 동국대학교 대학원 국어국문학과 석사학위논문, 2000.

부록

『애국창가』의 수록곡 분석

	곡명	음악적 특징
1	애국가 (동반구 아주에)	E♭장조 4/4박자의 16마디 두도막형식의 곡이다. 도-레-미-솔-라의 5음 음계 장조이다.
2	졍신가	〈애국가〉(동반구 아주에)와 동일한 곡조이다. 『최신창가집 (부악전)』의 〈정신〉과 같은 곡이다.
3	국민가	B♭장조 4/4박자 못갖춘마디로 시작하는 곡이다. 곡조는 독일의 군가인 〈라인강의 파수꾼〉(Die Wacht am Rhein)에서 차용된 곡이다.
4	보국가	B♭장조 4/4박자로, 곡조는 미국 남북전쟁 시기 만들어진 〈조지아행진곡〉에서 차용되었다. 〈조지아행진곡〉은 찬송가 〈우리들의 싸울것은〉으로도 알려진 곡이다.
5	국문가	곡조는 〈방아타령〉이라 명시되어 있다.
6	국긔가	G장조 3/4박자로, 못갖춘마디로 시작하는 곡이다. ♪♪ 진행이 특징적이고, 늘임표가 붙은 부분은 '대한민국'이나 '내 나라'를 강조하는 효과로 사용되었다. 『최신창가집 (부악전)』의 〈국기가〉와 같은 곡이다.
7	학교긔념식가	F장조 2/4박자, 못갖춘마디로 시작하는 곡이다. 곡조는 스코틀랜드 민요인 〈올드 랭 사인〉(Auld Lang Syne)에서 차용되었다. 『최신창가집 (부악전)』의 〈학교기념〉과 같은 곡이다.
8	작ᄃᆡ가	A장조 4/4박자 총 16마디로, 곡조는 〈조지아행진곡〉에서 차용되었다. 『최신창가집 (부악전)』의 〈작대〉와 같은 곡이다.
9	소년남자가	C장조 4/4박자로, 16마디의 곡이다. 안창호 작사, 이상준 작곡이다. 후에 이상준이 개사하여 『최신창가집 전』(1918)에 〈운동회〉로 실려 있다. 『최신창가집 (부악전)』의 〈야구〉와도 같은 곡이다.
10	영웅츄도가	F장조 4/4박자로, 16마디로 이루어진 곡이다. 곡조는 하이든의 《현악사중주 Op. 76 No.3》 2악장에서 차용되어 만들어졌다. 이 곡은 찬송가 〈시온성과 같은 교회〉로 불린다. 『최신창가집 (부악전)』의 〈영웅추도〉와 같은 곡이다.

	곡명	음악적 특징
11	세계디리가	A장조 3/4박자로, 16마디의 곡이다. 5음 음계 장조이다. 김인식의 『교과적용보통창가집 전』(1917)에 〈세계디리가〉와 같다. 『최신창가집 (부악전)』의 〈세계지리〉와도 같은 곡이다.
12	모험맹진가	C장조 4/4박자로, 16마디의 곡이다. 선율은 도-레-미-솔-라의 5음 음계 장조이다. 『최신창가집 (부악전)』의 〈모험맹진〉과 같은 곡이다.
13	애국가 (산곱고 물맑은)	C장조 2/4박자로, 27마디로 이루어진 곡이다. 도-레-미-솔-라의 5음 음계 장조이다. 선율진행과 종지를 보면 F장조로 볼 수 있다. 『최신창가집 (부악전)』의 〈학생애국〉과 같은 곡이다.
14	슈졀가	D장조 4/4박자, 16마디로 이루어진 곡이다. 곡조는 미국의 스티븐 포스터(Stephen Foster)가 작곡한 〈고향 사람들〉(The Old Folks at Home, 1851)에서 차용된 것으로, 국내에서는 〈스와니강〉으로 알려져 있다.
15	흙로가	D장조 4/4박자, 16마디로 이루어진 곡이다. 원 곡조는 〈스와니강〉이다.
16	부모은덕가	G장조 4/4박자, 12마디로 이루어진 곡이다. 김인식의 『교과적용보통창가집 전』(1917)에 실려 있는 〈부모의 은덕 1〉과 동일한 곡이다. 『최신창가집 (부악전)』의 〈부모은덕〉과 같은 곡이다.
17	한영셔원가	B♭장조 4/4박자로, 곡조는 〈조지아행진곡〉에서 차용되었다.
18	애국가 (묘ᄒᆞ고 묘ᄒᆞ다)	G장조 2/4박자, 16마디로 이루어진 5음 음계 장조이다. 곡조는 일본의 〈철도창가〉에서 차용되었다.
19	쟉별가	Ab장조 4/4박자, 16마디로 이루어진 곡이다. 김인식의 『교과적용보통창가집 전』(1917)에 실려 있는 〈석별(惜別)〉과 동일한 곡이다. 『최신창가집 (부악전)』의 〈작별〉과 같은 곡이다.
20	자유가 (대한의 국민들)	G장조 4/4박자, 8마디의 곡이다. 5음 음계 장조로, 셋잇단음표의 진행이 리듬 구조를 풍부하게 만들고 있다.
21	유시변쳔가	E장조 6/8박자, 16마디로 이루어진 곡이다. 후반부에서 a#음을 사용하여 B장조로 전조되었다가 다시 E장조로 돌아와서 마친다. 곡조는 〈죄짐 맡은 우리 구주〉가 원곡이다. 『최신창가집 (부악전)』의 〈시유변천〉과 같은 곡이다.

	곡명	음악적 특징
22	감은가	G장조 3/4박자로, 곡조는 찬송가 〈진실하신 주성령〉에서 차용되었다. 김인식의 『교과적용보통창가집 전』(1917)에 실려 있는 〈부모의 은덕 2〉와 동일한 곡이다.
23	희망가	G장조 3/4박자로 기보된 곡이다. 곡조는 찬송가 〈찬송하는소리있어〉에서 차용되었다.
24	권학가 (셰월이유수같아)	C장조 4/4박자, 못갖춘마디로 시작하는 곡이다. 곡조는 대한제국 학부 발행의 『보통교육창가집 제 1집』(1910)에 실려 있는 〈갈지라도〉와 같다. 『최신창가집 (부악전)』의 〈권학〉과 같은 곡이다.
25	단군가	A장조 4/4박자, 16마디로 이루어진 곡이다. 선율은 순차진행보다는 빈번한 도약 진행으로 활발한 편이며, 리듬은 ♪ ♪ 진행이 주도한다. 『최신창가집 (부악전)』의 〈단군〉과 같은 곡이다.
26	한반도가	A♭장조 4/4박자, 불규칙적인 a-b-c의 구조로 이루어진 곡이다. 『최신창가집 (부악전)』의 〈한반도〉와 같은 곡이다.
27	경축가	G장조 3/4박자로, 총 24마디로 이루어진 곡이다. 후렴구에서는 늘임표와 스타카토를 사용하여 가창의 효과를 극대화하고 있다.
28	독립가	G장조 4/4박자의 4마디로 이루어진 곡이다. 간결한 곡조에 긴 가사를 붙여서 노래하는 가창은 전래노래의 특징으로 볼 수 있다. 『최신창가집 (부악전)』의 〈독립〉과 같은 곡이다.
29	황실가	e단조 3/4박자, 총 33마디로 이루어진 곡으로, 곡조의 원곡은 프란츠 폰 에케르트(Franz von Eckert)가 작곡한 〈대한제국 애국가〉이다.
30	가경가	G장조 2/4박자, 23마디로 이루어진 곡이다. 곡조는 〈군함행진곡〉이 원곡이다.
31	하경가	C장조 4/4박자, 못갖춘마디로 시작하는 곡이다. 16마디를 갖추고 있으나, 형식은 자유롭게 구성되었다.
32	사의은가	E♭장조 4/4박자로, A-B의 16마디로 이루어진 곡이다. 전반부에서 ♩로 일정하게 진행하던 리듬은 후반부에서 '잊을소냐 그 은혜'를 노래하며 𝅗𝅥로 바뀌면서 가사의 의미를 강조한다.

	곡명	음악적 특징
33	슈신가	G장조 3/4박자, 8마디의 간결한 곡이다. 마디의 시작에서 6도의 도약 진행 후 순차진행으로 이어지는 흐르는 듯한 선율진행을 특징으로 한다. 『최신창가집 (부악전)』의 〈입은하나〉와 같은 곡이다.
34	동포가	B♭장조 6/8박자, 못갖춘마디로 시작하는 곡이다. 사설과 선율의 진행을 볼 때, a-b-c의 구조로 이루어졌다고 볼 수 있다. 『최신창가집 (부악전)』의 〈애국〉과 같은 곡이다.
35	녀자단심가	G장조 6/8박자의 총 32마디로 이루어진 곡이다. 『최신창가집 (부악전)』의 〈단심〉과 같은 곡이다.
36	샹사가	C장조 4/4박자, 8마디의 곡이다. 선율진행과 종지를 보면 G장조이다. 『최신창가집 (부악전)』의 〈상사〉와 같은 곡이다.
37	애국가 (동히물과 빅두산이)	G장조 4/4박자로, 곡조는 스코틀랜드 민요인 〈올드 랭 사인〉(Auld Lang Syne)에서 차용되었다. 『최신창가집 (부악전)』의 〈국가〉와 같은 곡이다.
38	대한혼	G장조 4/4박자, 두도막형식으로 이루어진 곡이다. 곡조는 대한제국 학부 발행의 『보통교육창가집 제1집』(1910)의 〈운동가〉와 같다. ♪♬의 진행과 도-레-미-솔-라의 5음 음계 장조이다. 『최신창가집 (부악전)』의 〈대한혼〉과 같은 곡이다.
39	혼인챵가	G장조 6/4박자의 못갖춘마디로 시작하는 곡이다. 곡조는 찬송가 〈주의 말씀 받은 그날〉에서 차용되었다.
40	청년득심가	F장조 6/8박자, 32마디로 이루어진 곡이다. A-A′-B-B′로 구성되었다. 반음의 꾸밈음으로 사용하는 선율진행이 특징이다. 『최신창가집 (부악전)』의 〈청년득심〉과 같은 곡이다.
41	불여귀가	G장조 4/4박자, 19마디로 이루어진 곡이다. '목에 피가 마르도록' 부분은 노래의 가장 높은 음역대에서 노래되며 가사의 의미가 강조된다. 『최신창가집 (부악전)』의 〈불여귀〉와 같은 곡이다.
42	관동팔경가	F장조 3/4박자, 16마디로 이루어진 곡이다. 선율은 솔-라-도-레-미의 진경토리로 볼 수 있다. 이상준(李尙俊, 1884-1948)의 『최신창가집 전』(1918)에 실린 〈관동팔경〉과 같다.
43	자유가 (한반도 강산)	F장조 4/4박자, 16마디로 이루어진 곡이다. 동음 진행이나 음계 안에서의 순차진행은 ♪♬ 진행과 맞물려서 곡 전체를 주도하는 구조로 활용되고 있다. 『최신창가집 (부악전)』의 〈자유〉와 같은 곡이다.

	곡명	음악적 특징
44	젼진가	C장조 4/4박자로, a-b-c-b의 두도막형식으로 이루어졌다. 곡조는 카미나가 료오게쯔[神長瞭月] 작곡의 〈하이카라 부시〉에서 차용되었다. 『최신창가집 (부악전)』의 〈전진〉과 같은 곡이다.
45	동지가	〈권학가〉(셰월이)와 동일한 곡조이다. 『최신창가집 (부악전)』의 〈동지〉와 같은 곡이다.
46	거국가	조표가 G장조로 되어있으나 C장조의 곡이다. 3/4박자, 총 24마디의 A-B-B′로 이루어졌다. 『최신창가집 전』(1918)에 이상준이 개사하여 〈석별〉로 수록되어 있다. 『최신창가집 (부악전)』의 〈거국행〉과 같은 곡이다.
47	백졀불굴가	C장조 4/4박자의 곡으로, 곡조는 미국 전쟁가인 윌리엄 스테프(William Steffe)의 〈글로리 할렐루야〉(Glory Hallelujah)에서 차용되었다. 『최신창가집 (부악전)』의 〈대한소년기개〉와 같은 곡이다.
48	깊이생각	〈한양셔원가〉와 동일한 곡조로, 원곡은 〈조지아행진곡〉이다. 『최신창가집 (부악전)』의 〈깊이생각〉과 같은 곡이다.
49	망향가	G장조 3/4박자, a-b-b′-a′의 16마디로 이루어진 곡이다. 선율의 진행과 리듬의 구조가 반복적으로 이루어져 있어서 간결한 느낌을 주는 곡이다. 김인식의 『교과적용보통창가집 전』(1917)에 〈망향〉과 같은 곡이다.
50	만셰가	〈한양셔원가〉와 동일한 곡조로, 원곡은 〈조지아행진곡〉이다.
51	혈셩가 (쟝ᄒᆞ도다)	〈국민가〉와 동일한 곡조로, 원곡은 〈라인강의 파수꾼〉이다.
52	혈셩가 (신대한의 애국청년)	E장조 3/4박자의 못갖춘마디로 시작하는 곡이다. 곡조는 찬송가 〈대속하신 구주께서〉에서 차용되었다. 『최신창가집 (부악전)』의 〈혈성대〉와 같은 곡이다.
53	죽어도못노하	C장조 4/4박자, 8마디로 이루어진 간결한 곡이다. 도-레-미-솔-라 5음 음계 장조이다. 『최신창가집 (부악전)』의 〈죽어도못노하〉와 같은 곡이다.
54	운동가 (萬爲根本)	〈대한혼〉과 같은 곡조이다. 『최신창가집 (부악전)』의 〈운동〉과 같은 곡이다.
55	영웅모범가	곡조 소개 없음

	곡명	음악적 특징
56	귀안가	D장조 6/8박자의 12마디의 곡이다. 김인식의 『교과적용보통창가집 전』(1917)에 〈귀안〉으로 수록되어 있다. 『최신창가집(부악전)』의 〈귀안〉과도 같은 곡이다.
57	운동가 (大韓國万歲에)	〈애국가〉(묘ᄒᆞ고묘ᄒᆞ다)와 같은 곡조로, 원곡은 〈철도창가〉이다. 『최신창가집 (부악전)』의 〈운동〉과 같은 곡이다.
58	산보가	D장조 6/8박자, 총 20마디의 곡이다.
59	군병가	〈한양셔원가〉와 같은 곡조로, 원곡은 〈조지아행진곡〉이다.
60	춘류가	G장조 4/4박자, 18마디로 이루어진 곡이다.
61	사시가	G장조 4/4박자, 총 12마디로 이루어진 곡이다. 대한제국 학부 발행의 『보통교육창가집 제1집』(1910)의 〈사시경(四時景)〉으로 수록되었다. 『최신창가집 (부악전)』의 〈사시경〉과 같은 곡이다.
62	조션혼	찬송가 206장과 같다고 기재되었는데, 원곡은 영국국가 〈하느님, 여왕폐하를 지켜 주소서〉(God Save the Queen)이고, 찬송가 〈피난처 있으니〉로도 불리는 곡이다.
63	원족회가	조표의 기보와 가사 식별이 어려우나, 4/4박자이고, 선율의 진행을 보면 후렴구를 뺀 〈소년남자가〉의 곡조와 유사하다.
64	솔을심음	F장조 2/4박자, 총 24마디의 곡이다. 대한제국 학부 발행의 『보통교육창가집 제1집』(1910)에 〈식송〉(植松)과 같은 곡이다. 곡조의 원곡은 크래머(Johann B Cramer, 1771-1858)의 〈루소의 꿈(Rousseau's Dream)〉이다. 이 곡은 찬송가 〈주여 복을 구하노니〉로도 불리고, 〈주먹쥐고 손을 펴서〉인 동요에도 차용되어 불리고 있다..
65	십자진가	〈귀안가〉와 동일한 곡조이다. 〈귀안〉은 D장조 6/8박자의 12마디로, ♪♪이 특징적으로 나오고, 도-레-미-솔-라 안에서 진행하는 창가이다.
66	복슈가	F장조 4/4박자, 총24마디의 곡이다. 선율의 진행을 보면, 진경토리(솔-라-도-레-미)로 해석된다. 『최신창가집 (부악전)』의 〈복수회포〉와 같은 곡이다.
67	츈가	C장조 6/8박자, 16마디로 이루어진 곡이다. 곡조는 24마디로 이루어진 이상준의 〈석별〉에서 일부가 차용되었다. 『최신창가집 (부악전)』의 〈양춘가절〉과 같은 곡이다.

	곡명	음악적 특징
68	졸업식가	A장조 4/4박자와 3/4박자가 2마디 단위로 변박되는 곡이다. 김인식의 『교과적용보통창가집 전』(1917)에 〈졸업식가〉로 수록되어 있다. 『최신창가집 (부악전)』의 〈졸업〉과도 같은 곡이다.
69	권학가 (靑山속에)	G장조 2/4박자, 16마디로 이루어진 곡이다. 곡조는 〈철도창가〉에서 차용되었다.
70	운동가 (白頭山下)	〈애국가〉와 같은 곡조인데, 원곡은 〈철도창가〉이다. 『최신창가집 (부악전)』의 〈운동〉과 같은 곡이다.
71	컬넘버쓰가	G장조 3/4박자, 16마디로 이루어진 곡이다. 김인식 『교과적용보통창가집 전』(1917)에 〈컬넘버쓰〉로 수록되어 있다. 『최신창가집 (부악전)』의 〈컬넘버스〉와도 같은 곡이다.
72	찬미무	〈소년남자가〉와 같은 곡조이다. 이 곡조는 이상준이 작곡하였다.
73	구쥬셩탄가 (새벽별은)	d단조 3/4박자, 라-시-도-미-파로 진행되는 요나누끼 단음계이다.
74	구쥬셩탄가 (하날에서)	G장조 6/8박자 못갖춘마디로 시작하는 16마디의 곡이다.
75	셩경책긔억가	C장조 4/4박자로 기보되었으나, 선율진행과 종지를 보면 G장조이다. 총 16마디의 곡이다.
76	구쥬젼징가	〈구쥬셩탄가(새벽별은)〉와 동일한 곡조이다.
77	십쟈형가	〈구쥬셩탄가(새벽별은)〉와 동일한 곡조이다.

* 번호의 음영표시는 가사만 수록된 곡임.
* 곡의 번호는 수록된 면과 관계 없이 전체의 순서에 따름.
* 가사만 수록된 곡도 지정된 곡조를 통해 음악적 특징을 기재하였음.
* 알파벳 소문자는 4마디의 작은 악절, 대문자는 8마디 큰 악절임.

북만주지역의 독립운동가요*

- 1910년대 민족주의 독립운동가요를 중심으로

김보희(연세대학교 객원교수)

* 이 글은 『한국음악연구』 43집, 2012년에 수록한 것을 수정·보완한 것이다.

Ⅰ. 머리말

독립운동가요는 독립운동과정에서 민족정신과 항일의식을 고취하기 위해 독립운동과정에서 만들어진 노래를 말하며 우리민족의 소중한 역사기록이기도 하다. 독립운동가요는 민족의식을 고취하기 위한 수단으로서 조국에 대한 사랑, 그리움, 이별에 대한 노래와 전쟁에 대한 사기를 북돋아 주는 민족투쟁의 정신적 도구이기도 했다. 그리하여 독립운동가요는 우리 민족수난의 시기에 수많은 항일운동가를 배출했던 한인민족학교 교육의 중요한 부분을 차지했다.

안타까운 일이지만 그동안 학계에서 독립운동가요에 관한 본격적인 연구가 이루어지지 않고 있었다. 이 글에서는 독립운동사의 역사사료와 문헌자료는 물론 그동안 출판되었던 독립운동가요의 악보 등을 검증하여 독립운동가요 발생의 음악사회적 배경과 전승변천된 양상을 살펴보았다. 지금까지 독립운동가요에 관한 채록은 주로 가사에 집중되어 왔다. 그러나 독립운동가요는 노래이므로 독립운동 노래가사가 어떠한 노래형식과 선율로 표출되었으며, 음악에 나타난 역사적, 사회적 환경의 변화과정을 살펴볼 필요가 있다. 그리하여 독립군가요에 녹아져 있는 항일정신의 의식세계를 밝힐 수 있게 될 것이다. 이에 더하여 독립운동가의 음악적 연구는 한민족 정체성 연구에서도 중요한 역할을 담당할 수 있을 것이다.[1]

---

[1] 이 글에서 분석한 독립운동가요의 범위를 일제강점기에 애국, 조국, 민족, 자유, 항일을 표현한 모든 노래와 조국의 독립을 위해 신체를 단련하는 운동가, 민족학교 교육을

북간도지역은 최대 규모의 해외동포사회를 배경으로 강력한 항일운동 중심지로서 독립운동가요의 발생지이기도 했다. 북간도지역에서의 독립운동가요는 애국 열사들이 독립운동의 절박한 환경에서 자생적으로 발생된 민요풍의 노래로 시작되었지만 일제강점기 전후로 근대 서양음악의 영향을 받은 일본 창가양식[2]의 노래가 학교교육을 통해 소개되었다. 또한 서양의 선교사들이 운영하는 사립학교나 기독교 계통의 민족학교를 중심으로 찬송가의 선율에 독립운동가 가사를 부치는 방식의 새로운 노래가 소개되었다.

기독교음악은 한국인들에게 서양음악을 도입하는 전환점을 제공하였을 뿐만 아니라 일제강점기에 독립운동가요를 보급하는데 커다란 영향을 주었다. 특히 북간도지역의 독립운동가요의 발생과 전승에서 찬송가와 창가가 커다란 영향을 끼쳤다. 이에 본고에서는 북간도 지역의 한인민족학교를 중심으로 창가교육에 사용했던 노래들 가운데 공통으로 사용된 독립운동가의 노래제목들을 추출해 낸 후, 이 곡들의 음악적 생성과 변천과정을 분석함으로써 독립운동가요의 음악적 특성과 시대정신을 밝혀보고자 했다.

이 글에서는 북간도지역의 독립운동에 관한 개설적 서술은 반병

위한 교가 등을 포괄하는 것으로 하였다.

2 창가에 사용된 요나누끼음계는 서양의 장음계의 범주 안에서 요나누끼음계('파'와 '시'를 뺀 오음계)를 사용했던 것이다. 이러한 일본창가는 일제감점기에 학교 교육을 통해 한인들에게 전파되었고 새로운 음악양식을 받아들인 창가풍의 노래가 작곡되었다. 이후 한국에 전파된 창가는 민요풍의 창가, 찬송가풍의 창가, 일본풍의 창가, 유행가, 가곡풍의 창가로 발전되었다.

률[3]과 서굉일[4]의 연구에 의존하였고, 음악교육에 대하여는 『20세기 중국 조선족 음악문화』[5]와 『중국 조선족 교육사』[6]의 연구에 수록된 자료들을 폭넓게 활용하였다. 특히 1914년 7월 북간도 소영자小營子에 설립되었던 민족학교 광성중학교에서 사용했던 음악교재 『최신 창가집』[7]에 수록된 152곡을 모두 분석하여 1914년 이전의 북만주 지역의 음악문화를 심층적으로 분석하였다. 분석하는 과정에서 노동은의 찬송가와 창가에 관한 선행연구 「1910년대 학교·교회의 음악상황」[8]를 검토하였고 필자는 선행연구자인 노동은 교수로부터 여러 차례의 자문을 구하여 최대한의 오류를 범하지 않도록 하였다. 이 외에 음악의 구조에 대한 직접적인 언급은 없지만, 항일가요에 대한 방대한 자료를 검토한 김덕균의 『우리 계례의 항일가요 연구』[9] 이증연의 『신대한국 독립군의 백만용사야』[10]등을 크게 참고하였다. 논문을 마무리하는 과정에서 참고를 한 민경찬교수의 『한국 창가의 색인과 해제』는 필자의 연구에 큰 도움을 주었음을 밝혀둔

[3] 반병률, 「해외민족운동-만주」 『한국사』 제47권, 국사편찬위원회, 2001, 180~197쪽.

[4] 서굉일·마해룡, 『간도사신론』 서울: 도서출판 우리들의 편지사, 1993.

[5] 중국조선족음악연구회, 『20세기 중국 조선족 음악문화』, 연변: 민족출판사, 2005.

[6] 동북조선민족교육출판사 편집위, 『중국 조선족 교육사』, 연변:동북조선민족교육출판사, 1991.

[7] 광성중학교, 『최신 창가집』, 1916.(년 국가보훈처 영인) 『최신 창가집』의 창가는 가사뿐만 아니라 오선보 악보로 기록되어 있으므로 악곡의 정확성을 유지하고 있다. 그러므로 이 책은 소중한 민족 문화유산으로서의 가치를 지녔다.

[8] 노동은, 「1910년대 기독교계 학교의 음악교육과 그 영향」, 『한국기독교와 역사』 제20호, 한국기독교역사연구소, 2004, 65~117쪽.

[9] 김덕균, 『우리 계례의 항일가요 연구』, 제2회 국제학술대회, 2007.

[10] 이증연, 『신대한국 독립군의 백만용사야』, 도서출판 혜안 , 1998.

다.

본 논문은 북간도 지역의 명동학교를 중심으로 창동학교, 광성학교 등의 기독교계통의 학교를 중심으로 발간된 창가집들과 통일찬송가1983년[11]와 『광복의 메아리』[12]에 수록된 노래들을 중심으로 독립운동가요의 음악적 갈래를 살펴봄으로써 북만주지역 독립운동가요의 특성을 밝혀 보았다.

II. 1910년대 북만주 지역의 민족운동

북만주 지역은 19세기 후반 이래 함경도 농민들이 대거 이주해 와 이미 상당한 규모의 한인사회가 형성되어 있었다. 1910년 일제의 강압적인 국망 이후 이곳으로 대거 망명해 온 민족운동가들은 학교와 교회를 설립하고, 신문과 잡지를 발간함으로써 근대적인 민족교육을 통하여 유력한 독립운동 근거지로의 변화를 도모하였다.

1910년 3월 간도지역에 한인자제들의 교육을 목적으로 한 '한민교육회'를 조직하였는데, 이는 한인동포들의 자치권 확보를 추구했던 한인관계자들과 일본의 외교적 압력을 무시할 수 없었던 청

[11] 1) 한국찬송가공회, 『찬송가』, 대한기독교서회, 8판 1984. 2) 김경선 편저,『찬송가와 해설』, 성서교재간행사, 1985. 2) 대한기독교서회(김소영), 『찬송가』, 대한기독교서회, 1992. 33판.

[12] 독립군가보존회, 『광복의 메아리』, 독립군가보존회, 1991.

국 당국자간의 타협으로 이루어진 산물로, 그 이면에는 일본 세력의 확대저지라고 하는 공동적인 목표가 깔려있었다.[13] 간민교육회는 간도협약과 '한일합병' 이후 한인들을 '일본의 신민'이라고 강변하며 관할권을 확보하려는 일본에 맞서 반일적 애국지사들이 청국의 보호 하에서 교육을 표방하고 북간도 한인사회를 결집하기 위한 조직이었다.[14]

간민교육회 회원들은 근대적인 교육과 기독교를 전파하고, 청국의 의복과 머리모양을 한 때문에 '유신파'·'신학파' 라고 불려졌다. 간민교육회의 활동이 북간도 한인들에게 전적으로 환영을 받은 것은 아니었으니, 특히 전통적인 유학자들이 간민교육회에 대하여 강력하게 반발하였던 것이다. 간민교육회에 대항하여 정안립, 김정규, 차호균, 지장희 등 24명의 전통적인 유학자들은 사숙개량회私塾改良會의 창립을 시도하였으나 1912년 9월 중국당국의 허가를 받는데 실패하자, 다시 비밀리에 사우계士友契를 조직하여 이를 기반으로 중국국적 취득, 중국식 의복과 두발 채용과 같은 간민회의 '동화정책'을 강력히 비판하고 나섰던 것이다.[15]

조선총독부와 간도 총영사관은 일진회 회원인 이희덕, 최남기 등에 대한 재정적 지원과 지도를 통하여 '조선인회'를 조직하였다. 일본 당국 역시 조선인 소학교, 서당, 노인회, 불당, 일진회의 종교인 시천교侍天教에 자금을 지원함으로써 조선인들의 친일을 도모하였

---

13 반병률, 앞의 책, 「해외민족운동-만주」, 182쪽.

14 반병률, 앞의 글, 183쪽.

15 반병률, 앞의 글, 184-185쪽.

다.[16]

1913년 1월 13일 전 간민교육회 회원들의 중심이 된 25명의 인사들이 간민회를 발기하였다. 간민회는 그 활동의 범위를 연길현에서 북간도 전체연길, 왕청, 화룡, 훈춘로 확대하였다. 간민회 회장 김약연은 한인들 간에 존경받는 기독교지도자로서 당시 용정에 있던 명동학교의 교장이었고 이동춘은 간민교육회에서 설립한 광성학교와 길림여학교 교장이었다. 간민회는 한인마을에 조직활동가들을 파견하여 1913년 5월에는 연길, 화룡, 왕청 3개현에 지방총회를 설립하였으며 50호마다 지회를 조직했다. 중국인과의 협력관계를 강화하기 위하여, 1913년 8월 간민회 회원들이 중심이 된 한국기독교도들은 중국기독교인들과 중한 연합전도회를 조직하였다. 일본의 방해를 사전에 방지하기 위하여 북간도 각지의 한인교회들을 형식상 중국교단에 소속시켰다.[17] 간민회는 1913년 3월에 해산되기까지 1년이 채 못되는 동안에 간도동포에게 "조국정신을 고취하여 사상변천의 일대 신기원"을 이룩한 것으로 평가되었다.[18]

북간도의 독립운동기지는 명동, 용정, 자동, 소영자, 인용동 등지였는데, 합방을 전후하여 이곳에 설립된 민족주의 학교는 명동중학, 창동중학, 길동사범학교1912년 교육자 양성을 위하여 6개월 속성 사범과를

---

16 Byung Yool Ban(반병률), 〈Korean Nationalist Activities in the Russian Far East and North Chietao 1905-1921〉(Ph.D. Dissertation, University of Hawaii, 1996), pp.159-160.

17 반병률, 위의 글, 187쪽.

18 西方子, 「북간도 그 과거와 현재」, 『독립신문』, 1920년 1월 1일(반병률, 「해외민족운동」, 『한국사』 47권, 국사편찬위원회, 2001, 184쪽 재인용).

병설하였고 1912년 광성중학을 병설하였다 등이 있다. 광성중학은 3·1운동 이전에는 독립군양성소로 발전하였고, 3·1운동 이후에는 북간도 무장운동을 전개한 이동휘계의 김병흡, 이동식, 김치현, 이홍준, 김상호, 이무, 유예균, 김립, 김하석, 오영선, 정인만, 최봉열, 장석함 동지를 중심으로 교회운동과 교육운동을 병행하여 독립운동의 책원지를 조성하였다.[19]

북간도 최초의 신문학 교육기관은 1906년 10월경 용정에 설립된 서전서숙이지만 1907년 4월 이상설이 헤이그 밀사로 파견되면서 문을 닫게 되었다. 1908년 명동촌에서는 '명동서숙'이라는 신학문을 가르칠 교육기관으로 다시 문을 열었다. 그 이후 '명동학교'라는 현대적 명칭으로 개칭되었다. 1909년 정재면은 서울 상동 청년학관 출신으로 이동휘, 안창호, 김구 전덕기, 양기탁 등 지하조직 신민회에서 북간도 망명촌 기지건설과 민족학교 건설을 위하여 비밀리에 파송되었다. 이때 정재면은 부임 조건으로 "정규과목의 하나로 성격을 가르치고 예배를 볼 수 있어야 한다고"요구하였다. 그리하여 명동학교는 신학문과 기독교를 가르치는 교육기관이 되었다. 명동학교 교장은 김약연, 교감 정재면, 재정 문치성, 교사로는 국어과목에 장지영, 박태환, 역사과목은 황의돈이 민족사를 담당하였다. 1909년 5-6월경 명동교회가 섰다. 명동학교 교장 김약연은 40세의 유학자였으나 예수 믿는 일도 온 동리가 결정한 일이므로 모든 사람은 명동촌에 거주하는 이상 교회 출석도 의무적인 사항이

---

[19] 서굉일·김재홍, 『규암 김약연선생』, 고려글방, 1997, 265쪽.

되었다. 민족운동가 이동휘 전도사의 부흥회 때에는 인근 수백 리에서 1천여 명 이상의 사람들이 모였다.[20]

1912년 김약연은 이동휘, 계봉우, 이태현, 정재면 등 북간도 각 지역대표 이름으로 카나다 장로회 선교부에 청원서를 제출하였다. 이러한 요구에 따라서 카나다 선교부는 용정촌에 지부를 설치하였다. 캐나다 선교사로 바커한국명 박걸가 처음 부임하였고, 곧 명신여중, 은진중학, 제창병원 등 선교부 경영 교육기관 의료기관 등이 차례로 진출하였다. 제창병원 지하실에서 1919년 3·1운동 때 3·13 독립만세포고문을 인쇄하였고, 그날에 희생자, 부상자들을 치료하고 안치하였다. 명동교회는 신앙공동체이면서 경제적, 사회적 생활공동체였고 북간도 독립운동의 진원지가 되었다.[21]

1916년 일제의 조사에 의하면 간도지역의 한인학교 총수는 182개교였는데, 그 중에서 순민간인이 설립한 학교는 83개였고 각종교계에서 설립한 학교는 99개교였다. 이를 각 종교별로 구분하면 기독교개신교계가 71개교, 천주교가 9개교, 단군교계가 5개교, 공교회계가 8개교, 대종교계가3개교, 시천계교가 2개교, 천도계가 1개교였다. 한인학교 182개교의 전생도수는 3,836명이었다. 북간도 민족주의학교의 교과과정에서 창가를 교육시킨 학교들은 서굉일의 선행연구에서 발표된 자료에 의하면 다음과 같다.

창동학교1910, 명동학교1908, 명동여학교1910, 소영자학당1911, 광성

---

[20] 앞의 책, 110쪽.

[21] 서굉일·김재홍, 『규암 김약연선생』, 고려글방, 1997, 107~111쪽.

중학1912, 창동중학1912, 정동중학1912, 덕성중학1916, 와룡룡중학1908, 숭신학교1914, 봉명학교1910,명신학교1912, 영신여학교1914, 영생학교1913, 신흥학교1916, 신풍야소학교, 태흥학교1912

위의 학교는 주로 기독교학교를 중심으로 창가를 가르친 학교를 정리하였다.[22]

그러나 창가교육이 기독교 학교에서만 교육된 것이 아니며 천주교, 천도교, 대종교, 단군교 계통의 학교에서도 창가교육을 했으나 거의 모든 기독교계통의 학교에서 창가교육을 교과과정에서 필수적으로 포함시키고 있다는 것이 특징적으로 나타난다.

예를 들면 화룡현에서 일본관헌부에서 1916년 12월 조사한 학교교과과정에서 56개의 학교 중에 17개 학교가 창가를 가르쳤으며 그 중에 기독교학교가 5개교, 천주교 2교, 천도교는 강당이 2곳, 시천교, 단군교, 일본계학교 2곳 등에서 창가를 가르쳤다.

화룡현 동흥학교야소교:기독교 오동학교야소교 1911, 천명학교일본계, 1915, 천양학교시천교 1915 덕흥의숙천주교 1910, 동일학교대종교, 1916년, 청일학교단군계 대정5, 창학교1910, 광동학교천주교 1914, 청호학교야소교, 1914, 명동학교야소 1908, 명동여학교야소교, 1910, 정동학교1913, 청년교육회, 동립학교배일주의강당, 천도교, 1913, 광신학교천주교, 1916 강당천도교, 1913

연길현에서는 55개의 학교 창가를 가르치는 학교 21개 학교 중

[22] 서굉일·마해룡, 『간도사신론』, 도서출판 우리들의 편지사, 1993, 266~280쪽.

에 야소교기독교학교는 14학교이며, 천주교, 천도교, 그리고 사립학교에서 창가를 가르쳤다.

연길현 교향학교천주교, 1913 진동학교, 상의사 대북강, 1914 제동학교1914, 창동학교야소교, 1910, 흥동학교천주교, 1913, 서구의숙야소교, , 봉창학교야소교, 1910 동성학교야소교, 진성학교야소교, 광흥학교야소교, 영신학교야소교, 영신여학교야소교, 창동여학교야소교,, 영생학교야소교, 1913, 동진학교1915, 사립초동소학교1915, 사립초동소학교1915 광성중학야소교,1912, 봉명학교1910, 영신여학교야소교, 1914, 영생학교야소교, 1913,

훈춘현에서 32개의 학교 중에 창가를 교과과정에 포함시킨 학교는 5개 모두 기독교계통의 학교였다.

훈춘현 신풍 야소학교1912, 기독동명학교 배일주의, 기독장신학교야소교, 1916년 남별리학교야소교, 1916배일주의, 태평천학교야소교, 1916

왕청형에서 13개의 학교 중에서 7개의 학교에서 창가를 가르친 학교들은 주로 배일주의 학교이며 기독교계통학교에서 창가교육이 이뤄졌음을 알 수 있다.[23]

왕청현 태흥학교1911, 신흥학교야소교,1914, 태명학교1914, 태성의숙1911, 동흥학교공교회 배일주의, 야소학교 1911, 동림학교배일주의, 1914.

---

[23] 姜德相 編, 『現代史資料』, 26권, みすず書房, 141~157쪽.

III. 북간도지역 독립운동가요의 음악적 갈래연구

1. 창가-교가-찬송가

창가는 독립운동가요와 떼어놓고는 생각 할 수 없는 음악적 장르이다. 창가라고 하면 일제강점기의 노래라고 시대적으로 구분되지만 창가의 정체성에 대하여 그동안 학계에서는 혼란한 평가를 해왔던 것이 사실이다. 창가는 19세기 말 근대화 교육제도와 함께 서양음악을 소개한 새로운 음악형식과 이론을 갖춘 새로운 음악이었다. 창가에서 파생된 노래 중에 아직도 한국에서 사용하는 음악장르는 동요이다. 동요는 간결한 절가형식의 노래로서 간단한 화성과 리듬을 사용하여 만든 곡이다. 주로 어린이를 위한 노래이며 일제강점기에는 주로 계몽교육을 하기 위해 쓰인 곡으로 간결한 선율을 사용한다. 가사의 전달이 중요한 역할을 하기 때문이다.

창가는 개화기의 벅찬 민족의 고통이며 망국을 슬퍼하는 계레의 통곡이고, 자주 독립을 외치는 온 민족의 함성[24]이라고 이유선은 그의 책 『韓國洋樂百年史』 에서 강조하였다. 창가라는 말은 일본에서 신교육령이 발포되었던 해인 1879년 음악취조소가 설치되어, 1881년 문무성에서 『小學唱歌集』을 엮었을 때부터 나온 말로서 한국에서는 1896년에 설립된 최초의 신교육기관인 배재학당에서 창

[24] 이유선, 『韓國洋樂百年史』, 음악춘추사, 1986, 34쪽.

가과목이 커리큘럼에 들어 있었다.[25] 이유선의 주장과는 달리 최근 노동은은'唱歌' 용어의 시작은 1879년이 아니라 1869년이라고 주장했다.[26]

북만주지역에서 1910년 이후에는 창가풍의 애국·계몽적인 노래들이 많이 보급된 시기이다. 이 시기에는 주로 찬송가에 새로운 가사를 붙이거나 외국의 민요나 국가에 우리 가사를 얹어 부르던 것을 시작으로 하여 창가풍의 새로운 곡들이 나타나기 시작하였다.

구한말 이래로 갖가지 〈애국가〉가 불렀는데 북간도에서는 〈애국가〉를 〈광복가〉로 하여 후렴 끈 구절 "길이 보전하세"를 "속히 광복하세"로 고쳐 부르기도 했다. 북간도 무장독립군들이 부르는 노래를 학생들과 아낙네, 농부들의 민간인까지 따라 불렀다. 항일 애국창가 보급운동의 하나로 한영학교 교사 이상춘, 신영순이 북간도와 교류하여 명동학교에서 간행한 「신찬창가집」 가운데 독립운동가만을 모아 불온창가집을 만들어 학생들에게 가르쳤고, 교사 정사인은 금지된 애국가를 등사기로 인쇄하여 학생들에게 나누어 주었다가 이것이 누설되어 교사와 학생 모두 중죄를 받았다. 이와 같이 북간

---

25 이유선, 『韓國洋樂百年史』, 음악춘추사, 1986, 34쪽.

26 '唱歌' 용어는 1879년이 아니라 "우치다 마사오(內田正雄)이 번역한 『和蘭學制』에서 사용하였으며, 그 이전에 일본전통음악계에서 사용해 왔다. 또, 음악교육감독기관이랄 수 있는 기관은 '음악취조괘'이지 '음악취조소'가 아니다. 『소학창가집』 역시 모두 3권이 나왔으며, 초편은 1881년이 아니라 1882년이다. 또, '창가' 교과목은 학부-통감부의 학교령 시기에 확립된 공식용어 이므로 1896년이 아니고, 그 이전엔 '찬미가'라는 용어로 사용한다"고 주장하였다. 그렇다면 '창가'의 발생은 10년이 앞당겨지는 것으로 음악계에서 검토해야 할 것이다. 노동은, 「'최초'란 사실인가, 허구인가?」, 『노동은의 두 번째 음악상자』, 한국학술정보주식회사, 2001, 108~109쪽.

도 학생들은 학교에서 배운 독립군가를 이웃들에게 가르쳤고 독립군의 정신을 창가를 통하여 국내에 널리 전파하였다.[27]

전간도 지역에는 1908년 명동학교의 설립과 더불어 182개의 한인학교가 설립되었으며 애국계몽운동의 일환으로 교육을 통한 구국운동이 전개되었다. 각 학교는 교가를 지어 부르기 시작했다. 대부분의 교가는 애국적인 내용을 바탕으로 하며 학생들에게 학문에 정진 할 것을 권하는 것이었다.

명동학교의 교가는 통일찬송가 79장〈피난처 있으니〉의 선율을 차용했다. 이곡은 영국국가이며 이 곡에 〈애국〉, 〈조선혼〉 등의 애국심을 기르는 새로운 노래가사를 얹어서 불렀다. 즉 기존선율에 노래가사를 바꾸어 부르는 '노가바'식으로 차용한 것이다. 위의 곡에 가사를 붙여 부른 〈명동학교교가〉와 〈조선혼〉의 가사는 다음과 같다.

〈명동학교 교가〉
흰뫼가 우뚝코 은택이 호대한 한배검에 끼치신 이때에
그씨와 크신뜻 넓히고 기르는 나의 명동

〈조선혼〉
1. 늘 희망 앗참인 나의 조선아 네 풍채는 우슴그티부엉
내 생명업이 내 생명업이 내사랑 끗없다 내 조선아
2. 네우에 대릿난 두던이나 뫼나 내 물이나 가득히 알밴것

---

27 서굉일·김재홍, 『규암 김약연선생』, 고려글방, 1997, 281쪽.

오직 조선의혼 졍의자유로다 내조선아

3. 네품에 자라는 아들 우리들은 한몸되여 시간의 끗까지
   뜨겁게 긔차게 너를 사랑하리 내 조선아

4. 우리의 능력은 너를 표상한 태극긔를 사마다물마다
   남극에 북극에 휘날닐만하다 내 조선아

〈악보 1〉 통일찬송가 79장에 수록된 애국가

2. 명동학교에서 부르던 창가

명동학교1908년 설립에서 우시욱 선생이 편찬한 「신찬창가집」을 보급하였는데, 이 책은 국내 여러 학교에서 발췌 편찬하거나 필사본으로 일반 민중에게 널리 전파되었다. 이 창가책은 국내까지 영향을 미쳤다. 그래서 이 책은 치안과 출판법 위반으로 1913년 금서 처분하였다. 이 책은 국내 여러 학교에서 발췌 편찬하거나 필사

본으로 일반 민중에게 널리 전파되었다. 이 창가책은 국내까지 영향을 미쳤다. 그래서 이 책은 치안과 출판법 위반으로 1913년 금서처분하였다.[28] 「신찬창가집」의 목차를 소개하자면 〈애국가〉, 〈조선독립창가〉, 〈불온창가〉, 〈모험맹진가〉, 〈복구설치가〉, 운동가〉, 〈대한귀가〉대한혼가, 〈혈성대가〉, 〈감동가〉, 〈살수 대첩가〉, 〈해가〉, 〈부모은덕가〉, 〈단군가〉, 〈단심가〉, 〈학생전진가〉, 〈국귀혼가〉, 〈본국가한반도가〉, 〈군인가〉, 〈거국가〉, 〈충덕정가〉우덕순가 등이다.[29]

〈표 1〉 명동학교『신찬창가집』

명동학교『신찬창가집』			
곡명	작사	작곡	비고
1 조선독립창(가)			명동학교교가 통일찬송가 79장
2 불온창가			
3 모험맹진가			창가, 요나누끼 장음계 (모험맹진-눈을 들어 삼천리)
4 복구설치가 (復仇雪恥歌)[30]		오오노	〈학도가〉, 일본〈철도창가〉

[28] 노동은 교수는 1913년을 1912년 5월에 금서조치 되었음을 다음의 자료를 근거로 증명하였다. 『日帝下의 禁書33卷』(月刊 新東亞 編輯室編(東亞日報社, 1980), 259쪽에서 '明東耶蘇教學校 편과 발행자로 밝히고 있다. 치안법 위반으로 발매정지된 1913.3.13 이전에도 금서 조치된 책은 다음과 같다. 『新編唱歌』, 未詳, 發行者 未詳, 治安 위반으로 1912.5.6 금서조치. 『唱歌』, 편역저자 미상, 발행자와 연월일 미상, 治安위반으로 1912.5.13에 금서조치. 『新編唱歌』, 未詳, 發行者 未詳, 治安 위반으로 1912.5.6 금서조치. 〈노동은 자료제공 2008〉, 『唱歌』, 편역저자 미상, 발행자와 연월일 미상, 治安위반으로 1912.5.13에 금서조치

[29] 서굉일·마해룡, 『간도사신론』상권, 도서출판 우리들의 편지사, 1993, 280~281쪽.

[30] 앞의 책, 284쪽

명동학교『신찬창가집』			
곡명	작사	작곡	비고
5 운동가		오오노	복음성가[31] '성경목록가' 또는 통일찬송가 388장
6 대한귀가			찬송가풍 창가'대한혼'창가, 『최싱창가집』 61쪽
7 혈성대가		J.J. Rousseau	혈성대1(신대한에 애국청년),찬송가 61장 '주여 복을 비옵나니' 찬양가1894 92장) 혈성대 2(장하도다)는 찬송가풍의 새로운 곡 중에서 하나이거나 모두 불렀을 가능성이 있다.
8 감동가			창작창가 광복의메아리 142쪽(슬프도다 우리 민족아
9 살수대첩가			
10 해가	이상준	이상준	*창가海(승풍파만리양은 동양에 죵각이오, 『최신창가집』1918,43쪽.
11 부모은덕가			*창가 학부,親의恩과 다른 선율 이상준 부모의 은, 김인식, 부모의 은덕 보통창가집(1922)
12 단군가	*《대한매일신보》 1909.8.6 단군가		1. 찬송가 294 '친애한 이 죽으니' 2.『최신창가집』 106쪽 단군(단군 우리시조 단군께서 태백산에 강림하샤) 두 곡이 전해지고 있다.
13 단심가			『광복의 메아리』 164쪽. 〈단심〉(학도들아 학도들아) 장음계, 민요조
14 학생전진가		G.A. Minor	통일찬송가 260장 〈새벽부터 우리〉 학생전진(대한제국 국민청년)
15 국귀가	《신한민보》 1914.6.18	신동수	『최신창가집』48쪽, 찬송가풍

[31] 김성혜, 『복음성가』, 영산출판사, 1980, 35쪽.

명동학교『신찬창가집』			
곡명	작사	작곡	비고
16 본국가 (한반도가)	안창호*[32] 1907한반도가 〈대한매일신보〉 1909.8.18게재 확인		안창호 작사 〈한반도가〉는 통일찬송가315장 (돌아와 돌아와)에 가사를 붙임『최싱창가집』 66쪽에는 찬송가풍의 창작곡으로 수록되었음
17 군인가			
18 거국가	안창호	정사인[33]	창가 * (이상준 최신창가집1918 석별과 같은 민요조 5음음계)
19 충덕정가 (우덕순歌)			* 만나도다 만나도다 원수너를 만나도다 너를한번 만나도다 일평생에 원햇건만 * 우의사 덕순씨가 할빈에서 안의사와 함께 을흔소리 * 『愛國魂』(1918.6, 31-32쪽).
20 애국가			찬송가 338 '천부여 의지 없어서'

위의 표에서 설명하는 바와 같이 명동학교에서 부른 창가는 애국적인 내용의 제목에 찬송가에서 5곡을 차용하였다. 위의 곡들 중 〈조선독립창〉, 〈모험맹진가〉, 〈복구설치가〉, 〈운동가〉, 〈대한귀가〉, 〈혈성대가〉, 〈감동가〉, 〈부모은덕가〉, 〈단군가〉, 〈단심가〉, 〈학생전진가〉, 〈국귀가〉, 〈본국가한반도가〉, 〈거국가〉 등의 곡이 현재까지 전승 보존되었음을 필자가 확인할 수 있었다.

---

32 *표는 노동은 교수의 자료에 의해 보완되었음.

33 독립군가보존회가 출판한 『광복의 메아리』 141쪽에는 〈거국가〉가 안창호 작사 정사인 작곡으로 기록되었으나, 1918년 이상준의 『최신창가집』, 65쪽에는 〈석별〉로 기록되었다. 이는 2차 자료에 의한 주장이므로 다른 기록들이 확보된 후에 작곡가가 밝혀질 것이다.

〈단군가〉의 경우 1. 『광복의 메아리』 122쪽에 〈단군 성덕가〉로 찬송가 294 '친애한 이 죽으니'의 곡조에 우리황조 단군께서 태백산에 강림하사[34] 와 2.『최신창가집』106쪽 〈단군〉단군 우리시조 단군께서 태백산에 강림하샤 같은 가사에 두 곡이 전해지고 있다. 〈혈성대 1〉는『최신창가집』에 2곡이 전해졌는데 하나는 혈성대1 신대한에 애국청년로 통일찬송가 61장 〈주여 복을 비옵나니〉찬양가1894, 92장이고, 다른 하나는 〈혈성대 2〉장하도다는 찬송가풍의 새로운 곡이다. 그러므로 이 두 곡 중에서 하나이거나 모두 불렀을 가능성이 있다고 본다.

〈모험맹진가〉, 〈운동가〉, 〈해가〉, 〈복구설치가〉은 요나누끼 장음계 [35]를 사용한 일본식 창가에 가사를 바꾸거나 비슷하게 모방하여 작곡된 것이다.

명동학교 창가집에서 새로 작곡된 곡들은 작곡가에 대한 표기가

〈악보 2〉 찬송가 〈주여 복을 비옵나니〉를 차용해서 만든 〈혈성대가〉

[34] 독립군가보존회, 『광복의 메아리』, 독립군가보존회, 1991, 122쪽.

[35] '요아누끼음계'는 음계에서 4번째, 7번째, 음정이 빠진 음, 즉 요나누끼 장음계는(도-레-미-솔-라), 요나누끼 단음계는 (라-도-레-미-솔)로 구성된 음계를 말한다.

없으므로 분명하게 인식할 수 없으나 찬송가와 일본창가의 영향을 받은 곡들이 대부분을 차지한다.

3. 광성중학교에서 사용했던 음악교재 『최신 창가집』

1910년 조선총독부 교과서용으로 발행한 『보통교육창가집』은 일본 식민지의 상징적 교재가 되었으므로 기독교계 학교는 찬송가-창가가 부각될 수 있었다. 실제로 기독교계가 설립한 학교는 1908년 '재한복음주의선교부 연합공의회' The General Council of Protestant Evangelical Missions in Korea가 펴낸 가사 『찬숑가』 1판에 이어 1909년 악보 『찬숑가』 1판이 1911년 조선총독부의 '인가교과용도서'가 되자 전국으로 더욱 번져갔다. 조선총독부 출판교과용 도서로서 『보통교육 창가집』 제1집 이외에 이 찬송가는 '검정교과용도서'나 '인가교과용도서'로는 유일하게 인정한 『찬숑가』이었고, 또 장로교와 감리교 최초의 연합찬송가이었기 때문에 학교와 교회 겸용으로 사용할 수 있었다.[36]

그러므로 기독교계통의 학교에서는 찬송가를 '창가교육'이라는 교과과정에 포함시켜 합법적으로 사용할 수 있는 권한을 부여받은 셈이다. 1913년 명동학교의 『신찬창가집』이 금서처분을 받은 이후에 1914년 광성학교의 『최신창가집』이 발행되었다. 이 책은 일제

---

[36] 노동은, 「1910년대 기독교계 학교의 음악교육과 그 영향」, 『한국기독교와 역사』 제20호, 한국기독교역사연구소, 2004, 65~117쪽.

간도 영사관에서 압수되었는데, 그 당시 부르던 창가를 모아서 학교 음악교재용으로 출판하였다. 이 책의 부록에는 서양음악 이론을 문답식으로 설명하는 교재가 포함되었다.[37]

광성학교 『최신창가집』에 실린 152곡을 분석해 보면 무려 36곡이 같은 곡조에 제목과 가사만 다르게 수록되어있다. 152곡 중에 36곡의 중복된 곡을 제외하면 116곡 중에는 민요풍의 노래는 약 10여곡이며 찬송가를 직접 차용한 곡은 약 34곡이며, 찬송가풍의 창가는 19여곡이 된다. 그러므로 이 책에서 찬송가에서 파생되었거나 영향을 받은 곡이 53곡으로 40% 이상의 곡이 찬송가에서 파생되었음을 알 수 있다.

1) 찬송가의 영향을 받은 곡들

〈경성2〉, 〈국문창립기념〉, 〈보국〉, 〈작대〉곡은 통일찬송가393장 '우리들의 싸울것은' 에서 차용되었으며, 〈독립군가〉, 〈신흥무관학교교가〉에서도 같은 곡을 사용되어 이 곡에서 가장 많은 곡을 파생시켰음을 알 수 있다. 또한 〈혈성대가〉1는 통일찬송가 161장 〈대속하신 구주께서〉와 61장〈주여 복을 비옵나니〉에 각기 다른 가사를 붙여 사용하였다.

〈경성〉, 〈국문창립기념〉, 〈보국〉은 통일찬송가 393장 〈우리들의 싸울것은〉에서 차용되었으며, 〈독립군가〉, 〈신흥무관학교교가〉

37 이 책은 일본 외무성 외교 사료관에서 입수한 『최신창가집』으로 1914년 7월 25일 북간도 소재 광성중학교에서 등사판으로 발행된 창가집을 국가보훈처에서 1996년에 영인한 것이다.

에서도 같은 곡을 사용되어 이 곡에서 가장 많은 곡을 파생시켰음을 알 수 있다. 또한 〈혈성대가〉는 통일찬송가 161장 〈대속하신 구주께서〉와 61장〈주여 복을 비옵나니〉에 각기 다른 가사를 붙여 사용하였다. 찬송가338장 〈천부여 의지 없어서〉는 〈국가〉, 〈졸업〉의 노래가사를 부쳐 노래했고 〈국가〉는 이 곡조에 윤치호의 작사인 동해물과 백두산이 마르고 닳도록노래로 불렸다.

〈애국가〉긴 날이 맛도록 생각하고 깊은 밤들도록 생각함은 우리나라로다 우리나라로다에 찬송가 364장 〈내주를 가까이 하려함을〉의 곡조를 사용하였다. 〈대한소년기개〉, 〈맹진〉 등은 숭실학교 교가인 통일찬송가 388장〈마귀들과 싸울지라〉 곡조를 차용하였고, 통일찬송가 79장 〈피난처 있으니〉는 명동학교 교가, 〈애국〉, 〈조선혼〉 등의 '애국창가'로 발전되었다.

1983년 대한기독교서회에서 출판된 『통일찬송가』를 살펴보면 위의 곡과 같이 부점이 있는 행진곡과 같은 리듬스코티쉬 리듬-scottish rhythm을 가진 찬송가들이 상당히 많이 수록되어 있음을 발견하게 된다. 대부분의 이러한 곡들은 1860년도 이후의 작곡으로 미국에서 독립전쟁을 전후로 행진곡과 같은 노래들이 많이 불렸음을 알 수 있다. 이와 같이 생동감 있는 행진가풍의 노래들이 부흥회에서 많이 불렸으며, 일반 교회들도 이러한 곡들을 많이 불렀다. 그러므로 일본 창가에 나타나는 리듬은 일본창가의 특징이라기보다는 전쟁이 많았던 시기에 전 세계적으로 유행했던 리듬을 사용한 것이라

고 본다.[38]

* 표_2 『최신창가집』 152곡 중에 찬송가 영향을 받은 곡은 부록에 있음.

〈악보 3〉 통일찬송가 393장 〈우리들가 싸울것은〉을 차용한 〈독립군가〉

〈독립군가〉는 1910년대 북만주에서 가장 많이 불린 노래이다. 이 곡은 찬송가 393장〈우리들의 싸울것과〉와 같은 곡으로 〈작대가〉, 〈보국〉 등의 노래에도 같은 곡조에 다른 가사를 붙여서 불러왔다.

[38] 부점 달린 리듬을 사용한 찬송가는 통일찬송가182, 206,210, 162, 168, 178, 187, 192, 194, 195, 199, 202, 206, 219, 221, 222, 223, 224, 226, 257, 258, 259, 260, 262, 265, 271, 276, 314, 344, 388, 400, 401, 402, 409, 408, 427, 464, 469, 394, 388, 393, 391장 등이다. 이러한 찬송가는 1860년 이후 많이 작곡되었고 유행되었다.

〈작대가〉

1. 동포들아 떼를지어 노래부르세 아름다운 목소리와 깃분 맘으로
고함소래 노피하여 용맹스럽게 거름을 맛초며 가세
(후렴) 아로근심 엄려말고 갓튼 맘으로 거름을 맛초어 거세
만세 만세를 갓치 부르며 만세 만세를 노래합시다[39]

2) 일본창가의 영향을 받은 곡들-〈학도가〉, 〈권학가〉, 〈조국생각〉

창가풍의 새로운 노래들을 살펴보면 〈학도가〉, 〈권학가〉, 〈병식행보가〉, 〈대한혼〉 등의 노래가 많이 불렸음을 알 수 있다. 〈학도가〉는 교회 주일학교에서 부르는 〈성경목록가〉, 〈요일가〉의 제목으로 복음성가에서 차용되었으며 현재 어린이찬송가에 수록되어 주일학교에서 이 노래를 부르고 있다. 이 곡에 〈운동〉 95쪽, 〈운동〉 97쪽에 새 가사를 붙였다. 연변대학 김성준은 그의 논문「日本〈鐵道唱歌〉의 流轉및 凡首 朝鮮 中國 歌曲 曲源을 더듬어」에서 〈학도가〉는 조선의 독창곡이기 보다는 일본의 선율을 차용한 것으로 보았다. 뿐만 아니라 〈반일혁명가〉, 〈일어나라 무산대중〉과 같은 공산주의 계열의 혁명가요 와 중국〈揚子江〉, 〈상강삼현〉 역시 〈철도창가〉와 기본상 같은 선율을 가진 노래로 작사자는 王引才라고 밝혔으나 작곡가가 없다고 했다. 그러므로 〈철도창가〉의 행진곡은 조선과 중국의 학당악가, 혁명가곡 등의 음악에 큰 영향을 주었다

---

39 광성중학교, 『최신 창가집』, 1914, 83쪽.

고 주장하였다.[40]

〈한겨레신문〉 2007-10-17

『광복의 메아리』 126쪽

〈악보 4〉〈철도창가〉를 차용한 〈악보5〉〈학도가〉

김인식의 〈학도가〉를 확인하는 과정에서 『최신창가집』 86쪽에 실린 〈학도〉가 김인식의 곡으로 알려졌으나 2차 사료에 의한 것이므로 작곡가 확인이 필요하다.

1. 학도야 학도야 저기청산 바라보게
   고목은 썩어지고 영목이 소생하네
2. 동반구 대한의 우리청년 학도들아
   놀기를 좋아말고 학교로 나가보세
3. 소년에 공부는 금은보석 싸둠이니
   청년에 공부하여 앞길을 여비하세
4. 나라의 뿌리가 우리소원 공부로다

---

40 김성준, 「日本 〈鐵道唱歌〉의 流轉및 凡首 朝鮮 中國 歌曲 曲源을 더듬어」, 『한국국립국악원논문집』, 1990, 1~7쪽.

열심을 다드리고 나라를 도와보세
5. 우리의 공부는 충의두자 뿐이로다
주권을 잃지말고 자유를 잃지마세
6. 충군과 애민이 우리학생 중에 있네
정신을 가다듬고 예기를 하여보세
7. 영웅과 열사는 금수라도 좋아하네
영기를 받은 우리혈성을 다드리세
8. 학도의 앞길은 교만지심 무섭구나
겸손을 앞세우고 사랑을 표준하세
9. 우리 직책은 부모님께 효성이니
말씀을 순희듣고 명령을 지키겠네
10. 학도야 학도야 우리담임 지중하다
금같은 이시대에 목적을 달해보세

〈2008.4. 노동은 자료제공〉

〈악보 6〉 김인식의 작곡으로 추정되는 〈학도가〉

김인식의 작곡으로 알려진 〈학도가〉는 기존에 많이 알려진 〈철도창가〉를 모방한 〈학도가〉와 가사도 다르고 작곡도 전혀 다른 곡이다. 이 곡은 찬송가풍의 창가로서 종지음이 '레'로 끝나는 것이 특징이다. 이 곡은 찬송가풍으로 작곡되었다고 본다. 9마디의 곡으로 완전한 곡조로 볼 수 없고 돌림노래 형식으로 부르게 되었다. 그러나 선율의 흐름이 찬송가 예수 예수 내주여와 유사한 선율로 구성되어있다. 작곡가는 그 시대의 소리를 듣고 작곡 하는 경향이 있으므로 결국 찬송가풍의 창가를 작곡하게 된 것이라고 본다.

『최신창가집』에는 4곡의 〈권학-최신53쪽〉 곡이 실렸는데 첫 번째 곡은 통일찬송가 190장 〈샘물같은 보혈로〉의 곡조를 차용했고 2번째 〈권학-79쪽〉곡은 통일찬송가 260장 〈새벽부터 우리〉와 같다. 3번째 〈권학-최신 146쪽〉곡은 일본창가 〈용감한 수병〉[41]으로 1895년 사사키 노부쓰나라가 작사하고 오쿠 요시이사라가 작곡한 노래이다. 작곡가가 많지 않았던 시절에 배우기 쉬운 서양식 일본노래창가를 배워서 우리민족의 계몽노래로 차용하여 불온창가가 된 이 시기의 창가들을 과연 '친일창가'라고 비난을 해야 하는가는 점은 앞으로 재고되어야 할 과제이기도 하다. 조선뿐만 아니라 중국도 〈학도가〉의 곡조에 다른 노래를 만들어 학생들이 부르게 했다. 이는 애국심을 기르고 학생들을 계몽하던 시기에 유행한 '애국창가'로 인정되어야 한다고 본다. 〈권학4-최신160쪽〉는 〈전진가〉,

[41] 조형균, 「8·15에 못 다한 말 —이 치욕의 장, 무지인가 무관심인가?」(조형균(78) 계성종이 역사박물관 관장 한계레신문, 2007-10-07). 조 관장은 〈권학가〉 노래에 붙은 곡은 1895년 사사키 노부쓰나라는 사람이 작사하고 오쿠 요시이사라는 사람이 작곡한 〈용감한 수병〉에서 따온 노래로, 청일전쟁 승리를 찬양하고 애국심을 고취하는 일본의 국민가요였다고 했다. 그 노래 8절에 나오는 "아직 그대롭니까 적함 정원(定遠)은?/ 그 말 한 마디는 짧을지라도/ 황국을 생각하는 온 국민의/ 마음에 길이길이 쓰여지리라"라는 가사는 중상을 당하고도 부함장을 찾아 적함이 격침됐는지를 묻고 바로 숨졌다는 어느 3등 수병을 영웅화한 내용이다.

〈용진가〉와 같은 곡이며, 이 당시에 유행하던 곡에 새로운곡에 새 가사를 붙인 것이다.

『최신창가집』 146쪽

〈악보 7〉 일본노래 〈용감한 수병〉과 〈악보8〉 곡조를 차용한 〈권학가〉

〈병식행보가〉의 곡조는 주로 군사훈련에 필요한 가사와 제목을 부쳐 〈예수군병〉, 〈운동〉, 〈행보〉 등으로 노래했다. 애국계몽운동을 위한 〈권학가〉, 〈학도가〉와 〈운동가〉가 8곡이나 수록되었으며, 〈병식행보〉, 〈행보〉, 〈예수군병〉과 같은 독립운동가를 양성하는데 필요한 신체단련에 관한 창가들이 많았다는 것을 뜻한다.

〈표 3〉 『최신창가집』 152곡 중에 창가풍의 새로운 곡들은 논문의 마지막 부분 부록에 있음.

〈악보〉 〈전진 1, 최신 73쪽〉은 〈격검〉, 〈장검가〉는 같은 곡이다. 〈전진 1〉 곡조에 〈격검〉, 〈우승기〉 등의 가사를 부쳐서 불렀다. 〈전진 2, 최신 153쪽〉는 〈용진가〉와 같은 곡으로 1910년대에는 〈전진2〉가 먼저 불렀다고 본다. 이 후에 〈용진가〉 가사를 붙였으며 이 곡은 1930년대 공산주의 계열의 항일가요인 〈유격대행진곡〉로 가사를 바꾸어 불렀다.[42] 〈전진 2〉, 〈용진가〉, 〈유격대행진곡〉은 같은 곡조를 사용하며 이 노래는 독립군들에 의해 가장 많이 불렸던 노래이다. 〈용진가〉의 작곡가에 대해 이증연은 〈프러시안 행진곡〉이라고 밝히고 있으므로 다시 검증할 필요가 있다고 본다. 〈용진가〉 이전에 〈전진가 2〉로 불리던 이 노래는 1919년 6월 에 발행한 『소년창가』에는 〈작대가〉로 실렸으며, 『현대사자료 조선3』에는 〈독립가〉라는 제목으로 〈작대가〉와 유사한 노래들이 수록되었다고 이증연의 책 『신대한국 독립군의 백만용사야』에서 밝히고 있다.[43]

전진

『최신창가집』 73쪽

〈악보 9〉 〈격검〉, 〈장검가〉와 같은 곡조인 〈전진 1〉

---

42 〈유격대행진곡〉은 〈용진가〉에 1933년 유격대의 한 전사가 작사한 것인데 동북지역 부대에 널리 알려졌다. 중국조선족음악연구회, 앞의 책, 34쪽.

43 이증연, 앞의 책, 122~124쪽.

장검가

〈악보 10〉 〈전진 1〉과 같은 곡조인 〈장검가〉

전진 2(용진가)

〈악보 11〉 〈용진가〉, 〈유격대행진곡〉과 같은 곡인 〈전진 2〉

3) 민요의 영향을 받은 창가

〈격양〉, 〈관동팔경〉, 〈국가〉, 〈군〉, 〈망향〉, 〈불여귀〉, 〈인택〉,〈청산〉, 〈효효〉와 같은 곡은 민요에 새 가사를 붙인 것이거나 민요풍으로 창작된 창가이다. 민요풍의 창가는 한국적인 3박자 계통의 리듬과 민요선율, 4음계솔, 라, 도, 레, 오음계솔, 라, 도, 레, 미를 중심으로 구성된 선율을 사용하여 만든 창가를 말한다. 〈인택〉은 설총이 작사를 하였다는 아주 오래된 고가임에도 불구하고 노래는 현대적으로 탈바꿈하여 창가와 같이 작곡되었다. 음악적으로 현대적인 것은 장음계의 사용이다. 그러나 리듬을 3박자 계열이거나 불규칙한 리듬의 사용은 한국 전통 민요의 영향으로 보았다.

〈악보 12〉 〈인택〉은 薛聰이 지은 朝鮮古歌라고 기록되어 있다. 그러나 이 곡은 우리 고가요를 서양음악 악보로 표기하여 점 8분음표를 4분음표로 바뀌는 결과를 가져왔다. 3박이 2박으로 바뀌면서 고가요가 창가풍으로 바뀌게 된 것이다. 마지막 종지음이 으뜸음인 '도'로 끝나는 것과 6째 마디에서 장음계도-미-솔를 사용한것, 8째 마디에서 '시'음이 나오는 것은 서양음악으로 채보한 사람의 귀에 그렇게 드렸을 것이고 원래의 음은 채보된 내용과 차이가 있다고 본다. 또 다른 필자의 추론은 고가요를 창가식으로 이상준이 작곡을 한 것이다. 노동은은 이 곡은 이상준 작곡이라고 밝힌 『최신창가집』 39쪽에 나오는 〈하기휴업〉과 같은 곡이므로 〈인택〉이 이상준의 곡이라고 추정하였다. 그러나 필자는 〈인택〉은 이상준의 작곡이기 보다는 민요풍의 곡을 창가식으로 변형하였을 가능성이 크며, 이 노래에 다른 가사를 부쳐 〈하기휴업〉을 자신의 곡으로 만들었을 가능성이 크다고 본다.

인택

악보_13 〈의병창의가〉는 기존 민요 〈새야 새야〉에 의병창의가 가사를 붙여 부른 것으로 민요의 선율이 그대로 남아 있다. 〈담바구타령〉은 새가사에 새 민요곡조를 지어낸 창작 민요곡이다. 그러나 대부분의 민요풍의 창가는 〈함경도농부가〉, 〈농부가〉, 〈아리랑〉, 〈뽕타령〉, 〈흥타령〉 등의 기존의 곡에 독립운동가사를 얹어서

의병창의가

불러왔다.

악보_14 〈격양〉은 6/8박자의 곡을 3/4박자로 채보했으나, 한국적인 선율이 그대로 남아 있는 곡이다. 이 곡의 종지음도 '솔'로 끝나는 것으로 민요적인 특징을 나타내고 있다.

격양

강구-오방, 사방으로 통하는 거리

악보_15 는 〈학우〉, 〈애국 1〉 노래에 독일민요 〈저 소나무야〉의 곡에 새로운 가사를 붙인 것으로 서양 민요의 선율을 차용하였다.

애국2

독일민요

4) 가사는 같으나 노래가 달라진 곡

가사와 곡조가 달라진 노래로 『신찬창가집』에 실린 〈모험맹진〉은 『광복의 메아리』에 실린 〈소년 모험 맹진가〉로 이 곡은 선율과 가사가 모두 조금씩 변형되어 현대곡으로 탈바꿈되어 있음을 알려주는 곡이다.

〈모험맹진〉	〈소년모험 맹진가〉
2절 : 이천만 동포중 우리 형데야 국가의 수치를 니가 아느냐	이천만의 백의동포 우리소년아 국가의 치를 네가 아느냐
텬분한 자유권은 사가 업건만 우리 민족 무삼죄로 죄를 받는가	천부의 자유권 차별 없거늘 우리민족 무 죄로 욕을 받는가
나라사랑 하는자 적지 안컨만 모험맹진 할 자야 몃치되나냐	나라사랑 하는 자는 적지 않지만 모험맹 하는자 몇이되느냐

가사를 대조하면 위의 두 곡은 같은 곡임을 알 수 있다. 그러나 선율은 가창자의 실수인지는 몰라서 상당히 많이 바뀌었다. 노래제목도 〈모험맹진〉에서 〈소년모험 맹진가〉로 바뀌었는데 이는 구전으로 전해오는 노래의 특징이기도 하다. 구두전승으로 전해진 독립가요 중에는 가창자가 자신이 가장 많이 불러왔던 노래와 비슷한 음정으로 노래를 부르는 경향이 있다. 그러므로 전혀 다른 곡도 자신이 즐겨 부르던 음조에 맞추어 부르는 경우를 감안한다면 이는 같은 노래가 전혀 다른 노래로 변종된 것이라고 생각한다.

〈악보〉 명동학교 『최신 창가집』에 실린 〈모험맹진〉

〈악보 16〉〈소년모험맹진가〉와 〈악보 17〉〈모험맹진〉

5) 일본창가 〈전우〉가 가창자에 의해 민요풍으로 변종된 사례

다음 악보의 〈조국생각〉은 『최신창가집』에 실린 노래이다. 이증연은 이 곡이 일본군가 〈전우〉에서 차용된 곡이라고 밝혔다.[44]

[44] 「戰友」, 『日本の唱歌』 下卷, 金田一春彦·安西愛子 編, 東京: 講談社, 164~167쪽.

조국생각

최신창가집

아래 악보는 〈이곳은 우리나라 아니언마는〉은 필자가 채보한 것으로 조선민족음악전집 4권에 수록된 〈독립군가〉[45]로 『최신창가집』에 실린 〈조국생각〉에 가장 가까운 노래이다. 카자흐스탄 음악인류학자 정추는 1960년경 북한에서 카자흐스탄으로 망명 온 허진의 노래를 채보하였다. 『광복의 메아리』에 실린 〈기전사가〉는 이범석 작사·작곡으로 되어있다. 그러나 이곡은 일본노래를 차용한 것이다. 노동은교수는 이 곡은 마시모히센真下飛泉 작사, 미요시 카즈오키三善和気 작곡한 「전우」戰友; 센유우이며, 『학교급 가정용 언문일치 서사창가』學校及家庭用言文一致敍事唱歌의 제3편에 나오는 노래로서 미야코부시都節 음계에 4분의 2박자의 전형적인 일본노래이라고 밝히었다.[46] 작사에 있어서도 2절의 가사 (백두에 찬바람은 불어 거칠

---

45 〈독립군가〉, 『조선민족음악전집』(민요편 4), 평양: 예술교육출판사, 1999, 144쪽.

46 1910년대 이전인 러일전쟁 직후 중국 동북부의 일본군과 학교 등지에서 널리 유행한 창가이므로, 10년대 북간도지역 민족주의계열의 독립운동가가 차용해서 부를 개연성은 충분합니다. 일본인들은 이 노래에서 '전우가'일수도 '망향가'일수도, 우리 독립군들에겐 독립가일수도 망향가일수도 있을 것입니다. 주목할 점은 비록 일본창가(군

이 곳은 우리나라 아니언만은

독립군이 부른 조선노래

허진창
김보희 채보

〈악보 19〉〈이곳은 우리나라 아니언마는〉

가)이지만 우리풍으로 전환시켜 독립가로 부르는 점은 일본총을 빼앗아 그 총으로 일본군과 싸우는 독립군들의 모습을 대신하고 있기 때문에 이 노래가 주목받을 수 있을 터이고, 바로 그 점을 허진의 노래풍이 반증합니다(2008.4. 노동은 교수의 의견).

고 압록강 얼음위에 은월이 밝아 고국에서 전해 오는 피비린 냄새) 까지 가사가 같을 뿐 1절과 3절의 가사는 다르게 쓰였다.

『광복의 메아리』에 실린 〈기전사가〉의 악보는 4/4박자의 곡으로 (1절은 하늘은 미워한다. 배달족의 자유를 억탈하는 왜적 적들을 삼천리강산에 열혈이 끓어--2절은 백두산의 찬바람은 불어거칠고 압록강 얼음위에 은월이 밝아, 3절은 물어보자 동포들아 네 죄 뿐이랴 네 죄도 있을지니 함께 싸우자) 이 가사의 내용으로 보아 〈독립군가〉에 가사 1절을 새로운 가사로 이범석이 작사를 했을 가능성은 있으나 작곡은 기존의 곡에 덧붙인 곡이 〈기전사가〉 임을 알 수 있다. 또한『광복의 메아리』에 실린 〈망향곡〉은 이범석 작사·작곡으로 수록되었는데, 이 곡조도 기존의 〈독립군가〉이 곳은 우리나라 아니언마는선율을 차용하여 새로운 가사를 붙인 것으로 본다. 1920년대 남북만주와 시베리아 중국 대륙을 동분서주하는 독립지사들이 고향에 계신 부모생각과 나라생각에 애태우며 부르던 노래라고 기록되어 있다.[47] 그러므로 〈기전사가〉는 〈이곳은 우리나라 아니언마는〉으로 시작되는 〈독립군가〉와 같은 곡이다. 다만 박자를 6/8박자를 4박자로 바꾸어서 리듬의 변화를 주었고, 마디 12에서 서양음악의 영향인 순차적으로 진행하며 으뜸음tonic인 솔로 끝내는 것이 특징적으로 나타난다. 독립운동가요를 서양가곡과 같이 벨칸토로 고음을 소리 내어 올라 갈 수 있는 음계를 사용했는지 의문이 간다. 아마 예술가곡을 좋아하는 몇 몇 명의 애국지사들이 이

---

[47] 독립군가보존회,『광복의 메아리』, 독립군가보존회, 1991, 79쪽.

러한 노래를 했는지 몰라도 대부분의 한인들은 이 노래를 민요풍으로 부른 〈이곳은 우리나라 아니언마는〉을 더욱 많이 불러왔던 것이 아닌가라는 의문점을 남기었다.

기전사가

이범석 작사

〈악보 20〉 〈기전사가〉

〈기전사가〉 가사

2절: 백두산의 찬바람은 불어 거칠고 자유를 억탈하는 왜적들을
고국에서 전해오는 피비린 냄새 분하고 원통하다 우리 동족들
맹세코 싸우고 또 싸우리니 성결한 전사를 하게 하소서

6) 그 외에 일본창가를 차용한 노래 〈승리의 행진곡〉

『광복의 메아리』 64쪽에 실린 〈승리의 행진곡〉은 일본 곡으로 〈군함행진곡〉鳥山 啓 작사, 瀬戸口 藤吉 작곡, 1897년경 작곡, 1910년 개작

하였다.[48] 노동은은 그의 선행연구에서 광성학교 『최신창가집』에서 〈의무〉, 〈권학3〉, 〈수학여행〉, 〈단군기념〉, 〈녀름의 자연〉, 〈선녀〉, 〈시계〉, 〈경부철도〉 등이 일본곡이라고 주장했다.

〈악보 21〉 일본노래 〈군함행진곡〉 곡조를 차용한 〈악보 22〉 〈승리행진곡〉

Ⅳ. 맺는말

본 연구에서 북간도지역 명동학교에서 간행한 『신찬창가집』의 노래목록과 광성학교에서 출판한 『최신창가집』 152곡의 노래들을

[48] 조형균, 『한계레신문』, 2007. 10. 07.

분석하여 1910년대 북간도지역에서 불렸던 독립운동가요의 음악적 특성을 밝혀내었다.

북간도지역에 보급된 창가집에 수록된 노래들을 분석한 결과 이 시기 창가의 음악적 특징은 첫째, 찬송가의 영향을 가장 많이 받았음을 밝혀냈다. 기독교 계통의 사립학교의 창가교육의 영향이기도 하지만. 일본 창가 역시 찬송가의 영향을 많이 받았기 때문이다. 1860년대 이후 부점[49]을 가진 행진가풍의 찬송가가 많이 작곡되었으며, 1983년에 발행한 통일찬송가에는 이러한 부점을 사용한 리듬을 가진 곡이 약 40여 곡 이상이 수록되었고 이 찬송가 대부분은 1900년 초에 한인교회에서 많이 불리던 찬송가이다.

둘째, 일본 창가는 한인의 독립운동가요에서 찬송가의 영향과 버금가는 영향을 주었다. 독립운동가요 중에 많은 곡들이 일본창가 〈철도창가〉, 〈용감한 수병〉, 〈군함행진곡〉, 〈전우〉 등에서 차용되어 '애국창가'로 가사를 바꾸어 불렀음을 확인하였다. 〈학도가〉는 일본의 〈철도창가〉, 복음성가의 〈성경목록가〉와 같은 곡이며, 김인식의 〈학도가〉와는 다른 곡임을 확인하였다.

셋째, 민요풍의 독립운동가의 경우 채보과정에서 창가풍으로 바뀌는 사례가 빈번하여 노래의 원형이 바뀌는 경우가 종종 나타났다. 또한 반대의 경우로 창가풍의 노래를 민요풍으로 바꾸어 부르기도 했음을 예를 들어 설명하였다. 민요풍의 창가에서는 한국적인 시김새장식음는 없어지고 선율의 골격을 유지하는 선에서 새로운 창

[49] 부점리듬이란 한 박자를 3:1의 비율로 연주되는 리듬을 말한다.

가를 만들었다. 그러나 필자는 가창자들이 노래를 부를 때에는 일본창가도 한국적인 선율과 리듬으로 바꾸어 부른 사례를 〈이곳은 우리나라 아니언마는〉, 〈조국생각〉 등의 노래에서 밝혀 주었다.

넷째, 김인식과 이상준의 작곡으로 주장되고 있는 〈전진가1-최신 73쪽-장검가-격검가〉와 〈전진가2-153쪽-용진가〉의 작곡가가 정확히 밝혀져야 한다. 또한 이상준1884-1939이 편찬한 곡과 작곡한 곡들이 분명하게 밝혀져야 한다. 왜냐하면 1913년에 편찬한 이후의 창가 책에서 〈전진가〉, 〈조국생각〉, 〈용진가〉 등의 선율에 가사와 리듬을 바꿔서 작곡자가 달라진다면 한국 근현대음악사에 커다란 오류를 범하기 때문이다. 작곡가를 알지 못한다면 미상으로 남겨 두는 것이 옳다고 본다.

본 연구에서 다루지 못한 공산주의 계열의 혁명가요들은 후속연구에서 진행을 할 것이다. 본 논문에서 잘못된 점이나 부족한 점은 후속 연구에서 보충할 것을 약속하며 글을 맺기로 한다.

부록

1914년 광성학교 『최신창가집』 음악 분석표

최신창가집 음악 분석표-찬송가, 찬송가풍의 창가					
	노래제목	최신창가집	작곡가	곡종	참고
1	가마귀 1	131쪽	오오노	찬송가 (복음성가)	복음성가 〈성경목록가〉와 같은 곡 * 일본 〈철도창가〉이다.
2	갈지라도	148쪽	L.Mason	찬송가	통일찬송가 190,〈권학가〉와 같은 곡 (*찬미가1900,124장,학부〈갈지라도〉, 통일찬송가 190장 〈샘물과 같은 보혈로〉
3	감은(感恩)	85쪽	M.M.Wells	찬송가	통일찬송가 294장〈친애한자 죽으니〉 (*1908년 『찬숑가』 208장)
4	건원설(건원절)	70쪽	J.H.Stockton	찬송가	(*숑137장[50] 〈구쥬의 십ㅈ가 보혈로〉, 현 182장 〈구주의 십자가 보혈로〉
5	경성(警醒)	29-38	W.G.Fischer	찬송가	통일찬송가 통일 440장 〈멀리멀리 갔더니〉 (*찬셩시,1895,41장)(숑1908 132장 멀니떠난자)
6	고별가	107-108쪽	W.G.Tomer	찬송가	통일찬송가 524 〈우리 다시 만날 때까지〉 (*찬미가1905,153장, 숑236장)
7	국가(國歌)	45쪽	스코틀랜드 민요	찬송가	통일찬송가 338 〈천부여 의지 없어서〉 (*1908 찬미가 14장)
8	국기가 (아세아 동대한국은)	47쪽	미상	찬송가풍 창가	*장음계
9	국문창립 기념	120쪽	H.C.Work	찬송가	통일찬송가 393 〈우리들의 싸울 것은〉 (83쪽 '作隊'와 같은 선율)
10	국민1 천동같이 나는	92쪽	미상	찬송가풍 창가	장음계

50 "숑"은 1908년 『찬숑가』와 1909년 『찬숑가』의 약자이다. 재한복음주의선교부 연합공의회의 장로교와 감리교 연합찬송가이다.

최신창가집 음악 분석표-찬송가, 찬송가풍의 창가					
	노래제목	최신창가집	작곡가	곡종	참고
11	국민2 (우리임금폐하)	98쪽	미상	찬송가풍 창가	장음계
12	권학1 (세월이 여수)	53쪽	L.Mason		통일 190장 〈샘물과 같은 보혈로〉 1900찬미가 보배피,학부 갈지라도,
	권학2 (나를 사랑하고)	79쪽	G.A.Minor	찬송가	통일찬송가 260 〈새벽부터 우리〉 (*숑1908, 234장 단을 거둠)
13	軍(가사없이 악보만)	205쪽	미상	찬송가	숑1908 제10장, 〈높흔 일홈을 찬송함〉
14	단군	106쪽	미상	찬송가풍 창가	장음계
15	대한소년기개	49쪽	W.Steff	찬송가	통일찬송가 388 〈마귀들과 싸울지라〉 (*원곡 미국 소방대원 행진곡 후에 남북전쟁군가)
16	동지	55쪽	L.Mason		〈권학1〉과 같음, 학부 〈갈지라도〉 통일찬송가 190 〈샘물과 같은 보혈은〉
17	만나생각	안창호 62쪽	J.P.Webster	찬송가	통일찬송가 291 〈날빛보다 더 밝은 천당〉 (*숑252장 압서간 친구를 맛남)
18	맹진(猛進)	90쪽	W.Steffe	찬송가	통일찬송가 388 〈마귀들과 싸울지라〉 〈대한소년기개〉와 동일, 현388장
19	보국	84쪽	미국군가	찬송가	통일찬송가 393 〈우리들의 싸울것은〉 (*원곡 죠오지아를 행진하며 〈한영서원가〉, 〈신흥 관학교 교가〉, 현393장
20	세계지리	163쪽	미상	찬송가풍 창가	(*傳 김인식, 『보통창가집』(1922), 〈세계지리가〉와 같은 가사와 선율, 장음계
21	시유변천 (時有變遷	125쪽	미상	찬송가풍 창가	장음계
22	아(我)의 가정	202쪽	*이상준 작사작곡	찬송가풍 창가	『최신중등창가집』(1922), 137~138쪽의 곡조

최신창가집 음악 분석표-찬송가, 찬송가풍의 창가					
	노래제목	최신창가집	작곡가	곡종	참고
23	애국1 (대한제국)	45쪽	독일민요		〈저 소나무야〉 곡조
	애국2 (우리 황데 폐하)	59쪽	H.Carey	찬송가	통일찬송가 79, 〈피난처 있으니〉 (*영국국가, 1909 찬숑가206장)
24	애국3 (텬디를)	69쪽	J.D.Scotto	찬송가	통일찬송가 545 〈하늘가는 밝은 길이〉 (*숑 53장 〈텬셩을 향함〉, 현545장
25	애국4 (단군셩조 건국)	122쪽	미상	찬송가풍 창가	
26	애국5 (대한국민)	128쪽	미상	찬송가풍 창가	
27	애국6 (단군셩조 유풍)	130쪽	L.Mason	찬송가풍 창가	통일찬송가 190 〈샘물 같은 보혈은〉 (*53쪽 권학 과 동일, 찬미가1900 134장, 학부 〈갈지라도〉
28	애국7 (우리나라 대한)	143쪽	미상	찬송가풍 창가	
29	애국가	109-110쪽	L.Mason	찬송가	통일찬송가 364 〈내 주를 가까이 하려함은〉 (*찬양가1894,81장 與主更近, 숑149장)
30	영웅모범	142쪽	미상	찬송가	통일찬송가 161 〈대속하신 구주께서〉 (*93쪽 40번 혈성대1과 동일, 찬양가1894 92장, 숑253장 구주께서 구름타고)
31	영웅추도(英雄追悼)	161쪽	F.J.Haydn	찬송가	통일찬송가 245 〈시온성가 같은 교회〉 (*숑1908 191장예수님의 귀한사랑)
32	운동8 (동반구 아주에)	162쪽	미상	찬송가풍 창가	〈애국4〉와 동일
33	자유	64쪽	미상	찬송가풍 창가	*이상준, 『최신창가집』1918의 〈新年〉과 비슷, 요장
34	작대(作隊)	83쪽.	傳 H.C.Work	찬송가	통일찬송가 393 〈우리들의 싸울것은〉'독립군가'와 같은 곡(*현393쪽, 우리들의 싸울 것은, 신흥무관학교 교가(1919), 원곡 죠오지아를 행진하며

최신창가집 음악 분석표-찬송가, 찬송가풍의 창가					
	노래제목	최신창가집	작곡가	곡종	참고
35	정신	126쪽	미상	찬송가풍 창가	〈애국 4〉과 같은 곡 『독립군시가집』, 379쪽의 〈감동가〉와 동일
36	제국지리	78쪽	E.F.Rimbault 편곡	찬송가	통일찬송가 209 〈주의 말씀 받은 그날〉 (*찬양가1895,140장, 숑162장 〈깃븐날〉,통일찬가 209장
37	조기(朝起)	198쪽	*이상준 작사 작곡	찬송가풍 창가	통일찬송가 313 〈갈길을 밝히 보이시니〉 (*찬양가 1895 125장 得求勿원,숑1908 117장 〈오라하심〉
38	조상을 위해	138쪽	오오노	찬송가풍 창가	〈운동〉과 동일, 원곡 〈철도창가〉
39	조선혼	154쪽	H.Carey	찬송가	통일찬송가 79, 〈명동학교 교가〉 (*영국국가, 〈황제탄신경축가〉, 숑206장)
40	조춘(朝春)	203쪽	J.P.Webster	찬송가풍 창가	(*숑 252장 〈압서간 친구를〉, 통일찬송가291장 빛보다 더 밝은〉, 〈만나생각〉과 동일)
41	졸업2 (날은 밝고)	141쪽	L.Mason	찬송가	통일찬송가 190 〈샘물과 같은 보혈은〉 〈권학〉과 같은 선율, 찬미가1900, 134장,학부 〈지라도〉
42	졸업3(동챵에 공부)	152쪽	스코틀랜드 민요	찬송가	통일찬송가 338 〈천부여 의지 없어서〉 〈國歌〉와 동일, 〈Auld Lang Syne〉,찬미가1908장, 통일찬송가 338장
43	青年得心	175쪽	G.C. Stebbins	찬송가	통일찬송가 375 〈영광을 받으신 만유의 주여〉 (*숑 1908 230장 〈진실히 섬길 것〉
44	추경(秋景)	169쪽	미상	찬송가풍 창가	(너름 경치가고 가을바람 오니), 장음계
45	학도1 (학도야 학도야 저기 청산)	86쪽	*김인식	찬송가풍 창가	(*가사는 도산본(1909) 16편 〈학도가〉
46	학도2 (학도야학도야)	172쪽	미상	찬송가	〈가마귀가〉, 복음성가 〈성경목록가〉 원곡 〈철도창가〉
47	학생전진	99쪽	G.A.Minor	찬송가풍 창가	통일찬송가 260 〈새벽부터 우리〉 권학(2)와 동일, 숑234장

최신창가집 음악 분석표-찬송가, 찬송가풍의 창가					
	노래제목	최신창가집	작곡가	곡종	참고
48	학생추도	140쪽	*傳金仁植	찬송가풍 창가	망향과 동일, 김인식, 『보통창가집』(1922)
49	한반도 (동해에 돌출한)	66쪽	미상	찬송가풍 창가	
50	혈성대1(신대한에)	93쪽	Anonymous	찬송가	찬송가 161 〈대속하신 구주께서〉 (*찬양가1894,92장 심판대일, 숑253장 〈구주께서 구름타고〉
51	혈성대2(장하도다 애국청년)	94쪽	미상	찬송가풍 창가	〈국민가〉와 동일
52	환영1 즐겁도다	156쪽	E.F. Rimbault	찬송가	통일찬송가 209장 〈주의말씀 받은 이날〉 (*찬양가1895, 140장, 숑162장 〈깃븐날〉
53	희망	24-33쪽	L.Mason	찬송가	통일찬송가 44 〈찬송하는 소리 있어〉 (*숑 5장 〈할렐루야찬숑〉

최신창가집 음악 분석표-창가풍					
	노래제목	작사/최신창가집 번호	작곡	음악적 장르	참고
1	강해(江海)	165쪽	미상	창가	장음계
2	거국행	안창호/65쪽	*李尙俊	창가	이상준 최신창가집1918의 '惜別'과 동일
3	건원절경축	115쪽	미상	창가	'대한혼'과 같은 곡
4	격검	74쪽	*金仁湜	창가	요장(요나누끼 장음계), 김인식 『보통창가집』1922, 〈우승기〉와 동일, 작사자 미상, 73쪽 〈전진〉
6	고학	210쪽	*傳 김인식	창가	장음계, (산중에 섬풀꺽고) 김인식, 『보통창가집』(1922), 〈苦學〉과동일
7	공부(工夫)	功玉小學校/189쪽	*伊澤修二편	창가	요장, 『대한매일신보』(1907.10.30), 3면, 〈행보가〉
8	권학(勸學)4	李覺鍾/160쪽	-	창가	〈전진가〉곡과 같은곡 〈권학 1〉, 〈전진가〉, 〈용진가〉와 동일 이상준, 『최신창가집』(1918)

최신창가집 음악 분석표-창가풍					
	노래제목	작사/최신창가집 번호	작곡	음악적 장르	참고
9	권학3	146쪽	*오쿠 요시이사	일본창가	요장, 오쿠 요시이사의 〈용감한 수병〉, 학부의 〈군가〉 동일
10	귀안(歸雁)	191쪽	미상	민요풍 창가	유행가풍 5음음계, 민요조 김인식, 『보통창가집』(1922), 귀안과 동일, 조
11	깊이생각	103쪽	미상	민요풍 창가	〈거국가〉와 같은 곡 *이상준, 〈석별〉, 『최신창가집』(1918), 5음음계
12	농민	112쪽	미상	창가	
13	농부	173쪽	오오노	일본창가	장음계, 〈학도〉와 동일, 오오노 우메와카
14	단군기념	150쪽	*伊澤修二	일본창가	요장, 원곡1888 紀元節の歌, 후에 *紀元節(키켄서쯔),조선총독부, 『신편창가집』(1914),
15	단심(團心)	166쪽	미상	민요풍 창가	*장음계, 민요풍의 창가
16	대한혼	61쪽	미상	창가	학부의 창가집 〈運動歌〉
17	독립	89쪽	미상	창가	〈건원경축절〉과 같은 곡 요장
18	동주상제(同舟相濟)	167쪽	미상	찬송가풍 창가	장음계, 찬송가의 가곡풍
19	등산1	121쪽	미상	창가	장음계, 〈자유〉와 동일 *이상준, 『최신창가집』1918 〈新年〉과 비슷
20	등산2	169쪽	미상	서양풍 창가	〈자유〉와 동일 장음계, (산으로 가서)
21	모란봉	안창호/67쪽		서양풍 창가	장음계, (금수산에 뭉킨 영긔)
22	모험맹진	127쪽	미상	일본풍 창가	요장, (눈을 들어 삼천리)
23	민충정공추도	興化學校 작사/119쪽	미상	서양풍 창가	장음계, 『대한매일신보』(1906.12.2) 〈추도가〉 동 가사, 〈애국혼〉(1917) 31쪽 〈민충정공추도가〉와 동일 가사
24	병식행보	80쪽	미상	일본풍 창가	요장 (장하도다 우리학도)
25	복수회포(復讐懷抱)	183쪽	미상	서양풍 창가	〈학도가〉와 동일 『독립』, 309쪽 〈복수가〉 독립군진영노래

최신창가집 음악 분석표-창가풍					
	노래제목	작사/최신창가집 번호	작곡	음악적 장르	참고
26	부모은덕	96쪽	미상	서양풍 창가	(산아산아 높은산아) 요장, 학부 親의 恩과 다른 선율 이상준, 『최신창가집』(1918) 부모의 은, 김인식, 『보통창가집』(1922) 부모의 은덕 1
27	사(師)의 은 1	193쪽	미상	서양풍 창가	학부 師의 恩과 동일
28	사(師)의 은 2	194쪽	미상	일본풍 창가	김인식, 『보통창가집』(1922), 師의 恩과 동일
29	사시경	155쪽	미상	서양풍 창가	학부 『창가집』〈四時景〉, 요장
30	사절(四節)	157쪽	*伊澤修二편	일본창가	(춘색을 자랑하난) *일본 『소학창가』(1881) 초편중 하루노야요이 『보통교육창가집』(1910) 사절가
31	상은(相恩)	113쪽	미상	서양풍 창가	장음계, (나의 친구 이별한후 평안하신가)
32	석음(惜陰)	이상준작사/185쪽		일본풍 창가	*이상준, 『최신창가집』(1918) 〈학도〉와 같은 가사이나 선율은 다름
33	선우	192쪽	*越天樂今樣	일본창가	*학부 〈善友〉와 동일 남조5충신, 『보육창가1878』. 律음계
34	소제(掃除)	195쪽	미상	일본풍 창가	'사의 은'의 변종곡 (*김인식, 『보통창가집』(1922) 14-15 소제와 동일, 요장
35	수학여행	147쪽	미상	일본풍 창가	요장, (조일이 선명한 대행장을) *원곡 일본, 『신편교육창가집』(1896)의 〈수학여행〉과 동일
36	신년(新年)	이상준/201쪽	*이상준	일본풍 창가	*요장, 이상준 『최신중등창가집』부 악리, 仝
37	심주(心舟)	170쪽	미상	서양풍 창가	장음계, (이야지야 어서가자)
38	아(我)의 학교	이상준/149쪽	*이상준	일본풍 창가	요장, 이상준, 『최신창가집』(1918)의 我의 學校와 동일
39	야구	안창호/72쪽	*이상준	일본풍 창가	(무쇠골격 돌근육소년남자야) 이상준, 『최신창가집』(1918) 동일 일본의 적은 수만 1891과 비슷

최신창가집 음악 분석표-창가풍					
	노래제목	작사/최신창가집 번호	작곡	음악적 장르	참고
40	여름의 자연	159쪽	*伊澤修二	일본풍 창가	요장〈단군기념〉과 동일 선율, 원곡1888 기원절 조선총독부, 『신편창가집』(1914)
41	예수군병 耶蘇軍兵	177쪽	미상	일본풍 창가	요장, 〈병식행보가〉와 동일
42	우승기	75쪽	*김인식	서양풍 창가	김인식,『보통창가집』(1922), 〈우승기〉와 동일 〈전진〉과 동일
43	운동1	81쪽	미상	일본풍 창가	〈병식행보가〉와 동일
44	운동2	88쪽	미상	일본풍 창가	요장 (학도야 학도야 청년학도야 이때가)
45	운동3	95쪽	*오오노	일본창가	복음성가 〈성경목록가〉 오오노의 〈철도창가〉, 학부 〈학도가〉 (대한국 만세에 부강긔볍은)
46	운동4	97쪽	*오오노	일본창가	요장, 오오노 〈철도창가〉, 학부 〈학도가〉
47	운동5	116쪽	미상	일본풍 창가	요장 (대한국민 우리청년학도야)
48	운동6	151쪽	*이상준	일본풍 창가	〈야구〉와 동일 요장, (한발스런 우리 청년학도야) 이상준, 『최신창가집』(1918) 〈운동가〉
49	운동7	158쪽	미상	일본풍 창가	〈대한혼〉과 같은 곡
50	월(月)	이상준/200쪽	*이상준	일본풍 창가	요장, 이상준, 『최신중등창가집 부 악리』(1922), 139쪽의 〈月〉과 동일
51	유희진행 (遊戲進行)	206쪽	미상	창가	장음계, (빙빙빙빙 빙빙빙 두둥그렷게)
52	義務	105쪽	미상	일본풍 창가	〈야구〉와 같은 곡 요장, 이상준, 『최신창가집』(1918) 〈運動歌〉 동일 일본 敵は幾萬 유사
53	自由	174쪽	미상	민요풍 창가	〈대한국민들아 너의 조샹나라〉
54	작별	102쪽	*傳김인식	찬송가풍창가	장음계, 〈광음이여 주마로다〉 김인식, 『보통창가집』(1922) 석별과 동일

최신창가집 음악 분석표-창가풍					
	노래제목	작사/최신창가집 번호	작곡	음악적 장르	참고
55	前進1	73쪽	미상[51]	서양풍 창가	〈장검가〉, 〈격검〉와 같은 곡 *김인식, 『보통창가집』(1922), 〈우승기〉와 같은 선율
56	前進2	153쪽	미상[52]	서양풍 창가	〈용진가〉와 같은 곡 *이상준, 『최신창가집』(1918), 〈권학1〉,
57	조국생각	207쪽	*三善和氣	일본창가	〈3·1운동가〉, 〈기전가가〉, 〈독립군의 걸음〉, 〈망향곡〉 등의 곡과 유사한 곡 요장, (이곳은 우리나라 안이것만) 군가 〈戰友〉가 원곡, 약간의 선율변형
58	帝國歷史	71쪽	미상	민요풍 창가	이상준, 『최신창가집』(1918)의 〈하기휴업〉과 동일곡
59	卒業1	118쪽	미상	서양풍 창가	오음계(바위아래 소는새음)
60	죽어도 못 노아	63쪽	미상	서양풍 창가	(아세아 동편에 돌출한 반도), 장음계
61	직업(職業)	199쪽	*이상준	일본풍 창가	요장, 이상준, 『최신중등창가집 부 악리』(1922), 105쪽의 〈압흐로〉와 동일
62	찬양은덕	139쪽	미상	서양풍 창가	혁명창가 이상준, 『풍금독습중등창가집』(1918)의 〈학교기념〉과와 유사선율
63	책지세(責地勢)	133쪽	미상	민요풍 창가	(어디세야 물어보자 네멋 지그리 무광하냐)
64	青年學友	180쪽	미상	서양풍 창가	(무실력행 등불밝고 긔발날 니난 곳에)
65	체육(體育)	188쪽	미상	일본풍 창가	〈학도가〉와 같은 곡, 요장.

51 노동은은 〈전진가 1- 최신창가집 73쪽〉은 *김인식, 『보통창가집』(1922)에 실린 〈우승기〉와 같은 선율이므로 〈전진가 1〉의 작곡가를 김인식라고 주장하였다.

52 노동은은 〈전진가 2-최신창가집 153쪽〉를 이상준의 작곡으로 보았다. 그러나 필자의 의견은 〈전진 2〉는 〈용진가〉이므로 이상준의 작곡으로 보기 어렵다. 이 시기에 서양음악 작곡에 대한 올바른 인식이 없이 모방하여 작사를 하거나 편곡을 했어도 자신의 작곡이라고 주장했을 수 도 있다고 생각한다. 무엇보다도 중요한 것은 김인식과 이상준이 필사본 악보가 나와야만 본인의 작곡을 확인할 수 있으며, 간접적인 확인밖에 할 수 없는 상황이다.

최신창가집 음악 분석표-창가풍					
	노래제목	작사/최신창가집 번호	작곡	음악적 장르	참고
66	춘유(春遊)	187쪽	미상	서양풍 창가	장음계, 춘풍삼월 호시절에
67	컬넘버스	178쪽	*傳김인식	서양풍 창가	요장, 김인식, 『보통창가집』(1922), 〈컬넘버쓰〉와 일
68	太平洋行	186쪽	*傳김인식	서양풍 창가	5음음계, 김인식, 『보통창가집』(1922), 〈태평양행 과 동일가사와 선율
69	表衣	76쪽	*高橋孝一	일본창가	학부 표의와 동일 선율 『최신중등창가집』1902
70	학교기념	101쪽	미상	일본풍 창가	'대한혼'과 같은 곡
71	학생애국	공옥소학교/190쪽	미상	일본풍 창가	요장, 『대한매일신보』(1907,10.30), 공옥소학교 보가〉와 같은 가사
72	환영2 엄동에 위력	181쪽	미상	서양풍 창가	장음계, 〈등산〉'과 동일
73	해(海)	이상준/279쪽	*이상준	서양풍 창가	오음계, 이상준, 『최신창가집』(1918) 〈해〉와 동일
74	行步	176쪽	미상	일본풍 창가	〈병식행보〉와 같은 곡
75	行船	104쪽	미상	서양풍 창가	장음계, (대한제국 통상수로난 기묘하게 잘되였으
76	혈성대 2	94쪽	미상	찬송가풍창가	(장하도다 애국청년 일제분발 피끓어) 〈國民〉과 같은 선율
77	가마귀2	132쪽	*傳김인식	서양풍 동요	장음계, 김인식, 『보통창가집』(1922), 〈가마귀〉와 동일
78	경부철도	210쪽	스코틀랜드	일본동요	원제는 〈Comin' Thro' The Rye〉 일본에선 〈故郷の空〉, 현재 〈밀밭 사이로〉
79	관물생심	87쪽	미상	서양풍 동요	장음계, (뒷동산에 꽃피고 앞내물에)
80	기차	129쪽	*이상준	일본풍 동요	요장, (들들들 구려가는 기차바퀴) 이상준, 『최신창가집』(1918), 〈기차〉와 동일가사 곡
81	성	111쪽		서양풍 동요	(반짝반짝하는별 하늘위에 높이떠) 이상준, 『최신창가집』(1918) 星과 가사 구상 유사 김인식, 『보통창가집』 星과 동일

최신창가집 음악 분석표-창가풍					
	노래제목	작사/최신창가집 번호	작곡	음악적 장르	참고
82	소천	144쪽	*傳김인식	일본풍 동요	김인식, 『보통창가집』(1922) 小川과 동일
83	시계(時計)	196쪽	*內田條太郎등	일본풍 동요	요장, 학부 시계와 같은 가사와 선율 원제는 일본 토케이(時計), 『구정소학독본창가집』(1904)와 같은 선율
84	양춘가절	164쪽	미상	서양풍 동요	장음계, (도라왓네 도라왔네)
85	입은 하나	100쪽	*傳김인식	서양풍 동요	김인식, 『보통창가집』(1922) 〈입은 하나요와〉
86	자장	204쪽	미상	서양풍 동요	자장가 (아가야 자장자장 어서 자거라)
87	접(蝶)	이상준/209쪽	*이상준	일본풍 동요	이상준, 『최신창가집』(1918), 〈접〉과 동일

최신창가집 음악 분석표-민요, 외국민요풍의 창가					
	노래제목	작사	작곡	음악적 장르	참고
1	애국1	56쪽	호라트우스	독일민요	*Der Tannenbaum〈저 소나무야〉
2	수절	52쪽	S.Foster	미국민요	'스와니 강'과 같은 곡 (*원제 Old Folks at Home 1851, 후에 Swanee River)
3	애국1 (56-57쪽)	57쪽	호라트우스	독일민요	'소나무야'와 같은 곡
4	학우	182쪽	미상	독일민요	장음계, 원제는 〈Der Tannenbaum〉 동일 저 소나무야 등으로 번역,〈愛國〉과 동일
5	격양	117쪽	미상	한국민요풍 창가	5음음계 (남산송백 울울울창창)
6	관동팔경	元泳義 137쪽	미상	한국민요풍 창가	무가풍 (5음음계, (만고동방 조화신공) 이상준, 『최신창가집』(1919) 〈관동팔경〉과 동일, 작사자로만 소개

최신창가집 음악 분석표-민요, 외국민요풍의 창가					
	노래제목	작사	작곡	음악적 장르	참고
7	국가(國歌)(2)	208쪽	*F.Eckert	한국민요풍 창가	F.Eckert작곡, 1902, (상제난 우리 대한을 도으소
8	군	205쪽		한국민요풍 창가	악보만 게재, 5음음계 숑1908 10장 높흔 일홈을 찬숑함
9	망향	90쪽	*傳김인식	힌국민요풍 창가	김인식, 『보통창가집』(1922) 16번 망향과 같은 기 와 곡)
10	불여귀	123쪽	미상	한국민요풍 창가	민요풍, 장음계
11	인택(仁宅)	薛聰 197쪽	*李尙俊	민요풍의 창가	고가요를 창가로 만든 곡 (*이상준, 『최신창가집』(1918), 하기휴업과 같은 139-153
12	청산	145쪽	*이상준	한국민요풍 창가	88-101, 이상준, 『최신창가집』의 〈청산〉과 동일 민요조 5음음계
13	효효(效孝)	135쪽	*이상준	한국민요풍 창가	장음계, (일평생에 난보키난) 이상준, 『최신창가집』 〈師의 親〉과 동일

*표는 노동은의 의견을 참조한 것임을 밝혀 둔다.

제2부

일제의 민족음악 통제와 독립운동 가요

식민지 조선의 음악교육정책과 교과용 음악 관련 도서의 출판 상황*

김지선(일본 학술진흥회 특별연구원RPD, 도쿄대학)

* 이 글은 『식민지 조선의 서양음악 수용과 일본인의 음악활동』(2021, 민속원)의 제3장 일부를 바탕으로 수정, 가필한 것이다. 본 글에서는 근현대 한국사를 대한제국기(1897년10월~8월), 식민지 조선(1910년 8월~1945년 8월), 대한민국기(1948년 8월~현재)의 3기로 구분한다. 대한제국기는 '구한국', 일본의 식민지 통치기는 '식민지 조선', 대한민국 건국 이후는 '한국'으로 표기하였다. 그리고 시대를 초월하는 경우는 '한국'으로 표기하였다.

Ⅰ. 머리말

교육 내용을 담고 있는 교과서는 학교 교육을 구성하는 요소의 하나로, 그 내용, 형태, 보급, 가격까지의 일정으로 공적 기준에 따라 규제화, 제도화되어 있다. 조선에서 근대식 교육 현장에서 사용하는 교과용 도서가 출판 된 것은 1895년부터 인데, 유탁한의 「개화기 교과용 도서총록」에 따르면, 1895년부터 1910년까지 출판된 교과용 도서는 총 518종이라 한다[1]. 이렇게 많은 교과용 도서가 출판되는 가운데, 통감부는 1908년 8월 28일 '교과용 도서 검정 규정' 학부령제16호을 정하여, 일본의 영향 아래 학교 교육에 적용하는 교과용 도서를 학부후에, 조선총독부학무국에서 검정하게 되었다. 검정 제도는 1886년 4월 일본에서 공포 된 소학교령 중 '교과용 도서 검정 조례'가 정해져, 5월에는 이를 개정하고 '교과용 도서 검정 규칙'이 정해진 것으로부터 시작된다. 검정 제도의 운영은 소학교뿐만 아니라 사범학교, 중학교 등의 교과서에서도 실시하였다. 일본의 관리통감부, 조선 총독부 하에 있었던 조선은 '교과용 도서 검정 규정'의 영향을 그대로 받은 것이다.

음악교육 관련 도서의 경우, 1910년 학부가 편찬 한 『보통교육 창가집제1집』의 발행에서 시작된다. 한국근현대음악관에 소장되

---

[1] 柳鐸一, 「開化期教科用圖書総録」, 『한국학논집』2, 대구: 계명대학교한국학연구원, 1974, 345~382쪽에는 학부가 사용 허가한 일본판 교과용도서124종과 불인가 된 9종, 총 133종이 포함되어 있다.

어 있는 노동은의 『1900 ~ 1950년 음악 도서』에 따르면, 1945 년까지 출판 된 음악 관련 도서는 165 권으로, 아직 발견되지 않은 도서를 포함한다면 그 수는 늘어날 것으로 예상 된다.

이처럼, 음악교육을 포함한 음악 관련 도서가 출판되는 과정에 있어서 '교과용 도서 검정 규정'으로 인해 불인가교과용도서, 검정유효 및 검정불허교과용, 발매 배포 금지 도서가 조선총독부 경무국에 의해 치안, 치안방해, 풍속, 비밀 출판 등의 이유로 금지 처분을 받은 경우도 있었다. 이것은 일본이 조선을 통치하는 데 필요한 '통제'라는 일련의 행위였던 것이다[2].

본고에서는 이러한 상황을 고려하여, 식민지 조선의 교육정책, 음악교육의 특징과 교과용 음악교육 관련 도서를 확인하고, 음악과 관련된 조선 총독부의 정책의 한 측면을 알아보기로 한다.

---

[2] 이에 관한 논문으로는 문옥배, 「일제강점기 음악통제에 관한 연구」, 『音·樂·學』13호, 한국음악학학회, 2006, 381~428쪽과, 문한별, 「일제강점기 초기 교과서 검열을 통해 본 사상 통제의 양상 -대정 4년(1915년) 조선총독부 『교과용도서일람』을 중심으로-」, 한국어문학국제학술 포럼, 2019, 211-249쪽 등이 있다.

Ⅱ. 교육정책 변천과정과 음악교육정책

1. 보호국기부터 식민지기까지의 교육정책 변천과정

조선에서 근대적 교육 정책이 시행된 것은 1894년 갑오개혁 이후이다. 1894년 조선 정부는 기존 정부 기구를 고쳐 새로운 관제를 선포하였다. 그전 까지 과거 등 학무 관련 업무를 관할하던 예조를 폐지하고, 새로이 학무아문1895년 학부로 개칭을 설치하였다. 학무아문은 국내 교육 학무 등을 관장하고, 거기에 총무국, 성균관 상교서원 사무국, 전문 학무국, 보통 학무국, 편집국, 회계국이 설치되었다. 이후 한성사범학교 관제1895년 4월를 비롯한 근대적 학교 관제 및 규칙도 제정되었다[3]. 그리고, 초등교육 기관으로 소학교, 중등교육 기관으로 중학교와 사범학교가 설치됐다. 소학교 수업 연한은 5~6년심상과 3년, 고등과 2년 또는 3년, 중학교 수업 연한은 7년심상과 4년, 고등과 3년, 사범학교 수업 연한은 본과가 2년, 속성과가 6개월이었다.

1904년 8월 제1차 한일협약이 체결되어 일본에 의한 고문정치가 시작되자 학부에도 일본인 학정 참여관이 교육행정에 관여하게 되었고, 종래 학제를 정비, 수정하기 위한 법령이 제정, 공포되었다[4]. 당시 초등교육과 중등교육을 확인해 보면, 초등교육은 1906년 8월

---

[3] 文部省内教育史編纂會, 『明治以降教育制度発達史』(第十巻), 教育資料調査會, 1939, 5~8쪽.

[4] 文部省内教育史編纂會, 앞의 책, 8쪽.

27일자 칙령 제44호로 기존의 초등학교령이 폐지되고 새롭게 보통학교령이 공포되었다. 이에 따라 초등학교 심상과와 고등과 과정을 하나로 통합한 보통학교가 탄생하였으나, 수업 연한은 4년으로 축소되었고 보통학교 외에도 지방 상황에 따라 수업 연한 3년 이내의 보충 수업과가 설치되었다[5].

다음으로 중등교육에 대해 살펴보면, 1906년 8월 31일자 칙령 제41호로 기존의 한성사범학교 관제가 폐지되고 새롭게 사범학교령이 공포되어, 이에 따라 새로이 본과, 예과, 속성과, 강습과로 이루어진 관립한성사범학교가 설치되었다. 수업 연한은 본과가 3년, 예과 속성과 강습과는 각각 1년으로 정해졌다[6]. 또한 남자를 대상으로 한 중등교육은 1906년 8월 31일자 칙령 제42호로 기존의 중학교가 폐지되고 새롭게 고등학교령이 공포되었다. 이에 본과, 예과, 보습과로 이루어진 고등학교가 설치되었는데, 수업 연한은 본과가 4년, 예과와 보습과는 각각 1년으로 정해졌다[7]. 또한 여자를 대상으로 한 중등교육은 1908년 4월 2일자 칙령 제22호로 고등여학교령이 공포되어 본과, 예과, 기예 전수과로 이루어진 고등여학교가 탄생했다. 본과의 수업 연한은 3년이었지만 지역 상황에 따라 1년 연장이 가능해졌고, 예과와 기예 전수과 수업 연한은 각각 2년으로 정해졌다[8].

구한국은 1910년 8월 한국병합조약으로 소멸해 일본의 식민지

[5] 文部省内教育史編纂會, 앞의 책, 9쪽.

[6] 『官報』(구한국, 1906年8月31日).

[7] 『官報』(구한국, 1906年8月31日).

[8] 『官報』(구한국,1908年4月4日).

가 되었고 조선총독부가 설치되었다[9]. 조선총독부는 교육 방침을 구체화하기 위해 1911년 8월 24일 칙령 제229호 전문 2장 30조, 부칙로 조선교육령을 공포했다[10] 11월 1일부터 시행. 조선교육령은 이후 세 차례에 걸쳐 개정되는데, 1911년 제정된 것을 편의상 제1차 조선교육령이라 부른다. 이 제1차 조선교육령에 따라 보통학교→고등보통학교→전문학교라는 학교 교육 체계가 형성되어 일본어 보급과 실업 교육이 강화되었다. 제1차 조선교육령에 의한 일본의 교육 방침은 교육을 통해 충량한 국민을 육성하는 것과 교육을 시세와 민도에 적합 시키는 것이었다[11]. 각급 학교의 수업 연한을 확인해 보면 초등교육 기관인 보통학교는 4년, 중등교육 기관인 고등보통학교는 4년, 여자고등보통학교는 3년이었다. 중등교육 기관 중 사범학교는 기존 사범학교를 폐지하고 경성고등보통학교 부설 임시교원양성소 수업 연한 3년 등을 신설했다.

1919년 3월 1일 조선인이 일본의 식민지 정책에 크게 반발하여 저항한 3·1운동을 일으키면서, 기존의 무단적 통치 방식이 재검토되어 이른바 문화 정치로 전환되었다. 이에 따라 교육 정책도 크게 바뀌었는데, 이는 같은 해 12월에 고등보통학교 규칙과 여자고등보통학교 규칙이 개정되어, 1920년 12월 조선총독부령 제68호 임시교육 조사위원회 규칙에 의해 신 학제의 조사 심의가 이루어진 것이다[12]. 또한 1922년 2월 6일 칙령 제19호로 이른바 제2차 조선

[9] 文部省内教育史編纂會, 앞의 책, 42~43쪽.

[10] 文部省内教育史編纂會, 앞의 책, 60~63쪽.

[11] 文部省内教育史編纂會, 앞의 책, 60쪽.

[12] 文部省内教育史編纂會, 앞의 책, 620쪽.

교육령 전문 32개조이 공포되었다[13]. 이 제2차 조선교육령에 따라 수업연한 등의 학제가 일본과 동일화 되었으나, 그 제3조에서는 일본어 상용자 일본인: 소학교→중학교, 고등여학교와 일본어 비상용자 조선인: 보통학교→고등보통학교, 여자고등보통학교를 구별하여 교육하도록 규정되었다.

중일전쟁 1937.7~1945.8 발발로 일본이 군국주의를 확대하는 시기인 1936년 조선에 부임한 제7대 총독 미나미 지로는 국체명징, 만선일여, 교학진흥, 농공병진, 서정쇄신등 5대 정강을 발표했다[14]. 그 후 1938년 3월 3일에 칙령 제103호로 이른바 제3차 조선교육령 전문 16조, 부칙이 내려졌다[15] 4월 1일부터 시행. 이것은 황국 신민화 교육을 하는 동시에 교육 제도를 재검토하여 종래의 일본인 교육과 조선인 교육의 차별을 철폐할 것을 공언하여 보통교육 보급을 추진하고자 하였다[16]. 이때 학교 명칭은 보통학교가 소학교로, 고등보통학교가 고등학교로, 여자고등보통학교가 고등여학교로 변경됐다. 이러한 제3차 조선교육령에 기초하여 교육 관계의 여러 규정도 개정되었는데, 그 취지의 큰 특징은 황국 신민을 육성하는 것이며, 이것은 국체명징, 내선일체, 인고단련의 강령에 준거한 규정 개정이었다[17].

이후 제3차 조선교육령은 1941년 3월 25일 칙령 제254호에 의

---

13 文部省内教育史編纂會, 앞의 책, 620~626쪽.

14 鄭在哲, 「日帝下의高等教育」, 『韓国教育問題研究所論文集』第5集, 中央大學校韓国教育問題研究所, 1989, 92쪽.

15 朝鮮総督府學務局學務課編, 『朝鮮學事例規』朝鮮教育會, 1938, 181~183쪽.

16 朝鮮総督府學務局學務課編, 앞의 책, 344~345쪽.

17 朝鮮総督府學務局學務課, 『朝鮮における教育革新の全貌』朝鮮印刷株式會社, 1938, 107쪽.

해 개정되어, 소학교는 국민학교로 개칭되었다[18]. 그리고 국민학교 교과목이 국민과, 이수과, 체련과, 예능과, 직업과 5개로 통합되었다. 이 같은 교과 통합은 중등교육에서도 마찬가지였다. 이것은 초등교육과 중등교육과의 연계를 중시한 조치였는데, 이것으로 이 시기에는 조선인을 전쟁에 동원하여 육체, 지식, 기능 등 모든 능력을 이용할 수 있게 되었다[19]. 또한 전시에 따라 수업 연한이 단축되고 중학교, 고등여학교, 실업학교의 수업 연한이 4년으로 단축되는 등 학제도 개편됐다[20].

2. 초등 · 중등교육의 음악교육정책

전 절에서 확인한 바와 같이, 근대 교육제도는 2번의 학부령 1906, 1908과, 4번의 조선교육령 제1차: 1911, 제2차: 1922, 제3차: 1938, 일부개정: 1941의 시행 개정에 의해 변화 하였다. 이에 따라, 1906년부터 음악교육이 제도화 된다. 음악관련교육도 이 시기부터 '창가', '음악'이라는 교과가 정해졌는데, 창가, 음악교과 교수시간 수의 변천에 대해 정리하면 〈표 1〉과 같다.

---

18 国民學校制度研究會, 『小學校対比国民學校法規事項別解義』, 文教書院, 1941, 86쪽.

19 鄭在哲, 앞의 논문, 103쪽.

20 尹八重, 「近代韓国教育의内容—韓国教育課程発達史(II)—」, 『서울教育大學校論文集』第6集, 서울教育大學校, 1973, 265쪽.

〈표 1〉 창가 음악과목 교수 시간 수 변천

	학교(수업연한)	과목명	매주 교수 시간수					
			1년	2년	3년	4년	5년	6년
학부령 1906년	보통학교(4)	창가	0 ①	0 ①	0 ①	0 ①	—	—
	고등학교본과(4)	음악	1 ①	1 ① ②	1 ① ②	0	—	—
	고등학교예과(1)	음악	1 ①	—	—	—	—	—
	사범학교본과(3)	음악	2 ①	2 ① ④	2 ① ④	—	—	—
	사범학교예과(1)	음악	2 ①	—	—	—	—	—
	사범학교속성과(1)	음악	2 ① ④	—	—	—	—	—
학부령 1908년	고등여학교본과(3)	음악	2 ①	2 ①	2 ① ② ④	—	—	—
	고등여학교예과(2)	음악	2 ①	2 ①	—	—	—	—
	(개)사범학교속성과(1)	음악	1 ①					
제1차 조선교육령 · 1911년	보통학교(4)	창가	3* ①	3* ①	3* ①	3* ①	—	—
	고등보통학교(4)☆	창가	3* ①	3* ①	3* ①	3* ①	—	—
	여자고등보통학교(3)	음악	3* ①	3* ① ④	3* ① ② ④	—	—	—

	학교(수업연한)	과목명	매주 교수 시간수					
			1년	2년	3년	4년	5년	6년
	경성고등보통학교사범과(1)	음악	3 ④ ⑤	—	—	—	—	—
	경성고등보통학교 부설 임시교원양성소(3)	음악	2 ①	2 ① ② ④	2 ① ② ④	—	—	—
	경성여자고등보통학교 사범과(1)	음악	3 ④ ⑤	—	—	—	—	—
	경성여자고등보통학교 부설 임시여교원양성소(1)	음악	2 ⑤ ④ ⑭	—	—	—	—	—
제2차 조선교육령 · 1922년	보통학교(6)	창가	3＊ ①	3＊ ①	1 ①	1 ①	1 ①	1
	고등보통학교(5)☆☆	창가	1 ① ② ③	0	0	0	0	—
	여자고등보통학교(5)	음악	2 ① ② ③ ④	2 ① ② ③ ④	2 ① ② ③ ④	1 ① ② ③ ④	0	—
	사범학교보통과(남자,5)	음악	1 ① ② ③ ④	1 ① ② ③ ④	1 ① ② ③ ④	1 ① ② ③ ④	1 ① ② ④	—

	학교(수업연한)	과목명	매주 교수 시간수					
			1년	2년	3년	4년	5년	6년
	사범학교보통과(여자,4)	음악	2 ① ② ③ ④	2 ① ② ③ ④	1 ① ② ③ ④	1 ① ② ③ ④	—	—
제3차 조선교육령 · 1938년	심상소학교(6)	창가	4 * ① ⑥	4 * ① ⑥	1 ① ⑥	1 ① ⑥	2 ① ⑥	2 ⑥
	심상소학교(4)	창가	3 ①	3 ①	1 ①	1 ①	—	—
	고등소학교(2)	창가	1 ① ⑥	1 ① ⑥	—	—	—	—
	고등소학교(3)	창가	1 ① ⑥	1 ① ⑥	1 ① ⑥	—	—	—
	중학교(5)	음악	1 ① ⑥	1 ① ⑥	1 ① ⑥	1 ① ⑥	1 ⑥	—
	고등여학교(5)	음악	2 ① ④ ⑥	2 ① ④ ⑥	1 ① ④ ⑥	1 ① ④ ⑥	1 ④ ⑥	—

	학교(수업연한)	과목명	매주 교수 시간수					
			1년	2년	3년	4년	5년	6년
	사범학교보통과(남자,5)	음악	1 ① ④ ⑥	1 ① ④ ⑥	1 ① ④ ⑥	1 ① ④ ⑥	1 ④ ⑥	—
	사범학교보통과(여자,4)	음악	2 ① ④ ⑥	2 ① ④ ⑥	1 ① ④ ⑥	1 ④ ⑥	—	—
	사범학교심상과(남자,5)	음악	2 ① ④ ⑥	2 ① ④ ⑥	2 ① ④ ⑥	1 ① ④ ⑥	1 ④ ⑥	—
	사범학교심상과(여자,4)	음악	2 ① ④ ⑥	2 ① ④ ⑥	2 ① ④ ⑥	1 ④ ⑥	—	—
제3차 조선교육령 개정 · 1941년	국민학교(6)	예능과 음악	5* ① ③ ④ ⑤ ⑥ ⑦ ⑨	6* ① ③ ④ ⑤ ⑥ ⑦ ⑨	2 ① ③ ④ ⑤ ⑥ ⑦ ⑨	2 ① ③ ④ ⑤ ⑥ ⑦ ⑨	2 ① ③ ④ ⑤ ⑥ ⑦ ⑨	2 ① ③ ④ ⑤ ⑥ ⑦ ⑨
	중학교(4)	예능과 음악	1 ⑦ ⑧ ⑩ ⑪	1 ⑦ ⑧ ⑩ ⑪	3** ⑦ ⑧ ⑩ ⑪	3** ⑦ ⑧ ⑩ ⑪	—	—

	학교(수업연한)	과목명	매주 교수 시간수					
			1년	2년	3년	4년	5년	6년
	사범학교본과(3)	예능과 음악	2 ④ ⑦ ⑧ ⑩ ⑪ ⑫ ⑬	2 ④ ⑦ ⑧ ⑩ ⑪ ⑫ ⑬	2 ④ ⑦ ⑧ ⑩ ⑪ ⑫ ⑬	—	—	—

출처: 『官報』 구한국, 1906年, 1908年, 文部省内教育編纂會 第十卷, 朝鮮総督府學務局學務課 1938, 八束周吉 1941, 朝鮮総督府學務局編 1943, 朝鮮総督府學務局編 1944

비고: · ☆…1919년 6월 25일 조선총독부령 제120호에 따라 '창가'는 제1학년과 제2학년에서 매주 1시간씩 교수되는 것으로 변경되었다.
· ☆☆…1931년 1월 7일 고등보통학교 규정 개정으로 '창가'는 제1학년과 제2학년에서 매주 1시간씩 교수되는 것으로 변경되었다.
· ○안 숫자는 교수 정도를 나타낸다:「①」은 단음창가.「②」는 복음창가.「③」은 윤창가21.「④」는 악기 사용법.「⑤」는 창가.「⑥」은 중음창가22.「⑦」은 음악감상.「⑧」가창법,「⑨」기초연습,「⑩」은 청각훈련,「⑪」음악이론,「⑫」작곡법,「⑬」국민학교 예능과 음악에 관한 연구.「⑭」교과서 취급법.
·「*」은 체조와 합친 교수 시간수이다.
·「**」은 예능과 서예 · 도화 · 공작과 합쳐진 교수 시간수이다.

〈표 1〉을 통해 기본적으로 초등음악교육 단계의 음악 과목으로는 '창가', 중등교육 단계의 음악교육 과목으로는 '음악'이 설정되어 있음을 확인할 수 있다. 그러나 후에는 초등교육 단계에서

21 고야마 사쿠노스케小山作之助 편, 『윤창가집輪唱歌集』(1903)에 의하면, 윤창가는 2부, 3부, 4부로 파트를 나눠 일정한 시간을 두면서 동일 선율을 반복 합창하여 협력과 화성을 맛보는 창가라고 설명하고 있다.

22 고야마 사쿠노스케小山作之助 편, 『중음창가집 제1집重音唱歌集 第1集』(1904)을 보면 중음창가는 두 가지 선율(소프라노와 알토)로 이루어진 창가이다.

도 '창가' 대신 '음악'이 설정된다. 즉, 보통학교1906년~와 초등학교1938년~에서는 '창가'였던 것이 국민학교1941년~에서는 '음악'으로 변경되었다. 한편 중등교육 기관에서도 남학교인 고등보통학교1911~1937년에서는 '창가'를 가르쳤고 중학교1938년~로 개편된 뒤 과목명이 '음악'으로 바뀌었다. 이처럼 1941년 이전의 초등교육 기관에서는 창가 교육이 진행됐지만, 중등교육 기관의 경우 남학교인 고등보통학교에서는 창가 교육이 이루어졌지만, 후에 중학교가 되면서 '음악'이 교수됐고, 여자고등보통학교후에 고등여학교 포함와 사범학교에서는 처음부터 일관되게 '음악'이 교수 됐다.

〈표 1〉을 보면 기본적으로 1911년도 이후 '창가' 과목은 창가 부르는 것이 중심이 된 과목이고, '음악'은 창가를 부르는 동시에 악기 사용법이 추가된 과목임을 알 수 있다. 한편 보호국 기간에 상당하는 동표의 1906년과 1908년 란의 '창가', '음악' 과목은 교원과 악기 등의 부족으로 실제로 실시하지 않아도 되는 과목이었다. 그 때문에 보호국 시기에는 '창가', '음악'이라는 과목 구분의 실질적 의미는 없었다고 해도 좋다.

이후 1910년 일본이 조선을 식민지로 삼고 이듬해 제1차 조선교육령이 공포되었으나, 이 제1차 조선교육령 시기에 보통학교 '창가'교육 목표는 평이한 가곡을 부름으로써 미감을 기르고 덕성을 함양하는 것으로 단음창가 수업이 이루어졌다. 남자고등보통학교에서도 '창가'교육이 이루어졌으며, 주로 단음창가 교육을 했다. 사범학교와 여자고등보통학교에서 진행된 '음악'교육에서는 단음창가 외에 복음창가와 악기 사용법도 가르쳤다. 이 시기에는 조선인의 일본 신민화를 위해 일본어 보급이 교육 목표가 되었으나, '창가' 교육에서도 처음에는 조선어로 나중에는 일본어 가사로 부르게 되었다.

1922년 공포된 제2차 조선교육령 시기에는 일본과 조선의 교육 제도가 동일화되어 보통학교, 남자고등보통학교, 여자고등보통학교, 사범학교의 '창가'·'음악'교육 목표는 종래와 크게 다르지 않았다. 그렇다고는 해도, 예를 들면 보통학교의 경우, 일본 고유의 민족 문화를 이해시키고 일본의 선율과 리듬 교육을 통해 아동의 실제 생활 속에서 창가 교육의 가치를 인식 시켜, 조선인을 일본인으로 동화시키려고 한 점은 종래와 다른 것이었다. 실제 교육에서는 발성법과 호흡법, 감상 등을 실시하여 노래 부르기뿐만 아니라 연주와 창작까지 교육을 발전시키고 음악의 미를 이해시킴으로써 인격 육성을 도모했다.

1938년 공포된 제3차 조선교육령 시기에는 1937년부터 시작된 중일전쟁의 영향이 교육 정책에까지 미친 점이 중요하다. 당시 교육 목표는 황국신민 양성이었고 기존 학교의 명칭을 일본과 같은 소학교, 중학교, 고등여학교로 일원화했다. 소학교, 중학교, 고등여학교, 사범학교의 창가 · 음악 교수는 종전과 크게 다르지 않았다. 소학교 음악교육은 가사를 통해 황국신민다운 인격을 지닌 국민을 육성하고 음악의 선율과 리듬 교육을 통해 미감과 창조성 있는 국민을 육성하는 것을 목표로 하였다.

1941년 국민학교령이 공포됨에 따라 조선교육령도 일부 개정되었다. 기존의 초등, 중등교육의 '창가'·'음악'교육은 '예능과 음악'

이 되어 국민 생활에 음악의 중요성 자각과 제휴를 중시하고 국민적 음악 창조가 교육 방침으로 여겨졌다. 국민학교 '예능과 음악' 교수 내용은 종전과 비교하여 음악 감상, 청각 훈련 내용이 증가하였으며, 중학교 등 중등교육 기관의 '예능과 음악' 교수 내용은 가창, 발음, 청각 훈련, 악기 지도, 음악 감상, 음악 이론 등 교과 내용이 늘어나고, 청각 훈련과 같이 산업과 국방에 이용할 수 있는 내용이 포함된 것이 큰 특징이다. 초등, 중등 교육 '예능과 음악'은 타 과목과의 연계가 중시됐다. 또한 초등 교육과 중등 교육과의 연계도 중시됐다.

3. 교과용 음악 관련 도서

1) 초등교육기관에서 사용한 창가집의 특징

식민지 조선의 교육기관에서 사용할 수 있는 교과용 도서는 조선총독부 출판교과용도서, 조선총독부 검정교과용 도서, 조선총독부 인가교과용 도서였다. 이들 도서를 사립학교에서 사용 할 경우에는 '사립학교교과용도서에 관한 규칙'제9조와 제10조에 의해 사용허가원, 사용계를 제출 해야 했다[23]. 음악교과 중에서 사용 했던 도서를 간행 년도 별로 정리하면 <표 2>와 같다.

---

[23] 朝鮮総督府, 『教科用圖書一覧』注意, (明治45年1月改訂第6版), 1912, 1쪽.

〈표 2〉 1910년~1944년 초등교육기관에서 사용된 창가집

편찬소	교과서 제목	발행소	연도
학부편	보통교육창가집 제1집普通教育唱歌集 第一輯	한성漢城 : 한국정부인쇄국韓國政府印刷局	1910
총독부편	신편창가집新編唱歌集	경성京城 : 총무국인쇄소總務局印刷所	1914
총독부편	로마자신편창가집羅馬字新編唱歌集	경성 : 총무국인쇄소	1915
총독부편	보통학교창가서普通學校唱歌書 제1학년용	도쿄東京 : 돗판凸인쇄 주식회사凸版印刷株式會社	1920
총독부편	보통학교창가서 제1학년용	도쿄 : 돗판凸인쇄 주식회사	1920
총독부편	보통학교창가서 제3년생용	도쿄 : 돗판凸인쇄 주식회사	1920
총독부편	보통학교창가서 제4년생용	경성 : 서무부인쇄주식회사	1920
히라사 기토平佐義登 편	창가교재선집唱歌教材選集	부산釜山 : 가와이인쇄소川井印刷所	1924
총독부편	보통학교보충창가집普通學校補充唱歌集	경성 : 조선서적인쇄주식회사朝鮮書籍印刷株式會社	1926
도요카와구마오豊川熊夫	보통학교소학교의 창가교육 실제普通學校小學校における唱歌教育の実際	대구大邱 : 대구인쇄합자회사大邱印刷合資會社	1926
경성사범학교 교육연구편	초등창가初等唱歌 제1학년용	오사카大阪 : 일본 창가출판사日本唱歌出版社	1935
경성사범학교 교육연구편	초등창가 제2학년용	오사카 : 일본 창가출판사	1935
경성사범학교 교육연구편	초등창가 제3학년용	오사카 : 일본 창가출판사	1935
경성사범학교 교육연구편	초등창가 제4학년용	오사카 : 일본 창가출판사	1935

편찬소	교과서 제목	발행소	연도
경성사범학교 교육연구편	초등창가 제5학년용	오사카 : 일본 창가출판사	1935
경성사범학교 교육연구편	초등창가 제6학년용	오사카 : 일본 창가출판사	1935
이가라시 데이자부로五十嵐悌三郎.요시자와미노루吉沢実.안도요시아키安藤芳亮	신제음악요의新制音樂要義	경성 : 조선지방행정학회朝鮮地方行政學會	1937
경성사범학교 교육연구편	초등창가해설서初等唱歌解說書제1학년용	경성 : 주식회사 조선지방행정학회株式會社朝鮮地方行政學會	1937
경성사범학교 교육연구편	초등창가해설서제2학년용	경성 : 주식회사 조선지방행정학회	1937
경성사범학교 교육연구편	초등창가해설서제3학년용	경성 : 조선도화출판주식회사	1938
경성사범학교 교육연구편	초등창가해설서제4학년용	경성 : 조선도화출판주식회사	1938
경성사범학교 교육연구편	초등창가해설서제5학년용	경성 : 조선도서출판주식회사	1939
경성사범학교 교육연구편	초등창가해설서제6학년용	경성 : 조선도서출판주식회사	1939
조선총독부편	미쿠니노 우타みくにのうた	경성 : 조선서적인쇄주식회사	1939
조선총독부편	초등창가初等唱歌제1학년용	경성 : 조선서적인쇄주식회사	1939
조선총독부편	초등창가제2학년용	경성 : 조선서적인쇄주식회사	1939
조선총독부편	초등창가제3학년용	경성 : 조선서적인쇄주식회사	1940
조선총독부편	초등창가제4학년용	경성 : 조선서적인쇄주식회사	1940

편찬소	교과서 제목	발행소	연도
조선총독부편	초등창가제5학년용	경성 : 조선서적인쇄주식회사	1941
조선총독부편	초등창가제6학년용	경성 : 조선서적인쇄주식회사	1941
조선총독부편	우타노혼 이치넨ウタノホン一ネン	경성 : 조선서적인쇄주식회사	1942
조선총독부편	우타노혼 니넨ウタノホン二ネン	경성 : 조선서적인쇄주식회사	1942
조선총독부편	우타노혼 이치넨교사용ウタノホン一ネン教師用	경성 : 조선서적인쇄주식회사	1942
조선총독부편	우타노혼 니넨교사용ウタノホン二ネン教師用	경성 : 조선서적인쇄주식회사	1942
조선총독부편	초등음악初等音樂제3학년	경성 : 조선서적인쇄주식회사	1943
조선총독부편	초등음악제4학년	경성 : 조선서적인쇄주식회사	1943
조선총독부편	초등음악제5학년	경성 : 조선서적인쇄주식회사	1944
조선총독부편	초등음악제6학년	경성 : 조선서적인쇄주식회사	1944
편찬소	교과서 제목	발행소	연도
학부편	보통교육창가집 제1집	한성:한국정부인쇄국	1910
총독부편	신편창가집	경성:총무국인쇄소	1914
총독부편	로마자신편창가집	경성:총무국인쇄소	1915
총독부편	보통학교창가서 제1학년용	도쿄돗판凸인쇄 주식회사	1920
총독부편	보통학교창가서 제1학년용	도쿄:돗판凸인쇄 주식회사	1920

편찬소	교과서 제목	발행소	연도
총독부편	보통학교창가서 제3년생용	도쿄:돗판凸인쇄 주식회사	1920
총독부편	보통학교창가서 제4년생용	경성:서무부인쇄주식회사	1920
히라사 기토平佐義登 편	창가교재선집	부산:가와이인쇄소	1924
총독부편	보통학교보충창가집	경성:조선서적인쇄주식회사	1926
도요카와구마오豊川熊夫	보통학교소학교의 창가교육 실제普通學校小學校における唱歌教育の実際	대구 : 대구인쇄합자회사	1926
경성사범학교 교육연구편	초등창가제1학년용	오사카:일본 창가출판사	1935
경성사범학교 교육연구편	초등창가 제2학년용	오사카 : 일본 창가출판사	1935
경성사범학교 교육연구편	초등창가 제3학년용	오사카 : 일본 창가출판사	1935
경성사범학교 교육연구편	초등창가 제4학년용	오사카 : 일본 창가출판사	1935
경성사범학교 교육연구편	초등창가 제5학년용	오사카 : 일본 창가출판사	1935
경성사범학교 교육연구편	초등창가 제6학년용	오사카 : 일본 창가출판사	1935
이가라시 데이자부로五十嵐悌三郎.요시자와미노루吉沢実.안도요시아키安藤芳亮	신제음악요의	경성:조선지방행정학회	1937
경성사범학교 교육연구편	초등창가해설서제1학년용	경성:주식회사 조선지방행정학회	1937
경성사범학교 교육연구편	초등창가해설서제2학년용	경성:주식회사 조선지방행정학회	1937

편찬소	교과서 제목	발행소	연도
경성사범학교 교육연구편	초등창가해설서제3학년용	경성:조선도화출판주식회사	1938
경성사범학교 교육연구편	초등창가해설서제4학년용	경성:조선도화출판주식회사	1938
경성사범학교 교육연구편	초등창가해설서제5학년용	경성:조선도서출판주식회사	1939
경성사범학교 교육연구편	초등창가해설서제6학년용	경성:조선도서출판주식회사	1939
조선총독부편	미쿠니노 우타みくにのうた	경성:조선서적인쇄주식회사	1939
조선총독부편	초등창가제1학년용	경성:조선서적인쇄주식회사	1939
조선총독부편	초등창가제2학년용	경성:조선서적인쇄주식회사	1939
조선총독부편	초등창가제3학년용	경성:조선서적인쇄주식회사	1940
조선총독부편	초등창가제4학년용	경성:조선서적인쇄주식회사	1940
조선총독부편	초등창가제5학년용	경성:조선서적인쇄주식회사	1941
조선총독부편	초등창가제6학년용	경성:조선서적인쇄주식회사	1941
조선총독부편	우타노혼 이치넨ウタノホンーネン	경성:조선서적인쇄주식회사	1942
조선총독부편	우타노혼 니넨ウタノホン二ネン	경성:조선서적인쇄주식회사	1942
조선총독부편	우타노혼 이치넨교사용ウタノホンーネン教師用	경성:조선서적인쇄주식회사	1942
조선총독부편	우타노혼 니넨교사용ウタノホン二ネン教師用	경성:조선서적인쇄주식회사	1942

편찬소	교과서 제목	발행소	연도
조선총독부편	초등음악제3학년	경성:조선서적인쇄주식회사	1943
조선총독부편	초등음악제4학년	경성:조선서적인쇄주식회사	1943
조선총독부편	초등음악제5학년	경성:조선서적인쇄주식회사	1944
조선총독부편	초등음악제6학년	경성:조선서적인쇄주식회사	1944

출처: 김지선, 『식민지조선의 서양음악수용과 일본인의 음악활동』, 민속원, 2021, 126~128쪽.

비고: 현상모집 가사곡은 소학교 학생에게 가사를 현상 모집하여 작곡된 것이다.

조선에서 창가 교과서로 가장 먼저 발행된 것은 1910년 학부가 편찬한 『보통교육 창가집 제1집』이었다. 이것은 보통학교 및 제 학교 아동과 교원용으로 편찬된 것인데[24], 가사는 일본의 『국어독본』에서 따왔으며, 본래 일본어인 것을 조선어로 번역하여 편찬하였다. 이후 1914년 발행된 조선총독부 편찬 『신편창가집』은 총 41곡 중 거의 모든 가사가 일본어였다. 이 『신편창가집』에는 일본 국가인 〈기미가요〉와 〈기원절〉 등의 의식 창가 6곡이 수록되어 있었다.

1920년 조선총독부에서 편찬한 『보통학교 창가서』는 제1학년부터 제4학년까지 총 70곡을 수록했으며, 『보통학교 수신서』, 『보통학교 국어독본』, 『보통학교 지리서』, 『보통학교 국사』 교과목과 관련된 내용이 포함돼 있었다[25]. 가사 내용은 서정적인 가사가 가장

---

[24] 朝鮮総督府, 『教科用圖書一覧』(明治45年1月改訂第6版), 1912, 2쪽.

[25] 이병담·김혜정, 「조선총독부 초등학교 음악교육의 일탈과 실상 -일반창가의 체계와 내용을중심으로-」, 『日語日文學』第34集, 大韓日語日文學會, 2007, 238~239쪽.

많고 자연, 일상생활, 국가주의, 교훈적 내용을 담은 가사도 있었다[26]. 이후 1926년 조선총독부 편찬의 『보통학교 보충창가집』이 발행되는데, 이는 아동에게 현상 공모를 통해 모집한 가사에 일본인 작곡가가 곡을 붙인 창가가 실려 있었다. 제1학년부터 제6학년까지 각 10곡, 총 60곡이 수록되었는데[27], 곡 중에는 〈금강산〉, 〈백두산〉, 〈경성〉, 〈백제〉, 〈부산항〉 등 조선을 주제로 한 것이 포함되어 있었다.

1935년 경성사범학교 교육연구회에서 간행한 『초등창가』는 제1학년 23곡, 제2, 3학년 30곡, 제4학년 29곡, 제5학년 36곡, 제6학년 35곡으로 구성되었다. 또한 제1학년부터 제6학년까지는 12곡~13곡의 의식 창가가 실려 있고, 제3학년부터 제6학년까지는 「악전」 내용은 동일도 함께 수록되어 있다. 가사는 서정적인 것으로 연중행사나 자연, 계절, 향토, 교훈 내용이 많고 제5, 6학년이 되면 국가주의적 내용도 포함됐다[28].

조선 총독부가 1939년 발간한 『미쿠니노 우타』는 〈기미가요〉와 〈칙어봉답〉, 〈1월1일〉, 〈기원절〉, 〈천장절〉, 〈메이지절〉, 〈신사참배 창가〉, 〈바다로 가면〉, 〈스승의 은혜〉, 〈반딧불〉, 〈애국 행진곡〉의 11곡의 의식용 창가로 구성됐다. 한편 1939년 조선총독부가 편찬한 『초등창가』는 제1학년부터 제6학년까지 25곡씩 수록되었고 그 중에는 학생에게 모집한 가사에 곡을 붙인 것이 많이 포함되어

---

[26] 이병담·김혜정, 앞의 논문, 240쪽.

[27] 閔庚燦, 『韓国唱歌의 索引과 解題』, 한국예술종합학교한국예술연구소, 1997, 45쪽.

[28] 이병담·김혜정, 앞의 논문, 244~245쪽. 예를 들어 제5,6학년 『초등창가』에는 〈어대의 번영〉, 〈국기〉, 〈쇼와의 어대〉와 같은 곡이 포함되어 있다.

있다. 전체 가사는 서정적이고 자연, 계절 등의 내용이 많지만 〈군기〉 등 군대를 주제로 한 노래가 저학년 교과서에 포함된 것도 특징이다[29]. 또한, 아동의 생활 감정이 넘치고, 아이다운 창의와 표현이 담긴 노래를 찾아, 심상소학교 제1학년은 '봄, 나는 1학년, 흰색, 물놀이, 대한 소한, 종이 날리기, 어머니'의 7개 주제로, 제2학년은 '술래잡기, 철모, 라디오, 해병 아저씨, 소풍, 송아지, 아버지, 히나마츠리[30]' 등 8개 주제의 가사를 모집했다[31]. 심상소학교 제3, 4학년 모집 가사 주제는 '① 렌게후, ② 그네, ③ 산책, ④ 밤 줍기, ⑤ 정월, ⑥ 헤엄치기, ⑦ 매미 잡기, ⑧ 줄다리기'의 8개로 조선 전국에서 1800여 편의 응모가 있었다고 한다[32]. 그중 5명의 조선인 아동과 3명의 일본인 아동의 8개 가사가 채택됐다[33]. 그 우수 입선작 중 심상 제3학년 김선곤의 〈그네〉 가사를 보면 "그네 올라라 아카시야 위에 하얀 꽃이 제비와 함께 그네 내려가라 정원이 온통 여동생 생긋생긋 나비야 나비야도 모두 이하 생략"로[34], 아동이 놀이로 즐겨 타는 그네를 주제로 만들어진 가사가 입선 된 것이었다. 『초등창가』의 기본적인 편찬 취지가 황국신민으로서의 정서 함양에 있는 가운데 동요, 동시의 교육적 개척을 위해 현상 모집했다[35]. 또한 이들 공

---

29 이병담·김혜정, 앞의 논문, 244~245쪽.

30 여자의 건강한 성장을 기원하는 명절, 연중 행사.

31 朝鮮総督府, 『教科書編輯彙報 第三輯』唱歌, 朝鮮書籍印刷株式會社, 1939, 3~5쪽.

32 朝鮮総督府, 『教科書編輯彙報 第四輯』附録, 朝鮮書籍印刷株式會社, 1939, 25쪽. 이 부록에는 우수 입선작, 선발후 감상, 입선 우수 작품 단평 등이 실려 있다.

33 朝鮮総督府, 『教科書編輯彙報 第四輯』附録, 朝鮮書籍印刷株式會社, 1939, 26~29쪽.

34 朝鮮総督府, 앞의 책, 26쪽.

35 朝鮮総督府, 앞의 책, 25쪽.

모 작품 외에 『초등창가』 수록의 창가의 가사, 가곡은 문부성 발행, 문부성 검정 완료, 조선총독부 검정을 마친 『신정 심상소학창가』문부성, 『신심상소학창가』일본교육음악협회, 『아동창가』일본교육음악협회, 『신일본창가』초등음악연구회, 『소학신창가』일본음악연구회, 『최신 쇼와 소학창가』일본교육연구회, 『초등창가』경성음악교육연구회 등에서 선택되었다[36].

조선총독부 편찬의 『우타노혼 이치넨』『우타노혼 니넨』1942년과 『초등음악』제3학년~제6학년용, 1943~1944은 기존의 소학교제가 국민학교가 되어 '예능과 음악'과목이 설치됨에 따라 편찬된 것이다. 『우타노혼』은 학년마다 20곡씩, 『초등음악』은 학년마다 22곡씩 수록되었다. 가사 내용은 군국주의적 내용이 많이 포함됐고, 서정적 내용과 연중행사 등의 내용에도 간접적으로 국체 사상과 군국주의적 내용이 들어 있었다[37]. 창가를 중심으로 이루어졌던 기존 교수에 더해 음악 감상, 기악 지도, 악전 교수, 발음 및 청음 훈련, 의식창가 지도, 행사나 단체행동과의 밀접한 관계, 국민음악 창조의 소지 교양 등을 고려하여 편찬한 것으로, 그 때문에 제3학년부터는 교과서명도 『초등음악』이 된 것이다. 이것을 보면 학년마다 8곡을 필수로 정해 지역 상황에 따라 곡을 선택하도록 했다. 가사 내용은 행사·단체나 타과목, 특히 국민과 국어와의 연락을 긴밀하게 하여 쉽고 짧은 형식이 되었다. 선율은 서양 선법을 피하고 일본 음계에 해당하는 양선법, 음선법, 율선법 등을 도입했다. 또한 청음 훈련을 하고 그 속에서 화음감 양성을 위해 화음 교재를 넣었다. 이것은 기존

---

36 朝鮮総督府, 『教科書編輯彙報　第三輯』唱歌, 朝鮮書籍印刷株式會社, 1939, 2~3쪽.

37 이병담·김혜정, 앞의 논문, 245~247쪽.

창가 · 음악 교과서에 없던 청음 훈련 등이 교수 내용을 보다 폭넓게 하고 음악 시야를 넓히려고 했기 때문이다[38].

특히 청음의 경우 음높이의 기억, 율동 지각, 음색 인식, 소리 강약 판별, 화음 식별 등을 위해 아동의 생활환경, 예를 들면 학교의 사이렌이나 종소리, 자동차 경적, 두부 장사 나팔, 사탕 가게 북 등의 소리를 실제 청음 교육에 이용하는 것을 추천했다[39]. 그러나 조선에서의 화음 훈련은 학교 설비가 부족하여 교원 각자의 열의를 가지고 가르칠 것을 지시했다[40]. 음명을 기존의 '도레미파솔라시'에서 '하니호헤토이로'로 바뀌었는데, 이는 반세기 동안 사용되어 온 기존의 음명이 전쟁의 영향으로 바뀐 것이다.

2) 중등교육기관에서 사용한 음악교과서의 특징

중등음악교과용 관련도서에 대해 조선총독부가 발행한 『인가교과용도서일람』을 참고로 중등교육에 사용한 음악교과서를 정리하면 <표 3, 4, 5>와 같다.

---

[38] 朝鮮総督府, 『国民學校特集　第二　教科書編輯彙報　第九輯』, 朝鮮書籍印刷株式會社, 1941, 78쪽.

[39] 朝鮮総督府, 앞의 논문, 78~80쪽.

[40] 朝鮮総督府, 앞의 논문, 80쪽.

〈표 3〉 인가 음악교과용 관련도서 일람 1925년 4월~1927년 7월

	종별	도서명	권	저역자	발행자 및 발행소	발행검정연월일
1	사범	교범 마치 앨범教範マーチアルバム	전	구스미 온자부로楠美恩三郎, 나카타 아키라中田章	나카무라 도키노스케中村時之助	1926년10월5일
2	사범	오르간 교본オルガン教本	전	공익상사서점共益商社書店	나카무라 도키노스케中村時之助	1925년2월5일 재수5판
3	사범	현대 악전 교본現代樂典教本	전	야마다 겐이치로山田源一郎	이토 기노키치伊藤己之吉	1926년2월15일
4	사범	중등 음악 교과서中等音樂教科書	3,4	기타무라 히데하루北村秀晴	홍악사출판부弘樂社出版部	1924년2월15일
5	사범	사범학교 악전 교본師範學校樂典教本	전	후쿠이 나오아키福井直秋	공익상사共益商社	1925년2월25일 1925년3월6일
6	사범	초등 오르간 교과서初等オルガン教科書	전	아마야 슈天谷秀, 오오노 우메와카多梅稚	개성관開成館	1905년3월8일 1912년10월1일
7	사범	신제 악전교본新制樂典教本	전	야마모토 마사오山本正夫	미사와 초우이치三澤朝一	1924년10월30일
8	사범	중등교육 음악 교과서 갑종中等教育音樂教科書甲種	1	기타무라 히데하루北村秀晴	사토 다쓰미佐藤辰巳	1924년5월5일
9	사범	근세 악전 교과서近世樂典教科書	전	다무라 도라조田村虎蔵	개성관	1901년11월5일 1912년10월10일
10	사범	오르간 교재서オルガン教材書	전	나카타 아키라中田章	공익상사서점共益商社書店	1925년4월19日 재수40판 1920년6월25일
11	사범	성악 교과서聲樂教科書	전	사와다 코우이치澤田孝一	공익상사	1924년3월20일 8판
12	사범	악전 정양樂典精養	전	와타나베 우라조渡邊浦蔵	오바 히사키치大葉久吉	1925년12월13일
13	사범	음정 교본音程教本	전	후쿠이 나오아키福井直秋	공익상사서점	1917년3월8일 1925년1월8일

	종별	도서명	권	저역자	발행자 및 발행소	발행검정연월일
14	사범	신제 악전 교본新制樂典教本	전	야마모토 마사오山本正夫	광풍관光風館	1925년12월1일 1925년12월8일
15	사범	신제 음정 교본新制音程教本	전	야마모토 마사오山本正夫	광풍관	1925년6월20일 1925년6월26일
16	사범	오르간 교본オルガン教本	전	공익상사서점	공익상사	1924년2월16일 1924년4월5일
17	여고보통	고등여학교 악전 교본高等女學校樂典教本	전	후쿠이 나오아키福井直秋	공익상사서점	1924년2월25일 재개정46판 1924년3월6일
18	여고보통	여자 음악 교과서女子音樂教科書	1,2	나가이 히소무永井潛, 다나카 긴노스케田中銀之助	개성관	1914년11월15日4판
19	각	고등여학교 악전 교본高等女學校樂典教本	전	후쿠이 나오아키福井直秋	공익상사서점	1927년3월1일
20	각	여자 음악 교과서女子音樂教科書	4	나가이 고우지永井幸治, 다나카 긴노스케田中銀之助	오사카개성관미키 사스케大阪開成館三木佐助	1912년11월25일 1912년11월28일

출처: 朝鮮総督府學務局, 『既認可教科書用圖書一覧』(1925年4月~1927年7月), 大和商會印刷所, 1927, 127~129쪽.

〈표 4〉 인가 음악 교과용 관련도서 일람 1931년 10월~1932년 9월

	학교	도서명	권	저자명	발행소	발행검정연월일
1	사립 고등	중학 음악 교본中學音樂教本	1,2	후쿠이 나오아키福井直秋	제국서원帝國書院	1931년10월31일
2	고등	신정 음악 교과서新定音樂教科書	전	악서간행협회樂書刊行協會	다카이악기점高井樂器店	1931년11월20일 1931년11월25일 2판
3	사범	신편 악전 교과서新編樂典教科書	전	고이즈미 오사무小泉治	삼성당三省堂	1931년12월2일 1931년12월5일수정재판
4	사립 여고	쇼와여자음악교과서昭和女子音樂教科書	1,2	나가이 고우지永井幸治, 다나카 긴노스케田中銀之助	오사카 음악학교 악우회大阪音樂學校樂友會	1930년2월13일 1930년3월4일
5	사립 여고	음정 시창 교본音程視唱教本	전	야마다 고사쿠山田耕筰	개성관開成館	1916년3월15일 1916년4월24일정정재판
6	여자 실업	고등여학교 악전 교과서高等女學校樂典教科書	전	악서간행협회	다카이악기점	1929년12월28일 1931년11월15일 16판

출처: 朝鮮総督府學務局, 『認可教科用圖書一覧』(1931年10月~1932年9月), 朝鮮印刷株式會社, 1932, 40쪽.

〈표 5〉 인가 음악 교과용 관련도서 일람 1932년 10월~1933년 9월

	학교	도서명	권	저자명	발행소	발행검정연월일
1	고등	쇼와중등음악 교과서昭和中等音樂教科書	1	나가이 고우지永井幸治, 다나카 긴노스케田中銀之助	오사카 음악학교 악우회	1931년12월25일 수정재판 1932년1월11일
2	고등	중학 신음악 교과서中學新音樂教科書	1,2	나가하시 구마지로長橋熊次郎	개성관	1932년12월25일 정정재판 1933년1월12일

	학교	도서명	권	저자명	발행소	발행검정연월일
3	사립 고등	중학교용 음악 교과서中學校用音樂教科書	상, 하	히로타 류타로弘田龍太郎	부산방富山房	1932년10월31일
4	사립 고등	표준 남자 음악 교과서標準男子音樂教科書	초급용 1,2	구로사와 다카토모黒澤隆朝, 오가와 이치로小川一郎	합자회사공익상사서점合資會社共益商社書店	1932년7월10일 수정재판 1932년8월23일
5	사범	성악 교과서声樂教科書	전	사와다 코우이치澤田孝一	공익상사서점	1931년6월15일 13판
6	사범	중등 신악전 교과서中等新樂典教科書	기초편	마시노 도시오真篠俊雄	동양도서주식합자회사東洋圖書株式合資會社	1932년3월15일 정정재판 1932년2월15일
7	고등	중학 음악 교본中學音樂教本	제1,2학년용	후쿠이 나오아키福井直秋	제국서원	1932년7월27일 정정판 1932년8월23일
8	사립여고등	여자 음악 교본女子音樂教本	제 1,2,3,4 학년용	후쿠이 나오아키福井直秋	제국서원	1932년7월27일 정정판 1932년8월22일
9	사립상업	여자 음악 교본女子音樂教本	1,2,3	후쿠이 나오아키福井直秋	제국서원	1931년12월26일
10	각여	쇼와여자음악교과서昭和女子音樂教科書	3,4	나가이 고우지永井幸治, 다나카 긴노스케田中銀之助	오사카 음악학교 악우회	1930년2월13일 수정재판 1930년3월4일
11	사범	교과 적용 진행곡집教科適用進行曲集	제1집	개성관음악부	개성관	1916년3월30일 제5판 1906년4월11일
12	사범	코르위붕겐コールユーブンゲン	전	미키 사스케三木佐助	개성관	1930년1월15일 수정11판

출처: 朝鮮総督府學務局, 『認可教科用圖書一覧』(1932年10月~1933年9月), 行政學會印刷所, 1933, 37~38쪽.

조선 중등음악 교육을 위해 조선총독부에서 인가 받은 도서는 대부분 일본에서 출판된 것으로, 이 때문에 저자도 일본인이었다. <표 3, 4, 5> 중 입수 가능한 『근세악전 교과서』, 『고등여학교악전교과서』의 구성 내용을 확인해 보겠다.

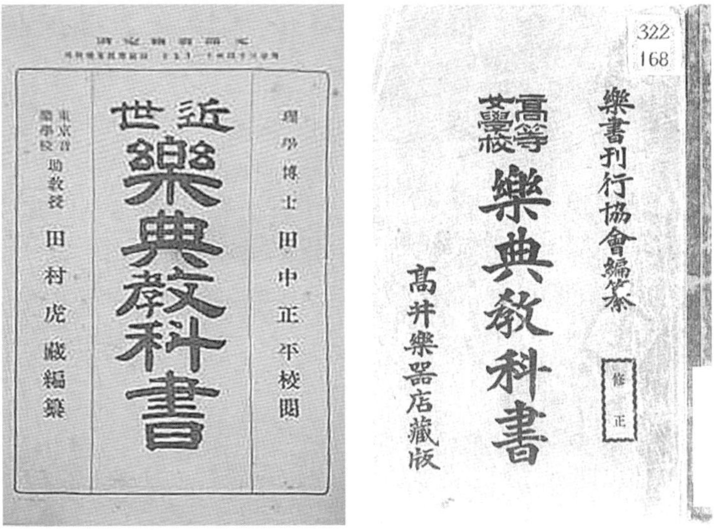

인가교과서 『근세악전교과서』와 『고등여학교악전교과서』

『근세악전교과서』는 1902년 도쿄음악학교 교수 다무라 도라조 이학박사 다나카 쇼헤이 교열가 편찬하여 1901년 11월 5일 문부성 검정을 마친 후 출판되었다. 사범학교와 중학교, 고등여학교 악전 교과서로 편찬된 것으로 그 구성을 보면 보표, 음부 기호, 음명, 음표, 쉼표, 종선, 반복 기호, 박자, 변화 기호, 발상 기호, 음역, 음정 총론, 음악 각론, 음계 총론, 장음계, 단음계, 반음계, 본방악의 음계와 부록으로 되어 있다[41]. 영어, 독일어, 프랑스어 등으로 표기된 음명과 음계 등의 서양음악 이론을 일본어로 번역하고 또한 그것들을 국악과 아악에 적용하는 설명도 이루어지고 있다.

『고등여학교악전교과서』는 1913년 악서간행협회가 편찬하여 1911년 7월 발간된 문부성 훈령 제20호 고등여학교 교수 음악과 요목을 바탕으로 출판되었다[42]. 이 책 구성은 보표, 음명, 음표, 쉼표, 종선, 박자, 속도 표어, 약기법, 음정론, 음계론, 화성 등이 있고 그 내용도 상기 『근세악전교과서』와 큰 차이가 없었다. 참고로 『여자음악 교과서』 중 교사용1권을 살펴보면, 그 구성은 3학기로 나누어져 계명, 음명, 음표, 쉼표, 박자 등의 악전 설명을 비롯하여, 노래하기 위한 자세와 호흡법을 위한 자세도, 구형도, 연습곡과 함께 그 곡의 음계 연습 등 실제로 학생에게 알려주기 위한 교육법이 자세히 담겨 있기 때문에[43], 당시의 모범 음악 교수법을 파악할 수 있다.

1920년대부터 1930년 초까지의 중등음악 도서는 이미 일본에서 출판된 것이었다. 조선의 창가 · 음악 교수 내용은 일본과 다르지 않기 때문에 중등음악 관련 도서도 일본에서 그대로 들여온 것이다. 이 내용은 서양음악이 중심이며, 악전 등 서양음악 이론이 일본을 경유하여 조선에도 유입되었다.

---

41 다나카 쇼헤이·다무라 도라조(田中正平·田村虎蔵, 『近世樂典教科書』開成館, 1902)를 참조.

42 樂書刊行協會, 『高等女學校樂典教科書』例言, 高井樂器店, 1쪽.

43 나가이 고우지·다나카 긴노스케(永井幸次·田中銀之助, 『女子音樂教科書 教師用』開成館藏版, 1911)를 참조.

이상으로 식민지 조선의 창가 · 음악교육 관련 도서를 개관하였다. 식민지 조선의 교육제도는 시기에 따라 변화하였으나, 각 시기의 교육 제도에 대응한 교과서가 편찬되었다. 음악 교과 관련 도서는 대부분 이미 일본에서 인가 받아 출판된 것으로 채워져 있었다. 일본이 수용한 서양음악이 창가 · 음악교육 교과서를 통해 체계적으로 조선에서 가르치고 수용되었다. 창가 · 음악교육이 시작된 초기부터 일본의 패전까지 교과서 내용은 발전하고 있었다. 특히, 교과 내용은 당초 창가 위주였으나 후에 창가뿐 아니라 기악 지도, 음악 감상과 악전, 음악사 등 음악 교육에 필요한 실기, 음악 이론 내용이 교과서에 포함되어 체계적인 음악 교육이 이루어지게 되었다. 그러나 창가 · 음악교과 내용은 조선인을 일본의 신민으로 육성하기 위한 것으로, 전시기가 되면 군국주의적 내용도 많이 포함되었다.

Ⅲ. 교과용 음악 관련 도서의 '검정'과 음악 관련 금지도서

식민지조선에서 사용이 가능했던 교과용 도서는 '총독부출판 교과용도서', '조선총독부검정교과용도서', '조선총독부인가교과용도서' 뿐 이었는데, 모든 교육용 도서가 조선총독부의 검정인가를 받을 수 있는 것은 아니었다. 검정인가를 받지 못한 도서는 '불인가교과용도서', '검정무효및검정불허가교과용도서', '발매반포금지도서'로 나눌 수 있다.

그럼, 교과용 도서 중, 검정인가를 받지 못한 것은 어떤 것이 있는지에 대해 살펴본다. 먼저 '불인가교과용도서'로는 사사키 기치사부로佐々木吉三郎·노쇼 벤지로納所弁次郎·다무라 도라조田村虎藏 공저 『심상소학교 창가尋常小學校唱歌』發行:國定教科書行同販賣所, 전12권 제1학년용: 상중하, 제2학년용: 상중하, 제3학년용: 상중하, 제4학년용: 상중하와 교육음악강습회教育音樂講習會 편찬의 『신편교육창가집新編教育唱歌集』1906, 發行:開成館을 들 수 있다[44]. 『심상소학창가』의 경우, '사용신고'나 '사용인가원'의 절차를 받으면 당분간 사용이 가능 했었는데, 1915년에는 불인가 교과용도서로 지정되어 사용이 불가하였다.

---

[44] 朝鮮総督府, 『教科用圖書一覧』(明治45年1月改訂第6版), 1912, 49쪽; 朝鮮総督府, 『教科用圖書一覧』(体制4年12月改訂第9版)1915, 48쪽.

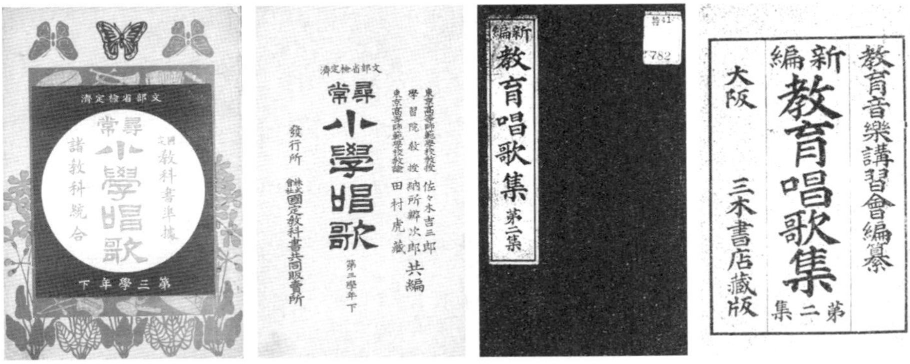

불인가교과용도서 『심상소학창가』와 『신편교육창가집』

다음으로 '검정무효및검정불인가교과용도서'에 대해 알아보면 사사야마 아키라笹山章·고이데 라이키치小出雷吉의 『조선지지창가朝鮮地誌唱歌』1912, 發行:平田善太郎를 들 수 있다[45]. 당시, 개인, 단체가 출판하는 모든 교과용도서는 교과용도서검정규정1912년6월1일, 조선총독부령 제112호에 의해 절차를 걸친 후, 검정인가를 받도록 되어있었는데, 『조선지지창가』의 경우, 그 검정 기준에 부합하지 않았던 것이다. 저자 중 한 사람인 고이데 라이키치1867~1947에 대해서 간단히 알아보면, 그는 대한제국 시기인 1907년이라는 비교적 이른 시기에 한성관립사범학교 교원으로 임명되어 조선에 건너왔다. 고이데는 효고현兵庫縣 출신으로 1885년 문부성 음악취조소1887년부터 도쿄음악학교로 변경에 입학해, 1889년 도쿄음악학교 전수부를 졸업했다. 졸업 후 돗토리현鳥取縣심상사범학교 교원1889~1894, 도쿄부 심상사범학교 조교유1895~1897를 거쳐 1907년 구한국 정부에 초빙되어 한성

[45] 朝鮮総督府, 『教科用圖書一覧』(体制4年12月改訂第9版)1915, 14쪽.

관립사범학교 부교수로 부임했다[46]. 전술한 바와 같이, 고이데가 취임할 당시에는 창가 교원이 부족하였기 때문에, 그는 한성관립사범학교의 창가 교원뿐만 아니라 관립고등학교의 교원도 겸임하였다[47]. 고이데는 한성관립사범학교 취임 후, 1910년에는 학부 편찬의 『보통교육창가집 제1집』에도 관여하였고[48], 같은 해 경성고등보통학교 교유중등교원로 있으면서 1919년부터는 경성중학교 강사촉탁을 겸임하였다. 1923년에는 경기공립사범학교로 부임하여[49], 관공립 중등교육 기관의 창가, 음악담당 교원으로 근무하였다. 이처럼, 고이데의 경우, 빠른 시기에 조선에 건너와 음악교육에 공헌 한 인물이었는데, 그의 책이 '검정무효및검정불인가교과용도서'에 지정 된 것은 이외의 결과였다.

마지막으로 '발매반포금지도서'에 대해 알아본다. '발매반포금지도서'는 1909년 정해진 출판법 제12조, 제16조에 의해 발매 반포를 금지하는 것으로, 학교교육에서는 쓸 수 없는 것이었다[50]. 그 내용을 보면 외국에서 발행 한 문서 도서 또는 외국인이 내국에서 발행 한 문서 도서로, 안녕 질서를 방해하거나 풍속을 괴란 한다고 인정 될 때는 내국에서 발매 또는 배포하는 행위를 금지하고, 그 인쇄

---

46 『東京音樂學校一覧 従明治四十年至明治四十一年』~『東京音樂學校一覧 従大正八年至九年』의 졸업생 정보의 취업자 현직이 기재된 부분을 정리했다.

47 『皇城新聞』1909년9월16일.

48 朴成泰, 「大韓帝国における愛国唱歌教育運動と学部の植民地音楽教育政策—小出雷吉による『普通教育唱歌集』の編纂をめぐって—」, 『音楽教育学』第29巻 第2号, 日本音楽教育学會, 1999, 20~22쪽.

49 『京畿公立師範學校一覧 創立第二年』1923, 44쪽.

50 朝鮮総督府, 『教科用圖書一覧』(明治45年1月改訂第6版), 1912, 49쪽.

책을 압수할 수 있다고 되어 있다. 실제로 '발매반포금지도서'가 된 것으로는1912년 2월 3일 금지된 윤치호의 『찬미가讚美歌』1908, 發行:金相萬와 1913년 10월 8일 금지된 명동야소교학교明東耶蘇教學校 편찬의 『신찬창가집新纂唱歌集』1913, 發行:明東耶蘇教學校을 들 수 있다[51].

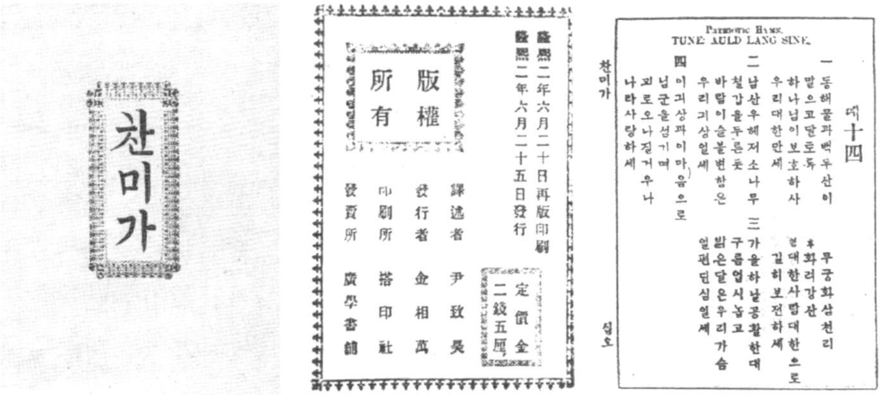

윤치호의 『찬미가』

『찬미가』는 윤치호가 번역한 외국 곡과 한국인 작사의 애국 찬송가 15곡으로 구성되었는데, 15장에 수록된 〈동해물과 백두산이〉는 현재 〈애국가〉의 효시로 알려져 있다[52]. 『찬미가』는 독립을 원했던 기독교 신도들에게 애국가적인 존재였다.

한편, 『신편창가집』의 경우, 현 시점에서 그 실체에 대해 알 수가 없기 때문에 자세한 내용을 들여다 볼 수가 없다. 그러나 그 발행이

---

51 朝鮮総督府, 『教科用圖書一覧』(体制4年12月改訂第9版)1915, 55~59쪽.

52 한국의 애국가에 대해서는 김수현의 논문(「사료로 보는 애국가 짓기와 부르기의 역사」『東洋學』第82集, 壇国大學校東洋學研究院, 2021, 25~65쪽)을 참조.

명동야소교학교인 것을 감안하면 애국가적인 창가집이라고 짐작할 수 있다. 명동학교는 만주의 조선민족거주지인 간도에서 김약연과 김학연 등에 의해 1908 년에 설립되었다. 이 학교는 반일민족교육을 실시하였는데, 새로운 교육체제로 개편할 때 기독교 신앙을 받아들여 정규과목으로 성경과 예배도 포함하였다. 애국계몽 운동을 했던 윤치호와 명동학교가 편찬한 『찬미가』, 『신편창가집』은 일본의 조선 통치에 있어 안녕 질서를 방해하고 풍속을 괴란하는 것으로 인식되어 발매반포금지도서가 된 것으로 보인다.

이상, 『교과용도서일람』을 바탕으로 불인가교과용도서와 검정유효 및 검정불허 교과용도서, 발매배포금지도서에 대해 확인 하였는데, 음악 관련 서적 중에는 『찬미가』, 『신편창가집』 이외에도 치안, 풍속 등의 이유로 금지되는 노래집이 많이 존재하고 있었다. 그것은 일본, 한국, 중국에서 출판 된 것으로 그 내용에는 항일가요, 프롤레타리아 관련곡, 유행가, 음악교육도서 등 그 종류는 〈표 6〉과 같다.

〈표 6〉 한국근현대음악관소장·노동은의『조선총독부금지단행본목록 음악』

발행연월일	제목	저자, 발행자	발행지	발행사	처분 연월일	처분 이유
1923.3.10	근화창가槿花唱歌	노영호 盧永鎬	경성京城	근화사 槿花社	1939.12.1	치안
1925.10.23	가곡집歌曲集	허대전 許大殿	경성		1938.3.14	치안
1927.12.10	음보부각본 소년소녀가곡집音譜附脚本 少年少女歌劇集	양재기 梁在璣	경성		1937.1.14	치안

발행연월일	제목	저자, 발행자	발행지	발행사	처분 연월일	처분 이유
1927.12.10	음보부각본 소년소녀가곡집 제1집音譜附刻本 少年少女歌劇集 第一輯				1937.1.15	치안
1930.8.23	메-데 의의부 메-데가메-데意義附메-데歌(메이데이Mayday(노동자축전)를 기르는 노래)	신태삼申泰三	경성		1937.1.14	치안
1931.3.10	불별(푸로레타리아동요집童謠集)	신명균申明均	경성	중앙인서관中央印書館	1933.5.18	치안
1931.11.30	정선조선가요집 제1집精選朝鮮歌謠集 第一輯		경성	데-제헨도노오-도デーゼヘンドノオード	1932.1	치안
1932.4.6	방아타령창가唱歌(최신유행最新流行)	강하경姜夏磬	경성	태화서관太華書館	1940.2.17	치안
1934.3.31	풍금독습중등창가집風琴獨習中等唱歌集	이상준李尙俊	경성	삼성사三誠社	1930.8.8	치안
1934.9.20	현대유행팔도명창가시집現代流行八道名唱歌詩集	김동진金東縉	경성	덕흥서림德興書林	1939.7.29	치안
1934.11.25	청년남여삼천리신창가집青年男女三千里新唱歌集	김준환金駿煥	경성		1939.6.12	풍속
1935.1.23	서울타령창가집서울打令唱歌集	김재덕金在悳	경성		1939.5.19	풍속
1935.1.26	조선행진곡창가집朝鮮行進曲唱歌集	김재덕金在悳	경성		1940.4.16	치안방해
1935.3.31	천주교성가天主教聖歌	권유량權裕良(마리오 · 율리엥, 프랑스인)	대구大邱		1935.4.6	치안

발행연월일	제목	저자, 발행자	발행지	발행사	처분 연월일	처분 이유
1935.9.19	강남제비창가집江南제비唱歌集	김재덕 金在悳	경성		1939.5.19	치안 방해
1935.11.19	특별무궁화창가집特別無窮花唱歌集	강의영 姜義永	경성	영창서관 永昌書館	1940.2.17	치안
1936.9.13	현제명작곡집 제1집 玄濟明作曲集 第一輯	현제명 玄濟明(저) 한규상 韓圭相(발)	경성		1938.5.14	치안 방해
1937.1.15	아동가요곡선삼백곡兒童歌謠曲選三百曲	윤산온 尹山溫	평양平壤			치안
1937.11.20	청년노래가락창가靑年노래가락唱歌	장경운 張敬惲	경성		1938.9.20	풍속
1937.12.20	모던서울창가집모-던서울唱歌集(오대레코드취입최신유행가五大레코-드吹入最新流行歌)	신태삼 申泰三	경성	세창서관 世昌書館	1939.8.4	치안
	대한국애국가大韓國愛國歌			미국상항재한인동민회안익태米國桑港在韓人同民會安益泰	1936.3.4	치안
	새노래			원종元宗 (종교유사단체의비밀출판)	1930.8	치안
	여공의 노래女工의 노래				1930.1	치안
	최신국음창가중집(지문) 新編國音唱歌中集(支文)		청도靑島		1935.9.6	치안
1931.11.18	항일구국가(지문)抗日救國歌(支文)					치안

발행연월일	제목	저자, 발행자	발행지	발행사	처분 연월일	처분 이유
1932.1.21	항일구국가곡집(지문)抗日救國歌曲集(支文)	상해중국국민당上海中国国民党				치안

이상으로 교과용음악관련도서의 검정인가를 받지 못한 교과서와 음악관련 금지도서에 대해서 알아보았다. 1912년부터 적용된 교과용도서검정규정으로 인해 출판되는 모든 교과용도서는 조선총독부의 인가를 받아야 했는데, 이에 부합하지 않아 검정인가를 받지 못한 도서는 '불인가교과용도서', '검정무효및검정불허가교과용도서', '발매반포금지'라는 명목 하에 출판, 보급을 할 수 없었다. 이러한 검정인가를 받지 못한 교과용음악관련도서 중에는 일본에서 이미 출판, 보급 된 『심상소학교창가』, 『신편교육창가집』를 비롯하여 조선에서 일찍부터 창가, 음악교육에 관여했던 고이데 라이키치의 『조선지지창가』가 그 인가를 받지 못하였다.

그리고 윤치호의 『찬미가』와 명동야소교학교 편찬의 『신찬창가집』, 김재덕의 『조선행진곡창가집』, 현재명의 『현재명작곡집 제1집』, 신명균의 『불별푸로레타리아동요집』 등과 같은 항일관련창가, 유행가곡집, 프롤레타리아 관련곡집은 '치안', '치안방해', '풍속' 등의 이유로 발매, 반포가 금지되었다.

Ⅳ. 맺음말

본고에서는 식민지조선의 교육정책과 음악교육정책을 개관한 뒤, 음악교육 관련 도서의 특징과 교과용도서검정규정과 관련하여 인가를 받지 못한 교과용 음악 관련 도서, 음악 관련 금지도서에 대해서 살펴보았다.

음악교육 관련 도서는 교과용도서검정규정에 의해 조선 총독부발간교과용도서, 조선총독부검정교과용도서, 조선총독부인가교과용도서 만이 사용이 가능하였는데, 그 내용은 각 시기의 교육 제도에 맞추어 편찬 된 교과서로, 그 대부분이 이미 일본에서 인가, 간행 된 것들 이었다. 조선의 창가, 음악 교수 내용은 일본과 크게 다르지 않았기 때문에 교과용음악관련도서 또한 일본에서 그대로 들여온 것이 대다수 였다. 그 내용은 서양음악이 중심이며, 악전과 같은 음악이론이 포함되었는데, 이는 일본이 일찍부터 수용 한 서양음악을 창가, 음악교육용 교과서로 편찬한 것을 그대로 조선에서도 사용한 결과를 낳았다. 창가, 음악교육이 시작된 초기부터 일본의 패전까지 교과서 내용은 발전하고 있었다. 특히, 교과내용은 당초 창가가창 위주였으나, 후에는 창가뿐만 아니라 기악지도, 음악감상, 악전, 음악사 등 음악교육에 필요한 실기와 음악이론 내용이 교과서에 포함되어 체계적인 음악교육이 이루어지게 되었다.

교과용음악관련도서 중에는 불인가교과용도서와 검정유효및검정불허교과용도서, 발매배포금지도서도 포함되어 있으며, 『교과용

도서일람』에 게재 된 이들 도서로는 사사키 · 타무라의 『심상소학창가』, 교육음악강습회의 『신편교육창가집』, 사사야마 · 고이데의 『조선지지창가』와 윤치호의 『찬미가』, 명동야소교학교편의 『신편창가집』을 들 수 있다. 현재, 출판관련자료로 알 수 있는 것은 『조선출판경찰월보』 1928년9월~1938년12월, 『신문지요람』 1926, 『조선총독부관보』 등이 있는데, 음악 관련 도서에 대해서는 노동은의 자료 『1900~1950년간 음악도서목록』과 『조선총독부금지단행본목록』에 의해 어느 정도 파악할 수 있다. 그 중, 『조선총독부금지단행본목록』을 확인한 바, 항일관련창가, 유행가곡집, 프롤레타리아 관련 곡집은 '치안', '치안방해', '풍속' 등의 이유로 발매 반포가 금지되었다.

이처럼, 조선총독부학무국에서는 교과용도서검정규정에 의해 음악 관련 도서의 인가, 검정을 받은 도서에 한해 편찬, 보급되었다. 이는 이미 일본에서 출판, 보급된 음악 관련 도서나 조선에서 활동하고 있는 일본인 교원에 의해 출판된 도서일지라도 조선총독부의 교육정책에 맞지 않는다고 판단이 되는 도서는 '불인가교과용도서' 또는 '검정무효및검정불인가교과용도서'로 규정하여 인가, 보급을 할 수가 없었다. 그리고 조선총독부경무국에서는 조선의 치안, 치안방해, 풍속에 저해된다고 판단되는 음악관련곡집은 발매, 반포를 금지시켰는데, 이러한 일련의 정책은 일본이 조선을 식민통치하는 데 있어서 필요불가결한 것으로, '통제'의 제도를 실현하는 데 있어 중요한 요소 중 하나로 작용했다고 볼 수 있다.

참고 문헌

『官報』(구한국), 『官報』(日本),『朝鮮総督府官報』, 『東京音樂學校一覧』, 『京畿公立師範學校一覧 創立第二年』, 『皇城新聞』

樂書刊行協會, 『高等女學校樂典教科書』, 高井樂器店, 1913.

小山作之助編, 『輪唱歌集』, 共益商社樂器店藏版, 1903.

小山作之助編, 『重音唱歌集 第1集』, 共益商社樂器店藏版, 1904.

国民學校制度研究會, 『小學校対比国民學校法規事項別解義』, 文教書院, 1941.

田中正平·田村虎蔵, 『近世樂典教科書』, 東京· 開成館, 1902.

永井幸次·田中銀之助, 『女子音樂教科書 教師用』, 開成館藏版, 1911.

京城師範學校音樂教育研究會編, 『初等唱歌第一學年』, 日本唱歌出版社, 1935.

京城師範學校音樂教育研究會編, 『初等唱歌第二學年』, 日本唱歌出版社, 1935.

京城師範學校音樂教育研究會編, 『初等唱歌第三學年』, 日本唱歌出版社, 1935.

京城師範學校音樂教育研究會編, 『初等唱歌第四學年』, 日本唱歌出版社, 1935.

京城師範學校音樂教育研究會編, 『初等唱歌第五學年』, 日本唱歌出版社, 1935.

京城師範學校音樂教育研究會編, 『初等唱歌第六學年』, 日本唱歌出版社, 1935.

京城師範學校音樂教育研究會編, 『初等唱歌解説書第一學年用』, 株式會社朝鮮地方行政學會, 1937.
京城師範學校音樂教育研究會編, 『初等唱歌解説書第三學年用』, 朝鮮圖書出版株式會社, 1939.
京城師範學校音樂教育研究會編, 『初等唱歌解説書第四學年用』, 朝鮮圖書出版株式會社, 1939.
京城師範學校音樂教育研究會編, 『初等唱歌解説書第五學年用』, 朝鮮圖書出版株式會社, 1939.
京城師範學校音樂教育研究會編, 『初等唱歌解説書第六學年用』, 朝鮮圖書出版株式會社, 1939.
朝鮮総督府, 『教科用圖書一覧』(明治45年1月改訂第6版), 1912.
朝鮮総督府, 『教科用圖書一覧』(体制4年12月改訂第9版), 1915.
朝鮮総督府, 『本府編纂教科用圖書一覧』(1937年7月現在).
朝鮮総督府, 『本府発行教科用圖書一覧』(1939年5月現在).
朝鮮総督府, 『教科書編輯彙報 第三輯』, 朝鮮書籍印刷株式會社, 1939.
朝鮮総督府, 『教科書編輯彙報 第四輯』, 朝鮮書籍印刷株式會社, 1939.
朝鮮総督府, 『国民學校特集 教科書編輯彙報 第八輯』, 朝鮮書籍印刷株式會社, 1941.
朝鮮総督府, 『国民學校特集 第二 教科書編輯彙報 第九輯』, 朝鮮書籍印刷株式會社, 1941.
朝鮮総督府, 『国民學校特集 第四 教科書編輯彙報 第十一輯』, 朝鮮書籍印刷株式會社, 1942.
朝鮮総督府學務局, 『既認可教科書用圖書一覧』(1925年4月~1927年7月)京城：大和商會印刷所, 1927.
朝鮮総督府學務局, 『認可教科用圖書一覧』(1931年10月~1932年9月)京城：朝鮮印刷株式會社, 1932.
朝鮮総督府學務局, 『認可教科用圖書一覧』(1932年10月~1933年9月)京城：行政學會印刷所, 1933.

朝鮮総督府學務局學務課,『朝鮮における教育革新の全貌』, 朝鮮印刷株式會社, 1938.

朝鮮総督府學務局學務課編,『朝鮮學事例規』, 朝鮮教育會, 1938.

朝鮮総督府學務局編,『中學校教科教授及修練指導要目』, 行政學會印刷所, 1943.

朝鮮総督府學務局編,『師範學校教科教授及修練指導要目』, 行政學會印刷所, 1944.

文部省内教育史編纂會,『明治以降教育制度発達史』(第十巻), 教育資料調査會, 1939.

八束周吉,『朝鮮国民學校教則の実践』, 日本出版社, 1941.

김지선,『식민지조선의 서양음악수용과 일본인의 음악활동』, 민속원, 2021.

閔庚燦,『韓国唱歌의 索引과 解題』, 한국예술종합학교한국예술연구소, 1997.

김수현,「사료로 보는 애국가 짓기와 부르기의 역사」,『東洋學』第82集, 壇国大學校東洋學研究院, 2021.

문옥배,「일제강점기 음악통제에 관한 연구」『音·樂·學』13호, 한국음악학학회, 2006.

문한별,「일제강점기 초기 교과서 검열을 통해 본 사상 통제의 양상 -대정 4년(1915년) 조선총독부『교과용도서일람』을 중심으로-」, 한국어문학국제학술 포럼, 2019.

朴成泰,「大韓帝国における愛国唱歌教育運動と学部の植民地音楽教育政策—小出雷吉による『普通教育唱歌集』の編纂をめぐって—」,『音楽教育学』第29巻 第2号, 日本音楽教育学會, 1999.

柳鐸一,「開化期教科用圖書総録」,『한국학논집』2, 계명대학교한국학연구원, 1974.

尹八重, 「近代韓国教育의内容—韓国教育課程発達史(Ⅱ)—」, 『서울教育大學校論文集』第6集, 서울教育大學校, 1973.
이병담·김혜정, 「조선총독부 초등학교 음악교육의 일탈과 실상 - 일반창가의 체계와 내용을중심으로-」, 『日語日文學』第34集, 大韓日語日文學會, 2007.
鄭在哲, 「日帝下의高等教育」, 『韓国教育問題研究所論文集』第5集, 中央大學校韓国教育問題研究所, 1989.

한국근현대음악관소장자료(미정리 자료임에 의해, 현재 부여번호 없음)
노동은, 「1900~1950년 음악도서」, 『조선총독부금지단행본 목록(음악)』

도산 안창호가 지은 항일가요의 가창 양상

김수현(단국대 동양학연구원 연구교수)

Ⅰ. 머리말

무실·역행·충의·용감의 4대 정신을 앞세워 흥사단을 설립하고 이끌었던 도산 안창호1878~1938 선생은 "진리는 따르는 자가 있고 정의는 반드시 이루는 날이 있다"라는 신념 아래 청년기 민족의식에 대한 자각이 일어나기 시작했을 때부터 평생 나라사랑하는 마음과 함께 빼앗긴 국권을 회복하기 위해 항일 독립운동에 바쳐 살다가 "동포여 낙심마오"라는 유언을 남기고 세상을 떠났다고 한다. 도산은 이러한 정신과 신념을 담은 노래를 짓고 부르고 가르치는 일을 게을리 하지 않았으며 그의 노래는 항일 독립운동 진영에서 크게 보급되었다.

도산이 지은 노래 중에는 나라사랑의 절절한 심정을 담은 〈애국가〉, 망명길에 오르기 전에 조국을 떠나는 처절한 심정을 담은 〈거국가〉, 장검을 빗겨들고 독립의 위권을 떨치자고 하는 〈격검가〉, 우리민족의 유구한 역사의 뿌리를 자랑하는 〈단군가〉, 절절한 나라사랑을 담고 있는 〈한반도〉, 높은 부모의 은덕을 노래한 〈부모은덕가〉, 자기가 태어난 평양의 산수로 대변하는 조국산천을 노래한 〈모란봉가〉, 권학과 애국을 목적으로 하는 〈학도가〉 등이 확인된다. 이렇게 다양한 도산의 노래를 '계몽가요' '애국계몽가요' '애국창가' 등으로 지칭한다. 그러나 필자는 도산의 노래가 모두 항일·독립운동의 노정에서 지어지고 가창되었다는 측면에서 항일가요로

지칭하고자 한다.[1]

도산이 항일·독립운동을 하는 과정에서 교육사업을 매우 비중 있게 여겨왔다는 것은 주지의 사실이다. 도산은 스스로 수 십여 곡의 노래를 당시 유행하던 찬송가나 창가 민요 등에 잘 맞게 부를 수 있도록 가사를 짓고 학생들에게 가르치고 적극적인 가창을 독려함으로써 민족교육이자 독립운동 교육사업에 효과적으로 활용했다.

도산의 의지는 자신의 노래가 가창되어 애국심을 일으키고 항일·독립운동에 기여하는데 있었지 자신의 창작품이라는 것을 보여주는데 있지 않았다. 그렇기 때문에 대부분의 창작된 노래에 이름을 넣지 않았다. 물론 노래를 짓기 시작할 때부터 별세할 때까지 일제의 감시 대상으로 평생을 살았기 때문에 본명을 드러내는 일은 매우 위험한 일이어서 노출하지 않았던 이유도 있었을 것이다. 이 때문에 현대의 연구자들에게는 도산이 작사한 노래가 무엇인지를 밝히는 데 어려움이 많다.[2]

그럼에도 불구하고 연구자들은 끊임없이 도산이 지은 노래를 추적해 왔다. 지금까지 여러 연구자들에 의해서 도산의 노래로 지목된 곡은 30여 곡으로 파악되며 공통된 곡도 있지만 각각 다른 곡을

---

1 항일가요는 독립운동과 항일운동 과정에서 짓고 불렀던 노래로서 애국가, 애국창가, 독립가요, 항일투쟁가 등을 다 포함한다. 항일가요의 가사는 독립염원, 항일투쟁, 나라 잃은 슬픔, 조국 그리움 등 다양한 내용을 담고 있다. 도산의 노래는 이 범주에서 벗어나지 않는다.

2 특히 도산의 작사활동, 특히 현행 애국가의 가사로 된 '동해물과 애국가' 연구는 매우 치밀하게 이루어졌지만 아직도 공식적 확정을 못하고 있는 실정이다. 현행 애국가의 가사는 1907년 3월에 지어졌을 것으로 추정되며 〈올드랭사인〉 곡조로 불렀다. 이 노래는 도산이 세운 대성학교와 관계가 깊기 때문에 이 논문에서 자주 언급될 것이다.

도산으로 노래로 지목하고 있다. 하지만 그들은 도산의 작사한 노래가 무엇인지를 추적하는 데 초점을 맞추다 보니 도산의 노래가 어느 시기에 어떻게 지어지고 어떻게 노출되었으며 어떻게 가창되었는지에 대한 연구가 상대적으로 소홀했다.

이런 측면에 주목해 도산이 작사한 항일가요를 기존의 연구를 토대로 곡목을 도출하고 그 곡목을 키워드로 하여 1910년대 전후의 각종 창가집과 신문 잡지에 실린 양상과 신문기사를 통해 파악되는 가창 양상을 살펴보고 종합적으로 도산이 걸어간 길에서 도산의 노래가 어떻게 지어지고 가창되었는지 연결하여 도산의 노래가 어떤 역할을 하였는지 밝혀보고자 한다.

Ⅱ. 도산 안창호 작사 추정의 항일가요와 창가집 수록

1. 1980년대 이후 연구에서 도산 작사로 추정하는 노래들

먼저 도산의 노래로 지목하고 있는 독립가요 모음집 자료와 연구서, 연구 논문을 근거로 도산의 노래가 무엇인지 종합해 보았다. 독립가요 모음집으로는 독립운동을 했던 사람들의 노래를 채록하여 모아놓은 악보집인 독립군가보존회의 『광복의 메아리』1982와 독립군시가집편찬위원회의 『배달의 맥박』1984이 있다.[3] 그리고 최근 치밀한 고증을 통해 항일가요의 정수를 모아 악보를 제시하고 작사자 작곡자를 밝힌 노동은의 연구서 『항일음악330곡집』2017이 있다.[4] 논문으로는 독립운동사의 배경을 토대로 하여 도산의 애국창가가 어떻게 나오게 되었는지에 대해 연구한 이명화의 논문[5]과 도산의 애국창가가 어떤 곡으로 불렸는지 1910년대 애국창가집에 실린 악보를 통해 고증하고 복원한 민경찬의 연구[6]와 도산 작사의 노래의 명칭을 '계몽가요'라고 지칭하며 『항일음악330곡집』에 수록된 도산 노래에 3곡을 추가하여 15곡의 가사를 분석한 장유정의 논문[7]

---

[3] 독립군가보존회, 『독립군 가곡집 광복의 메아리』, 1982; 독립군시가편찬위원회, 『독립군시가집 배달의 맥박』, 1984. 시가집이자 악보집인 두 책은 도산의 노래를 많이 싣고 있으면서도 두 책이 도산 작사의 곡을 다르게 지목하였고 몇 곡에 한정되어 있다. 비록 편찬 당시는 아직 연구되지 못하여 도산 작사로 지목할 수 없었지만 그나마 이 책이 편찬된 시점에는 당시 생존했던 독립운동가들과 그 주변 사람들이 살아 있어서 기억하고 있는 도산의 노래를 많이 담아 놓았다는 데 의미가 있다.

[4] 노동은, 『항일음악 330곡집』, 민족문제연구소, 2017. 이 책에는 다른 연구자들이 도산의 노래로 지목하고 있는 노래들을 대부분 싣고 있지만 근거가 확실한 12곡만 도산의 작사로 명시했다.

[5] 이명화, 「도산 안창호의 애국 창가운동」, 『도산학연구』 제14·15호, 도산학회, 2015; 이명화, 「신민회 애국 창가운동과 도산 안창호」, 『도산학연구』 제16호, 도산학회, 2016.

[6] 민경찬, 「도산 안창호의 애국시(愛國詩)를 가사로 한 음악에 관하여」, 『도산학연구』 제14·15호, 도산학회, 2015; 「도산 안창호 애국 창가의 음악사적 의미 그리고 악보 복원 및 재현」, 『도산학연구』 제16호, 도산학회, 2017. 민경찬이 안창호 작사로 선정한 기준은 먼저 도산안창호기념관에 있는 8곡, 즉 〈거국가〉·〈우리나라〉·〈한반도야〉·〈단심가〉·〈학도가〉·〈항해가〉·〈혈성대〉·〈격검가〉와 『양악백년사』,『광복의 메아리』의 14곡에 〈부모은덕가〉·〈소년남자가〉·〈대한혼〉 3곡을 첨가하여 선정했다.

[7] 장유정, 「도산 안창호 작가 계몽 가요의 양상과 특징」, 『구비문학연구』 제53호, 한국구비문학회, 2019. 장유정의 논문에 도산의 작사로 다룬 15곡 중에 12곡이 모두 『항

이 있다.

위와 같은 독립가요 모음집과 연구서, 논문 등에서 도산 작사로 지목한 노래의 대표곡명을 기준으로 하여 각 연구 자료의 지목 양상을 다음과 같이 비교하여 표로 정리해 보았다.[8]

〈표 2〉 독립가요 모음 악보집과 기존 연구에서 지목한 도산의 노래 비교표

	대표 곡명	앞 가사	광복의 메아리	배달의 맥박	항일음악 330곡집	연구논문		
						이명화	민경찬	장유정
1	거국행	간다간다	거국가	거국가	거국행	거국가	거국가	거국행
2	격검가	쾌하다 장검을	장검가	장검가	격검가	쾌하다 장검	격검가	격검가
3	단군가	우리황조	단군성덕가	국조단군성덕가	단군가	대황조의 높은 덕		
4	대한혼	화려한		애국가3	대한혼가	대한혼	대한혼	
5	만나생각	사랑하는	언제나 언제나	상봉가	만나생각	언제나 언제나	언제나 언제나	만나생각
6	모란봉가	금수산에	모란봉가	모란봉가	모란봉가	(평양)모란봉가/모란봉아	모란봉	모란봉가
7	병식행보가	장하도다	병식행보가	병식행보가	병식행보가	병식행보가		
8	부모은덕가	산아 산아	부모은덕가	부모은덕가	부모은덕가	산아산아/부모은덕가	부모은덕가	부모은덕가

일음악330곡』에서 가져온 것이며 나머지 3곡은 흥사단 관련 〈단기가〉·〈입단가〉·〈창립기념가〉이다.

8 표 안에는 각 문헌에 도산의 노래가 수록되어 있으면 다 기입하였고 그 중에서 도산작으로 명시하지 않은 경우에는 글씨를 작고 옅게 하여 구별하였다. 도산의 노래 중에는 동일곡명의 다른 노래도 있고 같은 노래를 다른 곡명으로 쓰는 경우가 많기 때문에 앞 가사를 넣어 구별해 주었다.

	대표 곡명	앞 가사	광복의 메아리	배달의 맥박	항일음악 330곡집	연구논문		
						이명화	민경찬	장유정
9	소년남자가	무쇠골격	소년행진가	소년행진곡	소년남자가	야구단가,/용소년가	소년남자가	소년남자가
10	심주가	어야지야			심주가	(안씨)단심가	단심가	심주가
11	애국가	긴 날이			애국가1	애국가	우리나라	애국가1
12	애국가	동해물과	애국가	애국가1	애국가4			
13	의무	청년들아			의무			의무
14	점진가	참기쁜	점진가	점진가	점진가	점진가	점진학교교가	
15	정신가	슬프도다	감동가	감동가	정신가	애국가		
16	학도가	대한청년		대한청년학도가/보국가	학도가2	대한청년학도들아	학도가	학도가2
17	한반도	동해에	한반도가	한반도가	한반도1	한반도야	한반도야	한반도1 한반도2
18	혈성대	신대한의	혈성대가	혈성대가	혈성대1		혈성대	혈성대1
19	혈성대	장하도다			혈성대2	혈성대		
20	희망가	독립하올				희망가		
21	높은 덕을	즐겁도다				높은덕을사모하여		
22	부강의 노래	가치높고	부강의 노래	조국의 번영		가치높고귀중한말	부강의노래	
23	조국의 영광	청천의	조국의 영광	조국의 영광		조국의영광	조국의영광	
24	한양아	한강물은		한양아		漢陽아		
25	항해가	건전인격	항해가	항해가			항해가	
26	흥사단 단가	조상나라	흥사단입단가	흥사단입단가		흥사단입단가		입단가
27	흥사단 단기가	황금같이	흥사단 단기가	흥사단 단기가				
28	흥사단단우회노래	건전한	흥사단단우회노래	흥사단단우회노래				흥사단단우회노래
29	흥사단창립기념가	어두운						흥사단창립기념가
	29곡		13곡	10곡	12곡	25곡	17곡	15곡

이 표에서 알 수 있듯이 도산이 지은 노래로 지목하고 있는 곡은 모두 29곡이며 각각의 문헌과 논문마다 도산의 작사로 포함시킨 노래나 포함시키지 않은 노래가 서로 조금씩 다르다는 것을 알 수 있다.[9] 또 곡명이 다른 것이 꽤 많다는 것도 알 수 있는데 그 이유는 곡을 처음에 지을 때와 가창되었을 때의 양상의 변화에 따른 것으로 보인다. 도산의 노래들은 사람들의 입에서 입으로 전해 내려오면서 달라졌을 가능성이 있다.

예를 들어 〈거국행〉은 처음 신문에 발표되었을 때나 그 이후에도 〈거국행〉으로 실려 있으나 다수가 〈거국가〉라는 이름으로 사용하고 있다. 〈격검가〉는 〈장검가〉와 같이 쓴다. 〈단군가〉는 〈단군성덕가〉나 〈국조단군성덕가〉로, 〈점진가〉는 〈전진가〉로 곡명이 다르다. 〈정신가〉의 경우에는 처음 신문에 게재될 당시 곡명 〈애국가〉보다는 〈정신가〉 〈감동가〉라는 곡명을 더 많이 쓴다. 또 『배달의 맥박』에 〈학도가〉는 〈대한청년학도가〉로도 실려 있지만 가사만 적어 놓은 부분에는 〈보국가〉로도 지칭되었다. 『배달에 맥박』에 도산 노래로 된 〈조국의 영광〉가치 높고 귀중한을 이명화는 〈가치 높고 귀중한〉이라는 곡명을 달았다.[10] 〈흥사단 단가〉는 이광수가 『도산 안창

[9] 이 29곡 외에도 도산의 노래로 추정되는 곡으로 〈국기가〉(아세아동 대한국은 〈독립가〉(아주동방 화려반도는), 〈동포가〉(대한민국 동포들아), 〈복수가〉(단군자손 우리소년), 〈자유가〉(한반도 강산), 〈죽어도 못놓아〉(아세아 동편에), 〈환영〉(엄동의 위력에) 등이 있다. 이 노래들은 『광복의 메아리』, 『배달의 맥박』, 『항일음악330곡집』에 도산의 작사라고 기록하지 않고 곡을 실어 놓은 것으로, 아직 도산의 작으로 알려지거나 연구되지 못하였기 때문으로 생각한다. 이 곡들은 가사의 전체를 보면 도산의 노래로 추정할 수 있는 것이 꽤 많다는 것을 인지할 수 있다.

[10] 황선열, 『님 찾아가는 길』, 한국문화사, 2001. 여기에 소개된 여성 독립군 이영국의

호』에서 도산이 지은 것으로 일찍이 지목했으나 제목이 〈흥사단 입단가〉로 바뀌어 있다.

2. 1910년 전후 창가집에 수록된 도산의 노래 양상

이제 1910년 전후에 나온 7종의 애국창가집에 수록된 도산이 지은 노래 수록 양상을 통해 독립운동 진영에서 도산의 노래가 어떻게 교육되고 가창되었는지 살펴보기로 하겠다.[11] 7종의 애국창가집이란 박창식 『잡집』[12]과 『창가휘집』[13], 압수된 『포조 한민학교 교육용 창가』1911, 손승용 목사가 소장했던 창가모음집, 손봉호 『창가』1910 등의 필사본 창가집과 광성중학교 발행 『최신창가집』1914과 호놀룰루 발행 『애국창가』1916 등 악보가 있는 창가집을

필사본 『망향성』에는 도산의 작이라고 하면서 같은 가사를 〈내나라 보전〉이라는 제목으로 기록하고 있다.

[11] 이민규, 「박창식 필사 잡집의 해재 및 분석」, 『한국고전연구』 제38호, 한국고전연구학회, 2017; 「한민학교의 창가 가창양상」, 『국제어문』 제75호, 국제어문학회, 2017; 김수현, 「사료로 보는 애국가 짓기와 부르기의 역사」, 『동양학』 82집, 동양학연구원, 2021.

[12] 잡집(雜集) : 독립기념관에 소장. 필사본. 자료번호는 3-016200-000. 생산년도는 1909년 2월. 이민규, 「박창식 필사 창가휘집 해제 및 분석」, 『한국고전연구』 제43호, 한국고전연구학회, 2018, 270쪽에서 〈劒舞歌〉의 舞를 無와 舛로 따로 보아 〈劒無舛歌〉라고 하였다. 또한 272~273쪽에 이상준이 15살에 음악을 가르치긴 했으나 그 때는 대성학교가 아니다. 만약 1884년생인 이상준이 이민규의 말대로 대성학교에서 15살에 가르쳤다면 대성학교는 1899년 이전에 설립되었다는 결과가 된다.

[13] 창가휘집(唱歌彙集) : 독립기념관 소장. 필사본. 자료번호는 3-016193-000.

말한다.[14] 이러한 창가집에 실린 도산의 노래들은 당대에 항일 독립운동을 위해 적극적으로 교육되고 가창되었다는 점을 시사한다. 앞 장의 표에 있는 도산이 지은 노래로 간주한 29곡 중에서 앞에 배열한 20곡은 다음과 같이 이들 창가집에 대부분 수록되어 있다.[15]

〈표 3〉 도산의 노래가 1910년 전후의 창가집에 수록된 양상

	대표 곡명	앞 가사	『박·잡』	『박·휘』	『포·한』	『손승용』	『손봉호』	『광·최』	『호·애』
			1909.	1910.	~1911.	~1910.	1910.	1914.	1916.
1	거국행	간다간다						去國行	거국가
2	격검가	快하다		劍舞歌				擊劍	
3	단군가	우리시조						檀君	단군가
4	대한혼	화려한	大韓魂		大韓魂	大韓魂歌	大韓國魂歌	大韓魂	대한혼
5	만나생각	사랑하는		相逢有思歌				만나생각	
6	모란봉가	금수산에						牡丹峰	
7	병식행보가	장하도다	行步歌			兵式行步歌	兵式行步歌	兵式行步	
8	부모은덕가	山아 山아	孝德歌	父母恩德歌	父母恩德歌	父母恩德歌		父母恩德	부모은덕가
9	소년남자가	무쇠골격				少年歌		野球	소년남자가

14 발행 연도가 불분명한 창가집의 연대 추정은 기존연구에 따른다. 박창식의 사망년도는 1910년 이전으로 추정하고 손승용 창가집은 수록곡의 양상으로 판단하여 1910년 이전으로 추정한다.

15 광성중학교 『최신창가집』에는 도산의 노래로 지목된 20곡이 실려 있기 때문에 이 창가집의 가사를 앞 가사로 제시하여 같은 노래가 실린 것을 뽑아 보았다. 편의상 분석 대상 창가집은 약자로 사용하였다. 『박창식 잡집』=『박·잡』, 『박창식 창가휘집』=『박·휘』, 『포조한민학교창가』=『포·한』, 『손승용보 창가집』=『손승용』, 『손봉호 창가』=『손봉호』, 광성중학교 발행 『최신창가집 부악전』=『광·최』, 호놀룰루 발행 『애국창가』=『호·애』로 적는다.

	대표 곡명	앞 가사	『박·잡』	『박·휘』	『포·한』	『손승용』	『손봉호』	『광·최』	『호·애』
			1909.	1910.	~1911.	~1910.	1910.	1914.	1916.
10	심주가	어야지야						心舟	
11	애국가	東海물과		愛國歌1	愛國歌	無窮花歌二		國歌	애국가
12	애국가	긴날이						愛國歌	
13	의무	靑年들아						義務	
14	점진가	참깃분	前進歌		運動歌	前進歌一		前進	
15	정신가	슯으도다	精神歌	感動歌		精神歌	精神歌	精神	정신가
16	학도가	대한청년		學徒歌1	保國歌	學徒歌三		學徒	
17	한반도	동해에		韓半島	韓半島歌			韓半島	한반도가
18	혈성대	신대한에		血性臺				血誠隊	혈셩가
19	혈성대	쟝하도다						血誠隊	혈셩가
20	희망가	독립하올				希望歌		希望	희망가
	20곡		5곡	8곡	6곡	9곡	3곡	20곡	10곡

박창식 『잡집』에 수록된 도산의 노래는 전체 19개의 수록곡 중에서 5곡이다. 〈대한혼〉, 〈전진가〉, 〈행보가〉, 〈효덕가〉, 〈정신가〉 등의 차례로 수록되어 있다. 박창식의 또다른 창가집인 『창가휘집』에도 전체 수록곡 21곡 가운데 도산의 노래가 무려 8곡이나 된다. 〈상봉유사가〉를 필두로 〈혈성대〉, 〈부모은덕가〉, 〈애국가〉, 〈감동가〉, 〈학도가〉, 〈환영가〉, 〈한반도가〉, 〈검무가〉의 차례로 실려 있다. 이 중에서 〈감동가〉는 곧 〈정신가〉슬프도다이며 〈검무가〉는 〈격검가〉쾌하다와 같은 노래이다.

박창식의 『잡집』이나 『창가휘집』, 『손승용본 창가집』, 손봉호 『창가』 등은 모두 1910년 이전에 발행된 창가집이기 때문에 여기에 수록된 노래 역시 1910년 이전에 지어진 노래라는 것도 동시에 알 수 있게 해 준다.[16] 악보집인 광성중학교 『최신창가집』에는 도산의 노래가 모두 20곡이나 실려 있다. 여기에 수록된 도산의 노래 악보를 통해 가사만 있는 다른 창가집에 실린 도산의 노래가 어떤 곡조로 불렀는지 알 수 있게 해준다. 다른 창가집에 실리지 않고 『최신창가집』에만 실린 곡으로는 〈모란봉〉, 〈심주〉, 〈애국가〉긴날이, 〈의무〉 등을 들 수 있다.

표에서 살펴본 창가집 이외에도 몇몇 압수된 창가집에도 더러 도산의 노래가 실려 있다. 예를 들면, 블라디보스토크에 소재한 민족학교 한민학교1909~1937에서 아동용으로 사용되었다가 압수당한 『한민학교 창가집』[17]에는 일본어로 된 항일가요 9곡이 실려 있는데, 구체적으로 보자면 다음과 같다. 1.〈保國歌〉=〈학도가〉조국의 산하 2.〈大韓魂〉화려한 산하 우리대한은 3.〈愛國歌〉동해물과 백두산이 4.〈國旗歌〉아세아 동 대한국은 5.〈運動歌〉=〈점진가〉우리 대한 청년 생도들아...후렴. 전진 전진 기쁜 마음 6.〈國民歌〉=〈동포가〉대한민국 동포들아 정신들 차려라 7.〈少年建國歌〉단군후예 우리소년들아 국민치욕 너 아느냐 8.〈父母恩德歌〉높은 산아 네 아

[16] 이민규, 「박창식 필사 잡집의 해제 및 분석」, 앞의 논문, 189~190쪽. 이민규는 박창식이 화신그룹 총수였던 박흥식의 형으로 1910년에 사망하였는데 1910년 10월 12일을 마지막으로 남긴 일기장을 분석하여 대성학교의 인물들, 특히 교장 장응진과 활발하게 교류했음을 밝혔다. 이민규는 이 논문에서 『잡집』을 분석하여 국권 피탈 이전부터 사립학교에서 교육되었는지를 분석하였고 『잡집』의 수록곡을 자세히 분석하였다. 다만 199쪽 〈애국령〉과 〈대부령〉은 〈愛國吟(애국음)〉 〈丈夫吟(장부음)〉으로 읽어야 한다.

[17] 이 문서의 발신일은 명치 44년(1911년) 8월 29일로 적혀있다. 발신자는 블라디보스토크 총영사 大鳥富士太郎이고 수신자는 外務大臣 侯爵 小村壽太郎이다. 「韓民學校 兒童用唱歌 等 譯報의 件」, 『不逞團關係雜件-朝鮮人의 部-在西比利亞 3』, 일본외무성기록, 역사정보통합시스템.

무리 높다한들 9.〈韓半島歌〉동해에 돌출한 나의 한반도야 등이다.[18] 이 중에 도산의 노래는 6곡이다.

이 창가집에 실린 〈애국가〉동해물과, 〈국기가〉아세아동, 〈국민가〉대한민국 세 곡의 제목 다음에 "이 노래는 대성학교 생도 중에 작년에 대성학교에서 온 조선인이 지은 것"이라는 공통된 문구가 적혀 있다. 비록 '생도'라고는 하였지만 '대성학교에서 작년1910년에 블라디보스토크에 온 조선인'은 도산을 말할 가능성이 매우 높다. 왜냐하면 도산이 블라디보스토크에 머물렀던 시기와 완전히 일치하는 내용이기 때문이다.[19]

이와 같이 도산의 노래는 1910년을 전후로 하여 민족 사립학교에서 가르친 창가의 다수를 차지하고 있었고, 활발하게 불렸다는 사실을 확인할 수 있다.

---

[18] 이민규는 「한민학교의 창가 가창양상」, 앞의 논문, 138~139쪽에서 〈보국가〉, 〈운동가〉, 〈국민가〉가 다른 창가집에 실려 있지 않는 곡으로 파악하고 있다. 그러나 〈보국가〉는 〈학도가〉(사랑하는 우리청년 동포형제 사랑하고)의 노랫말의 앞부분만을 바꾼 것이고 〈운동가〉는 〈점진가〉의 후렴 부분(전진 전진 기쁜 우리 마음)을 두고 본 절을 개사한 노래이다. 그리고 〈국민가〉는 〈동포가〉(대한민국 동포들아 정신들 차려라)로서 모두 광성중학교 『최신창가집』에 실려 있다.

[19] 도산의 편지에 의하면 1910년 8월부터 1911년 5월까지는 블라디보스토크에 머물렀다는 것이 확실하다. 윤병욱 엮음, 『그대 가슴 속에 살아 있고 싶다』, 샘터사, 2007, 133~135쪽.

Ⅲ. 신문·잡지를 통해서 본 도산 안창호의 항일가요

1. 신문·잡지에 게재된 도산의 항일가요

이 장에서는 1908년 『태극학보』에 실린 도산 작사라고 충분히 알 수 있는 노래 〈愛國歌〉긴날이를 시작으로 도산의 서거 전까지 신문·잡지에 가사와 악보로 실린 도산의 노래를 살펴보고자 한다.

앞장에서와 마찬가지로 도산이 지은 노래를 키워드로 해서 신문·잡지에 도산의 노래가 게재된 양상을 살펴보고 처음 등장하는 1908년부터 1931년까지 게재된 날짜순으로 정리해 보면 다음과 같다.[20]

〈표 4〉 연도와 날짜순으로 본 도산의 노래 신문·잡지 게재 양상

날짜	게재지	게재 곡명	1절 가사와 후렴	부연 설명
1908. 02.	태극학보	〈愛國歌〉 (愛國生-6절)	긴놀이 맛도록 생각ᄒᆞ고 깊은밤 들도록 생ᄀᆞᆨ함은 우리나라로다 우리나라로다 길이싱ᄀᆞᆨᄒᆞ세 길이싱ᄀᆞᆨ	"찬성시 하나님 갓까 로"(찬송가〈내주를 ᄀ 이〉 곡조) 제시

[20] 곡명과 가사는 게재된 그대로 한자나 한글 옛글자로 옮겼다. 대부분 가사가 여러 절이지만 지면상 1절만 넣고 후렴이 있는 경우 후렴까지 넣었다. 다만 가사의 경우에는 현대문 띄어쓰기를 해 주었다. 그리고 곡명 아래 부연해 놓은 이름도 그대로 적었다. 대부분 이름만 적었지 작사 작곡자를 분명히 넣어 놓지 않았으며 이름 없이 부연설명을 해 놓아서 저자가 누군지를 알 수 있게 한 경우가 더러 있다. 예를 들어 "안도산 선생이 지으신 노래" "도산 선생 저작" 등이 있다.

날짜	게재지	게재 곡명	1절 가사와 후렴	부연 설명
1908. 02.11. 03.11.	황성신문 공립신보	〈安君 昌浩 心舟歌〉 〈안씨 단심가〉	어야지야 어셔가자 모든風波 무릅쓰고 文明界와 獨立界로 어셔쌜리 나아가쟈 멸망波에 쓴자들아 길이멀다 恨歎말고 希望키를 굿히잡고 實行돗슬 놉히달아 부는바람 자기젼에 어야지야 어셔가쟈	대한협회총회에서 연설한 후 심주가를 창했다는 기사에 포함
1909. 04.	소년	〈(平壤)牡丹峯歌〉 (10절)	錦繡山의 뭉킨靈氣 半空中에 웃뚝소사 牡丹峯이 되엿고나 活潑한氣像이 소스난 듯 牡丹峯아 牡丹峯아 웃뚝소사 獨立한 내 牡丹峯아 네가 내사랑이라	집필자 최남선이 도산을 방문했을 때 도산이 근래 지어 놓았다고 보여준 노래를 실음
1909. 07.22. 07.24.	황성신문 대한매일 신보(국한문/국문)	〈野球團運動歌〉 (5절) 〈少年男子歌〉	무쇠骨格 돌筋肉 少年男子야 愛國의 精神을 奮發ᄒᆞ여라 다다랏네 다다랏네 우리나라에 少年의 活動時代 다다랏네 (후렴) 萬人對敵 鍊習ᄒᆞ여 後日戰功 세우세 絶世英雄 大業이 우리 目的 아닌가	유학생 야구단에서 운동을 행하는데 부르는 노래로 소개 국문판 제목은 〈소년남ᄌᆞ가〉
1909. 08.06.	대한매일 신보(국한문/국문)	〈檀君歌〉 (6절 추정) 〈단군가〉	우리始祖 檀君ᄭᅴ셔 太白山에 降臨ᄒᆞ샤 나라집을 創立ᄒᆞ야 우리子孫 주시셧네 거룩ᄒᆞ고 거룩ᄒᆞ디 大皇祖의 놉은聖德 거룩ᄒᆞ다	
1909. 08.11.	대한매일 신보(국문)	〈혈성ᄃᆡ〉 (7절 추정)	신대한의 ᄋᆡ국청년 끌는 피가 쓰거워 열심으로 분발ᄒᆞ야 혈성ᄃᆡ를 조직코 조샹나라 붓들기로 굿게 밍약 ᄒᆞ엿네	
1909. 08.13.	대한매일 신보(국한문/국문)	〈相逢有思〉 (5절 추정) 〈만나싱각〉	사랑ᄒᆞᄂᆞᆫ 우리 靑年들 오ᄂᆞᆯ날에 서로 만나니 반가온 뜻이 慇懃ᄒᆞᆫ즁 나라싱각 더욱 깁헛네 언제나 언제나 獨立宴에 다시 맛날가 5절 후렴 (추정) 소원을 소원을 셩취ᄒᆞᆯ 날이 머지 않네"	후렴이 "언제나 언제나"와 다음 한 행으로 두 행인데, 마지막 5절 부분만 다름
1909. 08.18.	대한매일 신보	〈한반도〉 (6절 추정)	동히에 돌츌한 나의 한반도야 너ᄂᆞᆫ 나의 조샹나라이니 나의 ᄉᆞ랑함이 오직 너쑨일세 한반도야	
1910. 05.12. 06.15.	대한매일 신보(국한문) 신한민보	〈去國行〉 (新島-4절) 〈나의사랑 한반도야〉 (신도싱의 거국가)	간다간다 나ᄂᆞᆫ간다 너를두고 나ᄂᆞᆫ간다 暫時뜻을 엇엇노라 깝을ᄃᆡᄂᆞᆫ 이時運이 나의등을 내미러셔 너를써나 가게ᄒᆞ니 이로부터 여러히를 너를보지 못ᄒᆞᆯ지나 그동안에 나ᄂᆞᆫ오직 너를爲히 일ᄒᆞ리니 나간다고 슬허마라 나의ᄉᆞ랑 韓半島야	"이 노래는 신도생이 내지에서 무한한 애를 쓰고 위험한 일을 여러 번 당하다가 이제 외양으로 나올 때 지은 노래이니 신도생은 그 누구인고-응당 짐작할듯"라는 설명이 있음

날짜	게재지	게재 곡명	1절 가사와 후렴	부연 설명
1910. 09.21.	신한민보	〈국민가〉 (윤티호-4절+ 후렴)	동히물과 빅두산이 말으고 달토록 하ᄂᆞ님이 보호ᄒᆞ샤 우리 대한 만세 후렴: 무궁화 삼쳔리 화려강산 대한 사름 대한으로 길이 보젼하세	신문에 처음으로 실 '동해물과애국가'이ㄷ 윤티호(윤치호) 이름 병기했고 4절가사 '임 을 섬기며' 대신 '민족 모흐며'로 썼다.
1910. 10.12.	신한민보	〈익국가〉 (10절+후렴	슬푸도다 우리민족아 ᄉᆞ쳔여녀 력ᄉᆞ국으로 ᄌᆞᄌᆞ손손 복락ᄒᆞ더니 오늘날 이디경 웬일인가 후렴: 텰사쥬사로 결박ᄒᆞᆫ 쥴을/ 우리의 손으 로 ᄭᅳᆫ허 바리고/독립만세 우릐소릐에 / 바다 이 쓸코 산이 동케ᄉᆞ네	1910년대 평안도 함경 지방에서 금지곡으로 정된 〈정신가〉이다.
1910. 10.12.	신한민보	〈병식힝보가〉 (4절)	쟝ᄒᆞ도다 우리학도 병식힝보가 라팔륜의 군인보다 질거웁도다 우리 쟝관 호령소릐 ᄒᆞᆫ번 불을ᄯᅵ 앞을 보며 나감이 엄슉ᄒᆞ도다	
1910. 10.12.	신한민보	〈부모은덕가〉 (5절)	산아 산아 높은 산아 네 아모리 놉다ᄒᆞᆫ들 우리부모 날 기르신 높ᄒᆞᆫ 은덕 밋츨쇼냐 어이ᄒᆞ면 보답ᄒᆞ리	절마다 한 구씩 빠져 어서 곡조와 맞지 않 게재되었다.
1915. 06.17.	신한민보	〈격검가〉 (4절+후렴)	쾌하다 쟝검을 빗겨 들엇네 오날날 우리 손에 잡은 칼은 료동 만쥬에 크게 활동하든 동명왕의 칼이 방불하고나 후렴: 번젹 번젹 번기 갓히 번젹/쾌한 칼날이 우리손에 빗나여/독립의 위권을 썰치난고나	끝에 (도산선싱의 저술 노릐)와 곡조까지 게 못함을 유감으로 한다 이성식의 글 첨부
1915. 09.02.	신한민보	〈쎄이쓰뽈 칠 ᄯᅵ에 쓸 노 릐〉(리셩식) / 5절+후렴	무쇠골격 돌근육 쇼년남자야 익국의 졍신을 분발하여라 다다랏네 다다랏네 우리나라에 쇼년의 활동시ᄃᆡ 다다랏네 (후렴) 만인 ᄃᆡ뎍 련습하야 후일 젼공 세우세 절세 영웅 대 사업이 우리 목뎍 안인가	1909년 〈야구단운동 〈소년남자가〉로 게재 었던 노래
1915. 09.16.	신한민보	〈학도가〉 (리성식- 4절+ 후렴)	대한청년 학싱들아 동포형제 사랑하고 우리들의 일편단심 독립하기 밍약하셰 화려하다 우리강산 사랑홉다 우리동포 자나깨나 닛지말고 기리보젼 하옵세다 후렴: 학도야 학도야 우리 쥬의는/도덕을 빅 호고 학문 넓혀서/우리 학싱들이 보젼 합세다	끝에 "이는 안도선 선 의 뎌작"이라는 문구 있음. 리성식은 작곡자임.
1915. 11.11.	신한민보	거국힝 (4절)	간다간다 나난간다 너를두고 나난간다 잠시뜻을 엇엇노라 ᄶᅡᆸ을ᄃᆡ난 이시운이 나의등을 ᄂᆡ밀어셔 너를ᄯᅥ나 가게하니	제목 다음 줄에 (안창 씨의 츌국시 저작)리 문구가 있음

날짜	게재지	게재 곡명	1절 가사와 후렴	부연 설명
1916. 04.13.	신한민보	〈대한혼〉 (7절+후렴)	화려한 강산 우리대한은 三쳔리 범위 젹지 안토다 빅두산으로 한라산 ᄭᅡ지 자연한 경긔 그려닛도다 (후렴) 션조가 님이 여긔 뭇쳣고/우리도 대한혼이 대리니/四쳔년 조국 대한강토를/닉집을 닉가 보젼하리라	
1916. 05.04.	신한민보	〈젼진가(○○○ 젼진가〉(김인식-10절+후렴)	참 깃분 음셩으로 노릐하여 직무에 젼진 젼진 향합세다 (후렴) 각과를 젼무하되 락심말고/하겟다 하세 우리 직무를 다/젼진 젼진 깃분 마음과/젼진 젼진 깃분 노릐	○○○전진가라는 부제를 달은 것은 어떤 곳에나 쓸 때 쓰라는 것으로 보인다.
1916. 05.11.	신한민보	〈혈셩듸〉 (4절)	장하도다 익국쳥년 一톄 분발 피끌어 물결갓치 닐어나니 혈셩듸가 되엿고나 걱졍마라 부모국아 피가끌는 혈셩듸가 죠샹나라 붓들기로 밍약하고 나셧고나	
1919. 07.10.	신한민보	〈독립가〉 (이성식-6절)	신대한에 익국인민 끌른피가 뜨거워 일심으로 니러나서 독립단을 조직코 조상나라 차즈려고 굳세게 맹세 하얏네	이 노래는 지난 4월 15일에 필라델피아 독립관에서 이성식이 독창하였다고
1920. 03.01.	독립신문 (상해)	제목없이 (=정신가-후렴만)	鐵絲朱絲로 結縛한 줄을 우리의 손으로 끈허 바리고 獨立萬歲 우레 소래에 바다히 끌코 山이 動켓네	불가리아의 혁명지사가 시베리아에 있을 때 대한독립당을 위하여 그린 그림 아래
1929. 02.07.	신한민보	〈韓半島歌〉 (6절+한반도야)	동히에 돌출한 나의 한반도야 너는 나의 조상 나라이니 나의 사람함이 오직 너 뿐일세 한반도야	제목 다음에 "국민회 창립 기념식에서 상항 한인 국어학교생도들이 합창한 노래"
1931. 01.29.	신한민보	〈학도가〉 (시카고 리성식-4절+후렴)	대한청년 학싱들아 동포형뎨 사랑하고 우리들의 일편단심 독립하기 밍약하세 화려하다 우리강산 사랑홉다 우리동포 자나씨나 닛지말고 길히보존 하옵세다 후렴: 학도야 학도야 우리 주의난/ 도덕을 비호고 학문 넓혀서/ 삼천리 강산의 좋은 강토를/ 우리 학싱들이 보존 합세다	*유일하게 악보가 게재된 경우. 악보 위에는 (안도산 선생이 지으신 노래), 오른쪽에는 리성식.

위와 같이 신문 잡지에 게재된 도산의 노래 가사를 보면 자주 쓰이는 단어들이 보인다. '한반도' '화려한' '강산' '동해' '삼천리' '무

궁’ ‘사천여년’ ‘단군’ ‘조상나라’ ‘부모국’ ‘동포’ ‘대한청년’ ‘소년’ ‘애국성’ ‘혈성’ ‘끓는 피’ ‘우리’ ‘사랑하는’ ‘무릎 쓰고’ ‘걱정마라’ ‘낙심 말고’ ‘잊지 말고’ ‘일편단심’ 등을 들 수 있다.

또한 신문 잡지에 게재된 노래의 가사와 광성중학교 『최신창가집』이나 호놀룰루 『애국창가』에 수록된 도산의 노래 악보를 비교해 보면 대부분의 노래가 어떤 곡을 염두에 두고 그 곡조에 가사가 잘 맞아 떨어지도록 음수율이 잘 맞게 썼다는 것을 알 수 있다.

예를들면 〈애국가〉긴날이의 경우는 찬송가 〈내 주를 가까이〉 라는 곡조인데, 6.4.6.4.6.6.6.4.의 가사를 필요로 한다. 〈애국가〉는 여기에 철저히 맞춰 있다. “긴날이 맞도록/ 생각하고/ 깊은밤 들도록 생각함은/ 우리나라로다/ 우리나라로다/ 길이생각 하세 / 길이생각”으로 완전히 음수율이 맞게 되어 있다. 이렇게 도산은 시를 짓는 능력과는 조금 다른 면으로서 가사사짓기 능력이 뛰어났했던 것으로 짐작할 수 있다.

신문·잡지에 도산의 노래가 전부 게재된 것은 아니나 몇몇 주요한 노래의 게재만으로도 전체적인 흐름을 읽을 수 있다.[21] 도산이 노래를 지은 시점은 1895년 밀러학당을 다닐 때부터라고 추정할 수 있지만 신문잡지에 맨 처음 드러난 것은 1908년 『태극학보』에 ‘애국생’이란 이름으로 게재된 〈애국가〉이다. 대성학교 공식 설립 날짜가 1908년 9월 26일이니 학교 설립 이전인 1908년 초나

[21] 이는 도산이 지은 각각의 노래를 작사한 시점을 이해하는데도 도움이 된다. 기사는 상관없이 이 노래를 알리고자 하여 게재되는 경우가 많아서 여러 번 반복해서 실리는 경우가 많은데 적어도 처음 공개가 된 시점보다 나중일 수 없다는 측면에서 어느 정도 시기 추정을 할 수는 있다.

1907년 말에 노래를 지었다고 짐작할 수 있다.[22]

게재 지면의 양상은 1910년 경술국치를 기점으로 이전은 주로 국내 신문 『대한매일신보』이고 이후는 국외신문 『신한민보』나 『국민보』에서 찾을 수 있다.[23] 게재 시점과 작사 시점이 당연히 같을 수는 없지만 게재 곡을 차례로 보자면 다음과 같다.

〈표 5〉 도산의 노래 게재 흐름도

1908: 〈애국가〉(긴날이) → 〈심주가〉(어야지야) → 〈평양모란봉가〉(금수산의) → 1909: 〈소년남자가〉(무쇠골격) → 〈단군가〉(우리시조) → 〈혈성대〉(신대한의) → 〈만나생각〉(사랑하는) → 〈한반도〉(동해에 돌출한) → 1910: 〈거국행〉(간다간다) → 〈국민가〉(동해물과) → 〈대한혼〉·〈애국가(정신가)〉(슬프도다)·〈병식행보가〉(장하도다)·〈부모은덕가〉(산아산아) → 1915: 〈격검가〉(쾌하다 장검을) →〈베이스볼노래(소년남자가)〉(무쇠골격) → 〈학도가〉(대한청년) → 〈거국행〉(간다간다) → 1916: 〈대한혼〉(화려한 강산) → 〈전진가〉(참기쁜 음성) → 〈혈성대〉(장하도다) → 〈독립가〉(신대한의) → 1920: 〈정신가 후렴〉(철사주사로) → 1926: 〈국기가〉(아세아동) → 1929: 〈한반도가〉 → 1931: 〈학도가〉(대한청년) → 〈대한혼〉

이 흐름 속에서 노래가 1907년부터 시작해서 1910년 4월 도산이 조국을 떠나기 직전까지 집중적으로 지어졌음을 알 수 있다.[24]

---

22 대성학교의 개교 날짜는 『대한매일신보』 1908년 9월 15일에 게재된 평양대성중학교 학생모집 광고에 명시된 9월 26일에 의한 것이지만 이종호, 안창호, 윤치호 3인의 이름으로 낸 것을 볼 때, 이미 교장 초빙이 있었고 좀 더 이른 시기에 설립 준비를 하였을 것으로 판단된다.

23 이는 『대한매일신보』의 폐간과도 관계 있지만 이후 다른 어떤 국내 신문에도 도산의 노래를 게재할 수 없었다는 점을 보여 준다. 혹 곡명이 나오는 경우는 '불온창가' 관련 기사에서만 찾을 수 있다.

24 〈거국가〉는 게재일이 1910년 5월 12일이지만 실제 지은 날은 망명길에 올랐던 4월 7일 전이다.

1915년부터 게재된 곡은 이미 게재되었던 곡이다. 앞 장에서 살펴본 바와 같이 1911년 이후에 신문지상에 게재되었다 하더라도 이미 만주나 연해주 등의 민족사립학교에서 이미 쓰고 있었던 노래라는 사실을 창가집이나 압수 창가 등에서 확인할 수 있다.

또 위 신문·잡지에 도산이 지은 노래가 수없이 게제되었어도 안창호라는 본명이 명시된 적은 없다. 다만 '애국생' '신도' 등의 암시적인 이름 때문에 짐작할 수 있을 뿐이고 '도산이 지으신 노래'라고 밝혔던 경우가 있어서 알 수 있을 뿐이다. 1915년 게재된 〈격검가〉 쾌하다부터는 이성식李聖植 1894년생과의 관련성을 자주 발견할 수 있다. 이성식은 도산의 노래를 소개하면서 자주 "이 노래는 도선 선생이 지은 것"이라는 것을 강조하기도 하고, 이성식이 어떤 행사에서 불렀다고 하면서 게재한 경우도 있고, 〈학도가〉와 같이 자신이 작곡한 곡을 악보로 게재하기도 하였다. 이성식은 1910년 만든 『중등창가』가 통감부의 출판법 금지에 의해 압수당하였을 뿐 아니라[25] 『신한민보』에 애국가를 지었다는 죄로 평양감옥에 갇혔다는 기사로 다뤄진 적도 있는 인물이다.[26]

이렇게 도산의 노래로 지목된 곡목을 키워드로 하여 신문·잡지 등에 어떻게 게재되었는지 살펴보니 언론 지상에 발표된 것은 노래가 세상에 알려지게 되는 것이어서 가창 양상을 살펴보는 데 매우 중요한 사료라는 점을 알 수 있었다. 처음 게재될 때에는 부르게 하

[25] 관보, 내부고시 제32호, 중등창가 (전1책), 이성식 저작 "이 출판물은 허가를 받지 아니하고 출판한 것이기에 출판법 제23조를 의하여 그 발매 반포를 금지하고 이를 압수함" 융희 4년 4월 15일.

[26] 「애국가 지은 죄」, 『신한민보』, 1910.6.29.

기 위해서겠지만 반복되는 것은 그만큼 많이 불러서 유행되고 있다는 점을 시사한다.

2. 신문 기사화 된 도산 항일가요 가창 양상

앞장에서 살펴 본 바와 같이 도산의 노래가사 또는 악보가 신문·잡지에 게재된 경우와는 별도로, 도산의 노래를 불렀던 정황을 담은 신문기사도 수십 건을 발견할 수 있다. 이 경우는 주로 미국에서 각종 행사가 열렸을 때, 지역마다 행사 절차를 소개하는 기사에서 곡목으로 노출된 것을 말한다. 특히 1920년대『신한민보』『국민보』 등에서는 '국치기념일', '3.1절 기념식', '대한인국민회 기념일' 등의 행사에서 다양한 애국창가를 불렀을 것으로 짐작되는 곡명이 나온다. 그 중에서 도산의 노래 곡명을 가지고 그 가창 양상을 살펴보았다.

아래는 도산의 노래가 게재된 것을 제외하고 도산의 노래가 가창된 신문기사를 모아 정리해 보았다.[27]

---

[27] 기사 내용도 너무 많기 때문에 관련 내용을 관련어로 대신하였고 굵은 글씨로 도산 작사로 추정되는 노래를 표시하였다. 제시하는 50여 건의 기사는 곡명이 구체적으로 제시되어 있는 기사만으로 한정했다. 예를 들어 상해에서 발행한『독립신문』에는 임시정부 또는 임시정부와 관계있는 단체나 인성학교 등에서 애국가를 부른 사례는 얼마든지 더 있으나 구체적으로 어떤 노래인지 알 수 없어 포함시키지 않았다. 사실상 애국가는 응당 '동해물과 애국가'로 간주된다. 왜냐하면 행사마다 애국가는 거의 한 번만 나오기 때문에 의식가, 즉 국가처럼 불렀을 가능성이 많다. 그에 반해『신한민보』에는 하나의 행사마다 애국가를 여러 번 부른 것으로 나오기도 하고 때로는 애국가,

〈표 6〉 신문에서 읽을 수 있도산 노래의 가창 양상

날짜	게재지	기사 제목	관련어
1912. 06.16.	권업신문	권업신문에 대하여	애국가, 우스리스크, **"동해물과 백두산이 마르고 달토록"**, "백두산 높이 솟음"
1917. 09.13.	신한민보	라셩디방회 국티기념일	LA, 국치기념일, 국가로 개회, **한반도야**, **복수회포가**
1918. 02.14.	신한민보	민티카디방회 창립기념	창가, **혈성가**, 권학가
1920. 01.08.	독립신문	上海民團新年祝賀會	태극기, 신년 축하회, **애국가(동해물과)**
1920. 02.03.	신한민보	격검가	영어창가, 중앙총회, 국민회, **격검가 병창**
1920. 03.04.	독립신문	盛大壯嚴한民團主催의大祝賀會	군악대, 민단, 애국가, **동해물과**
1920. 03.23.	신한민보	피아불로지방 경축회	국가, **독립가**, 독립선언서 낭독, **한반도가**, 애국가, 경축가, 기념가, 자유가,
1921. 04.15.	매일신보	女學生의不穩唱歌	함남 영흥, 배화여학교, 보안법위반, 불온의 창가 고창, **부모은덕가**, 안녕 공안 질서
1924. 01.01.	신한민보	쿠바지방회신구임원체임식	애국가, **동해물**, **반도가**, 력행가, 〈나라를 위하여〉, **국기가**
1924. 02.14.	신한민보	라셩디방회국민회긔념/쉬카코디방회긔념경축/마나티디방회긔념경축	**동해물**, **국기가**, 뒷동산 저 송죽, 수절가/국민회가, 역행가, 국기가, 창가, 애국가/큐바 마나티, 국민회 기념, 창가, **한반도가**, 애국가/애국가**(동해물)**
1924. 02.21.	신한민보	밋단사쓰디방긔념경축/칼데나디방회긔념축	쿠바, 국민회, 애국가, **동해물**, 국기가, **반도가**, 지리가, 창가, 나라위해/쿠바, **동해물**, 노래
1924. 03.13.	신한민보	라셩디방회三一졀/탐피코디방회三一졀	**동해물과백두산**, 국기가, 애국가**(동해물)**, **국기가**, 빛나도다 태극기, **한반도**
1924. 03.13.	신한민보	동경진재시 학살동포 추도	애국가**(동해물)**, 추도가, 원수의 악행을,
1924. 03.20.	신한민보	맛싼사쓰三一졀	애국가**(동해물)**, **반도가**, **국기가**

국가, 무궁화가를 한 행사에서 순서를 달리해서 불렀던 경우도 있다. 따라서 애국가의 경우에는 애국가(동해물)이라고 명칭이 나오는 기사만 담았다.

날짜	게재지	기사 제목	관련어
1924. 04.10.	신한민보	부엘도디방 三一절	멕시코, 독립선언기념절, 애국가(**동해물**), 만세삼창
1925. 01.01.	신한민보	큐바디방회신구임원쳬임	**애국가(동해물)**, **반도가**, 력행가, **내 나라 위하여**, **국기가**
1925. 02.12.	신한민보	국민회창립일맛단사쓰디방회	**애국가(동해물)**, 기념가, **국기가**, **반도가**, 지리가, 한국풍악
1925. 02.26.	신한민보	칼데라디방회경축식 국민회 十五주년	찬송가, 국민회가, 병창, 무궁화가, **한반도가**, 애국가
1925. 03.12.	신한민보	싸뉴바동포들이	삼일절, 애국가로 개회, **한반도**, **학도가**, 노래 독창,
1925. 03.19.	신한민보	八十여명동포가멕시코메리다에 합석하야	한국기와 멕시코 국기, 애국가, **반도가**, 삼일가
1925. 03.26.	신한민보	맛단사쓰디방회第六週年 三一記念/푸론데라디방회	**학도가**, **국기가**, **반도가**, 쿠바/독립선언서 낭독, **애국가(동해물)**,
1925. 04.30.	신한민보	안도산쉬카고에	안창호, 이성식, 애국가, 청년 용진가, **혈성대**,
1925. 07.09.	신한민보	본국대표환영회 누아누청년회관내/맛단사쓰디방회	**국가(동해물)**, 환영가, 교회찬송대, 한인음악대, /**애국가(동해물)**, 기념가, **한반도가**, **국기가**, 력행가
1925. 09.24.	신한민보	八月二十九日-메리다부근 동포의 ᄋᆡ국셩	무궁화가, **애국가(동해물)**, 〈동포들아 잊지말아〉, 국치기념일
1926. 02.04	신한민보	國民會十七週年記念라셩디방회의셩대한긔념식/상항	**국가(동해물)** 1.2절, 국민회, 안창호, 3.4절/ **국가(동해물)**, 황사선
1926. 02.18.	신한민보	國民會創立十七週年-칼데나디방회/탐피코디방회	애국가(동해물), 창가 기념가, 학도애국가, 반도가, **애국가(동해물)**, 1·2절, 국민회가, 독립군가, 애국가 동해물 끝절
1926. 03.04	신한민보	뎨七週年三一긔념-상항디방회에서	**애국가(동해물)**, **국기가** 독창, 독립선언가 병창, 독립군가,
1926. 03.11.	신한민보	싸누바와우리들리/ 스탁톤에 삼일경축	애국가로 국기경례, 창가, **국기가**, **소년남아가**, 3.1절/만세가, 한반도가, 평양성, 애국가 일동, 연극 삼일운동 재판
1926. 03.18.	신한민보	맛단사쓰三一긔념/부엘도三一경축식	**애국가(동해물)**, 기념가, 〈나라 위하여〉, 역행가, 지리가, 만세 육창/**애국가(동해물)**, 기념가, 유년학생, 반도가,
1926. 03.25.	신한민보	메리다디방회三一절/푸론데라에三一경축	**애국가(동해물)**, 〈찬미 기쁨으로 단을〉/**국가(동해물)**, 대한인국민회, 이천만 동포 만만세

날짜	게재지	기사 제목	관련어
1926. 07.01.	신한민보	스탁톤국어학교방학식	애국가, 창가, 피아노, **부모님의 은덕**, 선생의 은혜, 방학노래
1926. 09.16.	신한민보	국치긔념과애국셩	쿠바 갈데나, 국민회, 무궁화, 애국가, 창가, 반도가, 국민회가, 삼세가
1927. 03.10.	신한민보	맛단사쓰三一긔념식/스탁톤의 엄숙한三一 긔념	**애국가(동해물)**, **한반도**, **국기가**, 반도가, **국기노래**, 피아노, 합창, **혈성대 노래**,
1928. 05.01.	조선일보	不穩唱歌를불럿다고崇專學生을拘引	불온창가, 애국가, **조선애국가**, **"동해물과 백두산"**, 평양, 숭실전문, 신입생환영회, 구인, 엄중취조, 학생수명 심문
1928. 05.03.	每日申報	崇實生檢束애국가부른죄	애국가, 불온창가, 평양, 숭실전문학교, 평양서에 검속, 강당, 신입생환영회, **구한국시대**의 검속
1928. 10.27.	조선일보	六十老人의飮毒과其裡面에숨은愛國歌事件	애국가, 평양, 운동교사, **동해물이라는 애국가**, 제지 못한 이유로 퇴직
1930. 01.04.	조선일보	東京留學生會忘年會의 盛況-東海水歌를一同合唱	애국가, **동해물가(東海水歌)**, 동경유학생회, 망년회, 철창속
1930. 02.20.	신한민보	국민회긔념식셩황-맛단사쓰디방회	**애국가(동해물)**, 애국가(반도가),
1930. 03.06.	신한민보	미주동포三一긔념대성황-스탁콘三一절 성황	애국가 1,2절, **국기가**, 창가(만세동요), 조선의 아들, **혈성대**, 애국가3,4절
1930. 03.20.	신한민보	맛단사쓰의三一절	**애국가(동해물)**, 애국가 반도가, **한반도**, 국기경례식
1931. 05.21.	신한민보	세계명쟉가곡집-무궁화뎨1집	무궁화가곡집, 애국가, **한반도가**, **국기가**, 대한혼, 고려산천아, 독립선언가, 무궁화가, **모란봉가**
1934. 02.14.	조선일보	開化風潮와合流敎勢는日加膨大	창가, **소년남자가**, 유행하던 창가, "무쇠골격 돌근육 소년남아야!", 병식체조
1937. 12.15.	국민보	임원셩일츅하회의례식	조선국가, 상제는 우리나라를 도우소서, 음악대, 창가대, 음악창가, **부모은덕가**
1938. 03.16.	국민보	츄도가	조선의 아들, 안도산, 국혼의 정신 반도, 높은 기상, 이천만 동포, **삼천리 한반도**, **슬프도다** 장하도다

위와 같이 신문에 기사화된 도산의 노래 곡목을 보자면 〈애국가〉 동해물·〈한반도야〉·〈혈성가〉·〈격검가〉·〈한반도가〉·〈부모은덕

가〉·〈국기가〉·〈학도가〉·〈혈성대〉·〈대한혼〉·〈모란봉가〉·〈소년남자가〉 등으로 간추려진다. 앞장에서 살펴본 30~40여곡의 노래에 미치지 못하지만 이 곡들이 여러 번 나오는 것을 보았을 때 꽤 유행하는 노래였을 것으로 여겨진다.

대부분은 3.1기념일, 국치기념일, 국민회 창립기념일 행사 중에 부르는 기사에 국한되어 있지만 때로는 국내신문에서 발견되는 기사로서 몰래 부르다 적발되어 '불온창가'라는 명목으로 검속, 취조, 구인, 구속, 압수 등의 곤란을 당하는 경우도 눈에 띈다. 예를 들어 1921년 4월 15일자 『매일신보』에는 「여학생의 불온창가」라는 기사가 나오는데, 그 내용을 보자면 함경도 영흥의 배화여고에서 〈부모은덕가〉라는 불온창가를 불렀다고 보안법에 걸린 사례이다. 1928년 5월 1일자 『조선일보』에는 불온창가인 조선애국가 "동해물과 백두산"을 불렀다고 숭실학생을 검속했다고 하는 기사도 있다. 어떻게 보면 발각되어 드러난 것이라서 신문에 기사화 한 것이지 국내에서도 도산의 노래를 몰래 가르치고 불렀을 것으로 보인다.[28]

1910년 경술국치 이후에도 애국가와 애국창가는 계속 가창되었다. 물론 국내에서는 금지되었기 때문에 가창이 불가능했고 언론에 노출도 어려웠을 것이다. 그 때문에 국내에서는 1920년대 이후 불온창가 단속과 처벌 관련한 기사에서 간혹 찾을 수 있는 정도이다.

따라서 대부분은 국외신문, 특히 『신한민보』나 『국민보』 등 미국

[28] 김수현, 「일제강점기 음악통제와 애국창가 탄압사례-신문기사를 통해」, 『한국음악사학보』 제66호, 2021, 28~38쪽.

에서 간행된 신문에서 도산 노래의 가창 양상을 찾아 볼 수 있다. 상해에서 발행된 임시정부 기관지 『독립신문』에서도 3.1절행사 등 기념식 등에서 애국가나 애국창가가 가창된 사례가 나오긴 하지만 구체적인 곡명이 나오지 않기 때문에 어떤 노래를 불렀는지, 도산의 노래를 불렀는지 알기 어렵다.

Ⅳ. 도산의 항일운동 노정에서 창작·가창된 항일가요

도산은 1878년 11월 9일에 평양의 대동강 하류 도롱섬에서 태어났다. 1894년 17살이 되던 해에 평양성에서 있었던 청일간의 전투를 목격하고 남의 나라 군대가 우리 땅에서 싸움을 하게 된 데에는 우리가 힘이 없기 때문이라고 생각했다고 한다. 이듬해인 1895년 서울에 올라와 언더우드가 세운 밀러학당에 입학해 신학문을 배우고 서양문명과 세계정세의 흐름을 이해했고 기독교에 입문했다.[29]

1896년 독립협회가 창립되자 회원으로 가입하여 서재필·윤치호·이상재·이승만 등의 연설을 들으러 다니거나 유길준의 『서유견문』을 탐독하고 큰 영향을 받았다. 당시 독립협회에서는 '애국가운

---

[29] 흥사단100년사편찬위원회 편, 『흥사단 100년사 1913~2013』, 2013.

동'을 벌였고 독립신문에는 애국가를 지어 게재하는 일이 빈번해졌던 때이다. 직업과 귀천을 가리지 않고 애국가가 게재되었으며 학당에 다니는 학생들도 있었다. 그리고 학당에 다니는 학도들이 노래 불렀던 기사가 자주 등장한다. 말하자면, 애국가 짓기가 유행되던 시기였다. 이는 1896년 독립문 주춧돌 놓는 날에 있었던 행사『독립신문』, 1896.11.24. 등에서 잘 보인다. 창가는 새로운 학문을 배우는 학생들의 음악 입문 과정과 다름이 없었던 장르였다. 아직 학생 신분이기도 했던 도산 역시 여기에 동참했을 것으로 짐작되는 회고가 있다.

도산은 1920년대 자신을 모셨던 윤형갑에게 밀러학당을 다닐 때를 회상하면서 자신이 만들어낸 '무궁화'라는 말은 식물이 아니라 '억조창생의 꽃처럼 피고 지는 의미'의 신조어라고 하였다. 그리고 병신년1896년에 밀러 목사님이 학생들에게 글짓기 연습을 시키면서 독립문 정초식에 부를 노래를 짓자고 해서 지은 "무궁화 삼천리 화려강산 조선사람 조선으로 길이 보전하세"라는 무궁화 노래가 선택되었다고 하였다.[30] 현행 애국가의 후렴이 만들어진 시점이 바로 이 시기이지만 실제로 본 가사와 함께 세상에 처음 선보인 때는 조금 늦은 1899년에 와서다.[31] 다만 도산이 무궁화 후렴을 지었던 것

[30] 윤정경, 『동해물과 백두산이 마르고 달토록 시강과 도산 안창호(증보판)』, 흥사단, 2015, 146~147쪽. 이런 말은 『독립신문』, 1896.11.24.에는 「독립관 연회」 기사에 보면, "독립문 정초식 행사에서 배재학당 학원이 〈조선가〉 〈독립가〉 〈진보가〉를 부른 뒤 다른 학당에서도 다른 애국가를 불렀다"는 정황과 맞아 떨어진다. 이런 점에서 보았을 때 무궁화 후렴구는 도산이 지었을 가능성이 매우 크다.

[31] 「방학례식」, 『독립신문』, 1899.6.29. "○무궁화 노래는 一. 셩즈신손 오빅년은 우리 황실이요 산고슈려 동반도는 우리 본국일셰 ○후렴은 무궁화 삼쳔리 화려강산 대한사

에 대해서는 전혀 알려지지 않았고 대신 무궁화 후렴을 가진 '성지신손 무궁화가'의 본절 4절 부분이 윤치호가 지은 것으로 보도되어 알려졌고 꽤 유행하게 되었다.

1898년 도산은 독립협회 평양지회를 만들고 평양에서 소위 '쾌재정快哉亭연설'로서 연설가이자 운동가로서 확실히 섰다. 이듬해 1899년에 평안도 강성에 최초의 민간인 사립학교이자 남녀공학인 점진학교를 세워 교육의 힘을 쏟기 시작하였다.[32] 이 때 점진학교의 교가 〈점진가〉참 기쁜 음성으로가 지어졌다고 할 수 있다.

이후 1902년 도산은 미국 유학길에 올랐고 1903년 한인의 권익을 보호하기 위해 '한인친목회'를 조직하고 1904년에는 리버사이드에서 공립협회를 조직했다. 여기에서도 야학을 설립하고 동포들을 가르쳤다. 이후 샌프란시스코로 공립협회의 본부를 옮겨 조직을 확대 개편했다. 그리고 1905년 11월에는 송석준을 대표로 하여 『공립신보』를 창간하였다. 이때에도 도산이 교육과 언론에 힘을 썼던 것을 볼 때, 교육을 위한 노래가 더러 창작되었으리라고 생각되나 표면적으로 드러난 것은 없다.

한편 이 시기 국내에서는 을사늑약이 체결되어 대한제국의 외교권이 박탈당하는 지경에 이르렀다. 당시 공립협회 총회장으로서 도

람 대한으로 길히 보젼ᄒᆞ세… 四. 우리나라 우리황뎨 황텬이 도으샤 국민공락 만만셰에 태령 독립ᄒᆞ세" 이 4절에 해당하는 부분은 윤치호가 지었다고 1년 전에 소개했던 가사에 해당한다.(「대죠선 ᄀᆡ국 오빅 오회 긔원졀」, 『독립신문』, 1897. 8.17.)

[32] 점진학교를 1899년에 세운 것을 정설로 하고 있는데, 1937년 신문기사에는 점진학교 40주년 기념식 거행과 관련해서 校舍앞에 늘어선 학생과 교사의 사진까지 곁들인 기사가 나온다. (「歷史깊은 漸進學校 四十周年 紀念式 擧行」, 『동아일보』, 1937.10.13.)

산은 미국이 중재하는 러일강화회의에 참석하려 했으나 실패하자 1906년 2월 일본영사 보호 천명에 반대하는 배일선언을 발표했다. 국내 사정이 날로 악화되고 의병투쟁이 끊임없이 일어났지만 일제의 국권 침탈을 막을 수 없었으며 일제에 쫓겨 만주와 연해주로 흩어지는 상황이 계속되었다. 이에 도산은 국권회복과 모든 한국인이 통일 연합한 새로운 국가 건설을 위한 신민회를 조직하기 위해 귀국하기로 하였다. 1907년 1월에 출발하여 동경을 들러 왔는데 이때 존경해왔던 유길준을 만나 '애국가' 작사를 부탁했으나 유길준이 사양하였고[33] 『태극학보』를 창간한 동경유학생들과 만나고 귀국하였다.

귀국한 시점은 1907년 2월 22일이고 3월 선천예배당에서 '동해물과 두만강이 마르고'라는 '애국찬미가'[34]를 듣고 나서 이에 영감을 받아 금식기도를 하면서 '동해물과 애국가'를 새로 지어 선천예배당에 보냈다고 한다.[35]

---

33 박재순은 『애국가 작사자 도산 안창호』, 종문화사, 2020, 254~255쪽에서 유길준이 도산이 부탁한 애국가 짓기를 사양했으나 도산이 1907년 지은 '동해물과 애국가'가 1895년 유길준의 〈독립경절가〉에 담긴 용어와 표현, 정신과 지향에서 일치를 보이기 때문에 영향력이 컸다고 분석하였다.

34 임진택, 앞의 책, 206쪽. '애국찬미가'라는 것은 10년 전 도산이 지은 '무궁화 삼천리'로 시작하는 '무궁화가'가 여러 버전으로 개사되어 '애국찬미가'로 불렸던 것 같다. 다시 말하면 선천 예배당에서는 '동해물과 두만강이 마르고'라는 노래의 '무궁화가'가 불렸던 것이다.

35 윤정경, 앞의 책, 270~287쪽에서 윤정경은 본인의 작은할머니 김정수에게 직접 들어 채록한 것과 막내 작은 할아버지 윤형갑이 도산과 나눴던 대화를 아버지 윤성종에게 1967년에 듣고 채록한 것을 공개하였다. 윤형갑은 도산을 모시고 있었던 1922년부터 1932년 4월까지 10년간 기회가 있을 때마다 애국가에 대해서 도산에게 이야기를 들었다고 하였고 윤정경의 작은 할머니 김정수는 도산이 '동해물과 애국가' 가사를 지

1907년 3월 20일 『대한매일신보』에 게재된 「국기예배」 기사처럼 도산 스스로 노래도 짓고 학교에서 애국가를 공식적으로 항상 부를 것을 역설하였고[36] 애국가 가창운동을 전개하였다는 정황과 맞아 떨어진다. 이 때문인지는 모르지만 이때 이후 신문기사를 보면 학교에서 애국가 가창은 폭발적으로 늘어나는 것을 알 수 있다.[37] 추가로 '동해물과 애국가'의 가사는 선천예배당의 '애국찬미가'에서도 영감을 얻었지만 박재순은 유길준의 〈독립경절가〉에서도 영감을 받았던 것으로 파악하고 있다.[38]

1907년 신민회를 조직하고 학교 설립을 준비하였다. 대성학교 개학일개교일은 1908년 9월 26일이지만 설립 준비 단계에서 즉, 1907년부터 1908년 6월 사이 윤치호를 교장으로 초빙하였을 것으로 보인다. 윤치호를 교장으로 초빙하고 나서 도산은 자신이 새로 만든 '동해물과 애국가'를 보여주니 윤치호가 좋다고 하였고 이를 교장의 이름으로 발표하자고 하였다는 것은 정황상 앞의 증언들과 맞아 떨어지는 것이다. 윤치호는 1908년 6월 『찬미가』를 재판再版하면서 이 '동해물과 애국가'를 14장으로 실었다.[39] 도산은 이후

어 보낸 날짜를 1907년 경칩무렵(3월 7일 해당)이라고 또렷하게 기억하고 있다고 하였다.

[36] 「국기예배」, 『대한매일신보』, 1907.3.20.

[37] 김수현, 「사료로 본 애국가 짓기와 부르기의 역사」, 앞의 논문, 34~38쪽.

[38] 박재순, 앞의 책, 247~252쪽. 이에 대해 동의하고 있는 임진택은 『애국가 논쟁의 기록과 진실』, 한국학중앙연구원출판부, 2020, 223쪽에서 한 발 더 나아가 '성자신손 무궁화가'의 본절까지도 도산의 작이 아닐까 가정하고 〈독립경절가〉를 올드랭사인 곡조에 얹어 악보로 제시하기도 하였다.

[39] 윤치호는 자신이 만든 가사가 4절로 들어가 있는 〈무궁화가〉(성자신손)는 10장으로 싣고 '동해물과애국가'는 14장으로 실었다. 이 가사 중에는 도산이 애초 창작과는 조

대성학교가 개교하자 학생들에게 이 '동해물과 애국가'를 열심히 가르쳤던 것이다.

뿐만 아니라 1907년 대성학교 설립단계에서부터 1909년 11월 체포되기 직전까지 2년여 사이에 또 다른 애국가들과 많은 애국창가를 작사하고 적극적으로 가르쳤던 것으로 보인다. 교육이 무엇보다도 중요하다는 것을 강조해서 대성학교를 설립했던 것도 그렇지만 학교에서 창가를 가르치는 것을 매우 중요하게 생각했던 도산으로서는 창가를 통해 교육하는 일에 힘을 많이 쏟았을 것으로 보인다. 그리고 실제 그렇게 지었던 노래가 이후 독립운동 진영의 음악 교과서창가집에 중요한 곡으로 채택되었던 것이다. 대성학교와 관계가 있었던 박창식이 필사한 창가집 『잡집』과 『창가휘집』만 보더라도 도산의 노래가 얼마나 많이 지어지고 가창되었는지 알 수 있다.

1908년 『태극학보』 2월호에 지은이를 애국생으로 하여 실린 〈애국가〉긴날이가 첫 번째 공식적으로 선보인 노래였다. 이후 1908년 6월 윤치호가 만든 『찬미가』에 수록된 '동해물과 애국가'는 대성학교에서 많이 불렀다는 증언도 있고 1910년 전후의 창가집에 수록된 양상을 보면 가창이 많았다는 것을 알 수 있으나 찬송가 〈내 주를 가까이〉곡조에 맞춰 지은 〈긴날이 애국가〉는 1910년 전후 필사본 창가집에서 발견되지 않는다. 다만 1914년 광성중학교 『최신창가집』에 수록되었다는 것으로 보았을 때, 적어도 이때부터는 불렀

금 다른 면이 몇 가지 있는데, 그 중에 하나가 4절에 '임금을 섬기며'인데 원래는 '정성을 다하여'였다고 한다. (윤정경, 앞의 책, 78쪽) 이 때문인지 도산은 임시정부에서 1919년 현행 애국가 가사처럼 '충성을 다하여'로 바꾸었고 1945년 김구가 제작한 「한국애국가」에 다시 '정성을 다하여'로 들어가 있음을 발견할 수 있다.

다는 것을 알 수 있다.

또한 다른 애국가, 즉 '아세아동 대한국은' 또는 '동반구 아주에 우리대한은' 등이 애창된 것을 볼 때, 애국가를 더러 더 지었을 것으로 보이지만 도산의 작사라고 확정할 수는 없다. 뿐만 아니라 이 당시에도 애국가 운동은 지속되었기 때문인지 도산이 지은 곡 중에서 몇 곡은 '애국가'라고 지칭 된 경우가 많았다. 예를 들면 〈대한혼〉화려한 강산, 〈정신가〉슬프도다, 〈독립가〉아주동방, 〈학도가〉우리대한 등이 〈애국가〉로 지칭된 경우가 자주 눈에 띈다.

1908년 2월 11일자 『황성신문』에는 「和安君昌浩心舟歌」라는 기사가 주목된다. 대한협회 총회에서 도산이 연설을 하여 박수갈채를 받았는데 이어서 스스로 〈심주가心舟歌〉라는 노래 하나를 불러 "同胞를 警醒"[40]했다는 문구가 있는데 그 노래 가사가 함께 실렸다. 4.4조의 가사 "어야지야 어셔가자 모든風波 무릅쓰고 文明界와 獨立界로 어셔쌀리 나아가자" 라는 것으로 볼 때 민요로 불렀을 가능성이 크다. 이 노래는 광성학교 『최신창가집』에 실린 〈心舟〉의 악보를 통해 어떻게 불렀는지 짐작할 수 있다. 4/4박자 장음계이지만 민요적 느낌이 있다. 도산이 그 때 즉흥적으로 직접 불렀던 것이 신문에 게재됨으로써 알려지게 되었다고 할 수 있다.[41]

[40] 동포를 경성하게(깨우치게) 했다는 이 문구가 우연히도 이 당시 〈동포 경성가〉라는 금지곡이 된다. 〈동포가〉(대한민국 동포들아)와 〈경성가〉(사랑하는 민족아 때를 생각합시다)라는 곡도 있다.

[41] 그리고 한 달 뒤인 3월 11일자 『신한민보』에는 같은 내용의 기사와 〈심주가〉가 실린다. 그런데 〈심주가〉라고 하지 않고 〈단심가〉라고 한 것을 볼 때, 心舟를 거꾸로 舟心으로 거꾸로 읽고 아예 丹心으로 바꿔버린 것은 아닌가 한다.

도산이 대성학교에서 교육에 힘을 쏟고 있던 1909년에 『소년』에 게재된 〈평양모란봉가〉의 경우는 『소년』의 편집자 최남선의 게재 동기가 함께 적혀있다. "도산 안창호 선생을 방문했을 때 근래에 지었다고 하며 보여준 〈모란봉가〉가 강건한 사구辭句와 웅장한 의미가 심대하게 우리의 신경을 흥분시키는 것이 있는지라 본지에 등록한다."고 하였다. 10절이나 되는 이 노래는 평양의 절경을 상세히 묘사한 것으로 끝에는 "직업시인이 아닌 선생의 천연한 정서를 보고져 한다."라고 달고 있다. 또 〈야구단운동가〉무쇠골격라는 노래도 이때쯤 발표되는데, 이는 유학생 야구단에서 운동을 행할 때 이 운동가를 사용한다고 하며 그 가사의 의미가 활발하고 사람으로 하여금 감촉하기에 특별히 기재한다고 하는 내용을 부언하고 있다. 뿐만 아니라 〈단군가〉우리시조 단군께서, 〈혈성대〉신대한의 애국청년, 〈만나생각〉사랑하는 우리청년들, 〈한반도〉동해에 돌출한 등 주옥같은 노래들이 모두 1909년에 신문에 게재 되었다. 1910년 『신한민보』에 게재되는 〈병식행보가〉나 〈부모은덕가〉도 대성학교 학생들에게 가르치기 위해 이 때 만든 것으로 보인다.

도산이 이 짧은 시기에 다량의 노래를 지었을 뿐 아니라 빠르게 확산되어 큰 영향력을 미치고 있었음을 알 수 있다. 이것은 통감부에 골칫거리가 되었을 것으로 보인다. 특히 도산의 노래 중 하나인 〈정신가〉슬프도다라는 노래는 나중에 『신한민보』에 〈애국가〉라는 이름으로 실린 곡으로 "철사주사로 결박한 줄을"이라는 후렴을 가진 곡인데 이 노래가 〈동포가〉와 더불어 금지곡이 되었던 신문보도가 있다.[42] 1909년 함경도 평안도 지역에서 유행하는 〈정신가〉와 〈경성동포가〉 등이 이 지역에서 얼마나 유행했는지를 보여준다. 이 빠른 확산은 당시 가장 많이 애창되었던 찬송가나 창가에 잘 맞게 만들었던 도산의 탁월한 가사 짓기 능력 덕분이라고 할 수 있다.

1909년 11월 도산은 안중근 거사의 배후 조종으로 지목되어 대성학교에서 체포되어 수감되고 2개월 후에 다시 또 수감되었다 풀려났다. 이 사이에 러시아 망명을 결심하고 1910년 4월 7일 조국을 떠나면서 〈거국행〉을 남겼다. 이 노래는 1910년 5월 13일자로 『대한매일신보』에 '新島'라는 이름과 함께 4절의 가사가 실린다. 그리고 한 달 뒤 『신한민보』에 한 번 더 실리는데 제목이 〈나의 사랑 한반도야〉 신도싱의 거국가라는 이름으로 가사를 게재하고 끝에는 이 노래를 지은 도산에 대해 적어 놓았다. 일종의 국민들에게 작별의 편지를 남긴 것이나 다름없다. 이 노래가 처음엔 어떻게 불렀는지 알 수 없으나 광성중학교 발행 『최신창가집』에 의해 어떻게 불렀는지 알 수 있게 되었다. 그리고 1918년에 발행한 이상준의 창가집에 다른 가사지만 같은 곡조가 실려 있어서 학계에서는 이상준이 곡조를 지은 것으로 판단하고 있다.[43]

이어 국권피탈 직후 한 달여가 지난 1910년 9월 21일자로 '동해물과 애국가'의 가사가 〈국민가〉라는 제목과 함께 윤티호의 이름으

---

42 김수현, 앞의 논문, 33쪽; 『대한매일신보』, 1905.6.5.

43 노동은, 앞의 책, 31쪽. 그러나 필자는 『배달의 맥박』, 앞의 책, 141쪽에 작곡자를 정사인으로 기록하고 있는 것에서나 정사인이 한영서원 음악교사였고 한영서원 창가집 사건이 있었던 관계 등의 정황으로 정사인이 작곡한 것으로 판단한다.

로 『신한민보』에 게재된다.[44] 미국의 한인사회에서는 1910년 이전부터 '학도가'나 '무궁화가'를 불렀다는 것은 『공립신보』에 실린 애국가만 봐도 알 수 있다. 이 때 애국가는 '성자신손 무궁화가'였다. 1896년 이후 애국가 운동이 일어난 지 10년 정도의 기간이 흘렀고 미국에 최초의 한인 이민이 1903년부터 있었으니 7년여 사이에 한인사회에 창가가 급속도로 퍼졌을 것으로 짐작된다. 여러 종류의 애국가를 불렀을 것이기 때문에 특별히 공식 행사에서 부르는 노래로 삼고자 해서 '동해물과 애국가'를 좀 다르게 '국민가'라는 이름을 붙였을 것 같다. 『찬미가』1908에도 '뎨14장'으로만 표시되었기 때문에 언론지상에 첫 선보이는데 있어서 국민의 노래로 만들고 싶어 붙였을 가능성이 크다. 또한 〈무궁화가〉라는 이름을 이미 가졌던 뎨10장 '성자신손 무궁화'와는 차별을 두고 싶었을 것으로 보인다. 그러나 이후에는 한번도 '동해물과 애국가'는 다시 '국민가'라는 이름[45]으로 게재된 적이 없이 '애국가'라는 이름으로 한인사회에서 공식행사에서 항상 부르는 노래가 되었다.

'동해물과 애국가'가 '국민가'라는 이름으로 발표되고 한 달 뒤인 1910년 10월 12일에는 도산의 노래가 4곡이 한꺼번에 소개되는

---

[44] 당시 신한민보 편집진이 윤치호가 작사를 한 게 아니라는 것을 인지했던 안했던 이 노래는 빨리 보급되어야 할 필요가 있었다고 판단한 것으로 생각한다. 그리고 이미 대성학교에서 윤치호의 이름으로 발표하자고 했던 것처럼 대표 이름은 윤치호였던 것이어서 큰 의미를 두지 않았거나 당시는 명망이 높았던 윤치호의 이름을 일부러 넣어 발표했을 수도 있다. 더욱이 망명한 지 채 몇 달도 안 된 도산의 이름을 쓸 수는 없었을 것이기 때문이었을 것이다.

[45] 앞에서도 살펴보았듯이 〈국민가〉는 오히려 "대한민국 동포들아 정신들 차려라"로 시작하는 〈동포가〉를 대신하여 쓴 경우가 많았다.

데, 작사자의 이름은 전혀 밝히지 않았다. 〈대한혼〉, 〈애국가〉, 〈병식행보가〉, 〈부모은덕가〉가 그것이다. 〈애국가〉는 〈정신가〉를 말하는 것이다. 특이한 점은 〈대한혼〉에는 제목을 써 놓고 대한혼이 세상에 널리 전치 못할까 근심하는 사연만을 적었을 뿐 실제 가사는 적지 않았다. 그 내용은 마치 도산이 편지를 써 대국민 메시지를 전달하는 듯 보인다.[46]

도산은 1910년 4월 7일 조선을 탈출하여 중국 위해위에 도착했다. 그리고 청진, 북경을 거쳐 청도에서 동지들을 만나 독립운동 기지를 위한 부지 확보와 독립군 양성 등을 논의하였고 러시아로 향해 8월 24일에 블라디보스토크에 도착하여 5일 후 망국소식을 듣게 되었다. 이후 도산은 블라디보스토크에 1911년 5월까지 머물렀다.[47] 도산이 머물러 있던 그 지역에서 압수된 창가집을 보면, 도산의 작품이 다수 실려 있음을 알 수 있다. 특히 포조블라디보스토크 한민학교에서 음악교재로 썼던 압수당한 창가 9곡, 즉 〈보국가〉, 〈대한혼〉, 〈애국가〉, 〈국기가〉, 〈운동가〉, 〈국민가〉, 〈소년건국가〉, 〈부모은덕가〉, 〈한반도가〉 등이 앞장에서 확인하였듯이 모두 도산의 작사로 보인다.

도산은 1910년 12월 25일 한민학교에서 이완용을 저격했다가

---

46 『신한민보』, 1910.10.12. "년 전에 평양 어떤 지사가 애국가 1편을 지어 각 학교에서 학도에게 가르치니 학도들이 날마다 이 노래로 나라사랑하는 마음과 나라 회복할 생각이 바다에 조수 밀듯 하는 고로 원수들이 교과서까지 압수하였을 뿐 아니라 지금은 입으로 외우지도 못하게 하는 고로 이와 같이 보배스러운 노래(곧 대한혼)가 세상에 널리 전치 못할까 근심하여 글로 써 보내니 속히 기재하여 우리 동포에게 널리 전하라 하였다더라"

47 이태복, 『도산 안창호 평전 개정판』, 흰두루, 2012, 179~188쪽.

사형당한 '이재명 의사 추도회'를 열었던 것을 볼 때, 한민학교와의 관계는 매우 밀접했을 것이라고 짐작할 수 있다. 1911년 창가집이 압수되었던 시기는 도산이 미국으로 어렵게 넘어가는 과정이었다. 따라서 도산의 실체를 드러낼 수 없었던 상황이었기에 이 창가집이 압수되는 과정에서도 이름은 발설하지 않고 '생도 조선인'만을 말한 것으로 보인다.[48] 이 외에도 국자가局子街에서 압수된 창가집의 경우에도 상당량이 도산의 노래로 파악된다.[49] 그만큼 도산의 노래는 민족학교에서 항일 독립운동의 진영에서 잘 알려져 있고 널리 가창되었다고 할 수 있다.

도산은 1911년 9월에서야 샌프란시스코에 도착하였다. 거액의 현상금을 내걸고 도산을 체포하려고 혈안이 되어 있는 험난한 상황을 뚫고 들어왔기 때문에 이 과정에서 안광택이라는 가명으로 『신한민보』에 소식을 전하였다는 것이 확인된다. 1912년에는 대한인국민회 중앙총회 조직을 개편하고 총회장으로 선임된다. 이 조직은 1919년 상해로 건너가기 전까지 해외 한인 단체를 연계하는 대표기관이자 자치정부의 역할을 하였다. 그리고 1913년에는 흥사단을 조직하였다. 흥사단과 관련한 노래로 〈흥사단 단가〉, 〈흥사단 입단가〉, 〈흥사단 단기가〉, 〈흥사단 단우회가〉, 〈흥사단창립기념가〉

[48] 윤병욱, 앞의 책, 146쪽에서 1910~1911년 당시에 안광택이라는 이름으로 활동했다고 하였는데, 그 증거로서 『신한민보』, 1911년 5월 17일에 「안광택씨의 편지 대개」라는 기사가 있다. 아직 블라디보스톡에 머물러 있던 시기의 정황과 맞아 떨어진다. 이 외에도 그 즈음 미국으로 오기를 기다리는 『신한민보』의 안광택 관련 기사가 모두 도산을 지칭하는 것임을 알 수 있다. (7.12./ 8.23/ 8.30./ 9.6.)

[49] 不逞團關係雜件-朝鮮人의 部-在滿洲의 部 2-機密 제42호, 「局子街에 있어서 排日 鮮人 家宅搜索 結果」,1912.11.26.)

가 있는데, 이광수는 〈흥사단 단가〉조상나라 빛내려고를 도산이 지은 것이라고 하며 가사까지 적어 놓았다.[50] 그런데 도산이 중국에 있었던 1923년 미국에서 발행한 『Young Korean Academy Song Book』흥사단 노래집[51]에 의하면 도산이 지은 것은 〈입단가〉조상나라 빛내려고와 〈창립기념가〉어두운 하늘 밝히고라고 되어 있으며 〈단가〉대한의 충의 남녀야는 김여제 작으로 되어 있어 가사에 따른 지칭 곡명이 완전히 바뀌어 있음을 알 수 있다.

1911년부터 1919년 사이에 도산의 노래는 주로 1915년에 미국으로 건너온 이성식에 의해서 자주 소개된다. 〈격검가〉쾌하다, 〈베이스볼 칠 때 쓸 노래〉무쇠골격, 〈학도가〉대한청년, 〈거국행〉, 〈죽어도 못 노아〉아세아 동편에, 〈대한혼〉화려한 강산, 〈젼진가〉참깃분음셩, 〈혈성대〉장하도다 애국청년 등이 그것이다. 뿐만 아니라 〈혈성대〉의 가사의 일부를 개사해서 로정민의 이름으로 발표한 〈독립가〉나 이성식의 이름으로 게재한 〈독립가〉 등도 있다. 더불어 이 때 대한인국민회를 주최로 한 행사에서 도산의 노래가 가창되는 양상도 자주 볼 수 있다. 그리고 그런 행사에 이성식이 자주 등장하여 독창을 한 기사가 많이 있다.

1919년 국내에서 3.1운동이 전개되고 상해에는 대한민국임시정부가 조직되었다. 도산은 상해로 건너가 중국에서 임시정부 활동을

[50] 윤형두 편, 이광수, 『도산 안창호』, 2015, 69쪽에 실린 〈흥사단가〉의 가사는 “조상나라 빛내려고/ 충의남녀 일어나서/ 무실역행 깃발 아래/ 늠름하게 모여드네/ 부모국아 걱정마라/ 무실역행 정신으로 /굳게 뭉친 흥사단이/ 네 영광을 빛내리라”이다. 도산이 자주 쓰는 노랫말이 가득 차 있다.

[51] 독립기념관 소장자료, 생산년도는 1923년, 자료번호는 1-A00026-007이다.

시작했다. 임시정부의 기관지 역할을 한 『독립신문』이 발행되고 신문에는 많은 시와 노래가 실린다. 이 때 도산이 지은 노래로 짐작되는 것은 있으나 대부분 작사자를 밝혀 놓고 있지 않아서 확인할 길은 없다.[52] 다만 중국에서 임시정부 활동을 하면서도 1921년에는 상해에 있었던 한인학교 인성학교 교장을 맡고 직접 국어교육도 했으며 1924년에는 흥사단의 지원을 받아 남경에 동명학원을 세웠다고 한다.[53] 이 때에도 도산의 노래가 또 지어지고 이미 지었던 노래도 상당수 가창되었을 가능성이 크나 언론에 노출되지 않아 구체적으로 어떤 노래들이 가창되었는지 알 수 없다.

1924년에서 1925년 사이는 중국에 있다가 잠시 미국으로 건너가서 체류했던 기간이었다. 이 때 도산의 노래는 그 전후보다 훨씬 많이 가창되는 양상을 볼 수 있다. 특히 '안도산 선생 환영회' 등의 행사가 자주 열렸고 많은 도산의 곡을 불렀다는 것을 신문을 통해 알 수 있다. 심지어는 〈안도산 선생을 환영〉이라는 시도 게재된다. 그리고 매 행사마다 애국가를 몇 차례 부르는 게 상례인데, 행사의 순서에 '애국가동해물로 개회'라는 문구가 들어가는 것을 볼 때, '동

52 『독립신문』 1920년 2월 17일자에는 6절로 된 〈독립군가〉(나아가세 독립군아 어서 나가세)가 실렸다. 곡조는 〈병식행보가〉로 지시되었다. 필자는 이 〈독립군가〉의 작사자가 도산이라는 추정을 해 본다. 도산은 일반적으로 어떤 곡조를 염두에 두고 가사를 짓기 때문에 이 곡조에 맞는 음수율로 이런 풍부한 내용을 지을 수 있는 사람으로서 가장 적합하다는 직감이 든다.

53 윤병욱 엮음, 앞의 책, 238쪽. 『독립신문』, 1922. 9. 20. 『독립신문』, 도산이 교장으로 있었던 시기인 1921.4.9. 「체육회 주최 춘기운동회」에 〈소년남자가〉 가사를 연상케 하는 "무쇠같은 팔둑을 뽐내며" 라는 문구가 있고 인성학교 학생들이 고운 목소리로 창가를 하였다고 되어 있다.

해물과 애국가'를 맨 처음 의식의 순서로 넣어서 불렀음을 짐작할 수 있다. 애국가 외에 가장 많이 부른 것은 〈한반도〉·〈국기가〉·〈학도가〉·〈혈성대〉 등이다.

이 체류 기간 중에 1925년 만영의 이름으로 『신한민보』에 게재된 〈나의 고향을 떠나며〉라는 노래는 '간다간다'의 가사와 평양의 산수를 정확하게 붙였던 점, '태평양회의 첫 날' '벗의 일기책에서'라는 말을 뒤에 붙인 점을 볼 때, 정황상 도산의 노래로 파악된다. 도산이 이미 지어 놓았던 것을 당시 태평양회의에 참가했던 서재필이 옮긴 것일 가능성이 크다.[54]

도산이 중국으로 다시 돌아간 뒤에도 역시 국민회 창립기념일이나 3.1절 기념행사에서는 여전히 도산의 노래가 계속 가창되었다. 그리고 1929년 『신한민보』에는 〈한반도가〉 동해에 돌출한가 다시 게재된 일이 있다. 1909년 『대한매일신보』에 실렸던 이후 20년만이다. 아마도 세대가 바뀌어서 새로운 세대를 위해 다시 실어 놓았을 것으로 생각된다. 1931년에는 〈학도가〉를 피아노반주가 있는 악보까지 함께 실어 놓고 작곡자 이성식이 「독자여러분에게」라는 글을 따로 넣어 "안도산 선생이 지으신 노래 중에 일동이 부르기 위해 소개한다"고 하는 내용을 적었다. 도산의 노래가 『신한민보』에는 자주 소개도 되고 행사 때마다 불렀음에도 불구하고 이성식이 보기에

---

[54] 윤병욱 엮음, 앞의 책, 251쪽. 만영은 도산이 아니라 게재자로서 1925년 7월 열렸던 태평양회의에 참석한 서재필라고 할 수 있다. 261쪽에는 서재필과 안창호가 함께 찍은 사진과 함께 장리욱이 도산과 함께 태평양회의에 참석하고 돌아오는 서재필을 영접했다고 했다. 뿐만 아니라 만영이라는 이름으로 이미 7월에서 〈사모하는 벗에게〉라는 시도 게재 되어 있는데, 이 역시 벗이 바로 도산을 가리키는 것으로 보인다.

는 너무 미진하다고 여겨졌던 모양이다. 이러한 염려를 공감했던지 1931년 5월 21일자 광고란에는 악보집으로 『세계 명작 가곡집 무궁화 제1집』을 소개하고 있는데, 가사의 목록에 〈애국가〉 〈한반도가〉 〈국기가〉 〈대한혼〉 〈모란봉가〉 등 도산의 노래가 다수 포함되어 있다.

도산은 1932년 윤봉길 의사의 거사 배후로 지목되어 상해에서 국내로 압송되어 23년 만에 조국 땅을 밟게 된다. 그리고 감옥생활 2년 반 만에 풀려났으나 또다시 동우회 사건으로 또다시 수감되었다가 병을 얻어서 1938년 서거했다. 『신한민보』와 『국민보』에는 일제히 도산의 부음을 전하며 추도회 행사를 전하는데, 이 때 추도가로 〈거국가〉 〈대한혼〉 〈한반도가〉 등 도산이 지은 노래가 응당 많이 불려졌다. 뿐만 아니라 〈용소년가〉처럼 도산이 지은 노래 가사 몇 구절을 넣어 추도시나 추도가를 짓기도 하였다는 것을 알 수 있다.[55]

---

[55] 1938년 『국민보』에는 도산의 서거 후에 추모하는 추도가 중 하나로 게재한 〈용소년가〉의 경우에도 도산의 원래 노래인 〈소년남자가〉의 후렴을 앞으로 빼 내고 약간의 가사를 약간 바꾸어 도산을 용감한 소년에 비유하는 노래를 게재하였다. 또한 주요한이 작사한 〈도산추모가〉(『배달의 맥박』 294쪽)의 경우에도 동해물, 백두산, 가을하늘 공할 등의 '동해물과 애국가'의 가사를 연상케 하는 단어를 썼다.

V. 맺음말

지금까지 도산의 노래, 즉 도산의 항일가요 창작과 가창 양상을 살펴보기 위해 다음과 같은 순서로 논문의 내용을 전개하였다.

첫째, 현대에 독립군시가집의 형태로 모아놓은 악보집 『광복의 메아리』1982와 『배달의 맥박』1984 및 노동은의 항일음악 연구서 『항일음악 330곡집』2017, 그리고 이명화, 민경찬, 장유정의 논문을 대상으로 하여 도산이 지은 노래 29곡을 뽑아내어 각각 어떤 다른 곡명을 사용하는지와 함께 그 양상을 비교하였다.

둘째, 앞에서 추출한 도산 노래의 결과를 바탕으로 1910년을 전후해서 나온 창가집 7종, 즉 『박창식 잡집』, 『박창식 창가휘집』, 『포조 한민학교 창가』, 『손승용본 창가집』, 『손봉호 창가』, 『광성학교 최신창가집』, 『호놀룰루 애국창가』를 대상으로 수록곡을 확인한 결과 도산이 지은 노래가 최대 20곡이 추출되었다. 이로써 도선의 노래 20곡은 적어도 1914년 이전에 지어졌고 불렸다는 것을 알 수 있었으며 1910년을 전후로 하여 민족학교를 비롯한 독립운동 진영에서 도산의 노래가 활발하게 가창되었다는 것을 알 수 있었다.

셋째, 신문과 잡지에 도산의 노래가 실린 게재 양상을 시간적 흐름에 따라 살펴보았다. 도산의 노래가 전부 실려 있지는 않았으나 1908년부터 〈애국가〉긴날이·〈심주가〉·〈모란봉가〉·〈소년남자가〉·〈단군가〉·〈혈성대〉·〈만나생각〉·〈한반도〉·〈거국행〉·〈국민가〉동해물·〈정신가〉·〈병식행보가〉·〈부모은덕가〉·〈격검가〉·〈학도가〉·〈대한혼〉·〈전진가〉·〈국기가〉 등 18종류가 한 번 이상 실렸음을 확인할 수 있었다. 이를 통해 1907년에서 1910년 사이 대성학교에서 교육사업에 몰두하고 있을 시기에 대부분의 창작이 이루어졌음을 알 수 있었다.

넷째, 도산이 지은 노래의 곡명을 키워드로 해서 신문에서 추출한 50여건의 기사를 가지고 그 양상을 살펴보았다. 도산의 노래가 가창되는 양상은 1912년 이후부터 볼 수 있었는데, 주로 미국에서 발행된 『신한민보』나 『국민보』를 통해서 확인할 수 있었다. 대한인국민회 창립, 3.1절 기념일, 국치기념일 등 행사에서 도산의 노래가 자주 불려졌음을 알 수 있었다. 미주 각 지역마다 가창의 양상이 비슷하였는데 자주 가창된 노래로는 〈격검가〉·〈한반도〉·〈부모은덕가〉·〈국기가〉·〈혈성대〉·〈소년남자가〉·〈모란봉가〉·〈정신가〉 등을 들 수 있었다.

다섯째, 지금까지의 살펴본 가창양상을 도산의 행적을 따라 연결하여 종합해 보았다. 1878년 태어나 1895년 밀러학당에 다니고 1896년 독립협회에 가입하여 활동하던 시절과 당시 애국가 가사 짓기에 참여하여 '무궁화가' 후렴구를 지었던 정황, 1899년 점진학교를 세워 교육사업과 〈점진가〉와 관계, 그리고 미국으로 건너갔다가 일본을 거쳐 귀국한 1907년 3월 선천예배당에서 '애국찬미가'를 듣고 '동해물과 애국가'를 지었던 정황, 그리고 1908년 대성학교를 설립하고 1910년 망명 직전까지 지었던 많은 노래들과 그것이 게재된 양상, 연해주 블라디보스토크에서 활동할 때 한민학교와의 관계, 그리고 다시 미국으로 건너가 10여년 대한인국민회와 흥사단에서 활동하던 시절과 1919년 상해로 가서 임시정부 요직으로 있으면서도 인성학교와 동명학교를 세웠던 일, 도산의 노래 가창 가능성, 그리고 1924년에서 1925년 사이에 미국에 머물렀을 때 두드러졌던 도산 노래의 가창양상 그리고 서거 후 추도회에서 추도가로서 불렸던 도산의 노래 등 도산의 행적을 따라서 도산 노래의 가창 양상을 살펴보았다.

이렇게 다각적인 면으로 도산 안창호 항일가요의 창작과 가창 양상을 살펴봄으로써 도산이 지은 노래가 어떤 것이고 어느 시기에 어떤 경위로 지어지고 어떻게 게재되었고 어떤 곳에서 어떻게 가창되었는지 알 수 있었을 뿐 아니라 몇 가지 새로운 사실도 발견할 수 있었다. 첫째, 도산의 지은 노래는 적어도 20곡에서 30여 곡으로 추정하거나 확정할 수 있다. 둘째, 도산은 스스로 신문·잡지에 작사자를 밝힌 바 없기 때문에 작사자를 추정하기 어렵게 했고, 작사자에 대한 오해를 낳기도 했다. 셋째, 도산은 대부분 가창을 염두에 두고 가사를 지었기 때문에 이미 잘 알려진 곡조에 잘 맞는 음수율로 많은 곡을 지을 수 있었던 탁월한 능력을 가졌다는 것을 알 수 있다. 넷째, 도산의 노래는 모두 항일 독립운동의 과정에서 지어지고 가창되었음을 알 수 있다. 다섯째, 1911년 압수된 블라디보스토크 한민학교 창가 문서에서 '동해물과 애국가' 작사자가 도산임을 암시하는 문구를 발견할 수 있었다.

참고 문헌

노동은, 『항일음악 330곡집』, 민족문제연구소, 2017.
독립군가보존회, 『독립군 가곡집 광복의 메아리』, 1982.
독립군시가편찬위원회, 『독립군시가집 배달의 맥박』, 1984.
박재순, 『애국가 작사자 도산 안창호』, 종문화사, 2020.
신용하, 『민족독립혁명가 도산안창호 평전』, 지식산업사, 1921.
윤병욱 엮음, 『그대 가슴 속에 살아 있고 싶다』, 샘터사, 2007.
윤정경, 『동해물과 백두산이 마르고 달토록 시상(詩想)과 도산 안창호 (증보판)』, 2015.
이광수, 흥사단출판부편, 『도산 안창호』, 흥사단출판부, 1983.
임진택, 『애국가 논쟁의 기록과 진실』, 한국학중앙연구원출판부, 2020.
이태복, 『도산 안창호 평전 개정판』, 흰두루, 2012.
흥사단100년사편찬위원회, 『흥사단 100년 1913~2013』, 흥사단, 2013.
김수현, 「사료로 보는 애국가 짓기와 부르기의 역사」, 『동양학』 제82집, 동양학연구원, 2021.
김수현, 「일제강점기 음악통제아 애국가창가 탄압사례-신문기사를 통해」, 『한국음악사학보』 제66집, 2021.
민경찬, 「도산 안창호 애국 창가의 음악사적 의미 그리고 악보 복원 및 재현」, 『도산학연구』 제16호, 도산학회, 2017.
민경찬, 「도산 안창호의 애국시(愛國詩)를 가사로 한 음악에 관하여」, 『도산학연구』 제14·15호, 도산학회, 2015.
박재순, 「애국가 작사자 안창호와 윤치호 10-윤치호의 애국시가(詩歌)와 〈애국가〉의 비교」, 『기독교사상』 제727호, 대한기독교서회, 2010.

이명화, 「도산 안창호의 애국 창가운동」, 『도산학연구』 제14·15호, 도산학회, 2015.

이명화, 「신민회 애국 창가운동과 도산 안창호」, 『도산학연구』 제16호, 도산학회, 2016.

이민규, 「박창식 필사 잡집 해제 및 분석」, 『한국고전연구』 제38호, 한국고전연구학회, 2017.

이민규, 「박창식 필사 창가휘집 해제 및 분석」, 『한국고전연구』 제43호, 한국고전연구학회, 2018.

이민규, 「한민학교의 창가 가창 양상」, 『국제어문』 제75호, 국제어문학회, 2017.

장유정, 「도산 안창호 작사 계몽가요의 양상과 특징」, 『구비문학연구』 제53호, 한국구비문학회, 2019.

독립운동가요로 불린 대중가요의 양상과 특징*

장유정(단국대학교 자유교양대학 교수)

* 이 글은 『한국민요학』 61집, 한국민요학회, 2021년에 수록한 것을 수정·보완한 것이다.

Ⅰ. 머리말

동일한 노래라도 누가 어디서 어떤 의도로 부르느냐에 따라 노래는 다른 의미를 지닌다. 기본적으로 노래를 만든 창작자의 의도가 중요하지만, 일단 대중에게 알려지는 순간 그것은 대중의 것이 된다. 다시 말해, 창작자의 의도와 별개로 세상에 나온 노래들은 애초와 다른 생명력을 지니게 된다. 예를 들어, 김민기가 작사하고 작곡한 〈아침이슬〉은 애초에 그런 의도로 만들지 않았을지라도 현재까지 대표 운동권 가요로 알려져 있다. 심지어 1975년에 가사와 곡이 부적절하다는 이유로 연예협회로부터 금지곡 처분을 받기도 했다.[1]

〈아침이슬〉의 예를 들었지만, 세상에 나온 노래가 창작자의 의도와 다른 의미를 지니게 되는 경우는 상당히 많다. 독립운동가요에서도 이를 확인할 수 있다. 애초에 독립운동가요[2]로 만든 노래가 있는 반면에, 처음에는 그런 의도로 창작되지 않았던 노래가 독립군이나 그 주변 사람들이 부르면서 사후에 독립운동가요에 포함된 노래도 있다. 독립운동가요는 노랫말과 선율로 구성되어 있는데, 노

[1] 『조선일보』, 1975년 12월 11일.

[2] 독립군들이 향유한 노래들을 뭐라 부를지 아직 합의에 이르지 못하였다. 독립가요, 항일가요, 독립운동가요, 계몽가요 등 다양한 용어가 혼재하고 있다. 독립군의 노래'라고 해서 노래를 향유하는 주체에 초점을 맞추어도 용어가 완전하지 않기는 마찬가지다. 독립군만 독립운동가요를 향유한 것이 아니기 때문이다. 일단 본고에서는 '항일가요'와 '계몽가요' 등을 아울러서 '독립운동가요'라 칭하였다. 즉 본고에서는 '독립운동가요'를 독립군들이 향유한 노래 전반을 아우르는 넓은 의미의 용어로 사용하였음을 밝혀 둔다.

랫말은 그 내용에 따라 크게 '항일'과 '계몽'으로 나눌 수 있다. '항일'의 내용을 담고 있는 노래가 '항일 투쟁'의 노래를 말한다면, '계몽가요'에는 교육이나 애국을 주제로 한 노래나 '의식가' 등이 포함된다.

그런가 하면, 음악적 형식을 놓고 보면 독립운동가요는 크게 '차용곡'과 '창작곡'으로 나눌 수 있다. 차용곡이 기존에 있던 곡조를 차용해서 거기에 독립운동과 관련된 노랫말을 붙인 것이라면,[3] 창작곡은 작사자나 작곡자가 애초에 독립운동가요로 창작한 노래를 뜻한다. 그런데 이와 별개로 처음에 독립운동가요로 만든 것이 아니나 독립군들이 부르면서 자연스럽게 독립운동가요로 인식된 노래가 있다.[4] 본고에서 주목하는 것은 바로 그러한 노래들이다.

본고의 Ⅱ장에서는 다른 갈래의 노래 중 독립운동가요로 전유된 노래들의 전반적인 모습을 살펴보기로 한다. 이어서 Ⅲ장에서는 독립운동가요로 불린 대중가요의 면면을 살펴보고 그 특징을 알아보기로 한다. 독립운동가요로 불린 대중가요를 대상으로 한 본격적인 연구는 아직까지 이루어지지 않았다. 그렇다고 그에 대한 언급이

---

3 원곡의 음이나 리듬은 그대로 두고 가사만을 다른 언어나 시대에 맞게 바꾸어 고친 노래"를 '번안곡(飜案曲)'이라 한다. 번안곡이란 용어가 있는데도 본고에서 번안곡 대신 차용곡이라 한 것은, 곡조만 빌려왔을 뿐 그 노랫말이 원곡과 완전히 다른 경우가 많기 때문이다. 그 때문에 곡조만 빌려왔다는 것을 강조하기 위해 '번안곡' 대신 '차용곡'이라 하였음을 밝혀 둔다.

4 독립군들이 불렀다고 해서 대중가요를 '독립운동가요'라 할 수 있는가에 대해서는 논의의 여지가 있다. 하지만 노래를 채집하는 과정에서 그들이 그러한 노래를 독립운동가요로 인식해서 들려준 것도 사실이다. 이에 본고에서는 독립군들이 향유한 대중가요를 일단 '독립운동가요'의 범주에 놓고 그러한 노래들이 어떤 특징을 지니고 있는지 살펴보았다.

아예 없던 것은 아니다.[5] 다만 본격적인 연구라기보다는 노래의 소개에 그친 감이 있고 기본적인 정보에서 오류가 드러나는 바, 본고에서는 이를 바로잡는 것과 동시에 독립운동가요로 불린 대중가요의 양상과 특징을 살펴보기로 한다.

대중가요를 포함하여 독립운동가요로 불린 여타 갈래의 노래들은 독립운동가요들을 모아서 정리한 책에서 확인할 수 있다. 본고에서는 『독립군 가곡집, 광복의 메아리』[6]와 『조선족항일투쟁노래선집』[7]을 기본 자료로 해서 그 책에 수록된 노래 중 독립운동가요로 전유된 여타 가요들의 면면을 살펴보기로 한다. 비교적 후대에 정리된 책이나 편자들이 직접 독립군이나 그들의 후손 등을 만나 독립운동가요로 불린 자료들을 모아 정리한 책이라 기본 자료로 사용하는데 손색이 없으리라 생각한다.

Ⅱ. 독립운동가요로 전유된 타 갈래 노래들

본고에서 기본 자료로 선정한 책은 일제강점기 당시가 아닌 후대에 나온 책이다. 하지만 우리나라에서 본격적인 대중가요 시대가 열린 것이 1930년 이후부터라는 것을 감안할 때, 그 이전에 간행된

[5] 이중연, 『신대한국 독립군의 백만용사야 : 일제강점기 겨레의 노래사』, 혜안, 1998, 466~479쪽에서 독립운동가요로 불린 대중가요를 소개하였다.

[6] 독립군가보존회 편, 『광복의 메아리 : 독립군 가곡집』, 독립군가보존회, 1982.

[7] 전정혁 편, 『조선족항일투쟁노래선집』, 료녕민족출판사, 1995.

독립운동가요 노래책에서 대중가요를 찾기는 어렵다. 그리고 본고에서 기본 자료로 선정한 책들이 후대에 나왔다고는 하나 독립운동가요들을 모으는 과정 속에서 대중가요가 자연스럽게 들어갔다는 것을 고려해야 한다. 즉 애초에 대중가요라는 것을 의식하고 노래를 모은 것이 아니다. 그들이 의식했는지의 여부와 상관없이 독립운동가요를 수집하였는데, 그 노래들 중에 대중가요가 있었을 뿐이다.

요컨대, 두 책 모두 원래 대중가요였으나 독립군 내지 그 주변의 사람들이 부르면서 독립운동가요로 향유된 노래들을 여타 독립운동가요들과 함께 수록하고 있다. 총 210곡이 실려 있는 『독립군 가곡집, 광복의 메아리』는 1973년에 조직된 '독립군가보존회'에서 약 10년에 걸쳐 발굴하고 수집한 독립운동가요들을 모은 책이다. 광복군과 독립군의 유족들이 함께 뜻을 모아 조직한 '독립군가보존회'는 "후세 국민들에게 노래들을 전해줌으로써 선열들의 피어린 발자취를 더듬어 민족정기와 독립정신의 맥락을 이어가기" 위해 이 책을 제작하였다.[8]

"남북 만주와 노령에 걸쳐 광범위한 지역"에서 불린 독립운동가요 모음집인 『독립군 가곡집, 광복의 메아리』를 첫 장부터 살펴보다가 그 노래들 중에 대중가요가 포함되어 있다는 것을 알았다. 독립운동가요에 대중가요가 포함되어 있다는 것은 매우 중요하다. 일제강점기 대중가요가 독립운동가요로 불렸다는 것은 후대에 대중

[8] 독립군가보존회 편, 앞의 책, 14쪽.

가요를 두고 '체제 순응성' 운운하며 비판하던 것이 옳지 않다는 것을 보여주기 때문이다.[9] 결국 대중가요가 독립운동가요로 불렸다는 것 자체가 누가 어떤 의도로 부르느냐에 따라 노래가 다른 의미를 지닌다는 것을 말해준다.

한편 『조선족항일투쟁노래선집』은 전정혁 선생이 중국에 거주하는 조선족을 찾아다니며 그들이 알고 있는 독립운동가요를 모아서 정리한 책이다. 오선보가 아닌 숫자보를 사용했고, 어떤 노래들은 가사만 수록하기도 하였다. 그런데 89곡이 수록된 노래책을 전수조사해 보니 거기에도 대중가요가 있었다. 결국 그 태생과 상관없이 일부 대중가요가 독립운동을 하는 조선족들에게 독립운동가요로 인식되었다는 것을 알 수 있다.

두 노래책을 통해 독립운동가요로 불린 대중가요 외에 여타 갈래의 노래가 독립운동가요로 향유된 것도 확인하였다. 독립운동가요로 전유된 타 갈래 노래들은 크게 민요, 동요, 예술가곡, 대중가요로 나누어 살펴볼 수 있다. 이 장에서는 대중가요와의 비교를 위해, 대중가요를 제외한 타 갈래 가요 중 독립운동가요로 사용된 노래들의 면면을 살펴보기로 한다.

먼저, 민요 중 다음의 노래들이 독립운동가요로도 불렸다.

---

9 유행가의 부정성에 주목한 초기 대표 연구로 『노래1』(김창남 외 편, 실천문학사, 1984)에 수록된 김창남의 「유행가의 성립과정과 그 문화적 성격」과 이영미의 「일제시대의 대중가요」를 들 수 있다.

〈파랑새 노래〉[10]『독립군 가곡집, 광복의 메아리』

〈흥타령〉『독립군 가곡집, 광복의 메아리』

〈신방아타령〉『독립군 가곡집, 광복의 메아리』

〈신 아리랑〉『독립군 가곡집, 광복의 메아리』

〈광복군 늴리리아〉『독립군 가곡집, 광복의 메아리』

〈화물차 가는 소리〉『독립군 가곡집, 광복의 메아리』

〈광복군 석탄가〉『독립군 가곡집, 광복의 메아리』, 『조선족항일투쟁노래선집』

두 책에 실린 민요가 위와 같을 뿐, 독립운동가요로 향유된 민요는 본고에 제시한 것보다 훨씬 많다.[11] 위의 목록에서 제목을 〈파랑새 노래〉라 한 것은 "새야 새야 파랑새야 녹두밭에 앉지마라"로 시작하는 그 노래이다. 1894년 동학농민운동 당시 '녹두 장군'이라 불린 전봉준 장군 이야기를 소재로 한 노래로, 노래가 나왔을 당시 널리 유행했다. 노래를 수집할 당시나 지금은 민요 내지 동요로 인식하고 있으나, 1894년에 노래가 나왔을 당시에 널리 유행했다는 점에서 넓은 의미의 대중가요 초기 형태를 보여준다고도 할 수 있다.

그 외 독립운동가요로 전유된 민요들은 대체로 기존 민요에 노랫

---

10 『동아일보』 1923년 11월 25일자에 실린 〈새야 새야 파랑새야〉의 노랫말은 다음과 같다.
"새야 새야 파랑새야 녹두남게(나무) 안지마라 녹두꽃이 떨어지면 청포장수 울며간다" 1920년대 소개된 〈새야 새야 파랑새야〉에서는 오늘날 널리 알려진 노랫말의 '녹두밭'이 '녹두남게'로, "울고 간다"고 "울며 간다"라 적혀 있다. 『조선일보』 1933년 5월 10일자에 〈새야 새야 파랑새야〉가 동학란과 관련이 있다고 적혀 있다.

11 『항일음악 330곡집』(노동은 편, 민족문제연구소, 2017)을 보면 독립운동가요로 향유된 민요들의 면면을 알 수 있다.

말만 바꿔 부른 것들이다. 〈흥타령〉의 경우, 『대한매일신보』 1909년 2월 13일과 2월 19일자 등에서 기존 〈흥타령〉의 노랫말을 바꿔 실은 것을 확인하였다. 기존의 〈흥타령〉이 다양하게 향유되었던 것이다. 『독립군 가곡집, 광복의 메아리』에 실린 〈흥타령〉은 독립운동을 직접적으로 언급하지는 않았다. 하지만 당대의 사회상을 있는 그대로 보여줘서 경각심을 불러 일으켰다고 할 수 있다.

모진 일세가 흥 하 괴상하여서 흥
그놈의 익심에 다 죽겠구나 흥
아이고 대고 흥 정신을 차려라 흥

〈흥타령〉의 특징은 "아이고 대고 흥"이란 반복적 후렴구를 사용하는 것이다. 〈흥타령〉의 노랫말은 대개 이성의 사랑을 다루고 있다. 그런데 독립운동가요 〈흥타령〉은 현 세태를 보여주는 노랫말로 이루어졌다. 위에서 볼 수 있듯이, "모진 일세一世가 괴상하여 다 죽겠다."고 하였다. '익심'이 정확하게 무엇을 의미하는지 알 수 없다. '익심'이 '익심益甚하다'의 어근이라면 "갈수록 점점 심하다"란 뜻이고, 익심을 '익심益心'으로 본다면 '이익을 추구하는 마음인 사리사욕私利私慾'을 의미할 수도 있다. 한자 병기가 없는 상황에서 추정에 불과하나, 익심이 어떤 뜻이든 괴상한 상황을 강조하기 위해 사용한 것만은 확실해 보인다. 더 나아가 〈흥타령〉은 단지 세태를 반영하는 것에서 그치지 않고 마지막에 "정신을 차려라"고 명령형을 활용하여 계몽적인 내용으로 끝을 맺었다.

민요를 독립운동가요로 사용한 경우, 낯익고 친숙한 음악을 들어 노랫말만 바꿔 부르는 경우가 대부분이다. 친숙한 선율에 음악적으로 복잡하지 않아서 민요가 독립운동가요로 활용되기 쉬었을 것이다. 민요와 더불어 동요도 친숙한 선율에 복잡하지 않은 음악적 구성 덕분에 독립운동가요로 활용되었다. 두 책에 수록된 노래 중 독립운동가요로 불린 동요는 다음과 같다.

〈반달〉(『독립군 가곡집, 광복의 메아리』)
〈형제별〉(『독립군 가곡집, 광복의 메아리』)
〈고향의 봄〉(『독립군 가곡집, 광복의 메아리』, 『조선족항일투쟁노래선집』)
〈따오기〉(『독립군 가곡집, 광복의 메아리』)

두 책에 실린 동요는 위와 같다. 특이한 것은 민요가 기존 선율에 노랫말을 바꾼 것과 달리, 동요는 원래의 노랫말 그대로 독립운동가요로 전유되었다는 것이다. 오래된 것으로 치면 민요가 동요보다 오래되었음에도 불구하고 민요는 노랫말을 바꿔서 독립운동가요로 부른 것과 달리, 동요는 원래 노랫말 그대로 독립운동가요로 불렀다. 애초에 노랫말이 '독립'을 주제로 해서 창작되었다고 단정할 수 없음에도 불구하고 이러한 동요들이 독립운동가들 사이에서 애창된 것은 동요 자체가 지니고 있는 음악적 서정성과 노랫말이 지니고 있는 문학적 상징성이 한몫 했을 것이다.

예를 들어, 이원수가 지은 시 〈고향의 봄〉은 1926년, 잡지 『어린이』에 실렸다. 이일래가 〈고향의 봄〉을 민요풍으로 작곡한 이후, 홍난파가 다시 작곡해 1929년 『조선동요백곡집』에 수록하면서 이 노래가 널리 알려졌다. 1929년에 중국 신빈현의 화흥중학교化興中學校를 중심으로 보급된 〈고향의 봄〉은 만주에서 널리 불린 노래 중 하나다.[12] 노래 속 '고향'과, 노래에서 그리고 있는 "복숭아꽃 살구꽃 아기 진달래 울긋불긋 꽃 대궐"같은 평화로운 세상이 만주에서 독립운동을 하는 사람들에게 애잔한 마음과 그리움을 자아냈을 것이다. 비록 이원수와 홍난파 모두 일제에 부역한 행적으로 후대에 『친일인명사전』에 등재되었으나 노래는 여전히 많은 이들에게 아름다운 동심의 세계를 보여주며 오늘날까지 향유되고 있다.

마지막으로 두 노래책에 실린 예술가곡은 다음과 같다.

〈광야를 달리는 독립군〉(『독립군 가곡집, 광복의 메아리』)

〈희망의 나라로〉(『독립군 가곡집, 광복의 메아리』)

〈봉선화〉(『독립군 가곡집, 광복의 메아리』)=〈봉숭아〉(『조선족항일투쟁노래선집』)

〈선구자〉(『독립군 가곡집, 광복의 메아리』, 『조선족항일투쟁노래선집』)

〈아리랑 강남〉(『독립군 가곡집, 광복의 메아리』)=〈망향가〉(『조선족항일투쟁노래선집』)

〈고향 생각〉(『조선족항일투쟁노래선집』)

---

12 위의 책, 359쪽. 참고로 독립운동가요로 향유된 〈고향의 봄〉은 이일래 작곡이 아닌 홍난파 작곡의 노래임을 밝혀 둔다.

〈조선의 노래〉(『조선족항일투쟁노래선집』)[13]

〈봉선화〉와 〈봉숭아〉는 동일한 노래이나 두 노래책에서 다른 제목으로 표기되었다. 안기영이 작사하고 작곡한 노래인 〈그리운 강남〉은 『독립군 가곡집, 광복의 메아리』에는 〈아리랑 강남〉으로, 『조선족항일투쟁노래선집』에는 〈망향가〉라는 제목으로 수록되었다.

특히 위의 노래 중에서 눈길을 끈 것은 〈광야를 달리는 독립군〉이다. E단조 3/4박자로 채보한 이 노래는 윤심덕이 곡조를 차용하여 죽음의 찬미를 담은 가사로 불렀던 〈사의 찬미〉와 곡조가 동일하다. 즉 이 노래의 원곡은 루마니아의 작곡가 이바노비치의 〈도나우강의 잔물결〉이다. 〈광야를 달리는 독립군〉에 대한 설명에는 "1920년 이청천 장군이 신흥무관학교 생도 300명을 인솔하고 북만주로 이동했을 당시 부르던 노래"라 적혀 있다.[14] 이 기록이 맞는다면 〈광야를 달리는 독립군〉은 윤심덕이 노래한 〈사의 찬미〉보다도 더 일찍 〈도나우강의 잔물결〉의 곡조를 차용한 노래에 해당한다.

〈도나우강의 잔물결〉은 루마니아 군악대의 총감독이었던 이바노치가, 1880년에 도나우강을 소재로 하여 독립을 쟁취한 루마니아 사람들과 군의 사기 진작을 위해 만들었다. 음악이 유럽 전역은 물

---

[13] 〈조선의 노래〉는 광복 이후 한때 동요로 인식되기도 하였으나 애초에 동요로 나온 노래가 아니라서 (예술)가곡에 넣었음을 밝혀 둔다.

[14] 독립군가보존회 편, 앞의 책, 65쪽.

론이고 미국에서까지 인기를 얻으면서 미국에서는 〈Anniversary Song 기념일 노래〉이란 제목으로 1940년대에 인기를 얻기도 하였다.[15]

〈도나우강의 잔물결〉이 〈광야를 달리는 독립군〉으로 불린 것을 두고, 당시 북로군정서와 체코슬로바키아군의 무기 거래에서 흔적을 찾기도 한다. 루마니아의 음악이 체코슬로바키아와 공유되었고, 그것이 체코슬로바키아군이 북로군정서와 무기 거래를 하는 과정에서 노래가 전해졌다는 것이다.[16] 그런 추측이 틀렸다고 할 수 없으나, 체코슬로바키아군과 북로군정서가 직접 무기 거래를 했다고 해서 〈도나우강의 잔물결〉 곡조가 전달되었다고 보는 것은 다소 비약이 있다. 오히려 〈도나우강의 잔물결〉이 폭넓게 유행하는 과정에서 독립운동가요로까지 곡조가 차용되었다고 보는 것이 자연스럽다.[17]

---

15 〈Anniversary Song〉은 1946년 가수 알 졸슨(Al Jolson)의 전기(傳記) 영화 「Jolson story」 제작되었을 때, 알 졸슨 자신이 소울 채플린(Saul Chaplin)과 작사·작곡한 주제가로, 원곡은 J. 이바노비치 작곡(J. Ivannovici, 1845~1902)의 왈츠 〈도나우 강의 물결(Donau Wellen)〉이다. 졸슨 부모의 결혼기념일 장면에서 사용돼 호평을 받고, 졸슨의 레코드는 밀리언 히트가 되었다. 래리 파크스가 졸슨으로 분장한 영화는 1947년에 공개되었다.
(https://terms.naver.com/entry.nhn?docId=358062&cid=42596&categoryId=42596 2021년 2월 9일 검색)

16 유동훈, 「항일 독립군가의 분석 및 영향 연구」, 상명대학교 석사학위논문, 2016, 25~26쪽.

17 〈광야를 달리는 독립군〉의 노랫말은 다음과 같다.
"광야를 헤치며 달리는 사나이/ 오늘은 북간도 내일은 몽고 땅/ 흐르고 또 흘러 부평초 같은 몸/ 고향 땅 떠난 지 그 몇 해 이련가/ 석양 하늘 등에 지고 달려가는 독립군아/ 남아일생 가는 길은 미련이 없어라"

위의 노래 중 〈조선의 노래〉가 『조선족항일투쟁노래선집』에 수록된 것도 중요한 의미를 지닌다. 노래 설명에는 〈조선의 노래〉가 "1940년 남만 일대에서 널리 부르던 노래"라고만 적혀 있다.[18] 『조선족항일투쟁노래선집』에 실린 〈조선의 노래〉에는 작사자와 작곡자 이름마저 누락되었으나 이 노래는 이은상이 작사하고 현제명이 작곡한 노래이다.

1930년에 『동아일보』에서 "조선의 노래"를 공모했을 당시, 당선작이 없어 심사위원으로 있던 이은상이 작사해서 1931년에 발표했고, 그 노랫말에 채동선과 현제명이 곡을 붙여 1932년에 발표했다. 그 중 현제명이 곡을 붙인 것이 살아남아 연희전문사중창단의 목소리로 음반에 실려 1933년에 발매되기도 했다. 그 전인 1932년에는 『현제명작곡집』 제1집에 수록되기도 하였다. 하지만 1938년에 『현제명작곡집』 제1집이 일본 경무국에서 '치안방해'로 금지 처분을 받으면서,[19] 그 책에 실린 〈조선의 노래〉도 자유롭게 부를 수 없었을 것이라 추정한다.[20] 비록 국내에서는 〈조선의 노래〉를 자유롭게 향유할 수 없었으나 1940년대에 독립군들 사이에서 불리면서 노래가 살아남을 수 있었다.

예술가곡을 독립운동가요로 전유한 경우, 번안곡이 아닌 창작곡

[18] 전정혁, 앞의 책, 37쪽.

[19] 朝鮮總督府 警務局 編, 『朝鮮總督府 禁止單行本目錄』, 여강출판사, 1986, 231쪽(원본은 朝鮮總督府, 1941).

[20] 〈조선의 노래〉에 대한 자세한 역사는 장유정, 「해방공간의 음악책 연구 : 초등 음악책 『우리노래』의 발굴 및 소개」, 『구비문학연구』제60집, 한국구비문학회, 2021, 397~400쪽을 참고할 수 있다.

은 동요와 마찬가지로 노랫말을 바꾸지 않고 원형 그대로 부른 것을 확인하였다. 그러면 어떤 대중가요들을 독립운동가요로 불렀을까? 다음 장에서 이를 살펴보기로 한다.

Ⅲ. 독립운동가요로 불린 대중가요의 양상과 특징

먼저, 본고에서 기본 자료로 삼은 두 책 속 독립운동가요로 불린 대중가요의 곡목을 제시하면 다음과 같다.

〈희망가〉(『독립군 가곡집, 광복의 메아리』)
〈이원애곡〉(『독립군 가곡집, 광복의 메아리』)
〈황성옛터〉(『독립군 가곡집, 광복의 메아리』)
〈강남제비〉(『독립군 가곡집, 광복의 메아리』)
〈세 동무〉(『독립군 가곡집, 광복의 메아리』)
〈사막의 한〉(『독립군 가곡집, 광복의 메아리』)
〈두만강 뱃사공〉(『독립군 가곡집, 광복의 메아리』)
〈낙화삼천〉(『독립군 가곡집, 광복의 메아리』)
〈집 없는 천사〉(『독립군 가곡집, 광복의 메아리』)
〈타향(살이)〉(『독립군 가곡집, 광복의 메아리』)
〈방랑자의 노래(방랑가)〉(『독립군 가곡집, 광복의 메아리』)

〈목포의 눈물〉(『독립군 가곡집, 광복의 메아리』)
〈눈물 젖은 두만강〉(『독립군 가곡집, 광복의 메아리』)
〈대한팔경〉(『독립군 가곡집, 광복의 메아리』)
〈국경의 부두〉(『독립군 가곡집, 광복의 메아리』)
〈복지만리〉(『독립군 가곡집, 광복의 메아리』)
〈님의 얼굴(낙화유수)〉(『조선족항일투쟁노래선집』)

위의 노래들이 『독립군 가곡집, 광복의 메아리』와 『조선족항일투쟁노래선집』에 수록된 대중가요들이다. 비록 책에 적힌 노래의 정보는 틀린 것이 많다. 하지만 중요한 것은 이러한 노래들이 대중가요로 발표되었다가 이후에 독립군들 사이에서 불리면서 독립운동가요로 인식되었다는 것이다.

그렇다면 어떤 대중가요를 독립운동가요로 불렀을까? 애초부터 독립운동가요가 대체로 선동적이거나 현실적인 이야기를 담고 있는 것과 달리 대중가요 중 독립운동가요로 전유된 노래들은 대체로 서정적인 부분을 담당했던 것으로 보인다. 이러한 노래들은 크게 '유랑 의식'을 드러낸 노래와 '임에 대한 그리움'을 표출한 노래로 나눌 수 있다. 당시 신민요로 분류되는 〈대한팔경〉이 국토 예찬을 담고 있고, 〈복지만리〉는 "대륙으로 가자"는 내용을 담고 있는 행진곡 풍의 경쾌한 노래이다. 이 두 노래는 여타 노래들과 다른 미감을 드러내지만 그 외 노래들은 크게 '유랑 의식'과 '임에 대한 그리움'을 표출한 노래로 나눌 수 있다.

김영수가 작사하고 이재호가 작곡하여 백년설이 노래한 〈복지만리〉는 영화 「복지만리」전창근 감독, 1941년의 주제가이다. 현재 영화 자료가 온전하게 남아 있지 않아 정확한 내용을 알 수 없다. 심지어 영화가 "친일영화다, 아니다"를 두고도 평가가 엇갈리고 있다. 전창근이란 인물에 대해서도 마찬가지다. 흥미로운 것은 한편에서는 노래 〈복지만리〉가 만주에 대한 일제의 야욕에 동조하는 노래라고 한 것과 달리, 『독립군 가곡집, 광복의 메아리』에서는 〈복지만리〉를 두고 "1940년대 옛 고구려 땅 만주 대륙을 달리는 남아의 기대를 읊은 노래"라고 설명했다.

얼마나 많은 독립군들이 이 노래를 불렀는지 현재로서는 정확하게 알 수 없다. 다만 이 글의 첫머리에 언급했듯이, 노래라는 것은 이 세상에 나오고 나면 창작자의 의도와는 다른 생명력을 지니게 된다. 〈복지만리〉에서도 이를 확인할 수 있다. 노래에서 "대륙길에 어서 가자"라고 한 것에서 '대륙길'의 실체가 무엇인지 단정하기는 어렵다. 왜냐하면 노래는 그것을 부르는 사람에 따라 다른 의미를 지니기 때문이다. 덧붙여서 과연 이 노래를 듣거나 부르면서 일제와 마찬가지로 일제의 야욕에 동조하기 위해 이 노래를 듣고 부른 사람이 당시에 얼마나 되었을까 싶다. 어차피 마음이 보이는 것이 아니고, 노래에서 정확하게 명시하지 않았기 때문에 노래 해석은 듣고 부르는 사람의 몫이다.[21]

[21] 영화 「복지만리」와 노래 〈복지만리〉에 대한 평가는 단순하지 않다. 보고 싶은 대로 보는 것이 아니라 제대로 된 객관적인 평가를 하기 위해서는 여전히 자료와 사료가 필요한 상황이다. 따라서 본고에서는 이에 대한 평가를 유보한다. 다만 이 글의 애초 의도에 따라, 창작자의 의도와 별개로 노래는 부르는 사람이 어떤 마음으로 부르느냐에 따라 다른 의미를 지닐 수 있다는 것을 재차 강조하기로 한다. 영화 「복지만리」에 대해

〈복지만리〉와 〈대한팔경〉을 제외한 노래들은 '유랑 의식'을 드러낸 노래와 '임에 대한 그리움'을 표출한 노래로 나누어 살펴볼 수 있다.

1. 유랑 의식을 드러낸 노래

독립운동가요로 전유된 대중가요 중에서 '유랑 의식'을 드러낸 노래를 음반을 기준으로 정확한 정보와 함께 제시하면 다음과 같다.

〈이원애곡〉(금릉인 작사, 손목인 작곡, 고복수 노래, 1934년)
〈황성옛터(황성의 적)〉(왕평 작사, 전수린 작곡, 이애리수 노래, 1932년)
〈세 동무〉(문수일 작사, 김서정 작곡, 채동원(채규엽) 노래, 1930년)
〈사막의 한〉(금릉인 작사, 손목인 작곡, 고복수 노래, 1935년)
〈방랑자의 노래(방랑가)〉(이규송 작사, 이애리수 작곡, 1930년)

'유랑 의식'은 말 그대로 "어느 한곳에 정주하지 못할 때 발생하는 의식"으로 일종의 "떠돌이 의식"이다.[22] 유랑 의식과 나그네 의

서는 다음의 사이트를 참고할 수 있다.
한국영화데이트베이스 https://www.kmdb.or.kr/story/135/4066 (2021년 4월 8일 검색).

[22] 송기한, 「조지훈 시의 유랑 의식 연구」, 『한중인문학연구』23, 한중인문학회, 2008, 28쪽.

식이 유사할 듯하나, 논자에 따라 유랑 의식과 나그네 의식을 다른 것으로 인식하기도 한다. 즉 '유랑의식'이 뚜렷한 방향성 없이 정처 없이 떠도는 것이라면, '나그네 의식'은 고향으로 돌아가거나 고향을 회복하고 싶은 시적 주체의 뚜렷한 방향 내지 목적의식이 내재된 의식이라 하였다.[23]

그렇다면 기본적으로 유랑 의식을 내포한 위의 노래들은 유랑 의식을 드러내는 것에서 머물고 말았을까, 아니면 나그네 의식으로까지 나아갔을까? 단순히 유랑 의식을 드러낸 노래도 있고, 거기에서 한걸음 더 나아가 나그네 의식을 보여준 노래도 있다. 예를 들어, 〈사막의 한〉과 〈방랑자의 노래〉는 유랑 의식 자체를 보여준다.[24]

> 자고 나도 사막의 길 꿈속에도 사막 길 사막은 영원의 길 고달픈 나그네 길
> 낙타 등에 꿈을 싣고 사막을 걸어가면 황혼의 지평선도 고달픈 나그네 길 〈사막의 한〉

> 피 식은 젊은이 눈물에 젖어 낙망과 설움에 병든 몸으로
> 북극 한설 오로라로 끝없이 가는 애달픈 이내 가슴 누가 알거냐
>
> 돋는 달 지는 해 바라보면서 차겁고차갑고 물 맑은 고향 그리며
> 외로운 나그네 홀로 눈물 지울 때 방랑에 하루해도 저물어가네 〈방랑

---

[23] 최승호, 「백석 시의 나그네 의식」, 『한국언어문학』62호, 한국언어문학회, 2007, 512쪽.

[24] 본고에서 제시한 노랫말은 독립운동가요 책에 수록된 노랫말을 따랐음을 밝혀 둔다.

자의 노래 방랑가〉

〈사막의 한〉은 끝없이 이어지는 나그네 길을 그리는 데 초점을 맞춘 노래다. 노래의 화자話者가 가는 길은 사막이다. 노래에서 '사막'은 당대의 현실을 집약적으로 표현한 단어로 볼 수 있다. 아득히 크고 넓은 불모의 모래벌판이라는 점에서 사막은 황량한 곳이다.[25] 황량한 사막을 들어 현실을 표현한 것은 비극적인 상황을 극대화시키기 위한 장치다. 일제강점기라는 현실이 사막과 다르지 않았으리라 생각한다. 그리고 이러한 생각은 독립을 위해 한지寒地에서 갖은 고생을 하던 독립군들이 더했을 것이다. 그 때문에 〈사막의 한〉과 같은 노래를 자신들의 심정을 대변하는 노래로 향유했을 것이라 생각한다.

〈방랑자의 노래〉도 마찬가지다. 〈방랑자의 노래〉는 〈방랑가〉라는 제목으로 이애리수가 1930년에 빅타 음반회사에서 음반을 발매 빅타 49096한 이래로, 강석연과 이경설 등도 이 노래를 불러서 음반으로 발매했다. 여러 가수가 동일한 노래를 불렀고, 그것이 여러 차례 음반으로 발매되었다는 것은 그 자체로 노래의 인기를 증명해준다. 실제로 이 노래는 채규엽이 작사하고 작곡해서 노래까지 한 〈유랑인의 노래〉 콜럼비아 40087와 더불어 '방랑'이나 '유랑'을 소재로 한 대중가요의 효시에 해당한다. 그 뒤로 이와 유사한 소재의 노래들이 지속적으로 나왔기 때문이다.

---

[25] 장유정, 『오빠는 풍각쟁이야 : 대중가요로 본 근대의 풍경』, 민음in, 2006, 316~317쪽.

여기서 〈방랑가〉와 같은 노래가 인기를 얻을 수밖에 없던 당시의 상황을 생각할 필요가 있다. "피 식은 젊은이 눈물에 젖어 낙망과 설움에 병든 몸으로 북극 한설 오로라로 끝없이 가는 애달픈 이내 가슴 누가 알거냐"와 같은 노랫말에서 비극적인 현실을 짐작할 수 있다. "절망적인 조국의 현실에서 벗어나 이국을 떠돌 수밖에 없는 젊은이의 심정"을 그린 이 노래는 당시에 상당한 인기를 얻었다. 그런데 이 노래 또한 '나그네 의식'보다 '유랑 의식'에 초점을 맞추고 있는 노래다. 2절에서 "차갑고 물 맑은 고향 그리워"라고는 했으나, 현실에서 벗어날 기미가 보이지는 않는다는 점에서 유랑 의식이 도드라진다 할 수 있다.

하지만 지향점이 있고 없고를 두고 나그네 의식과 유랑 의식을 나눈다고 해서 나그네 의식이 유랑 의식보다 우위에 있다고 말하긴 어렵다. 이것이 대중가요라면 더욱 그러하다. 대중가요의 기능은 노래를 듣고 부르는 사람들의 마음을 대변하고, 그를 통해 그 사람의 마음을 위로해 주는 것이기 때문이다. 때로 지향점이 있는 것보다 내 심정을 그대로 읊어주는 것이 더 큰 위로가 될 때가 있다. 그런 점에서 〈방랑가〉는 조국을 떠나 갖은 고생을 하며 독립운동을 하던 많은 사람들의 마음을 울려주었을 것이고, 그러면서 자연스럽게 독립운동가요에 포함되었을 것이다. '신세한탄'을 담은 〈이원애곡〉이나 '회고주의'를 보여주는 〈황성의 적황성옛터〉이 인기를 얻은 것도 이와 유사하다.

그렇다고 대중가요로 전유된 모든 노래가 유랑 의식을 드러내는 것에만 그친 것은 아니다. 영화주제가였던 〈세 동무〉는 3절에서 어떤 지향점을 드러냈다. 〈세 동무〉의 노랫말은 다음과 같다.

지나간 그 옛날에 푸른 잔디에 꿈을 꾸던 그 시절이 언제이던가
서녘 하늘 해지고 날은 저물어 나그네의 갈 길이 아득하여라

장미같은 네 마음이 가시가 돋혀돋쳐 이다지도 어린 넋이 시들어졌네
사랑과 굳은 맹세 사라진 자취 두 번 다시 피지 못할 고운 네 모양

즐거웁던 그 노래도 서른 눈물도 저 바다의 물결 위에 띄워버리고
옛날의 푸른 잔디 다시 그리워 황혼의 길이나마 찾아가오리
〈세 동무〉

영화 「세 동무」는, 그 영화의 주제가 〈세 동무〉를 작곡한 김영환김서정이 각본과 감독을 맡았던 무성 영화다. 1928년에 단성사에서 개봉된 「세 동무」의 원래 제목은 「세 걸인」이었으나 검열 등의 문제로 「세 동무」로 제목을 바꾸었다.[26] 당시 영화 포스터에서 '세 동무'라는 제목 옆에 '제목을 고쳤다'는 뜻의 '개제改題'가 적혀 있는 것을 확인하였다. 1928년에 영화를 개봉한 이래로, 1930년에 채규엽이 채동원이란 이름으로 콜럼비아 음반 회사에서 영화 주제가인 〈세 동무〉를 음반으로 발표했다. 우리나라의 최초 학사 가수이자 직업가수였던 채규엽의 데뷔곡이기도 한 〈세 동무〉는 이후에 김연실, 강석연, 복혜숙 등이 각각 불러 음반으로 발매되었다.[27]

---

[26] 『동아일보』, 1928년 5월 8일.

[27] 필자가 채규엽을 연구해서 박사논문(2004년)을 쓸 당시만 해도 채규엽과 채동원이 동

변사로도 유명했던 김영환은 우리나라 초기 대중음악사와 영화사에서 빼놓을 수 있는 중요한 사람이다. 생몰연대와 고향, 학적 등 여러 가지가 여전히 정확하게 정리되지 않았으나[28] 〈세 동무〉를 위시하여 〈낙화유수강남달〉와 〈강남제비〉처럼 초기 한국 대중음악사에서 중요한 노래이자 독립운동가요로도 향유된 노래들을 만든 사람이기 때문이다. 김영환이 작곡하고 문수일이 작사한 〈세 동무〉는 기본적으로 유랑 의식을 드러내면서도 마지막에 지향점을 드러냈다는 점에서 여타 노래와 다르다.

즉 "즐겁던즐거웁던 그 노래도 서러운서른 눈물도 저 바다의 물결 위에 띄워버리고 옛날의 푸른 잔디 다시 그리워 황혼의 길이나마 찾아가오리"라고 해서 기쁨과 슬픔도 버리고 황혼의 길을 찾아가겠다고 하였다. '황혼의 길'이라는 지향점을 찾아가겠다고 한 것은 '푸른 잔디가 그립기' 때문이다. 즉 노래에서 '푸른 잔디'는 노래 속 화자가 꿈꾸는 일종의 낙원 내지 유토피아라고 할 수 있다. 그 모습이 구체적으로 드러나지는 않았으나 '다시'라는 부사어를 통해서 유랑 생활을 하기 이전의 공간이라는 것만은 알 수 있다.

사실상, 노래에 드러나는 낙원 내지 유토피아는 그리 대단하거나 거창한 곳이 아니다. 왜냐하면 노래 화자가 찾아가고자 하는 곳

일인인지 몰랐다. 그래서 채규엽의 〈유랑인의 노래〉와 〈봄노래 부르자〉가 채규엽의 데뷔곡이라 했었다. 하지만 이후, 연구를 하는 과정에서 채동원이 채규엽이란 증거를 찾았고(2009년), 이에 채규엽의 데뷔곡은 위의 노래들보다 한 달 먼저 발매된 〈세동무〉와 〈아리랑〉으로 공식 수정한다.

28 『조선일보』 1929년 8월 31일자 기사에 따르면 김영환의 고향이 마산인 것으로 나온다.

이 '황혼의 길'이기 때문이다. 해가 져 어스름해질 때가 '황혼'이면서, 보통 황혼이라고 하면 한 사람의 생애에서 막바지나 종말에 이른 상태를 비유적으로 지칭한다. 그렇다면 〈세 동무〉에서 "황혼의 길이나마 찾아가오리"라고 한 것은 희망보다 절망에 가까운 언술로도 보인다. 그리고 이러한 노래가 인기를 얻었다는 것은 노래를 부르는 사람들의 마음이 실제로 그러했다는 것을 알려주기도 한다. 절망 속에서 어떻게든 힘을 내어 "황혼의 길이나마 찾아가"려는 노력이 눈물겹기까지 하다.

한편, 〈세 동무〉는 4/3박자 A단조, 4음과 7음이 빠진 오음계로 이루어져 있어서 초기 트로트당시 '유행가'의 음악적 특성을 드러낸다.

2. 임에 대한 그리움을 표출한 노래

'유랑 의식'을 드러낸 대중가요와 더불어 독립운동가요로 전유된 대중가요는 '임에 대한 그리움'을 표출한 노래들이다. 그 정확한 정보를 제시하면 다음과 같다.

〈강남제비〉(김서정 작사, 김서정 작곡, 이애리수 노래, 1930년)
〈목포의 눈물〉(문일석 작사, 손목인 작곡, 이난영 노래, 1935년)
〈눈물 젖은 두만강〉(김용호 작사, 이시우 작곡, 김정구 노래, 1938년)
〈국경의 부두〉(유도순 작사, 전기현 작곡, 고운봉 노래, 1939년)
〈님의 얼굴(낙화유수)〉(김서정(김영환) 작사, 김영환 작곡, 이정숙 노

래, 1929년)

위의 노래 중 〈목포의 눈물〉과 〈눈물 젖은 두만강〉은 여전히 향유되는 대표 대중가요이자 오늘날 트로트의 원조 격에 해당하는 노래들이다. 당시에 상당한 인기를 얻었던 이러한 노래들은 독립군들 사이에서도 향유되었다. 노래들은 공통적으로 '임에 대한 그리움'을 표출하고 있다. 그런데 한용운의 말처럼, "그리운 것은 모두 임"이 될 수 있다. 〈목포의 눈물〉에 등장하는 '임'도 '사랑하는 임'이면서 '빼앗긴 나의 나라'로 읽을 수 있다. 그렇게 본다면 노래에서 일제에 대한 소극적 저항을 찾을 수 있다. 〈목포의 눈물〉은 이미 여러 차례 언급된 바 있다.[29] 따라서 여기서는 김서정김영환이 작사하고 작곡한 〈강남제비〉와 〈님의 얼굴낙화유수〉 두 곡에서 임에 대한 그리움이 어떻게 표출되는지 구체적으로 살펴보기로 한다.

먼저, 김서정김영환이 작사하고 작곡한 〈강남제비〉는 1930년에 이애리수가 빅타 음반회사에서 음반을 발매한 이후로 여러 가수가 다시 불러 발매되었다. 지금까지 확인되는 〈강남제비〉 음반의 목록은 아래와 같다.

〈강남제비〉(이애리수 노래, 빅타, 1930년)
〈강남제비〉(강금자 노래, 디어, 1931년)
〈강남제비〉(강석연 노래, 이글, 1931년)

---

29 〈목포의 눈물〉의 노랫말 상세한 분석은 장유정, 앞의 책, 287~291쪽을 참고할 수 있다.

〈그리운 그대〉(이경설 노래, 돔보, 1931년)
〈그리운 그대〉(강석연 노래, 이글, 1932년)
〈강남제비〉(김연실 노래, 시에론, 1932년)
〈강남제비〉(이경설 노래, 시에론, 1932년)
〈방랑의 노래〉(채규엽 노래, 컬럼비아, 1933년)

지금까지 확인되는 음반만 8장인데다가 1930년대 초반 유명한 가수는 한 번씩 모두 이 노래를 불렀으니, 당시 〈강남제비〉의 인기가 얼마나 대단했는지 알 수 있다. 제목도 〈강남제비〉뿐만 아니라 〈그리운 그대〉와 〈방랑의 노래〉라는 제목으로까지 발표되었다. 이 중에서 채규엽이 노래하고 안일파가 편곡한 〈방랑의 노래〉는 노랫말이 달라지고 바이올린과 가야금을 반주에 사용해서 독특한 느낌을 자아내는 노래이다.

〈강남제비〉의 원곡은 3절인데 『독립군 가곡집, 광복의 메아리』에는 1절만 실려 있다. 독립운동가요 모음집에 실린 〈강남제비〉의 노랫말은 다음과 같다.

강남 제비 돌아와 새봄은 왔건만 임은 어이 봄이 온 줄 왜 모르시는지
꽃이 피고 새가 울면 오신다하더니 임은 어이 봄이 온 줄 왜 모르시나요(『독립군 가곡집, 광복의 메아리』 〈강남제비〉)

봄이 와서 '강남 제비'가 돌아온 것과 달리 봄이 왔는데도 돌아오지 않는 '임'을 대조하여 비극적인 상황을 강조하였다. 게다가 노래

속 '임'은 "꽃이 피고 새가 울면 오신다"고 했던 임이다. 그런데도 오지 않는 임에게 "임은 어이 봄이 온 줄 왜 모르시나요"라고 하였다. 봄이 온 것조차 모르는 임이란 어떤 임일까? 노래를 듣고 부르는 사람들마다 다르게 느낄 수 있다. 하지만 독립군들에게 그 '임'이란 사랑하는 임이면서 '일제에 빼앗긴 나라'일 가능성이 높다. 봄이 오듯 광복이 오길 바라는 마음으로 그 노래를 듣고 불렀을 것이고, 그 때문에 '독립운동가요'에 포함되었을 것이다. 이는 〈님의 얼굴〉이란 제목으로 실린 〈낙화유수〉에서도 마찬가지로 확인할 수 있다.

> 강남달이 밝아서 님이 놀던 곳 구름 속의 그의 얼굴 가리워졌네
> 물망초 핀 언덕에 외로이 서서 물에 뜬 그의 얼굴 가리워졌네
>
> 멀고 먼 님의 나라 차마 그리워 정막한적막한 가람가에 물새가 우네
> 오늘밤도 슬슬이쓸쓸히 달을 지나니 사랑 속의 그늘 속 재워나주어
>
> 강남달이 지나면 외로운 신세 부평의 잎사귀에 벌레가 우네
> 차라리 이내몸이 잠드리로다 님이 절로 오시여서 깨울 때까지
> 〈님의 얼굴낙화유수〉

〈강낭달〉이란 제목으로도 알려진 〈낙화유수〉는 〈강남제비〉와 마찬가지로 김서정이 작사하고 작곡한 노래이다. 이 노래는 동명의 영화 「낙화유수」의 주제가이다. 1927년에 단성사에서 개봉한 영화 「낙화유수」는 원작 각색에 김영환김서정, 감독에 이구영, 주연에 복

「조선일보」 1927년 10월 6일

혜숙, 정암, 이원용, 이재현 등이 출연한 영화이다. "보라, 대중오락 본위의 명화"라는 광고에 호응하듯, 영화는 상당한 인기를 얻었다. 그에 따라 주제가인 〈낙화유수〉는 1929년에 콜럼비아 음반회사에서 이정숙의 노래로, 1930년에 빅타 음반회사에서 김연실의 노래로 발매되었다.

〈낙화유수〉는 〈강남제비〉와 마찬가지로 임에 대한 그리움을 표출한 노래이다. 1절에서는 구름에 임의 얼굴이 가려진 상황을 그리고 있다. 노래 화자는 임을 그리워하고 있다. 그런데 그 그리움을 "차마 그리워"라고 표현하였다. '차마'의 사전적 의미는 "부끄럽거나 안타까워서 감히"다. 그렇다면 "차마 그립다"는 것은 어떤 뜻일까? "부끄럽거나 안타까워서 감히" 그리운 대상이라면 나보다 나이나 지위가 높은 대상을 의미할 가능성이 높다. 그렇다면 내가 사랑하는 임이면서 '나라'를 의미한다고 보지 못할 이유가 없다. 독립운동가요로 불린 것도 그러한 것에서 연유한다. '남녀의 사랑'이 '나라에 대한 사랑'으로 사랑의 확장 내지 확대가 이루어졌다고 볼 수 있다.

그런데 이 노래는 쉽사리 희망을 말하지 않는다. 마지막 3절에서 희망보다 체념 내지 수동성을 느낄 수 있다. 즉 "차라리 이 내 몸이 잠드리로다. 임이 절로 오시여서 깨울 때까지"라고 해서 자신이 임을 찾아가기보다 임이 자신을 찾아와 깨울 때까지 잠들어 있겠다고 하였다. 어쩌면 식민지 시대에서 기약 없는 희망을 말하는 것보다, 노랫말처럼 체념과 좌절을 말하는 것이 솔직한 것인지도 모른다.

〈강남제비〉와 〈낙화유수〉는 임에 대한 그리움을 표출하긴 하였으나 두 노래 모두 노래 화자의 소극성을 표출한다는 점에서 공통적이다. 즉 그리워만 할 뿐 부재하는 임을 찾으려는 적극적인 노력 등이 보이지 않는다. 하지만 노래에 적극성이 드러나지 않더라도 노래가 지닌 서정성이 오히려 당대의 대중은 물론이고 독립운동을 하는 독립군들의 마음을 어루만져주고 위로해주었을 것이라 생각한다. 때로는 대안을 제시하고 해결책을 주는 것보다 있는 그대로의 상황을 드러내고 그에 공감하는 것이 더 큰 위로가 되기 때문이다. 즉 독립운동가요로 전유된 대중가요가 담당하고 있던 것은 바로 정서적인 측면이었고, 그의 주된 기능은 공감을 통한 위로였다. 그것을 독립운동가요로 전유된 대중가요에서 확인하였다.

Ⅳ. 맺음말

이상으로 독립운동가요로 불린 타 갈래의 노래들과 대중가요를 살펴보았다. 먼저 독립운동가요로 전유된 타 갈래 노래 중 민요, 동요, 예술가곡의 양상을 살펴보았다. 민요의 경우 노랫말을 바꿔 부른 것과 달리, 동요와 예술가곡은 대체로 원 모습 그대로 부른 것을 확인하였다. 즉 민요는 적극적으로 노랫말을 변형시켜 향유했고, 동요와 예술가곡은 채록 과정에서 노랫말이나 선율이 조금씩 달라지더라도 원형이 유지되었다.

대중가요도 동요와 예술가곡과 마찬가지로 되도록 원형을 유지하는 차원에서 향유되었다. 특히 독립운동가요로 전유된 대중가요는 노랫말에 따라 크게 두 가지로 나뉘었다. '유랑 의식을 드러낸 노래'와 '임에 대한 그리움을 표출한 노래'가 그것이다. '유랑 의식'은 어느 한 곳에 머무르지 않고 떠도는 의식이다. 그렇다면 '유랑 의식'을 드러내는 것 자체가 당대의 현실을 있는 그대로 반영한 것이라 할 수 있다. 그리고 그것이 독립운동을 위해 한지로 떠도는 그들의 삶과 마음을 대변해 주었다. 아울러 '임에 대한 그리움을 표출한 노래'도 '유랑 의식'과 자연스럽게 연결되기도 하였다. 다만 '유랑 의식'에 유랑 의식을 드러내는 것 자체에 초점을 맞춘 것과 달리, '임에 대한 그리움을 표출한 노래'는 부재不在하는 임에 대한 그리움과 노래 속 화자의 소극성이 드러난다는 특징을 드러냈다.

당대에 '유행했던' 대중가요는 당대인의 마음을 어떤 식으로든 울려주었다. 특히 한지를 떠돌며 독립운동을 하던 독립군들에게 이러한 노래들은 당대인의 감성을 자극하고 마음을 위로해 주었다. 아울러 노래가 지니고 있는 문학적 상징으로 인해 노래 속 '임'을 사랑하는 사람뿐만 아니라 '내 나라'라고 한다면 임을 그리워한다는 것은 나라를 그리워하는 것을 의미한다. 그리고 그러한 노래들이 고향과 나라를 그리워하는 많은 독립군들의 마음을 위로해 주었다.

대중가요 중 독립운동가요로 불렸던 노래가 있었다는 것은 짐작했던 일이다. 하지만 본고에서는 독립운동가요 중 대중가요를 불린 노래를 구체적으로 제시하고 그 양상과 특징을 살펴보았다. 그리고 이는 이 글의 처음에 말했던 것처럼, 노래가 세상에 나오면 그 의미가 달라진다는 것을 의미한다. 즉 누가 어디서 어떤 의도로 부르느냐에 따라 같은 노래도 다른 의미를 지니게 된다. 그리고 이는 대중가요가 후대의 일부 평가처럼 당대인을 체제 순응적으로 만들고 패배주의에 빠지게 하는 것이 아니라는 것을 알려 준다. 오히려 대중가요가 그들의 마음을 대변하고 그들을 위로해주며 그들이 앞으로 나아갈 힘을 주었다는 것을 의미한다. 그것을 구체적인 작품을 통해 확인했다는 것이 본고의 성과다. 앞으로 독립운동가요로 전유된 여타 갈래의 노래에 대해서도 본격적인 연구가 필요하다. 이는 후고를 기약한다.

참고 문헌

『조선일보』, 1975년 12월 11일.

김창남 외, 『노래1』, 실천문학사, 1984.

노동은, 『항일음악 330곡집』, 민족문제연구소, 2017.

독립군가보존회 편, 『광복의 메아리 : 독립군 가곡집』, 독립군가보존회, 1982.

송기한, 「조지훈 시의 유랑 의식 연구」, 『한중인문학연구』 23, 한중인문학회, 2008.

유동훈, 「항일 독립군가의 분석 및 영향 연구」, 상명대학교 석사학위논문, 2016.

이중연, 『신대한국 독립군의 백만용사야 : 일제강점기 겨레의 노래사』, 혜안, 1998.

장유정, 『오빠는 풍각쟁이야 : 대중가요로 본 근대의 풍경』, 민음in, 2006.

장유정, 「해방공간의 음악책 연구 : 초등 음악책 『우리노래』의 발굴 및 소개」, 『구비문학연구』 제60집, 한국구비문학회, 2021.

전정혁 편, 『조선족항일투쟁노래선집』, 료녕민족출판사, 1995.

최승호, 「백석 시의 나그네 의식」, 『한국언어문학』 62호, 한국언어문학회, 2007.

朝鮮總督府 警務局 編, 『朝鮮總督府 禁止單行本目錄』, 여강출판사, 1986원본은 朝鮮總督府, 1941.

https://terms.naver.com/entry.nhn?docId=358062&cid=42596&categoryId=42596

한국영화데이트베이스 https://www.kmdb.or.kr/story/135/4066

제3부

해외 한인 독립투쟁과 항일음악

항일가요의 가사 결합 양상과 특성
-〈조지아행진곡〉 활용 곡을 중심으로-

노복순(단국대학교 동양학연구원 연구교수)

Ⅰ. 머리말

항일가요[1]의 생성 방법 중 곡조 차용은 일반화된 사실이다. 이러한 사실은 여러 연구 논문을 통해서도 밝혀졌고 우리들이 알고 있는 대표적인 항일가요인 〈독립군가〉, 〈학도가〉, 〈신흥무관학교교가〉 등도 동일 방법으로 만들어진 노래들이라는 점에서 확인할 수 있다. 따라서 항일가요 관련 연구자들이 활용 빈도가 높은 원곡에 관심을 가지게 되는 것은 자연스러운 현상일 것이다.

본 연구자는 일제강점기 국내외에서 발생한 항일음악 관련 창가를 해제·연구하면서[2] 항일가요에서 〈조지아행진곡〉[3]의 활용이 활

---

[1] 일제강점기에 일제에 대한 저항과 항전의 현장에서 부른 노래를 독립군가(獨立軍歌), 독립운동가요(獨立運動歌謠), 애국창가(愛國唱歌), 반일가요(反日歌謠), 항일가요(抗日歌謠), 겨레의 노래, 나라사랑노래 등의 다양한 용어로 표현한다. 본고에서는 항일가요 관련 과제를 수행하면서 수집한 방대한 자료를 토대로 본 연구를 시작하였고, 연구대상의 노래들도 항일성의 여부를 중심으로 엄선하였기 때문에 이들 다양한 용어 중 '항일가요'로 통칭하여 사용하고자 한다.

[2] '항일음악의 보급과 연구를 위한 국내외 자료 수집·해제 및 DB구축' 연구 과제를 수행하는 과정에서 6,000곡의 가사를 DB화 하였고 이중 1,000곡에 대해서는 해제 작업을 하였다.

[3] https://blog.daum.net/osowny/12084986, 〈조지아 행진곡(Marching Through Georgia)〉은 미국의 헨리 C. 워크(Henry Clay Work, 1832~1891)가 남북전쟁의 영웅 윌리엄 테쿰세 셔먼(William T.Sherman,1820-1891)장군의 조지아 행군을 기념하기 위해 1865년에 작사, 작곡한 노래이다. 남북전쟁 막바지에 북군이 수세에 몰려 불리할 때 셔먼 장군은 조지아의 험난한 길을 관통하여 남군을 기습함으로써 승리의 결정적인 원인을 제공하였다. 이 곡조는 현재 미국의 문화유산으로 올라 있다. 이 곡은 일제의 육군, 인도의 영국 육군 등에서도 널리 불리는 등 세계적인 성공을 거두었다.

발하게 이루어진 점을 발견하게 되었다. 이에 이를 활용한 노래들은 어떤 것들이 있는가, 이들 활용 노래들은 어떤 방법으로 특정 곡조에 얹어 불렀는가, 또 이들 노래의 가사는 형식과 내용이 다양한데 어떻게 특정 곡조에 얹어 부를 수 있었는가 등에 의구심을 갖게 되었다. 본고는 이러한 관심의 발로로 항일가요 중 가장 많은 활용곡을 생산한 원곡 중 하나인 〈조지아행진곡〉의 활용 곡들을 살펴보고자 한다.

먼저 〈조지아행진곡〉을 활용한 항일가요 관련 선행연구를 살펴보겠다. 〈조지아행진곡〉을 단일 주제로 연구한 선행연구는 찾아보기 어렵다. 다만 항일가요의 다수 노래들이 기존의 잘 알려진 곡조에 '노가바노래가사 바꿔 부르기' 방식으로 생산되었다는 연구가 있다. 이러한 연구의 악곡 분석과 해제를 통해 일부 항일가요의 원곡이 〈조지아행진곡〉으로 밝혀지고 있다. 노동은은 국내외의 인쇄본과 필사본의 항일음악 중 악보를 제시할 수 있는 대표적인 곡을 엄선하여 『항일음악 330곡집』을 출간하였다. 이 책에서는 각 악곡에 대한 생성 배경, 가사의 의미와 지향, 악곡의 원곡을 밝히고 있는데 이 중 16곡[4]을 〈조지아행진곡〉의 활용 곡으로 연구·발표하였다.

---

[4] 〈경성2〉(열셩잇난 쳥년들아), 〈국문창립기념〉, 〈작대〉, 〈신흥무관학교교가〉, 〈만세가〉, 〈구세군가〉,〈군병가〉, 〈자유가1〉(한반도 강산 우리나라는), 〈한영서원가〉, 〈구주전장 한인군가〉, 〈나라보전〉, 〈독립가4〉(터젓고나 터젓고나 조션독립셩), 〈보국〉, 〈어린이날 노래〉, 〈조선의 자랑〉, 〈국민회가〉(노동은 편저, 『항일음악330곡집』, 민족문제연구소, 2016). 이중 〈자유가1〉에 대해 전체 마디가 16마디인 점, ab+cb의 형식인 점, 앞 악절처럼 같은 구조에서 리듬을 다르게 만들거나 후렴처럼 같은 곡조에서 박을 길게 늘이고 있지만 기본적으로는 동일한 선율진행을 보여주고 있다는 점을 들어 〈조지아행진곡〉이 원곡이라고 하였다. 그러면서도 이는 편곡을 넘어 작곡의 개념으로 보

민경찬은 1,000여 곡의 창가를 대상으로 한국 근·현대예술사 서술을 위한 기초 연구 시리즈인 해제집을 발간하였다. 여기에는 악보가 있는 창가집 중 음악 교과서로 사용된 창가집에 수록된 창가, 한국 근대음악사에서 중요한 역할을 했다고 판단되는 창가집에 수록된 창가 120편을 대상으로 연구하고 있는데 〈조지아 행진곡〉이 원곡인 창가로 〈야구가〉, 〈휘문야구응원가〉, 〈작대〉, 〈보국〉, 〈경성〉, 〈국문창립기념〉, 〈압흐로〉, 〈한영셔원가〉가 있다고 하였다.[5]

반혜성은 하와이 호놀룰루에서 출판된 『애국창가』에 수록된 전곡 77곡을 분석하였는데 이 연구[6]에서 〈조지아행진곡〉 곡조를 활용한 노래는 〈보국가〉, 〈작대가〉, 〈한영셔원가〉, 〈만셰가〉, 〈군병가〉, 〈깊이생각〉 등 6곡을 들고 있다. 김보희는 하와이판 『애국창가』1916를 중심으로 광성중학교 『최신창가집』1914과 1910년대 '애국창가'를 싣고 있는 창가와 『신한민보』에 수록된 창가를 연구하였다.[7] 이 연구 결과 중 하나로 〈조지아행진곡〉에서 가장 많은 독립운

고 작곡자 미상으로 표기하고 있다(노동은, 위의 책 157쪽 참조). 그러나 본고에서는 원곡과의 동일 선율을 찾아보기 어려워 〈자유가1〉은 활용 곡이 아닌 창작곡으로 보고자 한다.

5 민경찬, 『한국창가의 색인과 해제』, 한국예술종합학교 한국예술연구소, 1997. 이 중 〈야구가〉와 〈휘문야구응원가〉는 본고에서 제외하고자 한다. 이는 『최신중등창가집 부악리』, 『풍금독습중등창가집』에 각각 수록되어 있는데 가사의 내용 상 항일성을 담보하기 어렵기 때문이다.

6 반혜성, 「1916년 하와이 호놀룰루 발행 『애국창가』연구」, 『이화음악논집』23;1, 이화여재대학교 음악연구소, 2019.

7 김보희, 「1910년대 국외 '애국창가'에 대한 음악학적 연구:하와이판 『애국창가』(1916)를 중심으로」, 『동양학』 제78집, 단국대학교 동양학연구원, 2020, 175~176쪽.

동가요를 파생시켰음을 알 수 있다[8]고 하였다. 또한 『애국창가』의 대부분의 곡조는 새로 창작된 창가가 아니라 기존의 찬송가와 일본 창가, 그리고 외국의 민요선율을 차용하여 독립운동과 계몽운동에 필요한 새로운 가사를 지어 노래하였다고 하였다. 이처럼 선행연구는 개별 악곡을 대상으로 한 해제 차원의 연구에 그치고 있을 뿐 〈조지아행진곡〉을 활용한 노래를 총망라 하여 개사 가사를 대상으로 한 깊이 있는 연구는 찾아보기 어렵다.

이에 본고는 이들 선행 연구를 통해 연구 발표된 〈조지아행진곡〉 곡조를 활용한 항일가요들과 항일음악 해제 과제를 수행[9]하면서 추출한 활용 곡[10]을 최대한 확보하여 〈조지아행진곡〉 곡조와 다양

8 〈조지아행진곡〉의 곡조를 활용한 애국창가로 『애국창가』(1916)에 수록된 〈보국가〉, 〈작대가〉, 〈한영서원가〉, 〈만세가〉, 〈군병가〉, 〈자유가〉와 『최신창가집』(1914)에 수록된 〈경성〉, 〈국문창립기념〉, 〈독립군가〉, 〈신흥무관학교교가〉가 있다고 발표하였다(김보희, 위의 논문, 194쪽). 그러나 『애국창가』의 〈자유가〉는 〈조지아행진곡〉을 원곡으로 보기 어렵고, 『최신창가집』에 수록되어 있다는 〈독립군가〉, 〈신흥무관학교교가〉는 〈조지아행진곡〉의 곡조를 활용한 노래인 것은 맞지만 『광복의메아리』, 『배달의 맥박』에 수록된 곡임을 밝혀 두고자 한다.

9 과제를 수행했던 13개의 가요집에서 항일성을 담보할 수 있는 노래 1,000곡을 엄선하여 진행하였는데 그 자료집을 열거하면 다음과 같다. 만주 광성학교 발행 『최신창가집부악전』(1914); 호놀룰루 발행 『애국창가』(1916), 독립군가보존회 편찬 『광복의 메아리』(1982); 독립군시가집 편찬위원회 발행 『배달의 맥박 증보판』(1984); 한유한 『광복군가집』(1943); 전정혁 『조선족항일투쟁노래선집』(1995); 중국음악가협회연변분회편집 『 혁명가곡집』(1961); 태인수, 『태인수창가집』(1932); 조선노동당중앙위원회직속당역사연구회, 『혁명가요집』(1959); 이민 『동북항일연군가곡선』(1991); 리덕태·최윤영, 『조선족애창가요집』(1994);『조선노래대전집』(2004); 남희철, 『항일가곡선집』(2015).

10 애국창가 관련 13개의 가요집에서 그중 〈조지아행진곡〉을 원곡으로 하는 항일가요 18곡을 확인할 수 있었다.

한 가사가 어떻게 결합하여 악곡을 형성하는지 그 구체적인 방법을 살펴보고자 한다.

먼저 다양한 가사가 특정 곡조와 결합하면서 어떠한 양상으로 리듬과 박자를 생산해 내는가이다. 이는 문학적 측면에서 가사의 음절과 음보의 관계와 비교하면서 분석하고자 한다. 또한 동일 곡조를 사용한 가요들은 어떤 특성이 있는지도 궁구해보고자 한다. 나아가 이를 토대로 〈조지아행진곡〉이 왜 이처럼 많은 항일가요로 활용하게 되었는가도 살펴보겠다.

Ⅱ. 찬송가를 '노가바'한 항일가요

1. 〈조지아행진곡〉을 활용한 항일가요

본고의 연구대상인 항일가요 중 〈조지아행진곡〉을 활용한 노래는 어떤 것들이 있는지 그 출처와 악곡을 살피고, 이들 노래들은 어떠한 점에서 원곡과 관련성을 가지는 지 가사의 구조를 통해 알아보고자 한다.

〈조지아행진곡〉의 곡조를 활용한 항일가요 중 가사를 중심으로 중복된 내용[11]을 제외하면 19곡[12]이다. 이들 대상 곡을 제시하면 아래와 같다.

〈표 1〉 〈조지아행진곡〉 활용 곡과 출처

출처	〈조지아행진곡〉 활용 곡	연구 대상
광성학교 최신창가집	작대, 보국, 경성, 국문창립기념	작대, 보국, 경성, 국문창립기념, 한영서원가, 깊이생각, 만세가, 군병가, 독립군가, 신흥무관학교가, 제3로군성립기념가, 대구청년회가, 어린이날노래, 구주전장 한인군가, 나라보전, 독립가, 조선의 자랑, 국민회가, 압흐로,
애국창가	보국가, 작대가, 한영서원가, 깊이생각, 만세가, 군병가	
(사) 손승룡본 창가집 (곡) 애국창가	구세군가	
근화창가	조선의 자랑	
(곡)이상준, 최신중등창가집 (사)동아일보	어린이날 노래	
광복의 메아리	독립군가, 신흥무관학교교가, 어린이날 노래	

[11] 출처는 다르지만 곡명과 가사 내용이 동일한 경우, 출처와 곡명은 다르지만 가사 내용이 동일한 경우, 가사가 거의 유사한 경우에는 가사가 좀 더 일찍 발표된 자료의 노래를 선정하였다.

[12] 항일 관련 가요집 자료에 수록된 〈조지아행진곡〉 곡조를 활용한 곡은 전체 27곡이다. 이중, 〈작대(작대가)〉, 〈보국(보국가)〉, 〈어린이날 노래〉, 〈독립군가〉, 〈신흥무관학교교가〉는 곡명, 가사, 곡조가 동일하고, 〈군병가(구세군가)〉는 곡명은 다르지만 가사가 동일하다. 따라서 동일 가사를 제외한 19곡을 연구 대상으로 삼고자 한다.

출처	〈조지아행진곡〉 활용 곡	연구 대상
배달의 맥박	신흥무관학교교가, 독립군가, 대구청년회가, 어린이날 노래	
김인식,교과적용보통창가집 전	압흐로	
(사)신한민보, (곡)항일음악 330곡집	구주전장한인군가	
독립기념관 한국독립운동정보시스템	독립가	
동북항일연군가곡선	제3로군성립기념가	
항일음악 330곡집	나라보전	
(사)신한민보 (곡)항일음악330곡집	국민회가	

이들 활용 곡들은 전체 26곡으로 나타난다. 그중 『최신창가집』의 〈작대〉, 〈보국〉은 『애국창가』의 〈작대가〉, 〈보국가〉와, 『애국창가』의 〈군병가〉는 손승룡본 『창가집』의 〈구세군가〉와, 『광복의메아리』의 〈독립군가〉, 〈신흥무관학교교가〉, 〈어린이날 노래〉는 『배달의 맥박』의 〈독립군가〉, 〈신흥무관학교교가〉, 〈어린이날 노래〉와 가사 내용이 동일하다. 또한 〈어린이날 노래〉는 이상준 『최신중등창가집』에 수록된 〈야구가〉곡조[13]와 『동아일보』에 게재된 가사의 곡조와 동일하다. 이처럼 이들 동일한 노래를 다른 자료집에서도 찾아볼 수 있는데 이들 동일 가요를 제외하면 19곡이 된다.

[13] 『동아일보』 1925년 4월 30일 6면. 여기에는 '곡조는 〈야구가〉(장엄하고 활발한 야구수들아)와 한가지'라고 명기 되어있다.

2. 〈조지아행진곡〉과 찬송가 〈모두 전진하라〉

항일가요의 원곡은 〈조지아행진곡〉으로 알려져있지만 이를 먼저 '노가바'하여 한국 찬송가로 불린 〈우리들의 싸울것은〉[14]이 교회를 통해 널리 확산되면서 〈조지아행진곡〉이 아닌 이 곡의 가사를 바꾸어 부른 형태로 항일가요는 '노가바'되었을 것으로 조심스럽게 짐작해 본다. 그 근거 자료로 1865년 헨리 워크가 작사·작곡하여[15] 발표한 당시의 〈조지아행진곡〉과 이를 일본어로 개사하여 1900년에 발표한 악보와 가사를 제시하면 아래와 같다.

표지	가 사[16]
	Verse 1 Bring the good old bugle, boys, we'll sing another song Sing it with a spirit that will start the world along Sing it as we used to sing it, 50,000 strong While we were marching through Georgia. Chorus Hurrah! Hurrah! we bring the jubilee! Hurrah! Hurrah! the flag that makes you free! So we sang the chorus from Atlanta to the sea While we were marching through Georgia.

[14] 일본 홀리네스교단 초창기 지도자인 미다니 다네끼지(三谷種吉, 1868~1945) 목사가 작사하여 그가 편집 출판한 『복음창가,1900』 1장에 〈모두 전진하라,-皆進め〉라는 제목으로 넣은 것이다. http://blog.daum.net/osowny/12084986

[15] 〈악보1〉의 표지와 악보 첫 번째 페이지 상단에 "Words and Music by HENRY C. WORK."라고 표기되어 있다.

[16] 한정된 지면상 가사는 1절과 후렴만 제시하고자 한다.

악 보			판권

〈악보 1〉〈조지아행진곡〉 표지, 가사, 악보[17]

미국 듀크대학교가 소장하고 있는 1865년 발표한 〈조지아행진곡〉은 성악곡으로 코러스 부분은 혼성 4부 합창과 피아노 반주로 화음을 이루는 완전한 합창곡 악보로 작곡된 노래임을 확인할 수 있다.[18] 가사의 내용과 구조로 보아 이를 항일가요에 수용했다고 보기는 어렵다.

다음은 〈조지아행진곡〉을 일본의 미다니 다네끼지三谷種吉 목사가 일본어로 작사하여 『복음창가, 1900』 1장에 〈모두 전진하라,-皆進め〉[19]라는 제목으로 수록한 악보와 가사를 살펴보겠다. 참고로 여

[17] Work, Henry C. (Henry Clay), Marching through Georgia; In honor of Maj. Gen. Sherman's famous march "from Atlanta to the sea"; No. 29, Root & Cady, Chicago (Ill.), 1865. https://repository.duke.edu/dc/hasm/b2018, 미국 듀크대학교(Duke University) 소장 악보 자료에는 악보의 표지, 노래 악보 3쪽과 판권까지 완전하게 보존하고 있어 1865년 출판 당시 〈조지아행진곡〉의 음악 내용과 서지사항을 정확히 확인할 수 있다. 본고에서 언급하는 〈조지아행진곡〉 관련 내용은 대부분 이 자료를 기반으로 하였다.

[18] https://repository.duke.edu/dc/hasm/b2018에서 제공한 정보에 의하면 Choruses, Secular (Mixed voices, 4 parts) with piano라고 명시되어 있다.

[19] https://repository.duke.edu/dc/hasm/b2018. 미다니 다네끼지(三谷種吉,

기에 수록된 일본어 가사 1절과 후렴만을 한국어로 번역해 보면 찬송가 393장 〈우리들의 싸울 것은〉과 동일한 내용의 가사임을 확인할 수 있다.

악보	일본어 가사	한국어 번역 가사
	1절 我らのいくさは 肉ならず 我らのいくさは 人ならず 我らは悪魔とたたかひて 罪よりはなるべし。 〈折り返し〉 皆進め もろともに 皆歌へ もろともに 悪魔の軍勢とたたかひて かちどきあぐるまで。	1절 우리들이 싸울 것은 육이 아니요 우리들이 싸울 것은 인간 아니요 우리들은 악마들과 싸움으로써 죄로부터 해방될지라 〈후렴〉 일심으로써 전진하여라 일심으로써 노래불러라 악한 마귀 군사들과 힘써 싸워서 개선가를 부를때까지

〈악보 2〉〈모두 전진하라〉 악보와 가사

위의 두 악보를 비교해 보면, 헨리 워크가 1865년 당시 발표한 〈조지아행진곡〉을 미다니 다네끼지三谷種吉 목사가 일본어로 노가바하여 〈모두 전진하라〉로 발표한 것을 확인할 수 있다. 원곡 〈조지아행진곡〉은 B♭장조, 4/4박자, 16마디로 ♪ ♬ ♪ ♪ ♪ ♪ ♪ ♪의 리듬이 주를 이루며 부점리듬이 13회 출현한다. 반면 〈모두 전진하라〉는 G장조, 2/4박자, 32마디로 ♪ ♬ ♪ ♬ / ♪ ♬ ♪ ♪으로 부점리듬이 32회 출현한다. 비교하면, 곡조는 거의 같으나 〈조지아행진곡〉 셋째 마디, 즉 〈모두 전진하라〉의 5~6마디에 해당하는 부분에

1868~1945) 작사 · 헨리 C. 워크(Henry Clay Work, 1832~1891) 작곡, 〈第一皆進め〉, 『복음창가,1900』, 1900.

서 선율에 변화를 주었을 뿐이다. 다시 말해 동일곡조에 일본어로 개사하면서 부점리듬을 확대 강화한 것으로 분석된다.

위의 두 악보를 비교해 볼 때 항일가요는 곡조 면에서는 〈조지아 행진곡〉을 원용하였지만 가사 측면에서는 미다니 다네끼지三谷種吉 목사가 일본어로 노가바한 〈모두전진하라〉를 한국어로 번안하여 찬송가 393장 〈우리들의 싸울 것은〉[20]로 널리 전파된 것으로 보인다. 이는 성결교단에서 출간한 『신증복음가』에 수록된 〈March Onward! 뎨四 힘써나가셰〉[21]의 가사와 곡조가 〈第一皆進め 모두 전진하라〉와 정확히 일치한다[22]는 점에서 더욱 그렇다.[23]

따라서 본고는 찬송가 〈우리들의 싸울 것은〉을 기반으로 우리 민족의 항일가요가 확대 재생산되었던 것으로 보고자 한다.[24] 이해를 뒷받침하기 위해 찬송가 393장 〈우리들의 싸울 것은〉과 항일가요

---

[20] 393장 〈우리들의 싸울 것은〉은 〈뎨四 힘써나가셰)〉와 곡조와 가사가 동일하며 곡명만 다르다.

[21] 〈뎨四 힘써나가셰〉는 1919년 『신증복음가』에 처음 수록된 이후 1924년, 1930년, 1937년, 1940년 1947년 『부흥성가』 목록에는 보이나 이후에는 찬송가 제목으로 찾아보기 어렵다.

[22] 〈조지아행진곡〉과 〈모두 전진하라〉를 비교하면 곡조면에서 5~6마디의 선율에 차이가 있었지만 『신증복음가』에 수록된 〈March Onward!(뎨四 힘써나가셰)는 미다니 다네끼지가 노가바한 〈모두 전진하라〉와 비교하면 곡조와 리듬 모두 동일하다. 따라서 성결교단에서 발행한 『신증복음가』에 수록된 〈March Onward!(뎨四 힘써나가셰)는 〈조지아행진곡〉을 노가바한 〈모두 전진하라〉와 곡조와 리듬 가사가 동일한 노래라 하겠다. 즉 이는 일본어를 한국어로 번안한 노래다.

[23] 논의의 편의를 위해 『신증복음가』에 수록된 〈뎨四 힘써나가셰〉 악보는 4항 〈악보3〉에 제시하여 비교하고자 한다.

[24] 본고의 논리로는 〈뎨四 힘써나가셰〉와 비교하는 것이 정확한 논리일 수 있지만 현재는 이곡이 〈우리들의 싸울것은〉으로 널리 알려져 애창하는 찬송가이기 때문에 이 곡명으로 비교하여 이해를 높이고자 한다.

로서 〈조지아행진곡〉의 곡조를 활용한 노래 중 가장 널리 알려진 〈독립군가〉[25]와 비교해 보겠다

3. 가사의 형식

찬송가 393장 〈우리들의 싸울 것은〉의 가사구조를 살펴보면, 전체 4절로 구성된 분연형식으로 후렴이 있다. 각 절은 4행으로 이루어졌는데 각 행의 리듬을 분석해 보면, 4·4·5조/4·4·5조/4·4·5조/4·5조 4행으로 3음보의 4·4·5조8·5조가 주 리듬으로 제4행에서는 4음절이 적은 2음보의 4·5조로 변체시형을 보이고 있다. 이러한 형식은 각 절에도 모두 동일한 구조이다.

각 절에 이어지는 후렴의 형식은 4행으로 5·5조/5·5조/4·4·5조/4·5조로 구성되어 2음보 5·5조가 중심리듬이나 3행에서는 3음보 4·4·5조의 변체시형을 이루고 있다. 5·5조는 조선시대 사대부계층의 전통시가에서는 거의 찾아보기 어려운 운율로 전통적 정형율에서 벗어난 개화기 시가에서 볼 수 있는 시형이다. 후렴의 마지막행인 4행은 4·5조로 1,2행의 5·5조에서 1음절을 덜어 낸 구조이다. 따라서 각 절은 3음보 중심으로 마지막 4행에서 2음보로 변화를 주었고, 후려에서는 2음보 중심 구조에서 3행에 4음보로 변화

25 1914년에 발표된 〈보국〉, 〈경성〉, 〈국문창립기념〉도 〈독립군가〉와 거의 유사한 음절과 음보를 가지고 있다. 여기에 제시한 악보는 1982년에 출간된 『광복의 메아리』에 수록된 것으로 〈독립군가〉의 가사와 곡조가 같이 수록된 최초의 원본이다. 해방 이전 또는 1982년 이전에는 곡조와 가사가 함께 실린 악보는 찾아보기 어렵다.

를 주어 자유로운 시형을 구성하고 있음을 알 수 있다.

『광복의 메아리』 〈독립군가〉의 가사는 전체 4절로 구성된 분연 형식으로 후렴이 있다. 각 절은 4·4·5/3·4·5/3·4·5/3·5조 4행 3음보 중심으로 마지막 4행에서는 2음보로 구성하여 변화를 주고 있다. 1행의 4·4·5조는 4·4는 전통적 리듬이고 5는 2·3과 3·2로 분할이 가능한 8·5조 구성이다. 2,3행의 3·4·5조는 7·5조로 외래적 리듬의 개화기 창가 구조이다. 마지막 4행은 3·5로 5는 2·3의 구조이다. 그러나 4절 4행은 3·4로 1음절을 덜어낸 리듬으로 변화를 주었다. 전체적으로 각 절은 1음절 정도의 약간의 변화는 있지만 1,2,3행은 3음절, 4행은 2음절로 구조화된 형식을 갖추고 있다.

후렴은 4·5/4·5/4·4·5/3·3조의 4행으로 구성되어 있다. 1,2행의 4·5조는 전통적 리듬인 4·4조의 변형으로 정형성에서 벗어나려는 시도로 개화기 시가에서 볼 수 있다. 3행의 4·4·5조는 8·5조로 5는 2·3, 3·2으로 분할되어 창가에 자주 등장하는 구주이다. 마지막 4행의 3·3조는 전통적 4·4조의 변형 또는 5·5조의 개화가사 변형으로 볼 수 있는 자유로운 시도를 추구한 시형으로 보인다.

〈표 2〉 〈우리들의 싸울 것은〉과 〈독립군가〉 가사구조 비교

찬송가 393장 〈우리들의 싸울 것은〉	음보율	『광복의 메아리』 〈독립군가〉26	음보율
1.		1.	
우리들의 싸울것은 혈기아니요[4·4·5]	3음보	신대한국 독립군의 백만용사야 [4·4·5]	3음보
우리들의 싸울것은 육체아니요[4·4·5]	3음보	조국의 부르심을 네가아느냐 [3·4·5]	3음보

26 독립군가보존회, 『독립군가곡집 광복의 메아리』, 독립군가보존회, 1982, 45쪽.

찬송가 393장 〈우리들의 싸울 것은〉	음보율	『광복의 메아리』 〈독립군가〉26	음보율
마귀권세 힘써싸워 깨쳐버리고[4·4·5]	3음보	삼천리 삼천만의 우리동포들 [3·4·5]	3음보
죽을영혼 살릴것일세 [4·5]	2음보	건질이 너와나로다 [3·5]	2음보
(후렴)		(후렴)	
일심으로써 힘써나가세 [5·5]	2음보	나가나가 싸우려나가 [4·5]	2음보
일심으로써 힘써싸우세 [5·5]	2음보	나가나가 싸우려나가 [4·5]	2음보
마귀들의 군사들과 힘써싸워서[4·4·5]	3음보	독립문의 자유종이 울릴때까지 [4·4·5]	3음보
승전고를 울리기까지 [4·5]	2음보	싸우려 나가세 [3·3]	2음보
2.		2.	
우리들의 입은갑옷 쇠가아니요[4·4·5]	3음보	원수들이 강하다고 겁을낼건가 [4·4·5]	3음보
우리들의 가진보검 강철아니요[4·4·5]	3음보	우리들이 약하다고 낙심할건가 [4·4·5]	3음보
하나님께 받아가진 평화복음에[4·4·5]	3음보	정의의 날쎈칼일 비끼는곳에 [3·4·5]	3음보
거룩하신 말씀이로다 [4·5]	2음보	이기리 너와나로다 [3·5]	2음보
3.		3.	
악한마귀 제아무리 강할지라도[4·4·5]	3음보	너살거든 독립군의 용사가되고 [4·4·5]	3음보
우리들의 대원수는 구쥬예수니[4·4·5]	3음보	나죽으면 독립군의 혼령이됨이 [4·4·5]	3음보
두려말고 용기있게 힘써싸우세[4·4·5]	3음보	동지야 너와나의 소원아니냐 [3·4·5]	3음보
구원함을 얻을때까지 [4·5]	2음보	빛내리 너와나로다 [3·5]	2음보
4.		4.	
죄악중에 빠진사람 죄를뉘웃고[4·4·5]	3음보	압록강과 두만강을 뛰어건너라 [4·4·5]	3음보
십자가에 달린예수 믿기만하면[4·4·5]	3음보	악독한 원수무리 쓸어몰아라 [3·4·5]	3음보
위태한데 빠진영혼 구원얻어서[4·4·5]	3음보	잃었던 조국강산 회복하는날 [3·4·5]	3음보
천국백성 될것임일세 [4·5]	2음보	만세를 불러보세 [3·4]	2음보

위와 같이 찬송가 〈우리들의 싸울 것은〉과 『광복의 메아리』 〈독립군가〉의 가사구조를 살펴본 결과 각 행을 비교할 때 약간의 음절을 가감한 변화는 보이지만 전반적으로 구조는 동일하다고 본다. 각 절 4행, 후렴 4행으로 구성된 4절의 가사를 지닌 분연형식인 점, 모든 절에서 1,2,3행은 3음보, 4행은 2음보이고 후렴은 1,2,4행은 2음보 3행은 3음보로 구조화된 점, 가사 내용이 진취적이고 투쟁적인 점을 공통적으로 확인할 수 있다.

세부적으로 보면 음수율 면에서 1절 4행과 후렴 1,2,4행에서 정형성을 벗어난 자유로운 변체 시형으로 음절의 차이를 보이고있다. 그러나 가사를 바꿔 부를 때 음수의 차이는 거의 문제가 되지 않는다. 음수에 맞게 박의 길이를 가감하면 되기 때문이다. 결과적으로 〈우리들의 싸울것은〉과 〈독립군가〉는 모든 행에서 음보율과 전체적인 형식이 일치하고 있어 너무나 자연스럽게 '노가바'가 가능하였던 것으로 짐작된다.

4. 곡조의 리듬

찬송가 〈우리들의 싸울 것은〉과 〈힘써나가세〉는 G장조 2/4박자이다. 음수율을 보면, 4·4·5/4·4·5/4·4·5/4·5로 8·5조 3음보 형식이다. 마지막 4행에서는 '죽을영혼 살릴것일세'로 4·5로 이루어져 있다. 이는 1~3행까지 이어온 8·5조에서 벗어나 자유로운 형태로 바뀌는 것을 알 수 있다.

힘써나가세	우리들의 싸울것은	독립군가

〈악보 3〉 〈힘써나가세〉[27] 〈우리들의 싸울것은〉[28] 〈독립군가〉 악보 비교

이러한 변이형태는 성악곡에서 그 원인을 찾을 수 있다. 만약 4·4·5가 아닌 4·4·4·4의 음수로 박을 채운다면 숨 쉴 공간이 없어 다음 마디를 연이어 부를 수가 없다. 대부분의 성악곡에서는 4마디 단위로 숨을 쉬게 되는데 이런 이유 때문에 각행의 끝음절에 2분음표 𝅗𝅥를 위치시켜 4분음표 ♩ 길이는 노래를 부르고 나머지 4분음표 길이는 숨을 쉬는 공간을 제공한다. 그래서 2/4박자인 이 곡의 경우는 4, 8, 12, 24, 28, 32마디 마지막 박에 모두 2분음표와 그에 상응하는 길이의 숨 쉴 시간적 여유를 마련하고 있다.

성악곡에서는 숨을 쉬는 여백을 위해 가사의 음수는 절대적인 영

---

[27] 성결교단, 〈March Onward〉, 『신증복음가』, 1919, 4쪽. 오선보 아래에 〈뎨四 힘써나가세〉로 곡명을 제시하고 1~4절의 가사와 후렴을 함께 수록하고 있는데 〈우리들의 싸울 것은〉과 거의 동일한 가사구조와 내용을 확인할 수 있다. 참고로 악보를 제시하여 이해를 제고하고자 한다.

[28] https://godpeople.or.kr/hymn/2825430

향을 받을 수밖에 없다. 따라서 1, 2, 3행의 마지막 음수는 '5' 즉 4·4형태가 아닌 2·3의 형태로 음수를 덜어서 개사하게 된다.

특히 이러한 호흡은 높은 음이나 강조하고자 할 때는 훨씬 강한 음량을 생산해야 하기 때문에 준비해야 하는 물리적인 시간도 상대적으로 더 필요하다. 따라서 후렴을 시작하기 전 마디인 4행에서는 다음에 이어지는 후렴의 곡조가 완전 5도까지 음정을 높여서 강하고 힘있게 불러야 하기에 더 많은 물리적인 에너지를 장전할 시간이 필요하다. 그런 이유로 4행에서는 4박자 𝅗𝅥+𝅗𝅥 길이를 두어 2박은 노래를 하고 2박은 충분한 숨 쉴 시간을 제공하고 있는 것이다.

〈조지아행진곡〉을 원곡으로 한 찬송가 〈우리들의 싸울 것은〉과 이들 곡조를 활용한 〈독립군가〉를 형식적인 면을 비교해 보면 1절 4행과 후렴 1, 2, 4행에서 음절의 차이는 있다. 그렇지만 이는 단순한 음수율의 변화로 보기보다는 박자를 길게하여 강조하거나 변화를 주어 다름을 표현하고자 하는 핵심 공간으로 이해할 수 있을 것이다. 따라서 이 후렴 첫 어절을 보면 강조하고자 하는 어휘들로 구성됨을 확인할 수 있을 것이다. "나가나가 싸우러 나가"의 "나가나가"에 가장 높은 음d과 긴박 ♩.을 위치시켜 강조를 극대화하고 있다.

가사의 구조를 바탕으로 한 전반적으로 곡조의 주 리듬을 보면 ♪. 𝅘𝅥𝅯 ♪. 𝅘𝅥𝅯/♪. 𝅘𝅥𝅯 ♪. 𝅘𝅥𝅯/♪. 𝅘𝅥𝅯 ♪. 𝅘𝅥𝅯/𝅗𝅥//♪. 𝅘𝅥𝅯 ♪. 𝅘𝅥𝅯/♪. 𝅘𝅥𝅯 ♪. 𝅘𝅥𝅯/♪. 𝅘𝅥𝅯 ♪. 𝅘𝅥𝅯/𝅗𝅥의 부점 리듬으로 거의 동일하다. 다만 뒷부분에서 〈우리들의 싸울 것은〉의 ♪. 𝅘𝅥𝅯 ♪. 𝅘𝅥𝅯/♩ ♪. 𝅘𝅥𝅯/𝅗𝅥와 〈독립군가〉의 ♩ ♪. 𝅘𝅥𝅯/♪. 𝅘𝅥𝅯 ♪. 𝅘𝅥𝅯/ 𝅗𝅥 //이런 정도의 극히 미미한 차이가 있을 뿐이

다. 후렴의 리듬도 ♪ / ♩. ♪ / ♩. ♪ / ♪. 𝅘𝅥𝅯 ♪. 𝅘𝅥𝅯 / ♩. ♪ / ♩. ♪ / ♩. ♪ / ♪. 𝅘𝅥𝅯 ♪. 𝅘𝅥𝅯 / 𝅗𝅥 로 두 곡이 엇박으로 시작하는 것 까지 모두 정확하게 일치한다.

이처럼 가사의 구조와 곡조의 리듬을 비교해 볼 때, 찬송가 〈우리들의 싸울 것은〉과 〈독립군가〉는 거의 일치하는 구조임을 알 수 있고 가사의 내용도 진취적이고 역동적인 의미를 내포하고 있어 항일가요의 〈조지아행진곡〉 활용 곡들은 원곡인 〈조지아행진곡〉을 활용했다기보다는 찬송가 〈우리들의 싸울 것은〉을 '노가바'한 것으로 생각된다. 따라서 본고에서는 원곡을 〈우리들의 싸울 것은〉으로 보고자 한다.

그 이유는 먼저 가사의 구조, 즉 각 절이 4행과 후렴 4행으로 구성된 점, 둘째 음수율과 음보율에서 8.5조 3음보를 중심으로 한 변체 시형으로 구성된 점, 셋째 후렴의 반복되는 어구와 변격의 음수율로 구성된 점, 넷째 가사에 내포된 의미가 진취적, 투쟁적인 면에서 항일가요와 맞닿아 있다는 점이다. 다시 말해서 항일가요에 수용되어 '노가바'한 〈조지아행진곡〉 곡조는 일본 찬송가로 '노가바'된 것을 한국어로 번안하여 한국 찬송가로 수용하였고 이를 항일가요의 다양한 노래로 '노가바'한 것으로 보인다.

Ⅲ. 가사와 곡조의 결합 양상

〈조지아행진곡〉을 원용한 항일가요를 살펴보면 리듬의 형태면에서 현격한 차이를 보이는 점이 부점리듬의 출현 빈도이다. 원곡은 부점리듬이 총 33회 출현한다. 그런데 이들 활용 곡들은 부점리듬의 출현 빈도에 따라 13~16회와 27~35회로 그 유형이 뚜렷하게 나타난다. 여기에 아예 부점리듬이 제거된, 원곡과는 완전 변이된 유형도 찾아볼 수 있다. 이들을 유형화하여 가사의 구조와 어떠한 관련이 있는지 살펴보겠다.

1. 원곡 원용 유형

노래의 리듬과 가사의 구조를 중심으로 원곡의 활용도가 높은 악곡[29]을 구분하여 보면, 〈한영서원가〉, 〈만세가〉, 〈군병가〉, 〈압흐로〉, 〈어린이날 노래〉, 〈독립군가〉, 〈신흥무관학교교가〉가 이에 해당된다. 이들 악곡들을 살펴보겠다.

〈한영서원가〉는 『애국창가』1916에 뎨十八쟝 〈한영셔원가〉로 수록되어 있다. 모두 4절이 수록되어 있다. 이중 1절 가사를 보면, 4·4·5/4·4·5를 ♪. 𝅘𝅥𝅯 ♪ ♪ ♪. 𝅘𝅥𝅯 ♪ ♪의 리듬으로 2행 4마디, 후렴은

[29] 원곡은 부점 리듬을 33회 사용하고 있는데 이들 노래들도 27~35회까지 사용하고 있어 상대적으로 부점 리듬을 최소화 한 악곡들과 구분하였다.

3·4·5/3·4/4·5/4·5/3·4·5/4·4의 6행 12마디로 가사 구성의 형식면에서 후렴을 확대하여 반복하고 있어 모곡에 변화를 시도하였음을 알 수 있다. 그런데 전체 악곡을 보면, 4/4박자 16마디로 동일하게 구성한 것이고 조성은 Bb장조이다. 또한 리듬 구성도 1자1음으로 구성하고 있어 8·5조의 음수율을 지닌 가사로서 원곡의 리듬에서 크게 벗어나지는 않는다. 즉 본 절을 2행으로 짧게 구성하였고 후렴에서 "한영서원만세"를 4번 반복하여 한영서원 교가로서의 의미를 강조하고 있음을 읽을 수 있다.

〈만세가〉는 『애국창가』1916에 수록된 곡으로 〈한영서원가〉와 마찬가지[30]로 동일구조로 앞부분은 2행으로 후렴은 6행으로 Bb장조 4/4박자, 16마디로 구성된 악곡이다. 여기에서 '활발한 기상으로 손을듭시다/○○○○만만세라'의 가사를 반복하고 있는데 곡조에서도 동일가사는 동일 리듬을 사용하여 표현하고 있다.

〈군병가〉 역시 『애국창가』1916에 수록된 곡으로 가사만 수록되어 있고 보표는 18장 〈한영서원가〉와 같다고 표기되어 있다. 가사 앞부분은 4·4·5/4·5·5/4·4·5/5·3 4행의 8·5조 구성이고 후렴은 6·6/6·6/4·4·5/3으로 모곡의 가사 구성을 따르고 있으나 마지막 행에서 3음절만으로 리듬을 만들다 보니 아마도 붙임줄을 사용한 일자다음一字多音의 방법으로 리듬을 맞춰 불렀을 것으로 짐작된다.

〈압흐로〉[31]는 Bb장조 4/4박자 16마디로 1절 가사의 앞부분은

---

30 『애국창가』(1916), 47쪽, 〈만세가〉는 가사만 수록되어 있고 "보표는 18장(한영서원가)과 같음"이라고 표기되어 있다.

31 김인식, 『교과적용보통창가집 전(教科適用普通唱歌集 全)』, 경성(京城): 보급서관(普及書館), 1912, 第二十六. 이 자료집은 오선보와 한국어로 기록된 음악교과서이다. 보통

〈작대〉와 동일하지만 Ab장조 4/4박자 16마디의 〈작대〉와는 리듬은 다르다. 〈작대〉는 부점리듬이 제한적이지만 〈압흐로〉는 원곡의 리듬과 동일한 구조로 부점리듬이 주를 이룬다. 동일한 내용의 가사라도 리듬과 조성을 달리하며 변화를 추구하고 있다.

〈어린이날 노래〉는 『배달의 맥박』[32]과 『광복의 메아리』에 1절 가사가 악보와 함께 수록되어 있다. 그런데 〈어린이날노래〉가사는 『동아일보』에 2절로 된 가사가 처음 발표되었는데 가사와 함께 말미에 "곡조는 〈야구가〉 '장엄하고 활발한 야구수들아'와 한가지"[33] 라고 기록되어 있다. 따라서 방정환이 작사한 〈어린이날 노래〉[34]는 기존의 노래인 〈야구가〉[35] 곡조에 노가바 형식으로 불러 확산된 것을 알 수 있다. 그런데 동일곡명으로 광성학교 『최신창가집』1914에 〈야구〉 무쇠골격 돌근육 소년남자야가 수록되어 있는데 이는 곡명만 동일할 뿐 가사와 곡조는 이상준, 『중등창가집』과 다르다. 따라서 광성학교 『최신창가집』에 수록된 〈야구〉는 〈어린이날 노래〉와는 다른

학교와 고등학교, 고등여학교의 교수용을 목적으로 만들어졌다. 발행사를 경성의 청송당서점(青松堂書店)으로 옮겨서 1917년 5월8일 재판을 발행하였다. 초판본은 현재 전하지 않는다.

32 독립군시가집편찬위원회, 『독립군 시가집 배달의 맥박』 증보판, 1984, 456쪽.

33 〈어린이날노래〉는 동아일보 1925.04.30.6면에 처음 그 가사가 발표하였다. 여기에는 "곡조는 〈야구가〉 '장엄하고 활발한 야구수들아'와 한가지"라고 기록되어 있다. 이 가사는 이상준이 작사한 노래로 중등창가집 53~54쪽에 실려있다.

34 『시대일보』 1926.4.26.4면; 『동아일보』 1927.4.26.3면; 『중외일보』 1928.5.3.2면; 『동아일보』1932.5.1.5면; 『신한민보』 1936.6.4.3면; 『매일신보』 1931.5.3.4면, 『동아일보』에 1925년 4월 30일 6면에 발표된 이후 거의 매년 어린이날을 전후하여 『시대일보』, 『동아일보』, 『매일신보』, 『중외일보』, 『신한민보』 등에 그 가사를 발표하였는데 매번 곡조에 대하여 "곡조는 野球歌" 또는 "野球歌曲"으로 소개하고 있다.

35 이상준, 『최신중등창가집 부악리』(1922), 73~74쪽.

곡조이다. 또한 『애국창가』1916에는 광성학교 『최신창가집』의 〈야구〉와 곡조는 같으나 곡명이 다른 곡으로 〈소년남자가〉가 있다. 따라서 애국창가의 〈소년남자가〉와 광성학교 『최신창가집』의 〈야구〉는 〈어린이날 노래〉의 곡조 〈야구가〉와는 다르다는 것을 확인할 수 있다.

〈어린이날노래〉 가사의 음수율을 보면 4·3·5/3·4·5/4·4·5/3·5//5·5/6·5/4·4·5/6·3이다. 후렴 첫 행을 〈야구가〉와 비교해 보면 '야구수들아 야구수들아' → '만세만세를 갓치부르며[36]'로 동일한 음절과 음보로 창작한 것을 알 수 있다. '만세만세를'의 조사 '를'을 제거하고 '만세만세'의 4음절로 부를 수도 있었을 텐데 조사 '를'을 넣어 5음절로 동일하게 개사한 것은 원곡의 리듬을 그대로 살려서 부르기 용이하게 하는 방편이었을 것으로 짐작된다.

〈신흥무관학교 교가〉는 『광복의메아리』와 『배달의맥박』에 수록되어 있는데 동일가사의 동일곡조로 모곡과 마찬가지로 4행의 후렴이 있는 각 절 4행의 3절로 구성되어있다. 1절의 각행 음절은 4·4·5/4·4·5/4·4·5/3·5이고 후렴은 4·5/4·5/4·4·4/3·5의 구조로 두 가요집의 가사가 8·5조로 거의 동일[37]한데 음악 형식면에서는 약간의 차이를 보이고 있다. 『광복의 메아리』에는 G장조 2/4박

---

36 1925년 9월 25일 『동아일보』 6면에 〈어린이날 노래〉 가사의 후렴 첫 어절은 '만세만세를 갓치부르며'로 발표하였는데 1928년 5월 3일 『중외일보』의 기사를 보면 '동모여동모여 손을잡고서'로 개사하여 발표하고 있다. 이후 1936년 6월 4일 『신한민보』에 이르기까지 수차례에 걸쳐 〈어린이날노래〉 가사가 신문에 소개되었는데 모두 개사된 후렴으로 발표된 것을 확인할 수 있다.

37 1절 4행의 가사가 약간의 차이를 보이는 데 『광복의 메아리』에는 '젖 먹여 기른 이'라고 하였고, 『배달의 맥박』에서는 '젖 먹여준 이'로 각각 표현하였다.

자 32마디로, 『배달의 맥박』에는 F장조 4/4박자 16마디로 각각 기보되어 있다. 또한 『광복의 메아리』에서는 후렴 첫 어절인 '우리우리'에서 첫음절 '우'를 앞마디의 마지막 박에 불러 엇박으로 시작한다. 그러나 『배달의 맥박』에서는 9번째 마디 후렴에서 첫 박에 '우리우리'의 첫 음절 '우'를 불러 차이를 보이고 있음을 확인할 수 있다. 리듬 면에서는 『광복의 메아리』에서는 ♪ ♬ ♪ ♬ / ♪ ♬ ♪ ♬, 『배달의 맥박』에서는 ♪ ♬ ♪ ♬ ♪ ♪ ♪ ♪이 패턴화 되어 나타난다. 그런데 이러한 차이는 어쩌면 다름으로 보기에는 무리가 있다는 생각이다. 이들 가요집은 각각 1982년과 1984년에 출판된 것으로, 독립군가보존회와 독립군시가집편찬위원회에서 생존 지사들을 대상으로 광범위하게 발굴·수집하여 부른 노래를 기록한 것이다. 따라서 이런 정도의 차이는 원래 노래가 다르기보다는 기보나 제보자들의 차이에서 기인된다고 할 수 있을 것이다. 이들 원곡을 원용한 노래를 리듬과 밀접하게 관련된 음수율을 음보를 단위로 정리하면 아래와 같다.

〈표 3〉 원곡을 원용한 유형의 항일가요

곡명	출처	1절 음수율	후렴 음수율
한영서원가	애국창가	4·4·5/4·4·5	3·4·5/4·4/4·6/4·6/3·4·5/4·
만세가	애국창가	4·4·5/4·4·5	3·4·5/4·4/4·6/4·6/3·4·5/4·
군병가	애국창가	4·4·5/4·5·5/4·4·5/5·3	3·3·6/3·3·6/4·4/5·3
압흐로	김인식보통창가집	4·4·5/4·5·5/4·4·5/3·3·2	3·3·5/3·3·5/4·4·5/3·3·2
어린이날 노래	동아일보	4·3·5/3·4·5/4·4·5/3·5	5·5/6·5/4·4·5/6·3

곡명	출처	1절 음수율	후렴 음수율
독립군가	광복의메아리	4·4·5/4·4·5/4·4·5/3·5	4·5/4·5/4·4·5/3·3
신흥무관학교 교가	광복의메아리	4·4·5/4·4·5/4·4·5/3·5	4·5/4·5/4·4·4/3·5

위와 같이 이들 노래 가사는 모두 후렴이 있고 전체적으로는 8행의 구조로 구성된 공통점을 확인할 수 있다. 〈한영서원가〉와 〈만세가〉는 후렴의 가사가 확대되고 앞부분의 가사가 상대적으로 축소된 2음보격으로 나타나지만 후렴에서 6음보격으로 확장되어 전체적으로는 8음보격으로 동일하다. 〈우리들의 싸울 것은〉이 모두 8음보격으로 구성되어 있고 4·4·5조의 8·5조를 중심으로 변화된 변체 시형을 가지고 있는 점에서 이들 원용 노래들은 유사하다 하겠다. 따라서 이들 노래의 가사는 음절수가 유사하기 때문에 1음1자의 리듬 형태를 유지하며 원곡에서 크게 벗어나지 않는 원곡을 원용한 노래로 부점리듬의 빈도가 원곡과 유사하게 나타나며 전체적으로 가사와 곡조 구조면에서 동일성을 구축하고 있다하겠다.

〈한영서원가〉를 통해 가사의 음수율과 리듬의 관계를 원곡과 비교해 보겠다. 원곡인 〈우리들의 싸울 것은〉이 4·4·5/4·4·5/4·4·5/4·5//5·5/5·5/4·4·5/4·5 음수율을 가진 8음보격의 가사이다. 4/4박자에서 1행이 2마디를 이루는 1음보격은 음절수가 13개에서 제일 적을 경우는 4행과 8행에서 9개의 음절수를 가지고 있다. 음보격 단위로 보면 2마디 안에서 소화해야하는 음절수는 많게는 13개 적게는 9개가 된다. 따라서 리듬은 이들 음절수의 영향에 따라 결정된다하겠다. 물론 붙임줄이나 이음줄을 사용한 경우도 아주 드물게 존재하는 경우도 있다.

〈한영서원가〉는 4·4·5/4·4·5//3·4·5/4·4/4·6/4·6/3·4·5/4·4의 음수율을 보이고 있다. 후렴이 6음보격이고 앞부분이 2음보격으로 구조면에서 차이가 있지만, 곡조의 구조에 이를 그대로 반영하면 8음보격으로 무리가 없는 구조이다. 각 행을 중심으로 음보나 음수율을 원곡과 비교하면 1,2행은 동일한 8·5조이고 3행과 4행은 1음절의 과음절寡音節이 발생하고 있다. 이는 바로 리듬에 영향을 주는데 다섯째 마디의 마지막 박에서 붙임줄을 사용하여 과음절을 해결하고 있다.

5행과 6행에서는 1음절이 많고, 7행과 8행은은 1음절의 과음절이 있어 역시 5째 마디의 마지막 박에서 붙임줄을 사용하여 해결하고 있다. 이는 악곡의 구조 상 반복되는 부분인데 가사를 개사할 때도 이러한 부분까지 염두에 두고 개사를 한 것을 알 수 있다.

이처럼 원곡과 비교할 때 음절수의 차이가 미미하기 때문에 곡조의 리듬 차이도 미미한 것을 확인할 수 있다. 실제로 이들 원곡을 원용한 유형의 노래들을 보면 음보격이나 음수율에서 거의 차이가 미미하여 전체적인 리듬은 부점리듬을 사용하여 거의 유사한 구조를 보이고 있다.

이처럼 원곡을 원용한 노래는 가사의 구조가 기본적으로 원곡과 유사하고 이와 밀접하게 관련된 리듬도 역시 원곡과 유사한 부점리듬이 주를 이루고 있는 것을 알 수 있다.

가사	악보
一. 하나님을사랑ᄒᆞ고동포사랑은 일월같은우리목뎍높이셰우셰 (후렴) 활발ᄒᆞᆫ긔샹으로압셔나가셰 한영서원만만셰라 만셰만셰한영셔원만셰 만셰만셰한영셔원만셰 활발ᄒᆞᆫ긔샹으로압셔나가셰 한영서원만만셰라	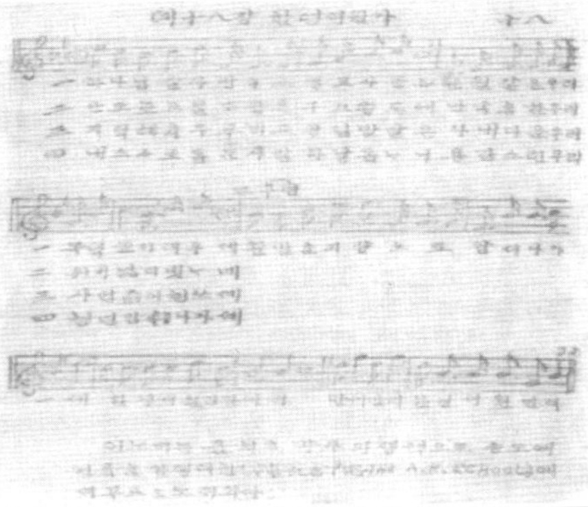
二. 산도높고물고곱은千고왕도에 만국통한우리위치넓이빗ᄂᆞ네 三. 지덕톄육두루ᄇᆡ고공업발달은 사내다운우리사업즮여힘쓰셰 四. 내스ᄉᆞ로돕ᄂᆞᆫ사람하날돕ᄂᆞ니 용감스런우리쳥년압셔나가셰	

〈악보 4〉〈한영서원가〉[38]의 가사와 악보

[38] 〈한영서원가〉는 안애리 창가집(1915)에도 수록되어 있다. 이 창가집은 하와이 『애국창가』(1916)보다 먼저 출판된 가요집이지만 이는 항일가요나, 애국창가집이 아닌 일반적인 모든 창가를 수록한 가요집이다. 따라서 본고는 항일가요에 그 맥이 닿아있으므로 애국창가만을 엄선하여 수록한 『애국창가』의 〈한영서원가〉를 비교자료로 제시하고자 한다. 참고로 안애리 『창가집』에 수록된 〈한영서원가〉는 G장조 4/4박자 16마디로 부점 중심의 리듬을 보인 4절로 구성된 노래이다. 따라서 애국창가에 수록된 〈한영서원가〉와는 단3도 이조된 곡이라는 점에서만 차이가 있을 뿐이다.

2. 부점 리듬이 약화된 유형

원곡의 리듬은 대부분 부점리듬으로 진행되는 데에 반해 상대적으로 부점리듬이 절제되어 최소화 된 형태로 나타나는 노래들을 구분하여 살펴보겠다.[39] 이들 리듬의 변화를 상세하게 드러내기 위해서는 문학계에서 일반적으로 통용되고 있는 음수율의 율조보다는 음보 단위로 음절을 살펴 그 미묘한 차이를 보겠다. 음수율보다는 음보 단위로 구체적인 음절의 변화를 살펴보는 것이 정확한 리듬 변화를 파악할 수 있을 것으로 생각되어 가사의 전체 구조를 음보 단위의 음절로 파악하여 리듬과의 결합양상을 보고자 한다.

〈작대〉[40]는 『최신창가집』1914과 『애국창가』1916에 수록되어 있는데 각각 '作隊'와 '뎨十쟝 쟉딕가'로 노래 제목을 표기하고 있다. 이 노래는 만주 독립군 진영에서 대를 지어 전진하며 단결심을 고취하여 당시 학생들 사이에서도 많이 불렀다고 한다.[41] 가사는 『최신창가집』에는 2절, 『애국창가』는 3절까지 수록되어 있고 각 절 4행, 후렴 4행으로 모두 8행으로 구성되어 앞부분은

---

39 항일가요에서 〈조지아행진곡〉을 원용한 노래들의 원곡은 찬송가 〈우리들의 싸울 것은〉이라고 할 수 있는데 여기에는 33개의 부점리듬이 사용되었다. 이를 충실하게 원용한 항일가요의 활용 곡들은 부점리듬이 많게는 각 악곡 별로 27~33개 정도로 나타난다. 『광복의메아리』〈신흥무관학교교가〉 35개,〈독립군가〉33개, 김인식, 『보통창가집』〈압흐로〉 32개, 〈구세군가〉, 〈군병가〉, 〈깊이생각〉, 〈한영서원가〉는 모두 각각 27개를 사용하고 있다.

40 『애국창가』의 〈작대가〉도 음수율이나 음보율이 동일하여 붙임새에 차이가 있을 뿐 유사한 구조의 리듬을 구현하고 있다.

41 이중연, 『신대한국독립군의 백만용사야』, 혜안, 1998, 124쪽.

4·4·5/4·4·5/4·4·5/3·5이고 후렴은 5·5/5·5/4·4·5/3·5로 음절은 1, 2절이 동일하다. 음악 형식을 보면 『최신창가집』에는 Ab장조 4/4박자 16마디이고, 『애국창가』에는 A장조 4/4박자 16마디 구성으로 조성이 다르다. 리듬은 ♪. ♬ ♪ ♪ ♪ ♪ ♪ ♪/♪. ♬ ♪ ♪ ♩의 리듬 형으로 거의 유사하다. 후렴에서는 '만세만세'에 ♪ ♩. ♪ ♩.를 사용하여 비교적 점 4분음표 ♩.의 긴박을 사용하여 강조하고 있다. 전체적으로 마디마다 첫 박에 부점 리듬이 출현하고 이어서 8분음표의 균등 리듬으로 진행되는 구조이다.

<table>
<tr><th>가사</th><th>원본 악보</th><th>해보 악보</th></tr>
<tr><td>一.
동포들아쪠를지어노래부르세
아름다운목소래와깃분맘으로
고함소래노피하며용맹스럽게
거름을맛초며가세
(후렴)
아모근심염여말고갓튼맘으로
거름을맛초며가세
만세만세를갓치부르며
만세만세를노래합시다
二.
지금우리행보하여나아갈때에
졍숙하고엄졍하여문난함업시
단졍하고활발스러운구두소래에
거름을맛초며가세</td><td></td><td>
</td></tr>
</table>

〈악보 5〉〈작대〉의 가사와 악보

〈작대〉와 유사한 가사를 가진 노래로 〈압흐로〉가 있다. 〈압흐로〉[42]는 〈작대〉의 가사와 1절의 앞부분 가사는 동일하고 후렴은 다르다. 리듬은 〈작대〉는 부점 리듬이 제한적인데 반해 〈압흐로〉는 부점리듬이 주를 이룬다. 동일한 내용의 가사라도 리듬과 조성을 달리하며 다름을 추구하고 있다. '압흐로'는 후렴에서 반복적으로 사용하며 깅조한 가사인데 곡명이기도 하다.

〈보국〉은 『최신창가집』1914에는 保國으로, 『애국창가』1916에는 뎨五쟝 〈보국가〉로 기록되어 있다. 이들 곡의 가사는 각각 3절로 구성되어 있는데 앞서 언급한 〈작대〉와 음절수가 거의 유사하다. 『최신창가집』에는 가사만 수록되어 있고 '보표는 상동'이라고 표기되어 있다.[43] 이는 앞쪽에 수록된 〈작대〉와 동일하다는 의미이다. 보국 1절 가사는 4·4·5/4·4·5/4·4·5/3·4이고 후렴은 4·5/4·5/4·4·3/4으로 〈작대〉와는 음절수가 차이가 있어서 사실 〈보국〉의 곡조에 가사를 붙이면 차이가 있어 부르기가 어색하다. 즉 마지막 어절 '무강켓네'를 8박에 걸쳐 리듬 분할을 하며 곡조의 선율을 맞추는 방식이다. 대부분 1음1자로 리듬을 구현하는 방식에 비하면 상당히 예외적인 리듬이라 하겠다. 이처럼 부득이하게 음절에 곡조를 맞춰 부르지만 이를 통해 당시의 노래 창작 방법을

---

[42] 김인식, 『교과적용보통창가집 전(教科適用普通唱歌集 全)』, 경성(京城): 보급서관(普及書館), 1912, 第二十六. 이 자료집은 오선보와 한국어로 기록된 음악교과서이다. 보통학교와 고등학교, 고등여학교의 교수용을 목적으로 만들어졌다. 발행사를 경성의 청송당서점(青松堂書店)으로 옮겨서 1917년 5월8일 재판을 발행하였다. 초판본은 현재 전하지 않는다.

[43] 광성학교, 『최신창가집』, 84쪽.

짐작할 수 있다. 잘 알려진 곡조에 가사만 바꿔 부르는 방식이 통용된 것을 알 수 있다.

〈경성警醒〉은 『최신창가집』1914에 동일제목으로 두 곡이 수록되어 있는데 각각 가사와 곡조가 다르다. 〈조지아행진곡〉을 원곡으로 하는 곡은 '열성잇난 청년들아'로 시작되는 노래로 악보는 없이 가사만 수록되어 있고 보표는 〈작대가〉와 동일하다고 기재되어 있다. 따라서 Ab장조 4/4박자 16마디의 악곡 형식을 갖추고 있다. 가사의 음수율을 보면 4·4·5/4·4·5/4·4·5/4·5이고 후렴은 8·5/8·5/4·4·5/5·4로 음보율은 동일하지만 음절수는 차이가 있어 리듬도 변화를 주고 있다. 특히 후렴1,2행은 8·5의 음수로써 가장 많은 음절수를 보이고 있다. '네아모리 네아모리'로 표현된 가사로 외치듯 빠르게 몰아쳐 ♪ ♬ ♬ ♪ ♪ ♪ ♬ ♬ ♪ ♪로 리듬을 구사하며 건국 청년이 있는 한 아무리 억압과 약탈을 일삼아도 심신은 뺏을 수 없다고 소리쳐 외치듯 표현하고 있다. 역시 이 곡의 주요 리듬은 8·5조에 맞춘 ♪. ♬ ♪ ♪ ♪ ♪ ♪ ♪/♪. ♬ ♪ ♪ 𝅗𝅥 //가 자주 등장하여 원곡의 곡조를 그대로 활용하여 '노가바'한 것을 확인할 수 있다.

〈대구청년회가〉는 『배달의 맥박』에 수록된 곡이다. 가사는 4·4·5/4·4·5/4·4·5/3·3이고 후렴은 4·4/4·4/4·4·4/3으로 후렴 1, 2행의 리듬이 지금까지의 8.5조 악곡들과는 다르다. 대부분이 8분음표에 이어 점 4분음표로 뒷 음절이 길어 ♪ ♩. ♪ ♩. 외치듯이 부르는 느낌이지만, 이 곡은 앞 음절이 점 4분음표 뒷음절이 8분음표 ♩. ♪ ♩. ♪로 '대구대구', '청년청년'을 강조하며 부른다. 이는 다른 활용 곡에서 느껴지는 진취적이고 역동적이기보다는 온화하고 따뜻한 느낌으로 〈대구청년회가〉만의 존재감을 드러내고 있다.

〈나라보전〉[44]은 중국 관내에서 일제강점기에 널리 불린 곡으로 가사의 구조적인 면에서 원곡의 구조를 충실하게 모방하고 있다. 모두 3절의 가사를 가지고 있는데 4행을 1연으로 각각의 절을 이루고 후렴도 4행을 갖추고 있다. 음수율을 보면 앞부분은 4·4·5/4·4·5/4·4·5/2·4 후렴은 4·5/4·5/4·4·5/3·4로 되어있어 8·5조로 볼 수 있다. 4행의 2·4음수율과 8행의 3·4음수율은 음절을 최소화하였기 때문에 리듬도 ♩ ♩ ♩ ♪ ♪/ 𝅗𝅥 ♩/으로 맞춰 부른다.

1, 2, 3, 7행의 4·4·5의 3음보로 된 8·5조 음수율 구조에서는 ♪. 𝅘𝅥𝅯 ♪ ♪ ♪ ♪ ♪ ♪/♪. 𝅘𝅥𝅯 ♪ ♪ 𝅗𝅥로 일자일음의 구조로 맨 마지막 음절을 𝅗𝅥로 장인長引하여 숨을 쉬고 호흡을 정리할 수 있는 안정적인 공간을 제공하고 있다. 이는 동시에 다음에 이어지는 어절을 강하게 표현할 수 있는 에너지를 생성하는 역할도 제공하게 되고, 여러 사람들이 함께 부르는 제창, 합창에서는 호흡을 맞추기 용이한 구조이다.

〈독립가4〉[45]는 〈나라보전〉과 가사의 구조가 유사하다. 다만 2행이 3·4·5로 약간의 변화를 주었고, 4행과 8행에서 8·5의 음수율을 보이는데 이는 앞부분이 4·4·5/3·4·5/4·4·5/8·5, 후렴은

---

44 〈나라보전〉은 『망향성』에 처음 보이나 본고에서는 노동은, 『항일음악 330곡집』, 212~213쪽을 참고하였다.

45 독립기념관 한국독립운동정보시스템(http;//search.i815.or.kr/), 자료번호; 1-000924-003『獨立歌』

4·5/4·5/4·4·5/4·4·5로 음절수가 많기 때문에 〈나라보전〉과는 달리 4행의 '살아고나 살아고나 이 한 소리에'를 ♪ ♪ ♪. 𝅘𝅥𝅯 ♪ ♪ ♪ ♪ / ♪ ♪ ♪ ♪ ♩ 𝄽/로 리듬을 잘게 쪼개어 곡조의 박자에 맞춰 부르는 구조이다. 음절수 4·4·5에서 4·4는 8로 볼 수 있어 4·4·5는 곧 8·5조이다. 따라서 3·4·5도 앞의 3·4는 4·4에서 한 음절이 덜어진 변형된 형태로 8·5조에 해당한다.

〈표 4〉 부점 리듬이 약화된 유형의 항일가요

곡명	출처	1절 음수율	후렴 음수율
작대	최신창가집	4·4·5/4·4·5/4·4·5/3·5	5·5/5·5/4·4·5/3·5
보국	최신창가집	4·4·5/4·4·5/4·4·5/3·4	4·5/4·5/4·4·3/4
경성	최신창가집	4·4·5/4·4·5/4·4·5/4·5	8·5/8·5/4·4·5/5·4
국문창립기념	최신창가집	4·4·5/4·4·5/4·4·5/4·2	4·3/4·4/4·4·5/3·4
대구청년회가	배달의 맥박	4·4·5/4·4·5/4·4·5/3·3	4·4/4·4/4·4·4/3
나라보전	항일음악330곡집, 망향성	4·4·5/4·4·5/4·4·5 /2·4	4·5/4·5/4·4·5/3·4
독립가	항일음악330곡집	4·4·5/3·4·5/4·4·5/8·5	4·5/4·5/4·4·5/4·4·5

이들 노래는 원곡의 가사구조와 유사하게 정형성의 주 리듬인 4·4·5,3·4·5,4·4·3등으로 나타난 8·5조를 보이지만 다른 다양한 리듬이 혼재되어 일정한 리듬이 제거된 5·5,3·3,3·5,4등 변형된 자유로운 구조를 보이고 있다.

이들 유형 중 대표적인 노래인 〈작대〉를 중심으로 살펴보자.[46]

[46] 아래 표에 제시한 가사는 원본의 가사를 원용하였고 설명 부분의 가사는 현대어로 제시하고자 한다.

'동포들아 떼를지어 노래부르세'는 4·4·5로 ♪ ♬ ♪ ♪ ♪ ♪ ♪ ♪ / ♪ ♬ ♪ ♪ 𝅗𝅥의 리듬을, '걸음을마추며 가세'는 3·5로 ♩ ♪ ♬ ♩ ♪ ♬ / 𝅗𝅥 ♩ 𝄽의 리듬을, 후렴의 '만세 만세를 같이 부르며'는 5·5로 ♪ ♩. ♪ ♩. ♪ / ♪ ♬ ♪ ♬ ♩.의 리듬을 각각 생성한다. 이처럼 전체적으로 8행의 다양한 음수율이 나타나고 있는데 이는 결과적으로 리듬의 다양성과 직결된다. 이러한 음수율은 가사의 시형과 박자는 관련이 없고 오로지 악곡의 리듬과 패턴에 영향을 미친 것으로 확인된다.

이와 같이 원곡을 충실하게 원용한 노래와 원곡의 부점 리듬을 최소화한 노래를 구분하여 살펴보았는데 이들 노래의 가사 구조는 모두 8행의 3음보와 2음보가 혼재된 8·5조를 중심으로 한 변체 시형의 형태를 보이고 있어 눈에 띄는 차이는 보이지 않는다. 그런데도 부점리듬의 출현 빈도에는 현격한 차이를 보이고 있다. 따라서 부점리듬과 가사의 음수와는 비례하지 않음을 확인할 수 있다. 이를 악보를 통해 간단하게 비교해 보겠다.

〈표 5〉 〈작대〉와 〈독립군가〉를 통한 부점 리듬 비교

곡명	악보	음수율	부점 리듬 수
작대		4·4·5	2회
독립군가		4·4·5	6회

이처럼 가사의 음수가 동일하더라도 박자의 길이를 달리하여 얼마든지 리듬을 다르게 구현할 수 있어 〈조지아행진곡〉을 활용한 곡들은 동일곡조의 동일가사 구조를 가졌더라도 리듬을 달리하여 다른 새로운 분위기를 연출하며 항일가요를 확장하였던 것으로 보인다.

3. 가사구조와 리듬 형태의 변이형

〈구주전장한인군가〉[47]의 가사는 『신한민보』에 발표되었다. 6절의 가사를 가진 노래로 G장조 4/4박자 16마디로 구성되어 있다. 음절수를 보면 1절은 3·4·4/3·4·4/3·4·4/3·4·4의 3음보로 모든 어구가 고르게 11개의 음절로 구성되어 있다. 원곡이 대부분 8·5조의 음수율인데 반해 음절수를 덜어내고 있기에 마디마다 이음줄이나 4분음표를 사용하여 음절과 리듬을 적절하게 결합하여 구현해 내고 있다. 또한 후렴에서는 3·3·5/3·4·4/3·3·5/3·4·4의 음수로 다른 활용 곡에 비교해 볼 때 음절수가 많은데 이를 16분음표, 8분음표, 4분음표, 점 4분음표, 2분음표 등 다양한 리듬을 사용하고 있고, 특히 15번째 마디에서는 '러시아'의 각 음절을 강조하기 위해 정확하게 리듬을 나누는 '셋잇단음표'[48]의 독특한 리듬을 사용하

47 가사는 『신한민보』 1917년 9월 13일 3면에 게재된 기사를, 악보는 노동은 편저 『항일음악330곡집』 200쪽을 참고하였다.

48 〈조지아행진곡〉을 활용한 곡조에서 셋잇단음표의 사용은 이 〈구주전장한인군가〉가 유일하다.

여 마디 안에서 음절을 소화하며 표현하고 있다. 특히 4행과 8행에서 3·4·4의 3음보의 11음절은 다른 어떤 활용 곡에서도 찾아보기 어렵다. 따라서 이 부분의 리듬이 이들 음절을 소화하기 위해 4행은 ♩ ♪. ♬ ♪ ♪ ♪ ♪/♪ ♪ ♩ ♩ 8행은 '러시아 깊은은공 갚으리라'를 셋잇단음표를 선두로 ♪³♪♪♪ ♪ ♪ ♪ ♪ ♪/𝅗𝅥 ♩𝄽리듬을 보인다.

〈국민회가〉는 『신한민보』에 발표된 곡[49]으로 작사자는 성우이다. 가사는 5절로 각 절은 2행으로 구성하였고 후렴은 6행으로 구성하여 후렴이 12마디를 차지하고 있다. 각 절의 앞부분은 4·4·5/4·4·5이고 후렴은 3·4·5/5·2/4·5/4·5/3·4·4/5·2의 음수율을 보인다. 전체적인 구조는 8행으로 G장조 4/4박자 16마디로 원곡의 구조와 동일하고 다만 후렴구가 6행으로 길고 7, 15마디에서 각각 부점 리듬을 사용하지 않고 4분음표로 길게 힘주어 ♩ ♩ ♩ ♪ ♪ '대한국민회'를 강조하여 부르고 있다.

〈조선의 자랑〉[50]은 『근화창가』 1921[51]에 수록된 곡으로 G장조 4/4박자 8마디로 후렴이 없이 편곡된 악곡이다. 가사는 후렴이 없이 4·4·5/4·4·5/4·4·5/4·4·5의 4행 4절로 8·5조의 정격을 보이고

---

49 〈국민회가〉는 『신한민보』 1932년1월28일 4면에 발표되었다. 악보는 노동은, 『항일음악 330곡집』, 486쪽을 참고하였다. 〈국민회가〉는 '동포영예 증진하며'로 시작하는 노래 외에 또 다른 가사의 노래가 존재하는 것으로 보인다. 신한민보 1925년 1월 22일 1면에 게재된 〈국민회가〉는 가사가 이와 다르며 곡조도 다른 것으로 보인다.

50 본고에서는 노동은, 『항일음악330곡집』, 456쪽을 참고하였다.

51 『근화창가』는 일제강점기에 금지됐던 노래책으로 1921년 근화사에서 노영호가 편찬하였다. 민족음악학자 고(故) 노동은 교수가 발굴하였는데 현재는 평택시 한국근현대음악관에 전시되어있다. 〈조선의 자랑〉, 〈을지문덕〉, 〈강감찬〉, 〈새벽빛〉, 〈굿바이〉, 〈어머니의사랑〉, 〈시조〉 등 총 7곡의 가사가 오선보 및 숫자보의 악보와 함께 수록되어 있다.

있다. 이에 따른 리듬구조는 ♪♬♪♬♪♬♪♬/♪♬♪♬♩.𝄾으로 동일 구조로 4회 반복하여 부르는 단순한 구조이다.

가사	악보

朝鮮의 자랑

一 장하고도 아름답다 無窮花별판
錦繡江山 三千里는 우리집이요
聖子神孫 二千萬은 우리걸에며
半萬年의 진歷史는 우리빗칠세

二 六大洲의 꼿꼿새지 두루차지며
五大洋을 속속드리 뒤저보아도
山高하며 水麗하야 世界公園은
三千里의 錦繡江山 하나뿐일세

三 十六億의 世界人種 聚立식히고
모든學問 가진試驗 대혀보아도
슬긔잇고 똑똑하야 文明人種은
二千萬의 우리民族 하나뿐일세

四 이세상의 웬갓書冊 한대모으고
이리찻고 저리뒤저 암만보아도
오래되고 거룩하야 世界웃듬은
半萬年의 빗난歷史 하나뿐일세

〈악보 6〉〈조선의 자랑〉 가사와 악보

〈깊이생각〉[52]은 동일한 제목으로 광성학교『최신창가집』1914과 하와이 『애국창가』1916에 수록되어 있다. 그런데 이들 노래는 제목과 가사는 동일하나 곡조는 다르다. 광성학교 『최신창가집』의 〈깊이생각〉[53]은 〈거국행〉[54]과 동일한 곡조로 C장조 6/8박자 12마디의 후

[52] 하와이 『애국창가』의 〈깊이생각〉과 광성학교 『최신창가집』에 수록된 〈깊이생각〉을 동일곡조로 발표한 연구가 있는데(김보희, 앞의 논문, 182~185쪽) 이는 재고해 보아야 할 내용으로 보인다.

[53] 海外의 韓國獨立運動史料 (XVI) 일본篇④ 最新唱歌集 附樂典』영인본, 국가보훈처, 1996, 103쪽, 광성학교 『최신창가』 〈깊이생각〉은 가사만 표기되어 있고 악보는 없이 '譜表난 二十一 去國行과 同함'이라고 기록하고 있다.

[54] 광성학교 『최신창가』에 수록된 〈거국행〉은 '간다간다 나는 간다'로 시작되는 가사로 안창호가 작사하고 이상준이 작곡한 곡이다.

렴이 없는 구조이다. 그러나 하와이 『애국창가』에 수록된 〈깊이생각〉은 뎨十八쟝 〈한영서원가〉[55]와 동일 곡조다. 〈한영서원가〉는 Bb 장조 4/4 구성으로 〈조지아행진곡〉 곡조를 활용하고 있다. 그런데 『애국창가』에 수록된 〈깊이생각〉의 가사는 후렴이 없이 2절로 된 완전한 4·4조 구조다. 〈조지아행진곡〉을 활용한 노래의 대부분이 변격의 8·5조 구조를 가진 것과는 차이가 있다. 따라서 4·4조 가사가 어떤 방식으로 〈한영서원가〉 곡조에 얹어 불렀는지 활용 곡들을 통해 몇 가지 방법을 생각해 볼 수는 있다.

먼저 4·4조 12행의 가사를 16마디에 부르기 위해 두 마디마다 마지막 박에 2박으로 장인長引된 구조를 지켜서 3어절을 두 마디에서 ♪. 𝅘𝅥𝅯 ♪ ♪ ♪ ♪ ♪ ♪/♪. 𝅘𝅥𝅯 ♪ ♪ 𝅗𝅥/로 해결하는 부점 리듬을 사용하는 방법이다. 이렇게 되면 24어절을 16마디로 부를 수 있다.

다음으로는 원곡의 ♪ ♩. ♪ ♩.의 후렴 리듬을 살리기 위해 2, 4, 6, 14마디에서 2분음표로 장인되는 박에 한 어절을 '♪ ♪ ♪ ♪'리듬으로 빠르게 연이어 부르는 방법이다. 그러면 후렴구 7, 9, 11마디에서 ♪ ♩. ♪ ♩.의 리듬을 구현할 수 있다. 참고로 〈깊이생각〉가사와 〈한영서원가〉 악보를 제시하면 다음과 같다.

55 『애국창가』, 하와이 호놀룰루, 1916, 46쪽, '보표는 十八쟝과 동일'하다고 표기되어 있다. 十八쟝은 〈한영서원가〉를 말한다.

<table>
<tr><th>『애국창가』 깊이생각</th><th colspan="2">깊이생각 가사</th></tr>
<tr><td></td><td>一.
슯흐됴다 民族들아
우리身勢 슯으고나
世界萬國 삷혀보니
自由活動 다ᄒᆞ것만
우리民族 무삼罪로
이地境에 빠젓ᄂᆞᆫ가
날고긔ᄂᆞᆫ 禽獸들도
몸담을곳 잇것마는
우리들은 간곳마다
몸붓칠곳 없고보니
可憐ᄒᆞ다 이身勢를
어이ᄒᆞ면 조탄말가</td><td>二.
사랑옵다 靑年들아
아모념려 ᄒᆞ지마라
너의마암을 안심ᄒᆞ여
앒헤길을 ᄂᆡ다보라
등뒤에는 범ᄶᅡ르고
발ᄲᅮ리에 泰山峻嶺
落心ᄒᆞ여 쓸ᄯᅵ없다
아니갈길 못되ᄂᆞ니
죽을地境 當한國民
奮發心을 쏨ᄂᆡ여셔
泰山峻嶺 헷친后에
坦坦大路 向ᄒᆞᄌᆞ세</td></tr>
</table>

〈악보 7〉〈깊이생각〉 가사

〈제3로군성립기념가〉[56]는 리조린이 작사한 4절로 된 노래다. 그런데 대부분의 활용 곡의 가사가 각 절 4행과 후렴 4행으로 구성되어 있는데 이 노래는 가사 측면에서는 후렴이 없이 각 절마다 8행의 가사를 모두 다르게 개사하였다. 3·3·5/3·4·4/4·4·5/6·4/4·5/4·5/4·4·5/4·4의 음수의 형태를 보인다. 그러나 5행부터 8행까지의 가사는 후렴의 곡조에 얹어 부르고 있어 대부분의 활용 곡들과 유사한 구조이다. 곡조의 리듬에 있어서는 점8분음표와 16분음표가 이어지는 부점 리듬은 제거되고 8분음표의 균등한 리듬으로 변화를 주는 등 가사의 구조와 곡조의 리듬적인 면에서 일반적인 활용 곡들과는 분명 다름을 보여준 노래다. 가사와 악보를 제시하면 아래와 같다.

56 이민, 『동북항일연군가곡선』, 중국:하얼빈출판사, 1991, 42쪽.

〈표 6〉〈제3로군성립기념가〉 가사와 악보

1. 눈부신 신주땅 백산흑수가 왜놈들 쇠발굽에 짓밟힌다 유린 속에 허덕이는 중화민족은 산과들을 피로 물들인다 분에넘쳐 일떠나섰다 나라위해 왜적을 친다 강철같은 항일군대 묶어세워서 우리강산 찾아오자	3. 눈강평원 돌파한 유격전쟁은 거침없이 내달리며 도움 받는다 항일투쟁 조류를 일으키면서 온 나라의 대궐기에 따르자 왜적 한간 잡아 치우며 봉쇄선을 물리쳐가자 구국중책 함께 지고 기세 드높이 피의 값을 피로 받아내자
2. 길림성과 흑룡강 휩쓸어가며 송화강 흥안령에 슬기 넘친다 빙설천지 삭풍도 염천 폭우도 투사들을 막지 못한다 진군나팔 소리 울리면 돌격 고함 천지 흔든다 팔년 동안 지체 없이 싸워왔으니 하늘에 맞으리라 그 자랑	4. 온 나라가 항일에 끓어 번진다 중원에 항일 불길 펼치여진다 동북항일 력량을 모두어 주는 제 3로군 성립되였다 슬기롭게 화선에 나서며 왜놈들을 쓸어 눕힌다 민족혁명 승리의 날 붉은기 높이 개선가를 우렁차게 부르자

가사와 리듬의 변이형을 곡명별로 음보의 음수율을 정리하면 아래와 같다.

〈표 7〉 가사와 리듬의 변이형

곡명	출처	1절 음수율	후렴 음수율
구주전장한인군가 신한민보(1917)		3·4·4/3·4·4/3·4·4/3·4·4	3·3·5/3·4·4/3·3·5/3·4·4 (셋잇단음표)
국민회가	신한민보(1932)	4·4·5/4·4·5	3·4·5/5·2/4·5/4·5/3·4·4/5·2
조선의 자랑	근화창가	4·4·5/4·4·5/4·4·5/4·4·5	없음
깊이생각	애국창가	4·4·4/4·4·4/4·4·5/4·4·4/ 4·4·4/4·4·4/4·4·4/4·4·4	없음(곡조 有)
제3로군성립 기념가	동북항일연군가 곡선	3·3·5/3·4·4/4·4·5/6·4/ 4·5/4·5/4·4·5/4·4	없음(곡조 有)[57]

위와 같이 원곡과 비교할 때 가사의 구조나 음악 형식면에서 변이된 형태를 찾아볼 수 있다. 먼저 가사의 구조적인 면에서 후렴구가 없이 작사된 점이 특징이다. 〈조선의 자랑〉과 〈깊이생각〉, 〈제3로군성립기념가〉에서 확인된다. 〈조선의 자랑〉은 곡조 면에서도 후렴구가 없이 8마디로 짧게 구성하였고, 〈깊이생각〉, 〈제3로군성립기념가〉는 반복되는 후렴의 가사는 없으나 원곡의 곡조를 그대로 원용하여 가사도 8행으로 구성하여 전체 16마디를 원곡대로 구현하고 있는 점에서 각각 다른 형태를 보이고 있다. 또한 대부분의 가사의 구조가 변체 시형을 이루고 있는 반면 〈조선의 자랑〉은 8·5조로 〈깊이생각〉은 4·4조로 정형성을 보인다.

57 가사 측면에서는 각 절 끝에 되풀이되는 동일 시구인 후렴은 존재하지 않는다. 그러나 원 곡조의 후렴 곡조에 5~8행까지의 가사를 얹어 부르고 후렴의 가사를 각행 2, 2, 3, 2의 음보로 구성한 점은 여타의 다른 활용 곡들과 동일한 구조를 가지고 있다.

곡조의 리듬적인 측면에서는 독특한 리듬을 사용하거나 부점리듬이 제거되고 균등 리듬화 된 점을 들 수 있다. 〈구주전장한인군가〉에서는 셋잇단음표를 사용한 리듬을, 〈국민회가〉에서는 4분음표가 연속되는 ♩♩♩♪♪ 리듬을 사용하여 그곳에 특정 단어를 위치시켜 강조하고 있다.

특히 〈제3로군성립기념가〉는 8분음표♪를 중심으로 독특한 형태의 균등 리듬을 구현하고 있다. 이는 원곡에서는 부점리듬이 33회 출현되는 점을 상기하면 리듬이 완전히 변형된 노래라는 것을 알 수 있다. 이러한 변이형태가 항일가요에서 다양하게 나타난 것은 그만큼 〈조지아행진곡〉을 원용한 노래가 많아 이를 새롭게 표현해 보고자 하는 창작의 욕구가 반영된 것이라고 생각된다.

지금까지 〈조지아행진곡〉의 곡조를 활용한 항일가요를 대상으로 곡조의 리듬과 가사의 상관성을 살펴보았다. 이들 대상 곡들은 곡조가 동일하기 때문에 가사의 음절수에 따른 리듬의 변화 양상에 초점을 맞춰 분석하였다.

그 결과 리듬을 중심으로 세 가지 유형으로 대별해 볼 수 있었다. 부점 리듬이 강화된 원곡을 원용한 유형, 부점 리듬이 약화된 유형, 가사의 구조나 리듬이 독특한 변이형이 그것이다. 부점 리듬이 강화된 원곡을 활용한 노래는 9곡, 부점리듬이 절제되거나 거의 없는 노래는 10곡으로 어느 쪽으로 치우쳐 있지는 않았다. 따라서 원곡을 그대로 원용하기보다는 부르는 집단이나 지역의 성향 또는 역사 문화적 환경에서 자연스럽게 변화 수용된 것으로 볼 수 있다.

특히 유의미한 연구로는 변이형을 들 수 있다. 이들 변이형 노래는 원곡에서 주요하게 강제 작동하는 후렴을 제거한 점, 또는 후렴의 곡조를 부르지만 그 위에 얹어 부르는 후렴구를 제거한 점 등은 독특한 변이 구조로 보인다. 여기에 부점 리듬을 제거하고 8분음표의 균등 리듬으로만 부른 노래가 있는가 하면 셋잇단음표와 연속적인 4분음표를 사용하여 독특한 리듬을 형성하는 등 다채로운 변이 양상을 보이고 있다. 이는 특정 곡조를 다양한 가사로 개사하여 '노가바' 방식을 활발하게 활용한 데에서 그 이유를 찾을 수 있을 것이다.

Ⅳ. 맺음말

위와 같이 항일음악 관련 가요집에 수록된 〈조지아행진곡〉의 곡조를 활용한 항일가요 19곡을 대상으로 단일곡조에 다양한 가사가 어떻게 결합하여 가사와의 관련성을 표현하며 독립된 노래로 기능할 수 있는지를 살펴보았다.

〈조지아행진곡〉을 활용한 노래들은 가사의 형식과 곡조의 리듬을 비교해 볼 때, 찬송가 393장 〈우리들의 싸울 것은〉을 원곡으로 하여 항일가요를 '노가바'한 것을 확인하여 이를 원곡으로 보고자 하였다.

그 근거는 가사의 구조면에서 각 절이 4행과 후렴 4행으로 구성된 점, 둘째 음수율과 음보율에서 8·5조 3음보를 중심으로 한 변체 시형으로 구성된 점, 셋째 후렴의 반복되는 어구와 변격의 음수율로 구성된 점, 넷째 가사에 내포된 의미가 진취적, 투쟁적인 면에서 항일가요와 맞닿아 있다는 점에서 찾을 수 있다. 따라서 〈조지아행진곡〉을 활용한 항일가요는 찬송가를 통해서 '노가바'되었을 것으로 본다. 대한제국기나 일제 강점 초기에는 전문적인 역량을 갖춘 작곡가가 제한적이었기 때문에 항일가요는 이처럼 대중들이 널리 알려진 곡조에 노가바하여 다양한 가사들을 얹어 부르며 빠르고 용이하게 확산하였던 것으로 보인다.

〈조지아행진곡〉 곡조를 활용한 악곡 대부분은 4·4·5조의 8·5조가 중심이 된 변체 시형으로 정형화되기보다는 다양하게 변화가 나타남을 알 수 있다. 이러한 변형된 율조는 리듬의 구성이나 박자의 길이를 강제하는 역할을 하고 있다.

또한 가사의 구조에 영향을 미치는 리듬의 구조를 3가지 유형으로 구분할 수 있었다. 원곡의 강화된 부점 리듬을 원용한 경우, 부점리듬을 절제한 경우, 다양한 변이형이 그것이다. 먼저 가사의 구조와 부점 리듬과의 상관성을 살폈으나 밀접한 관련성은 없어 보였다. 동일 음수율을 가졌더라도 어떤 곡은 8분음표의 균등 리듬으로 어떤 곡은 이를 부점으로 표현하고 있다.

다만 변이형을 통해 이들 활용 곡이 다양한 방법으로의 새로운 창작을 시도하는 전초 작업이 아니었을까 조심스럽게 짐작해 본다. 이러한 다양한 변이형의 출현은 아마도 수십 곡을 동일한 곡조로 부르다 보니 이에 대한 새로운 창작 욕구를 자극하였을 것이라는 생각도 들게 한다. 그만큼 다양한 가사를 빈번하게 동일 곡조에 얹어 여러 사람이 부르다 보니 이러한 다양한 유형과 변이형이 생성된 것으로 보인다.

실제로 1910년대 악보를 갖춘 국외 창가집인 『애국창가』1916에는 〈조지아행진곡〉을 활용한 노래가 6곡, 광성학교 『최신창가집』1914에는 4곡이 수록되어 있다. 단일 가요집에 단일 곡조로 부르는 노래가 6곡이 수록되었다는 것은 〈조지아행진곡〉 곡조의 대중성과 확장성이 얼마나 폭발적이었는지 짐작 가능하다.[58] 이러한 예는 〈철도창가〉의 활용 곡조 연구[59]를 통해서도 확인할 수 있다.

본 연구를 통해 무엇보다도 〈조지아행진곡〉 곡조가 어떻게 항일가요에 수용되었는지 그 과정을 살폈다는 점에 의의를 두고 싶다.

항일가요는 국가나 기관, 매체 나아가 제도권 교육에서도 보호받지 못하고 자생적으로 생존해야 하는 처절한 존재다. 이들 항일가요는 그렇게 곡조 활용이라는 용이한 수단을 이용하여 독립에 대한 열망에 비례한 만큼 그 생명력을 지켜낼 수 있었던 것으로 보인다.

항일가요의 곡조 활용은 주시하다시피 민요, 찬송가, 외국의 민요나 국가, 군가 등 그 예는 다양하다. 앞으로 본 연구가 이러한 분야의 항일음악을 연구하는 데 조금이나마 도움이 되길 기대한다.

---

[58] 『애국창가』를 분석한 연구에 따르면 찬송가 곡조가 가장 많이 활용되었다고 하는데 단일곡조의 활용을 보면 활용곡이 3개 이상 보유한 곡을 거의 찾아보기 어렵다. 대부분 동일 곡조는 1~2개로 제한적이다.

[59] 노복순, 「항일가요에 나타난 가사와 곡조의 결합양상연구」, 『한국음악사학보』제65집, 2020, 항일가요에서 가장 많은 활용도를 보이고 있는 〈철도창가〉는 활용 곡으로 『최신창가집』에 6곡 수록, 『애국창가』에 4곡이 수록되어 있다.

참고 문헌

-1차 자료-

김인식, 『교과적용보통창가집 전(教科適用普通唱歌集 全)』, 경성:보급서관, 1912.

남희철, 『항일가곡선집』, 연변인민출판사, 2015.

노영호, 『근화창가 제1집 조선역사창가(槿花唱歌 第一輯 朝鮮歷史唱歌)』, 경성:근화사, 1921.

독립군가보존회, 『독립군가곡집 광복의 메아리』, 서울:독립군가보존회, 1982.

독립군시가집 편찬위원회, 『독립군시가집-배달의맥박』(증보판), 송산출판사, 1986.

독립기념관 소장, 등록문화재 제475호 『애국창가』, 자료번호 3-008961-000.

동아일보, 「어린이날노래」, 1925. 4. 30.

손승룡, 『창가집』, 필사본, 1900.

전정혁 수집, 조선조항일투쟁노래선집, 료녕민족출판사, 1995.

조선문예출판사, 『혁명가요집』, 조선문예출판사, 1970.

三谷種吉, 〈第一皆進め〉, 『복음창가,1900』, 1900.

海外의 韓國獨立運動史料(XⅥ) 일본 篇④ 最新唱歌集附樂典』영인본, 국가보훈처, 1996.

Work, Henry C.(Henry Clay), Marching through Georgia, Root & Cady, Chicago(Ill.), 1865.

-2차 자료-

김덕균, 「우리 민족 항일음악의 발전 개요」, 『남북한 음악 학술대회 논문집』, 안성: 중앙대학교 국악대학, 2005.

김보희, 「북만주지역 독립운동가요」, 『한국음악연구』43집, 2008.

_____, 「1910년대 국외 애국창가에 대한 음악학적 연구」, 동양학78, 단국대동양학연구원, 2019.

김영운, 『국악개론』, 음악세계, 2015.

노동은, 『두 번째 음악상자』, 한국학술정보, 2001.

_____, 「1910년대 기독교계 학교의 음악교육과 그 영향」, 『한국기독교와 역사』 20, 2004.

_____, 『한국근현대음악사』, 『한국음악연구소』, 2007.

노동은 편, 『항일음악 330곡집』, 민족문제연구소, 2017.

노복순, 「항일가요에 나타난 가사와 곡조의 결합양상연구」, 『한국음악사학보』제65집, 2020.

민경찬, 「서양음악의 수용과 음악교육 : 일제 강점기의 초등음악교육을 중심으로」, 『음악학』 9, 한국음악학학회, 2002.

_____, 「“창가”를 다시 묻는다」, 『동어어문학』 51, 2008.

_____, 『한국창가의 색인과 해제』, 한국예술종합학교, 한국예술연구소, 1997.

반혜성, 「1916년 하와이 호놀룰루 발행, 『애국창가』 연구」, 이화음악논집 23-1, 2019.

유동훈, 「항일독립군가의 분석 및 영향연구」, 상명대학교 석사학위논문, 2016.

이수인, 「개화기 창가의 주제장르적 고찰」, 한국학논문집14권, 1996.

이중연, 『신대한국 독립군의 백만용사야-일제강점기 겨레의 노래사』, 혜안, 1998.

정한기, 「개작민요에 나타난 주제와 표현에 대한 연구」,『한국민요학』 56,

2019.
조연현,『한국현대문학사』, 성문각, 1999.
최순배,「항일운동기 창가의 연구」, 동국대학교 대학원 석사논문, 2000.

중국 동북지역 조선족 항일가요 재고

최옥화(중국 연변대학교 예술학원 원장)

Ⅰ. 서론

중국 조선족 항일가요는 조선 민족의 예술사 내지는 문화사에서 중요한 자리를 차지한다. 중국 동북지역 조선족 항일가요는 일제 식민지통치하에서 망국의 설움을 안고 살길 찾아 중국으로 온 조선 민족의 눈물겨운 이민사와 이국땅에서 민족의 독립과 자유를 위하여 일제 침략자들과 불요불굴의 피어린 투쟁을 벌인 항일투쟁의 예술적 기록이다. 중국 조선족 항일가요는 중국에서의 조선민족의 이민과 정착, 그리고 가열·처절했던 역사 현실을 토대로 하고 민족가요의 전통을 창조적으로 계승하고 외국가요와 중국의 한족, 만족 등 타민족가요의 근대적이며 진보적인 요소를 적극 수용하면서 발전하였다. 조선족 항일가요는 력사의 수난기에 있어서 민족의 슬픔과 아픔을 달래주었고 일제와의 혈전에 나선 항일투사들을 불요불굴의 투쟁의지를 불러 일으켰으며 항전을 지원하는 민중에게는 승리의 신념과 희망에 불타게 했다.

환언하면 민중생활의 정신적 식량과 음료수가 되었고 항일의 격전장에서의 전투의 나팔이 되고 승리의 깃발이 되었다. 또한 적지 않은 항일가요, 독립군가들은 한어로 변역되어 중국인들 속에서도 널리 불리어졌는데 중·한 두 나라 친선을 강화하고 침략자를 물리치는 이익공동체 구축에 일조하기도 했다. 그로 인하여 중국조선족 항일가요는 근·현대 중한 예술교류사의 한 페이지를 아름답게 장식하고 있다. 적잖은 노래들, 이를 테면 〈최후의 결전〉, 〈조선의용군행진곡〉 등은 오늘날에도 즐겨 불리고 있어 역사정신과 민족의식을 고양시키고 있다. 조선족 항일가요의 역사적이며 현실적 가치는 반드시 정당한 평가를 받아야만 마땅하다.

조선족 항일가요에 대한 연구는 조선족의 음악사, 가요사, 문학사 등 이 분야의 중요한 연구과제인 것만큼 해당 분야 학자들의 적지 않은 관심을 모아왔고 일정한 연구 성과도 이룩하였다. 그러나 대부분 연구의 경우 조선족 음악사에서의 조선족 음악연구 혹은 조선족 문학사에서의 가사문학 연구 측면에서 진행된 것이 특징이다. 가요의 음악과 문학을 총체적으로 조명한 체계적인 연구성과는 아직 미진한 형편이며 특히 가요의 가사 언어적인 특징, 그리고 조선족 가요의 음악적인 특징에 대한 연구는 최근 학자들의 관심이 집중되어 절박한 학술 과제로 떠오르고 있다.

본고에서는 중국 동북지역 조선족 항일가요의 가사 형식과 언어적 특징, 선률, 조식, 박자 리듬과 장단의 특징 분석을 통하여 이 시기 중국 조선족의 문화의식과 예술발전 과정을 탐구하려 한다. 동북지역 조선족 항일가요는 동북 항일 유격구의 항일가요를 논할 수 있다. 항일가요의 주제는 주요하게 항일 전사들과 대중들에게 항일 투쟁에 대한 확고한 신심과 불굴의 정신을 앙양시켜주는 의식적인 성향을 띠고 있다. 또한 가사 형식에서 7.5조류의 운율 특성을 계승하면서 가사 언어의 혼종적 특성을 나타내고 있다. 또한 당시 동북 항일유격구 지역에 근대 음악을 배운 음악가들이 극히 적었던 원인으로 유격구 인민들이 불렀던 노래들은 대부분 러시아가요의 선율, 일본가요의 선율, 중국민요의 선율에 가사를 창작하여 만든 노래이거나 전통 민요에 근대적인 가사를 붙여 부르는 노래였다. 따라서 그 시기 구전에 의하여 광범위하게 보급되었던 기성곡들은 아무런 거부감 없이 대중들에 의해 가창되었고 대중적으로 즐길 수 있는 기반이 되었다. 그것은 이 시기 조선족 사회의 정신적 힘이 외래 가요들에 표현된 행진곡적인 박력과 강력한 리듬감을 필요로 했기 때문이다.

Ⅱ. 가사의 형식과 언어적 특징

1. 운율의 다양성

운율이란 정서의 음악적 흐름을 반영한 성음적 요소의 주기적 반복에 의해 이루어지는 음악적 율조로 서시 문장의 고유한 형식의 요소이다. 가사는 운율적인 규칙과 규범을 준수하면서 음악적인 선율과 밀착되어있다. 조선족 가요의 운율은 다양한 음수율에서 정서를 얻어내고, 후렴구와 조흥구, 압운 등에 의해서 운율을 조성시키고 있다. 음수율에 있어서 조선족 가요는 전통적인 음수율인 4·4조, 4·3조와 함께 근대 이후 새롭게 유행한 7·5조 및 그 변종들로 이루어져 있다.

첫째, 조선족 가요의 기본적인 음수률은 4·4조와 4·3조로 이루어져 있다. 4·4조와 4·3조 즉 4음절어와 3음절어의 반복으로 되어 있는 음수율은 조선 전통 민요의 전형적인 형식이다. 면향가, 고려 가요, 가사, 시조 등에서 모두 그 흔적을 발견할 수 있다. 또한 4·4 조는 3·3조와 어울려 3·4조나 4·3조의 변조를 낳는다.

〈표 1〉 조선족 가요의 음수률(창작자가 있는 가요 75곡)

분류	음수률	곡수	관내 (25)	동북3성 (50)
1	7·5조,6·5조,8·5조	37	14	23
2	4·4조,3·3조,3·4조,4·3조	29	7	22
3	불규칙적인 음수률	9	4	5

통계에 따르면 작사 작곡자가 있는 조선족 가요 75곡에서 29곡으로 39%를 차지하는데 상기한 전통적인 음수률을 가지고 있다.

항일가요〈유희곡〉의 음수률은 전형적인 4·4조이다.

우리우리 동무들아
기쁜날을 만났으니
우리우리 즐거웁게
손벽치며 놀아보자
　-〈유희곡〉 1930년대

이 노래는 전형적인 4·4조다. 이는 조선족 언어생활에서 가장 익숙한 운각 결합 형태로서 전통 민요의 운율 유형에서 가장 뚜렷한 위치를 차지한다. 4·4/4·4가 대응 되면서 율조가 이루어지고 조화로운 연차적 반복으로 음수율을 특징짓는다.

가요 〈수인의 노래〉박한규 작사 작곡도 4·4조 음수율로 되였다.

철창밖에 백양헤야
푸릇푸릇 피여헤야
이내몸은 몇해헤야
어둠속에 앉어헤야
이내몸은 죽어헤야
거듭몇번 죽어헤야
나의뜻은 구름처럼
-〈수인의노래〉1946

위의 노래는 규칙적이고 정연한 4·4조로서 조선어의 성음적 특성에 맞게 음절군을 조화롭게 결합시키고 반복시켜 율조를 조성하였고 음수율에서 정형률을 얻어 낸 것이다. 말하자면 음절수의 결합과 반복에 의하여 음수율로 표현되며 음절군의 조화로운 반복에 의하여 반복률로 나타났다.

4·3조란 첫 음절군이 4언, 두 번째 음절군이 3언 1연의 형식을 말한다. 3·4조는 첫 음절군이 3언, 두 번째 음절군이 4언1련의 형식을 말한다 전 7언七言이란 점에서 4·3조 혹은 3·4조와 같다. 4·4조가 3·4조로 변조됨에 따라 더욱 색조를 다양하게 나타내면서 유창하고 낙천적인 정서를 환기 시킨다. 일례로 〈조국 위해 싸우자〉작사자 미상, 정률성 작곡를 볼 수 있다.

하나둘셋 발맞춰 총을 메고 나가자
씩씩하고 용감한 조선의 용사들
오늘은 하북 거쳐 내일은 만주벌로
앞의 장애 물리치고 혁명위해 싸우자
진리로 굳게 뭉친 우리강철 대오는
모든 정신 행동 인민위해 노력해
용감히 싸우리라 조국의 해방위해
끝까지 싸우리라 인민의 자유위해
-〈조국 위해 싸우자〉 1945

이 노래는 시행과 절이 간결하고 함축되어 있고 운율 조성에서도 동일 음절량의 연속적인 반복과 4·3조와 3·4조의 교차, 대응과 대조 등 다양한 형식에 의거하여 고르고 규칙적인 정형률을 얻어냈다. 아울러 운율 조성의 음정 결합과 반복의 형식으로서 안정감을 주고 서술에서 간결하고 선명하여 부르기 쉬운 특징을 가지고 있다.

따라서 조선족 가요는 전통 민요의 고유한 운율적 특성을 계승하여 〈공신의 노래〉 창작조 작사, 유덕수 작곡, 1948, 〈중화인민공화국 성립경축의 노래〉 홍성도 작사, 최호범 작곡, 1949, 〈대생산에 힘내자〉 현계순 작사, 박우 작곡, 1949, 〈새봄〉 김인준 작사, 허세록 작곡, 1949 등 우수한 가사들을 창조하여 후세에 귀중한 경험들을 남기었다.

둘째, 7·5조와 그 변종들인 6·5조, 8·5조 등도 많이 사용되었다. 필자의 통계에 의하면 항일가요에는 7·5 및 그 변종인 6·5/8·5조가 압도적으로 많아 전체 곡수의 62%를 차지한다. 또한 조선족 가요의 발전기와 전환기의 전문적인 창작자들이 창작한 가요 역시 조선민요의 전통 운율과 함께 7·5조류의 근대 적 운율을 창작의 원칙으로 하였다. 통계에 따르면 발전기와 전환기 창작자가 있는 가요 75곡을 통계 분석한 결과 7·5조류 작품이 37곡으로 49%를 차지한다. 7·5조의 기원 및 7·5조가 조선시가의 전통 운율인가에 대하여서는 학계에서 부동한 견해가 존재하는 것이 사실이다.

조지훈의 주장은 7·5조가 조선의 전통 운율이 아니라고 보는 것이다. 그는 "김소월을 비롯하여 민족적 정한을 노래한 우리 시가에 7·5조가 많아 7·5조는 조선적 율조의 대표처럼 되었지만 실상 이것은 육당을 통해서 수입된 일본의 율조이다. 7·5조는 4·3·5조 또는 3·4·5조로 분석되는 1구 3음보이다. 우리나라 전통적 가요는 전부 1구 4음보로서 4·4조 또는 3·4조가 기본이 된 8·8조, 8·7조, 6·7조등이 그 일반형식 이다. 더구나 1구의 말음보末音步가 5음으로 끝나는 례는 정읍사井邑词를 비롯한 소수의 옛 가요古歌谣에 간혹 있을 뿐 우리 노래의 일반적 형식이 아니다."라고 주장했다. 이러한 주장에 반대하는 연구자들 예를 들면 조창환은 "7·5조가 일본시가 율격의 수입, 정착임을 부인할 수는 없지만 전통의 문화적 토양과 우리 감각에 어울리는 요소를 지니고 있었기 때문에 이처럼 한 시대를 풍미하고 이후 계속되는 생명력을 지닐 수 있었다"고 하였다. 그는 7언 시와 5언 시로 대표되는 한 시의 영향은 7음절과 5음절의 관습적 친화감을 이루어 7·5조의 고착에 배경으로 되고 있다고 주장한다.

7·5조는 근대 이후 일본 창가 및 그 영향을 받은 창가의 유행과

함께 조선족 가요의 중요한 음수율로 자리 잡은 것이다. 음악 교류사적 시각에서 보면 7·5조는 일본 시가 율조이지만 그것의 수용은 조선 전통민요 3음보격의 문화적 토양과 우리 감각에 어울린다. 특히 7·5조가 일본 창가의 기본적인 운율이라는 사실에 비추어 보면 일본가요의 영향을 많이 받은 조선족 가요 역시 7·5조를 받아들이게 된 것으로 볼 수 있다. 또 가요 발전사적 시각에서 보면 7·5조를 다시 세분하면 4·3조와 3·2조의 결합으로 되어 있는 바 역시 전통민요의 운율의 변용으로 되어있다고 볼 수도 있어 7.5조가 조선족 가요에 고착하게 된 것도 자연스러운 결과라고 할 수도 있다.

총체적으로 조선족 가요의 운율은 창가의 7·5조의 운율에 기초를 두고 전통 민요의 리듬인 3음보격을 계승한 근대적 시가 특징을 보여주는 동시에 일정한 주기를 가지고 반복되는 음수율의 결합으로 율조를 형성하면서 정서적 흐름에 규칙성과 율동성을 부여하는 특징을 나타내고 있다. 8·5조와 6·5조는 7·5조를 기본으로 음수의 일정한 증감에 의하여 이루어진 운율로 그의 변형으로 볼 수 있다.

> 백두산하 넓고넓은 만주벌판은
> 항일련군 우리들의 운동장일세
> 걸음걸음 떼를지어 앞만향하여
> 활발히 나감이 엄숙하도다
>
> -〈용진가〉 1930년대

항일가요 〈용진가〉는 8·5조로된 것으로서 〈유격대 행진곡〉의 선

율과 같은 일본창가 〈하이카라절ハイカラ節〉의 곡을 차용하였다. 같은 곡에 다른 가사를 붙여 만들어진 창가 〈전진〉, 항일가요 〈용진가〉와 〈유격대 행진곡〉 등은 모두 8·5조로 되어 있다.

기존 선율에 새로운 가사를 바꾸어 넣어 부른 창가와 항일가요는 가사가 노래로 불릴 것을 전제로 창작된 것으로서 형식적으로 선율에 많이 종속되었고 또 단순화된 리듬에 쉬운 언어적 표현으로 많은 작사자들의 참여 의욕을 불러일으킨 결과로 보인다. 최신 창가집에 수록된 〈전진〉은 전형적인 8.5조로된 노래로서 조선족 사회에 보급된 후 1930년대 항일유격구에서 〈유격대 행진곡〉으로 8·5조로 된 가사를 바꿔 불리게 되었다.

> 뒤에일은 생각말고 앞만향하야
> 전진전진 나갈때에 활발스럽다
> 청년들아 용감력을 더욱분발해
> 전진전진 나아가세 문명부강케
>
> -창가 〈전진〉 1910년대

> 동무들아 준비하자 손에다 든무장
> 제국주의 침략자를 때려부시고
> 용진용진 나아가세 용감스럽게
> 억천만번 죽더라도 원쑤를치자
>
> -항일가요 〈유격대행진곡〉 1933

결론적으로 조선족 가요는 전문적인 작곡가와 작사가가 많지 않았던 시대적 배경으로 인하여 완전히 새로운 음악적 형식을 창조하기에는 제한성이 많았고 창가, 일본 가요 등 기성가요의 음악에 가사를 붙여 활용하는 경우가 많았는바 7·5조와 그 변형 형태인 8·5조, 6·5조의 사용은 이런 시대적 배경에서 비롯된 결과라고 볼 수 있다.

이상에서 살펴 본 4·4조, 7·5조 등 기본적인 음수율과 함께 조선족 가요의 가사에는 일정한 음절군이 불규칙적으로 반복되는 불규칙적 음수율의 가사 형식도 가지고 있다. 불규칙적인 가사는 음수율이 불규칙 적이지만 음악적으로는 일정한 음절수의 결합 형태를 취하면서 운율을 조성하였다. 발전기와 전환기에 창작자들에 의해 창작된 조선족 가요 총 75곡에서 불규칙적인 음수율을 가진 가요가 9곡 12%, 항일유격구 가요 총 61곡 중 불규칙적인 음수율을 가진 가요가 9곡으로 14%를 차지하고 있다. 항일가요 〈백색테로 반대가〉는 불규칙적인 음수율에 의해 운율을 조성하지만 음악적 흐름이 충만 되어 있다.

헐벗고 주린 투사들은
철창속에 갇히여 있다
야수같은 악마들은
끓는 피가 식는가를 보려고 한다
후렴동무들아 두려워 말라
백색테로에 단을 내리며
청년부녀야 모두 싸우자

무산계급 우리들은 굴치 않는다하략

-〈백색테로 반대가〉 1930년대

이러한 불규칙적인 음수율은 음절군 배합에서 자유롭게 표현되지만 일정한 반복의 법칙이 작용하고 있다. 즉 불규칙 결합의 반복형태가 있다. 가사에서 3/2, 혹은 4/4, 2/3과 같은 음절군을 반복하여 운율을 조성하고 있다. 2,4,5행 3/2와 6,7,8 행의 2/3에서 동음량동위반복률[1]의해 이루어지고 있다. 총적으로 가사의 운율 조성에서 다양성을 보여주는 바 음수율에서 전통적인 4.4조, 3.4조를 창조적으로 계승하면서도 7.5조와 그 변형이 절대 다수로서 가요의 근대적 전환을 이룬 대안이기도 했고 불규칙적인 음수율의 운율 조직은 조선족 가요의 가사형식의 발전사에서 공고화된 한 운율형태로도 보여준다. 중국 동북지역 조선족 항일가요의 주된 공간인 중국 동북지역은 문화적인 측면에서 보면 대표적인 혼종성을 보여주는 지역이다. 중원으로 진출한 뒤 일반인의 출입을 엄격하게 통제하다 19세기 말엽이 되어서야 산동山東, 하남河南 등 중국내륙의 이주민들이 이 지역에 모여들면서 최초의 중국 원주민原住民이 생겨났다. 거기에 19세기 말엽부터 이주하기 시작한 조선인과 러시아인들이 정착하기 시작하였고 일제가 조선반도를 강점한 뒤 잇달아 중국 동북지역에 세력을 확장하면서 이 지역에는 중국인, 조선인, 일본인, 러시아인 등 다양한 민족이 합쳐지면서 혼종적인 주민집단이 형성 되었다. 따라서 중국 동북지역에는 부동한 민족문화가

[1] 동일한 음절수와 동일한 위치의 반복을 통하여 율조가 조성되는 것을 말한다.

복합적으로 얽혀있었다. 조선인들은 이러한 중국 동북지역에 이주하면서 필연적으로 중국 동북지역의 문화적 혼종성을 이루는 한 요소로 되는 동시에 또한 그 혼종성을 체험하게 된다.

2. 가사의 언어적 특징

언어적인 측면에서 보면 조선족은 우선적으로 원주민들의 언어인 중국어에 직면하게 되었고 1932년 일본어 또한 강요받게 된다. 따라서 조선족은 조선어, 중국어, 일본어 사이에서 이중 언어 내지는 삼중 언어의 언어적 환경에 생활하면서 두 가지 혹은 세 가지 계통의 수사체 계속에 들어가게 된다. 따라서 조선족 가요의 가사 역시 언어적인 혼종성을 보이고 있다. 언어의 한계는 사유의 한계이듯이 혼종적인 언어는 우리 조선족들에게 새로운 가사 공간을 제시한 것이다. 말하자면 언어는 단순히 '탈물질화된 기호'가 아니라 삶 그 자체의 무늬를 '그대로' 핍진하게 보여줄 수 도 있는 것이다. 그것은 우리가 언어를 통하여 사유하고 언어를 통하여 세상과 만나고 언어를 통하여 언어로 세상을 축조하기 때문이다. 언어에 의해 인간은 서로 생각이나 의지를 전달 할 수 있고, 또 자기 자신의 의식을 형성 할 수 있게 되었다. 언어와 의식은 서로 결합 되어 있으며, …의식의 내용은 언어에 있어서 말이나 규칙에 의하여 형성된다.[2]

아울러 필자는 조선족 가요의 언어 총 3천 여 어절을 대상으로

[2] 임석진 외, 『언어』, 철학사전, 중원문화, 2008, 454쪽.

한 어원별 통계와 낱말의 빈도수 통계를 수작업으로 진행 하였다. 일단어휘는 어원에 따라 고유어, 한자어, 외래어로 구분하였다. 아울러 조선족 가요에 나타난 개별 어휘와 전체 어휘의 어원에 따라 분류하여 통계한 결과는 다음과 같다.

〈표 2〉 조선족 가요의 어원별 통계

어원	어휘수	비률 (%)
고유어	2099	70
한자어	837	28
외래어	48	2
합계	2984	100

〈표 2〉에서 보다시피 2984개 개별 어휘 가운데서 고유어가 점하는 비중이 70%이고 한자어는 28%, 외래어는 2%이다. 이는 조선족 가요 창작의 가사 언어 선택에서 민족의 전통을 계승한 고유어를 압도적으로 많이 사용하였음을 볼 수 있다. 이러한 계승은 의식적인 것도 있거니와 무의식적인 부분도 없지 않아 많을 것이므로 '민족 전통계승'의 문제에 있어서 사고해야 할 부분이다. 그리고 주류문화에서 받은 영향과 그 표현으로서 장착의지의 구체적인 표출인 한자어 선택 문제이다. 아울러 이러한 28%라는 통계수치는 우리 가사어의 혼종성의 정도를 집약적으로 보여주는 예이기도 하다. 바꾸어 말하면 우리가 그만큼 중국화化되었음을 보여주는 것이다. 언어는 사회적 활동이기도 하다. 언어의 각 유형은 어떤 집단적인 실천에 연관되며 수행적인 언표는 그 자체가 활동이며 특정한 효과를

산출한다.[3]

또한 다문화 공간에서 30년대부터 일본어를 비롯한 외래어 사용이 일상화 되어가고 있는 시점에서도 외래어가 차지하는 비중이 낮은 것도 알 수 있다. 아울러 외래어의 사용 빈도는 우리 의식의 식민화 일본어의 경우 내지 '개방화'를 드러내는 구체적인 수치라고 해도 될 것이다.

〈표 3〉 조선족 가요의 어휘 빈도수

어원	사용 빈도가 높은 단어
고유어	우리(102), 봄(80), 길(63), 동무(46), 노래(43), 몸(38), 붉은(37), 나라(30), 집(27), 싸워(27), 나가자(26), 밭(25), 바람(25), 땅(25), 가슴(23), 꽃(22), 구름(20), 뭉쳐(20), 굳게(20), 마음(17), 넓은(15)일어나(15) , 꿈(15), 살림(14)
한자어	혁명(68), 자유(38), 농민(35), 무산자(30), 사회(28), 승리(25), 농촌(23), 지주(23), 용감(20), 대중(20), 제국주의(18), 인민(18), 건설(18), 단결(17), 강산(12)
외래어	구라파, 아세아, 뜨락또르, 삐오넬, 부르죠아, 쏘베트, 땅크, 셋트, 게다짝

가사를 3000여 개의 어절을 단위로 빈도수를 살펴보았다. 노래를 분석한 결과 항일가요에서는 고유어보다 한자어의 사용이 많았고 그 외 가요부분에서는 한자어보다 고유어의 사용이 압도적으로 더 많았다. 그리고 "자유"나 "사회"와 같은 적잖은 근대적 용어들이 모두 일본을 통해서 번역하여 들여온 서구 용어라는 것을 감안할 때, 일본을 통하여 접한 언어 체계들이 또한 우리를 새로운 사유의

3 엘리자베스클레망 외·이정우 역, 『언어』, 동녘, 2001, 202쪽.

지평, 정치적 투쟁 공간으로 이끌어 주었다는 점을 상기할 필요도 있다. 언어의 변화는 곧 사회의 변화를 보여주며 동시에 사유의 전환구조를 드러내 보는 것이다.

사회라는 말은 영어의 society를 번역한 것이며 메이지 8년1874 《동경일일신문》을 비롯한 여러 매체에서 활발하게 사용하였고,… "社会"를 일본에서 사용한 것은 1870년대 중반경으로 추정된다.[4]

메이지 시기 이전에는 자유라는 말이 제멋대로라는 의미로 사용된 "자유"가 많았는데, … 어쨌든 일본에서는 1870년 중반에 여러 번역어를 물리치고 자유 "freedom, liberty"가 번역어로 위치를 공고히 했다.[5]

이상의 분석을 통해 보면 중국동북지역 조선족 항일가요의 가사의 시어 선택에서 민족 고유어를 다양하게 사용했는 바 어휘의 절대 다수를 차지한다. 이는 가사의 민족적 특성을 담보하는 기본 전제가 된다. 또한 시대적 변화와 문화의 적응을 위한 대안으로 새로운 혁명적 용어들을 적절히 사용했다. 그러나 가사 언어에서 혼종성 특징도 보여주는 바 주류 사회적응과 진출이라는 문화, 예술의식도 가늠된다.

---

[4] 최경욱, 『번역과 일본의 근대』, 살림, 2005, 31~33쪽.

[5] 최경욱, 위의책, 35~37쪽.

Ⅲ. 음악적 특징

항일가요는 그 가창 과정에 있어서 창가, 의병가요의 우수한 전통을 계승하면서도 타민족의 예술문화와도 밀접한 연관성을 갖고 있었다. 이러한 연관성은 내용적 측면 즉 가사뿐만 아니라 형식적 측면 즉 음악적 측면까지 망라 되었다는 점이다. 근대 가요와 타문화와의 연관성은 창가가로부터 시작되었다고 볼 수 있다. 음악적 측면에서의 서양의 찬송가, 일본군가 등 이단적인 실례가 된다. 항일가요의 경우 타문화의 수용은 단일적인 과정이 아니라 가요창작의 수요에 따라 매개 가요에 따라 특이한 양상을 보여준다. 아울러 모방, 변용, 차용 등 다양하다. 비단 중국의 한족, 만족의 가요를 수용했을 뿐만 아니라 러시아, 일본의 가요를 수용하기도 했다. 정치적 경향성과 혁명적 선동성이 강한 항일가요의 경우에 있어서 이처럼 다양한 수용을 진행하게 된 것은 창작 군체와 가창자들이 다양한 문화를 받아들일 수 있는 주어진 조건과 함께 가요 창작의 사회 요구를 만족시키자면 어차피 수용이 불가피했기 때문이다.

1. 선율적 특징

1) 항일가요와 러시아가요와의 관련성

항일가요의 타문화 전파 경로를 보면 일본과 미국, 그리고 러시아를 통해 전파되였는데 러시아를 통한 전파는 조국광복을 목적으로 한 혁명가와 신문들에 의해 많이 전파되었다. 10월혁명의 승리로 인하여 러시아[6]에 파견된 무산계급 혁명가들이 러시아가요의 유전에 선봉적인 공헌을 하였다. 20세기 20년대를 발단으로 러시아의 혁명가요의 전입과 유입은 당시 중국의 국정과 부합되므로 전파속도가 빨랐다고 보인다. 그리고 20세기 30년대 국민당정부와 소련 정부의 건교와 래왕이 객관적인 조건을 창조해 주었고 2차 세계대전의 폭발 또한 중·소 양국이 처한 상사한 국제환경으로 중국 인민들에서 쉽게 공명을 일으킬 수 있었다.

우선 모방 과정과 관련하여 볼 때 타문화가요의 수용은 '지평의 전환'을 이루며 그로인한 심미적 차이를 볼 수 있다. 특히 타문화가요를 수용한다는 것은 조선민요에 '친숙한 지평'과 부딪치게 된다. 이로 인하여 수용자는 새로운 작품을 주체 의심미정서에 의해 변용시킨 것이 하나의 특징이다.

예를 들면 항일가요 〈최후의 결전〉은 뽈스까의 〈와르샤와 혁명행진곡〉에 윤세주가 가사를 붙인 것을 조선의용군 전사였던 최채, 김학철의 회고에서 볼 수 있다. 1930년대 말부터 1945년 사이 관

[6] 본문은 편리상 1922년 12월 30일 소베트사회주의공화국연맹의 성립 전후를 로시야로 통칭함.

내의 조선인 무장부대인 조선의용대, 한국광복군, 조선의용군 부대에서 널리 불린 윤세주의 〈최후의 결전〉이 러시아 혁명가요를 수용한 대표적인 사례이다.[7]

최후의 결전

와르샤와 혁명행진곡

이 노래는 山根俊郎의 「在日朝鮮人运动资料集」(伸户 : 长征社 , 1990) '까마귀야 시체보고 우지마라'에는 '와르샤와 로동자의 노래'가 실렸다. 선율적으로 보면 〈최후의 결전〉, 〈와르샤와 혁명 행진곡〉은 문예 부흥 이후 구라파 근대 문명의 발생과 함께 창조된 음악예술에는 여러 가지 변화의 징조들이 나타났다. 따라서 새로운 가사와 기존 곡조의 독특한 결합은 대중의 항일 혁명투쟁이 고도로

7 김덕균, 「윤세주의 항일가요'최후의 결전'에 대하여」, 『한국음악사학보』, 제7집, 1991.

앙양된 역사적 전환기에 있어서 군중예술 활동에서 흔히 찾아볼 수 있는 현상이다. 더욱이 항일투쟁의 역사적 필연성에 대한 이해에까지 도달한 전문 작곡가 군체가 형성되지 못하였고 합법적 투쟁이 불가능한 조건 하에서 당면한 투쟁 구호를 대중 속에 급속히 침투시킴에 있어서는 새로 창작된 가사와 곡조의 보급이 용이하지 않다는 사정과도 관계되어 있다. 또한 항일투쟁을 선동함에 있어서 가창의 절박성과 창작의 결핍에 의해 시대정서와 현실 요구를 만족시킬 수 있는 가요들을 선택적으로 수용하였다고 볼 수 있다.

2) 항일가요와 일본가요와의 관련성

이 시기 조선족 사립학교에서는 모두 창가과목을 설치하였고 자체로 창가교재를 편찬 또는 선택하여 가르쳤다. 이런 학교에서 전수된 노래는 대부분이 창가와 항일가요였다. 그리고 음악시간에는 조선사람이 제 노래를 못하고 일본 군가와 허가한 노래만을 불러야 했다.

동북지구 항일가요에서 일본가요와 관련된 전형적인 노래는 〈유격대 행진곡〉이다. 〈20세기 중국조선족 음악문화〉에서는 이 노래는 독립군에서 부르던 〈용진가〉에 1933년에 유격대 의한 전사가 작사한 것인데 동북의 각 부대에 널리 전하여져 불리었고 또한 〈현대성과 우리 음악〉에서는 〈유격대 행진곡〉을 혁명 투사들과 혁명적 군중들에 의하여 새로운 혁명적 가사와 새로운 곡조가 창작된 모범적인 실례로 들면서 1933년 별명이 '넙대기'라는 한 대원이 창작하였다고 한다.

필자의 자료 분석에 의하면 조선민족 항일투사들의 항일구국의 의지를 다지고 일제와 용감히 싸우게 한 〈유격대 행진곡〉은 아이러니컬하게도 일본 노래의 음악적 부분을 차용한 것이다. 음악적 부분에 있어서 후렴구의 선율적 전개 부분을 제외한 모든 부분은 1908년명치41년에 神长瞭月가 작사 작곡한 일본의 〈하이가라 부시〉의 선율을 거의 그대로 차용했다고 할 수 있다.

유격대 행진곡

하이카라 절

神长瞭月 作词
作曲

이 노래는 전형적인 행진곡적인 리듬과 음조 적투들과 공고하게 연결되면서 친근감을 주기에 수용될 수 있었다. 여기에서 짚고 넘어가야 할 부분이 어떻게 이 노래가 부대와 대중들 속에서 그렇게 급속히 보급될 수 있었겠는가 하는 문제의 해명이다. 이외에도 〈추도가〉, 〈적기가〉의 경우도 마찬가지인데 〈추도가〉의 경우 일본의 가요 〈일번 시작은〉이라는 노래의 곡조를 차용한 것으로 밝혀졌다. 이 〈일번 시작은〉의 곡조는 〈추도가〉 뿐만 아니라 〈녀성 해방가〉, 〈불평등가〉도 거의 그대로 차용했다.

중국 조선족 항일가요는 이역异域의 지성본원智性本源의 외래가요를 조선민요의 담론환경语境交合에 융합시킴으로써 복잡하고 다원적인 자기만의 음악문화를 형성 하였다. 특히 외래 가요의 범형范型에 대한 모방으로부터 그것과 조선민요의 재구성을 통해 문화적 수용에서 독창적 창작에 이르게 되었다.

3) 항일가요와 한족, 만족 민요와의 관련성

항일가요와 관련된 또 한 갈래가 바로 중국 민요의 영향이다. 중국 민요의 영향을 또 중국의 한족 민요와 만족 민요의 영향으로 구분해 볼 수 있는데 우선 만족 민요의 영향을 살펴보면 다음과 같다. 19세기 중엽 이후 동부 변강 민족관계东疆民族关系는 만족, 한족, 조선족은 경제 방면에서 상호 의뢰하고 문화 방면에서 상호 영향주고 수용하면서 밀접한 민족 관계를 가지고 있다. 이러한 민족 관계의 기초 상에서 중국 조선족 항일가요는 만족, 한족들과 공동으로 변강을 개발하고 보위하고, 공동으로 반제 반봉건투쟁들 가운데서 타 민족민요를 자연스럽게 받아들 일수 있는 원인으로 된다.

항일가요 〈십진가〉는 조식이 상조식으로 되었고 선율이 〈子孙万代歌〉의 선율 흐름과 많이 상사하다는 것을 알 수 있다. 이는 선율이 다정하고 대중들의 입에 잘 오르는 만족 민요가 조선 전통 민요와도 같은 공감대를 형성했기 때문에 수용되었을 것이라고 할 수 있다.

십진가

이외에도 중국의 한족과 만족 민요에 조선 민족 가사를 붙여서 부른 가요들이 있는데 〈꽃피는 고향〉문상명 작사. 만족민요. 〈황하야곡〉장호강 작사 만족민요과 같은 것이다. 조선의용군에서 창작한 〈의용군과 백성〉·〈단결가〉 등 한족 민요에 작사한 노래들은 항일전사들 속에서 널리 불리었으며, 〈농촌의 사시〉·〈풍구타령〉 등은 한족과 기타 민족의 선율 특징과 조선족 민요의 특유한 풍격을 유기적으로 잘 융합하여 보여주었다.

2. 조식적 특징

음악에서 조식은 일정한 음을 중심으로 하여 맺어진 음들의 호상관계의 체계이다. 즉 일정한 안정과 불안전의 음정 관계로 이루어진 여러 개의 음들이 어느 한개 음을 중심으로 형성된 체계를 조식이라 한다. 여기서 조식체계가 선율음 들의 계단적 관계를 유기적으로 지어주는 체계이다. 조성은 주음의 음고적 위치와 조식의 특성을 조성이라 한다. 중국 동북지역 조선족 항일가요는 대소조식, 그리고 전통적 5음계조식이 7음계 조식과 기능적 융합을 이룬 특징으로 분류할 수 있다.

이 글에서는 5음계적 대조와 소조가 자연대조와 소조와 어떻게 일치되고 있는 가를 보기 위하여 편의상 근대 음률체계 12평균률에 의한 대조소조 조식체계[8]의 근대 조식적 견지에서 고찰하려 한다. 중국 동북지역 조선족 항일가요의 조식체계는 근대 음악의 창구라 하는 창가와 깊은 연관성을 가지고 있다. 이러한 연관성은 항일가요의 조식체계 분석에서 상세하게 찾아볼 수 있다. 항일가요와 밀접한 연관성을 가진 조선족 가요의 근대적 음악실천은 중국 동북지역 조선족 항일가요 조식 발전에서 새로운 길을 개척하였다. 항일가요의 조식도 역시 대조가 소조에 비해 많다. 총 61곡 가운데 59곡이 대조식으로서 96.8%이며 소조는 2곡뿐이다. 대조의 경우 가장 많이 사용한 조성은 F대조17곡이며, 그다음이 C대조16곡, G대조11곡, Eb대조5곡, D대조4곡, E대조3곡, A대조2곡, Bb대조1곡 등의 순서이다. 소조는 a소조와 d소조가 각각 한 곡씩이다. 이 항일가요에는 일본의 요나누끼 음계, 조선민요 조식, 중국민족 조식, 서양 대조식 등 다양한 조식으로 된 노래들로 되어 있다. 이는 서양음악의 수용으로부터 당시 시대적으로 대조소조 조식체계를 받아들여 창작 군체와 가창 군체의 음악적 사유에 깊이 자리 잡은 원인과 갈

8 대조소조 조식체계는 구라파에서 발생하고 발전하여온 구라파 근세음악의 산물이다. 문예부흥 이후 7음계적 선률조식인 대조와 소조조식이 생기고 다성음악 실천 속에서 하나의 조식체계로 고착한 것이다.

라놓을 수 없다.

〈표 4〉 항일가요 조식분석표(대조식 59곡, 소조식2곡)

분류	조식	곡수	비례(%)
1	F대조	17	28
2	C대조	16	26
3	G대조	11	18
4	bE대조	5	8
5	D대조	4	7
6	E대조	3	5
7	A대조	2	3.2
8	bB대조	1	1.6
9	a소조	1	1.6
10	d소조	1	1.6

총체적으로 중국 동북지역 조선족 항일가요의 특징은 F조, C조, G조의 밝고 안정감이 있는 대조식이 많다. 이외 가요, 창가도 항일가요와 같은 특징을 갖고 있다. 민족 5음계 조식과 7음계조식의 기능적 특성의 공성으로 하여 서구 대조 소조식 체계를 자기의 조식적 기초로 하였고 전통조식이 대조 소조식 체계로 이행하는 합법칙 발전의 결과로 항일가요 양식의 대조적인 5음계 조식적 기초를 마련하였다.

3. 박자 리듬과 장단의 특징

중국 동북지역 조선족 항일가요는 그의 중요한 선율적 기초로 되는 박자와 리듬, 장단의 구체적인 특성을 통하여 서로 뚜렷이 표현된다. 조선족 항일가요에는2/4, 4/4, 3/4의 박자[9]적 특성과 전통민요의 복합 3박자 형태를 근대 적인 단순 3박자 형태로의 전환된 특성을 보여준다. 박자에는 단순박자[10], 복합박자[11], 혼합박자[12] 및 변환박자[13] 등이 있다.

〈표 5〉 항일가요의 박자(작곡자 미상, 61곡)

분류	박자	곡수	비례(%)
1	2/4	22	36
2	4/4	18	31
3	3/4	11	19
4	6/8	6	10
5	12/8	1	1.5
6	5/8	1	1.5

도표에서 살펴본 바와 같이 항일가요는 전통음악의 복합 3박자

9 박자란 한 소절 안에 포함된 강박과 약박의 수를 가리킨다. 강한 음과 약한 음이 서로 같은 시간을 가지고 주기적으로 순환하는 것을 박절이라 하는데 박절에서 강한 음으로 된 박자를 강박자라 하고 약한 음으로 된 박자를 약박자라 한다.

10 매개 소절에 하나의 강박을 포함하고 있는 박자를 말한다.

11 매개 소절에 두 개 이상의 동일한 종류의 단순박자로 구성된 박자를 말한다.

12 매개 소절에 두 개 이상의 부동한 종류의 단순박자로 구성된 박자를 말한다.

13 옹근 악곡 또는 부분적 악곡에서 두 가지 또는 두 가지 이상의 박자 종류가 교체되거나 또는 선후로 출현되여 서로 바뀌는 것을 말한다.

형태를 아주 적게 썼다. 그것은 이 시기 2박자, 3박자, 4박자 등 짧은 단위의 박자가 전통음악의 긴 단위의 박자에 비해 단순하고 기억에 쉬운 특징과도 갈라놓을 수 없는 동시에 이 시기 조선족들에게 전통음악의 복합 박자 구조를 기억하고 인식할 여유가 없는 사정도 또 한 가지 이유로 될 수 있다. 항일가요의 박자 형태는 그 시대적, 민족의 정서적 수요로 하여 박력 있고 약동적이고 기백 있는 창가의 박자 형태를 수용하고 계승하였다고 본다.

총체적으로 조선족 항일가요의 박자적 특성은 그 시대 인민들의 미적 감정에 맞는 4/4, 2/4박자 통속적이면서도 선명한 박자 형태를 많이 이용하였다. 그리고 고유한 박자 특성을 계승하면서 또한 복합 3박자와 같은 전통적인 리듬형을 단순 3박자 형태로 전환시키는 새로운 특성을 확립하였다. 이러한 박자적 특성은 그의 리듬과 장단 형성에도 영향을 주었다.

리듬은 음운동의 시간적 관계를 표시하는 개념으로서 선율을 하나의 유기체라고 할 때 리듬은 그의 맥박이라고 할 수 있다. 리듬은 음의 운동을 규제하고 방향 짓는 기본 요인의 하나로 되는 만큼 선율 형상의 특성은 리듬의 특성에 크게 의존하게 된다. 리듬은 가요의 풍격과 쟝르를 분별할 수 있는 기본요소이다. 경쾌하고 약동적인 정서와 지향 성적이며 개방적인 성격이 중국 동북지역 조선족 항일가요의 특징은 선율에 정서적 맥박과 활력을 주는 리듬의 특성에 의하여 구체적으로 표현된다.

〈표 6〉 항일가요의 리듬형

분류	리듬형	출현회수	비례 (%)	박자
1		123	30	2/4,4/4
2		65	15	2/4,4/4
3		52	12	2/4,4/4
4		30	7	6/8
5		27	6	2/4,4/4
6		25	6	2/4,4/4
7		20	5	2/4,4/4
8		19	5	6/8
9		18	4	3/4
10		16	4	3/4
11		9	2	6/8

도표에 제시된 바와 같이 조선족 항일가요에서 보이는 복합 3박자 계통의 리듬형 들을 극히 적게 쓰고 있다. 이는 조선족 사회가 곡절 많은 역사 발전 과정을 통하여 느리고 유연하고 율동적인 장단보다 역동적이고 박력 있고 기백 있는 정서를 절박하게 수용한 결과라고 볼 수 있다. 조선족 항일가요는 행진곡적인 리듬 형태적 특성과 전통 민요의 리듬적 바탕에 기초하여 대중들의 흥과 강한 율동의 정서, 시대의 요구를 대변하는 새로운 리듬 형태들을 선율에 구현한 특성들을 보편적으로 볼 수 있다.

중국 동북지역 조선족 항일가요에서 장단성이 배제된다면 그 음악적 장르의 의미는 없어진다. 조선족 항일가요의 장단형태는 지난

시기 민요들에서 많이 쓰이던 느리고 긴 장단 형태들은 거의 찾아볼 수 없다. 대부분 속도가 빠르고 경쾌성과 박력을 나타내는 변장단 형태들을 선택하는 데로 지향하고 있다. 예를 들어 보면 3음절을 기본으로, 즉 3음렬로 조성된 언어절주는 3박으로 이루어진 다채로운 형태와 정서를 나타낸 6/8박의 반굿거리 장단을 형성하였다. 즉 리듬형의 억양적 율동성의 구체적 표현에 그 뿌리를 두었다. 또한 장단이 선율진행의 일정한 마디와 언어의 발음단위를 기초지었고 전반 노래가 이 장단으로 하여 부드럽고 흥겹게 느껴진다.

이상의 분석을 통해 보면 중국 동북지역 조선족 항일가요는 외래음악을 수용하여 근대적인 음악어법으로 전통 음악적 요소를 해석하는 새로운 음악언어를 창조하였다. 이는 조선족 항일가요 예술의 문화적인 융합과 창조를 동반하고 있는 문화현상이다.

Ⅵ. 결론

이상으로 본 연구는 중국 동북지역 조선족 항일가요는 타문화수용 과정에서 혼종성을 나타내고 있다. 특히 타문화 원소에 대한 모방, 번안, 차용, 오독 등 다양한 모습으로 나타났으나 자아 전통에 대한 견지와 선택적인 수용을 거쳐 주체의 예술창조가 동반되었다.

항일가요는 물론 한계성도 없지 않지만, 식민지 시대 특정된 공간에서 일제에 대한 투쟁정신과 자유와 해방을 갈망하는 민중의 격앙된 정서를 잘 반영하였으며 아울러 다문화 수용으로 생산된 음악 유산이고 중국 동북지역 조선족 항일가요 형성의 주요한 토대로 되었으며 중국 동북지역 조선족 항일가요 음악사의 한 페이지를 남겼다. 중국 소수민족의 하나로 과도하는 과정에 창조된 중국 동북지역 조선족 항일가요는 새로운 문화이고 혼종의 문화이다. 따라서 문화의 전지구화로 인하여 디아스포라뿐 아니라 모든 사람이 문화의 혼종화를 겪고 있는 것이 현실이지만 중국 동북지역 조선족 항일가요의 형성을 항일가요에서 보이는 다문화의 필요한 요소를 받아들여 자기화한 과정을 파헤치고 요소들을 찾아내는 작업은 그 핵심적 일환이고 그 담론의 폭을 넓혀야 하는 것은 중국 동북지역 조선족 항일가요의 혼종성 의미를 구명하는 중요한 고리이다.

따라서 중국 동북지역 조선족 항일가요는 풍부한 성과를 이루었지만, 일부 항일가요들은 가사가 세련되지 못한 점과 그리고 이러한 미흡한 부분을 현재적 시점에서 극복하는 것이 관련 연구자들이 연구해야 할 과제라고 사료된다.

참고 문헌

1. 단행본

김병민, 『조선문학사-근대부분』, 연변대학출판사, 2004.

김병민·허휘훈·최웅권·채미화, 『조선-한국당대문학사』, 연변대학출판사, 2000.

권철·조성일·김동훈·최삼룡, 『중국조선족문학사』, 연변인민출판사, 1990.

김호웅·조성일·김관웅, 『중국조선족문학통사』, 연변인민출판사, 2011.

김호웅, 『재중조선인 디아스포라문학연구』, 연변대학출판사, 2010.

장춘식, 『일제강점시기 조선족 이민작가의 연구』, 민족출판사, 2010.

김장선, 『위만주국 시기 조선인문학과 중국인문학의 비교연구』, 역락, 2005.

채택룡, 『채택룡문집』, 연변인민출판사, 2000.

임범송·권철, 『중국조선족문학연구』, 흑룡강조선민족출판사, 1989.

김기종, 『시운률론』, 조선민족교육출판사, 1998.

은종섭, 『조선문학사』(2). 김일성종합대학출판사, 1982.

조동일, 『한국문학통사』5, 서울:지식산업사, 1998.

김병선, 『한국개화기창가연구』, 인컴출판부, 1992.

김준오, 『시론』, 삼지원, 1997.

조동일, 『한국시가의 전통과 률격』, 한길사, 1984.

조창환, 『한국근대시의 운률론적 연구』, 일지사, 1986.

민족문학사연구소, 『민족문학과 근대성』, 문학과 지성사, 1995.

조규익, 『해방전 만주지역의 우리 시인들과 시문학』, 국학자료원, 1996.

차호일, 『근대시론』, 역락, 2000.

황정산, 『초기 근대시의 운률연구』, 한국문예비평연구, 2004.
레이몬드 윌리엄즈 저·이일환 역, 『理念과 文學』, 文學과知性社, 1982.
조셉칠더즈·게리헨치 엮음·황종연 역, 『현대문학문화비평용어사전』, 문학동네, 2003.
아르놀트하우 저·백낙청 역, 『문학과 예술의 사회사』, 창작과비평사, 1999.
金柄珉, 『朝鲜中世纪北学派文学研究』, 延边大学出版社, 2013.
金柄珉·徐东日, 『朝鲜实学派文学与中国之关联研究(上)』, 延边大学出版社, 2007.
任东权, 『韩国民谣研究』, 서울 : 二友出版社, 1980.
申春浩 外, 『文學의 理解』, 鮮一文化社, 1986.
施议对, 『词与音乐关系研究』, 中华书局, 2008.
陆正兰, 『歌词学』, 中国社会科学出版社, 2007.

2. 논문

김덕균, 「윤세주의 항일가요 '최후의 결전'에 대하여」, 『한국음악사학보』 7집, 1991.
______, 「중국조선민족음악과 한족음악의 상호영향」, 『한국음악사학보』 11집, 1993.
김덕균, 「우리 겨레의 항일가요 연구」, 『한국음악사학보』 20집, 1998.
______, 「한국의 걸출한 항일음악가 한형석」, 『음악과민족』 17호, 1999.
남희철, 「연변음악의 선구자-허세록」, 『예술세계』 2기, 1993.
남희철, 「조선민족민요의 환두형식을 두고」, 『문학과 예술』 5기, 1999.
량무춘, 「항일시기 작곡가 한유한에 대한 기초조사보고서」, 『한국음악사학보』 20집, 1998.
최옥화, 「항일가요의 다문화음악의 수용연구」, 『남북문화예술연구』, 2013.
최옥화, 「창가의 문화적 특성연구」, 중국연변대학 석사학위논문, 2000.

최옥화, 「문학과 음악의 구조적 상호성」, 『예술세계』 3기, 2012.
최옥화, 「한유한의 의식성향과 음악창작을 론함1」, 『예술세계』 6기, 2013.
최옥화, 「한유한의 의식성향과 음악창작을 론함2」, 『예술세계』 1기, 2014,
김성준, 「허세록선생이 40년대에 창작한 가요를 두고」, 『문학과예술』, 1993.
라혜주, 「허세록과 축첩행진곡」, 『예술세계』 2기, 1995.
김창근, 「허세록선생과 그의 작품세계」, 『예술세계』 2기, 2000,
김예풍, 「조선족민요의 전승현황과 변용에 대한 음악적연구」, 한국정신문화연구원 박사학위논문, 2004.
신광호, 「일제강점기 가요의 정서연구」, 한국학중앙연구원 박사학위논문, 2010.
신광호, 「항일전쟁시기 중국조선족 항일가요의 정서연구」, 『국악과 교육』, 2012.
조인복, 「중국조선족예술가곡의 문예미학적특징」, 연변대학 석사학위논문, 2003.
박위철, 「중국 조선족 창작가요에 대한 선율분석-5음음계에서 '라'음이 으뜸음으로 창작된 가요들을 중심으로」, 『한국민요학』 11집, 2002.
박위철, 「중국조선족창작가요에 대한조식체계분석과고찰」, 『한국민요학』 9집, 2001.
남희풍, 「당대 연변조선족가사문학의 시대적 특징」, 『문학과예술』 2기, 1990.
민경찬, 「북한의 혁명가요와 일본의 노래」, 『한국음악사학보』 20집, 1998.
민경찬, 「한국창가의 색인과 해제」, 예술종합학교 한국예술연구소, 1997.

민경찬, 「中国 朝鲜族의 抗日军歌와 日本의 노래」, 『한국음악사학보』 25집, 2000.

이소영, 「일제강점기 신민요의 혼종성연구」, 한국학중앙연구원 박사학위논문, 2007.

이소영, 「일제강점기 신민요의 혼종성」, 『낭만음악』 제19권 제3호, 2007.

성정혜, 「탈식민시대의 디아스포라와 혼종성」, 이화여자대학교 박사학위논문, 2010.

길태숙, 「재만조선인 항일투쟁노래의 과거와 현재적 의미-〈신흥무관학교 교가〉를 중심으로」, 『동방학지』, 2008.

김창욱, 「한형석의 광복군가 연구」, 『港都부산』24호, 2008.

한형석, 「나의 인생 나의 보람」, 『부산일보』, 1977년 9월-11월.

조규익, 「창가의 형성에 미친 번역 찬송가의 영향」, 『溫知論叢』 16집, 2007.

요시무라 나오끼,「六堂崔南善文学研究」, 忠南大學校大學院 박사학위논문, 2003.

김병선, 「〈소년〉지 소재 창가의 연구-7.5조 리듬에 대한 음악학적 접근」, 『국어문학』, 1985.

노동은, 『개화기 음악연구』 I. 서울:세광음악출판사, 1989.

김보희, 「소비에트 시대 고려인 소인예술단의 음악활동」, 한양대학교 대학원 박사

학위논문, 2006.

신대철, 「한국·중국·일본의 서양음악 수용」, 『한국음악연구』 38, 2005.

문백란, 「캐나다 선교사들의 북간도 한인사회 인식」, 『동방학지』 2008.12.

오문석, 「한국 근대가곡의 성립과 그 성격」, 『근대문학의 연구』 46, 2012.

원지빈, 「가사창작에서의 그릇된 관점을 두고」, 『예술세계』, 2002.

홍정수, 「한국음악의 관점(4)-양악의 혼합주의」, 『음악과 민족』 36호, 2009.

유영민, 「경계를 넘나드는 디아스포라 정체성과 음악」, 『음악학』, 2011.

陈乃良, 「중국의 서양음악 수용연구(1920-1949)」, 서울대학교 서양음악학 박사학위논문, 2013.

岸邊成雄, 「日本音楽」, 『민족음악학』 창간호, 1977.

조선의용대(군)의 항일음악 창작과 문화활동*

김명섭(단국대 동양학연구원 연구교수)

* 이 글은 『한국근현대사연구』 97집, 한국근현대사학회, 2021년 여름호에 수록한 것을 수정·보완한 것이다.

Ⅰ. 머리말

1931년 9월 일제의 만주침략과 1937년 중국 본토 침공은 중국 관내와 만주 일대에서 의열투쟁을 벌이던 한국인들에게 본격적인 항일 독립전쟁의 계기가 되었다. 이 항전의 시기에 중국에서 조직된 한인 무장 독립부대로는 관내의 韓國光復軍과 朝鮮義勇隊, 그리고 華北지대로 이동한 朝鮮義勇軍과 동북지역의 東北抗日聯軍이다. 이중 조선의용대는 1935년 朝鮮民族革命黨과 朝鮮革命者聯盟·朝鮮民族解放同盟 등이 연합해 1938년 10월 10일 조직한 무장부대로서 1942년 7월 한국광복군에 편입되기까지 항일전 일선에서 활동했다. 화북의 太行山 일대로 북상한 조선의용대 대원들은 조선의용군으로 개편되어 해방직전까지 항일전쟁을 수행하였다.[1]

약 3년 9개월간의 항일활동 동안 조선의용대는 전선에서 직접 일본군과 전투를 치르는 한편, 대중들에게 항일사상을 고취시키는 문화선전 활동에도 두각을 나타내었다. 화북으로의 진출 이후 개편된 조선의용군도 항일음악이나 군가를 직접 지어 병사들과 주민들에게 널리 보급시키는 창작활동을 게을리하지 않았다. 조선의용대_군 대원 중 항일음악 창작자로 널리 알려진 대표적인 인물로는

---

[1] 염인호, 『조선의용군의 독립운동』, 나남출판, 2001 ; 염인호, 『조선의용대·조선의용군』, 한국독립운동사연구소, 2009 ; 김영범, 『혁명과 의열-한국독립운동의 내면』, 경인문화사, 2010 ; 김영범, 「조선의용대의 항일전투(참가) 실적과 화북진출문제 재론」, 『한국독립운동사연구』 67집, 2019.

尹世胄[2]와 李斗山·貞浩 부자,[3] 그리고 鄭律成[4]을 꼽을 수 있다. 또한 음악교육을 받은 전문가는 아니지만, 항일음악 작사에 참여한 대원으로 金學鐵·李和林[5] 등을 들 수 있다.

한국광복군과 조선의용대군에서 전개한 대중문예와 선전활동에 대한 연구성과는 비교적 적지 않은 편이다.[6] 하지만 문학이나 가극·연극 활동에 비해, 항일음악 창작활동에 대한 연구는 아직 미흡한 실정이며 특히 창작의 시대적 배경에 대한 깊이 있는 분석 없이 특

---

[2] 김영범, 『의열단·민족혁명당·조선의용대의 영혼 윤세주』, 역사공간, 2013 ; 김관웅·사방예, 「조선의용군 항일가요 〈최후의 결전〉의 혼종성에 대한 탐구」, 『근대서지』 13호, 2016.

[3] 최기영, 「李斗山의 재중독립운동」, 『한국근현대사연구』 11, 2007 ; 조은경, 「『東方戰友』를 통해 본 李斗山의 국제연대 인식과 활동」, 『한국독립운동사연구』 42, 2007 ; 김병민, 「망명문인 이두산의 문학사상과 창작특징에 대한 고찰」, 『국어국문학』 192, 2020 ; 시림, 「망명과 선전;중일전쟁시기 李斗山의 문필활동과 의식변화」, 『한국학논집』 79, 2020.

[4] 『鄭律成歌曲選』, 료녕인민출판사, 1984 ; 송한용, 「鄭律成의 사상형성과 지향-1945년 이전 중국에서의 활동을 중심으로」, 『호남사학회』 29, 2007 ; 김주용, 「鄭律成의 생애와 항일민족운동」, 『동국사학』 51, 2011 ; 임영언·김재기, 「중국에서 鄭律成의 항일독립운동과 디아스포라적 삶」, 『Journal of China Studies』 18권 2호, 2015 ; 허영춘·허홍화, 「鄭律成의 항일가요 '팔로군행진곡'의 사회적 역할」, 『동양학』 72, 2018..

[5] '조선의용군발자취' 집필조, 『중국의 광활한 대지우에서』, 연변인민출판사, 1987 ; 김학철, 『최후의 분대장 김학철자서전』, 문학과지성사, 1995 ; 이화림, 『이화림 회고록』, 차이나하우스, 2015 ; 이선이, 「중국이주 여성독립운동가 이화림의 생애에 대한 고찰」, 『여성과 역사』 31, 2019.

[6] 김주용, 「중국언론에 비친 조선의용대」, 『사학연구』 104, 2011 ; 유동훈, 「항일 독립군가의 분석 및 영향 연구」, 상명대학교 대학원 석사학위 논문, 2016 ; 양지선, 「재중한인독립운동세력의 항일연극 공연과 의의」, 『드라마연구』 56, 2018 ; 김병민, 「'조선의용대' 관련 항일서사에 대한 문학적 고찰」, 『통일인문학』 72, 2019 ; 김강·김병민, 「조선의용대 항전문예 활동에 대한 고찰」, 『한중인문학연구』 66, 2020 ; 양지선, 「한국광복군 군가 연구」, 『한국근현대사연구』 95, 2020 ; 반혜성, 「『광복군가집 제1집』(1943)의 특징과 의의」, 『한국음악연구』 68집, 2020.

정 음악가 개인의 활동에 집중되어 온 아쉬움이 크다.

이 글에서는 조선의용대의 활동과 이후 한국광복군으로의 편입, 조선의용군으로의 분화 등의 과정에서 전개된 항일음악 창작활동에 대해 살펴보고, 그 노래 창작의 역사적 배경과 대중적 역할을 조명해보고자 한다. 조선의용대에서 발간한 기관지와 당대 신문, 대원들의 회고와 평전 등을 통해 소개된 노래 가사의 내용을 분석하여 그 역사적 의미를 되새겨 보고자 한다.

Ⅱ. 조선의용대의 항일음악

1. 조선민족혁명당과 조선의용대의 창설과 항일음악

1935년 7월 5일 중국 南京의 金陵大學 대례당에서 한국독립당·의열단·신한독립당의 대표들이 모여 조선민족혁명당朝鮮民族革命黨을 창당하였다. 대한민국 임시정부에 대해 비판적인 좌·우익 인사들의 결집으로 출범한 민족혁명당은 창립선언을 통해 자주독립의 완성과 진정한 민주공화국의 건설, 평등한 경제조직의 건립을 천명하였다. 창립 선언문에서 '민족의 자주독립 완성', '진정한 민주공화국 건설', '국민생활상 평등의 경제조직 건립'이란 세가지 원칙을 표방하였는데, 이는 1926년 12월 제정된 의열단 강령의 골간을 그대로 원용한 것이다. 당의에 이어 제정된 17개조의 당강은 국민 참정권과 기본적 자유권의 남녀평등, 토지 국유화 후 농민에 분급, 대생산기관 및 독점기업의 국영, 의무교육 실시 등 독립 후에 건설해야 할 신국가상을 제시하였다.[7]

조선민족혁명당은 1936년 1월 대외선전을 위한 기관지로 『民族革命』과 『앞길』을 발행했다. 창당 1주년을 기념해 1936년 7월 1일자로 발간된 『민족혁명』3호에는 黨旗의 의의와 해설과 함께 黨歌가 소개되어 있다. 기관지에 게재된 민족혁명당 당가民族革命黨黨歌의 악보와 가사는 다음과 같다.[8]

악보 원본

1. 한 맘 한 뜻 굳게 뭉친　민족혁명당
   우리 당은　우리 민족의 前衛이다
   犧牲 奮鬪 流血은 우리의 각오
   나아가자 혁명의 전선으로

2. 우리 사람 고루 잘살 旗발 앞에
   나아가는 역사 거름 발을 맞추어
   강도 일본을 쳐부시고 땅을 찾아서
   세우자 자유의 새 나라를

가사

『앞길』19호 1937.7에 실린 〈민족혁명당 당가〉 악보와 가사

---

7 강만길, 『조선민족혁명당과 통일전선』, 화평사, 1991, 72~95쪽.

8 『민족혁명』제3호(1936년 7월 1일) ; 《앞길》 제19호(1937년 7월 5일자). 『민족혁명』 제3호에는 민족혁명당의 黨旗도 같이 게재되어 있다. 이 당기는 의열단의 조선혁명간부학교에서 사용하던 당기를 서기장인 김원봉이 중앙집행위원회의 결정을 거치지 않고 기관지에 게재하였다가 李青天 등의 반발로 없었던 일로 처리되었다(사회문제자료연구회, 「昭和11年夏以降於中華民國在留不逞鮮人團體概況」, 『사상정세시찰보고집』 3, 1974, 249쪽).

'희생, 분투, 유혈'을 각오하며 혁명의 전선으로 전진하자는, 나아가 '강도 일본을 쳐부수고 땅을 되찾아 자유의 새 나라를 세우자'는 당가의 가사는 1923년 〈조선혁명선언〉과 1926년 의열단 강령을 이은 민족혁명당의 독립국가 건설구상을 오롯이 담고 있다. 누가 작사와 작곡을 했는지는 알 수 없으나, 가사 내용으로 보아 의열단에서 활동한 이론과 실무적 핵심인사가 맡았을 것으로 여겨진다.[9]

1937년 7월 7일 蘆溝橋사건을 계기로 본격적인 중일전쟁이 발발하였다. 민족혁명당은 항일세력의 단결을 통한 강력한 통일전선 구축을 위해 우선 민족주의 좌익세력의 통일을 꾀하였다. 이에 11월 12일 柳子明 등 아나키스트들의 단체인 조선혁명자연맹과 의열단 출신의 金星淑·朴建雄 등이 조직한 조선민족해방동맹 등 3개 단체가 南京에 모여 朝鮮民族戰線聯盟을 결성하기에 이르렀다. 연맹은 자신의 위상과 성격이 "통일전선의 발기형태 또는 시초형태"에 지나지 않는 '연합전선' 조직이라고 규정하고, 개인본위가 아니라 단체본위에 기초하여 최고의 통일된 정치투쟁 기구를 결성하려고 했지 정당을 조직하려 하지 않았다.[10]

조선민족전선연맹 창립 직후 일본군의 공습폭격이 시작됨에 따라 민족혁명당과 전선연맹 대원들은 南京에서 武漢으로 이동하였

---

9 민족혁명당가의 작사자가 누구인지는 현재 알 수 없으나, 기관지 『민족혁명』과 『앞길』의 주필을 맡은 이론가이며 1936년 7월 창립 1주년을 맞아 『민족혁명』 3호에 〈본당의 기본강령과 중심임무〉 등을 집필하고 〈최후의 결전〉을 작사한 尹世胄가 아닐까 추론해 본다.

10 『조선민족전선』 창간호, 1938.4.10.

다. 武漢에 사무소를 설치하자, 중국군사위원회에서 한국청년들을 군관학교에 입교시켜 단기 특별공작 훈련을 시키자는 제안을 해왔다. 이에 조선민족전선연맹은 한국청년 83명을 모아 그해 11월 초순 江西省 星子縣으로 보내 육군중앙군관학교 특별훈련반이하 '星子分校'로 약칭에서 훈련을 받도록 하였다. 교관은 전원 중국인이었지만, 구대장과 교관은 王雄金弘壹·尹世胄·金科奉 등이 맡았다.

이 무렵 성자분교에서 '조선독립운동사' 강의를 맡은 尹世胄가 힘든 군사훈련을 받고 있는 학생들이 훈련 중에 부를 만한 우리말 노래가 없음을 안타까워하며 외국 곡조에 가사를 새로 붙여 노래를 부르게 하였다. 1938년 2월경 윤세주의 편곡에 의해 탄생한 노래는 〈最後의 決戰〉이다.[11] 노래의 원곡은 1905년 러시아 압제에 맞선 폴란드 노동자들의 무장봉기 때 부른 국제적인 민중가요로 〈인터내셔날가〉와 함께 널리 알려진 혁명가인 〈바르샤바 노동자의 노래Warszawianka '바르샤바 시민' 또는 '바르샤바 혁명행진곡'〉이다. 노래는 원곡의 단조 대신 한민족에 맞게 장조로 바꿔 편곡되었다.[12]

---

[11] 한국독립군가보존회에서 펴낸 『광복의 메아리』(1982)와 독립군시가집 편찬위원회에서 펴낸 『배달의 맥박』(1986)에 이 노래의 작사를 '윤세위'로 표기하고, 해설도 "1920년대 남북만주 노령의 독립군 진영에서" 불린 노래로 정의되어 있으나, 이는 이후 연구에서 '조선의용대 윤세주'의 오기로 확인되었다(김덕균, 「윤세주의 항일가요 '최후의 결전'에 대하여」, 『한국음악사학보』 1, 1991 ; 중국조선족음악연구회, 『20세기중국조선족음악문화』, 민족출판사, 2005, 43쪽 ; 김영범, 『의열단·민족혁명당·조선의용대의 영혼 윤세주』, 역사공간, 2013, 124~125쪽 ; 김관웅·사방예, 「조선의용군 항일가요 〈최후의 결전〉의 혼종성에 대한 탐구」, 『근대서지』 13호, 2016 등).

[12] 김영범, 『의열단·민족혁명당·조선의용대의 영혼 윤세주』, 역사공간, 2013, 124~125쪽 ; 김관웅·사방예, 「조선의용군 항일가요 〈최후의 결전〉의 혼종성에 대한 탐구」, 『근대서지』 13호, 2016.

항일 국제연대를 주창한 조선의용대에서 교관을 맡은 윤세주가 폴란드 혁명가를 새롭게 개창해 만든 군가인 〈최후의 결전〉은 1943년 작곡가 한유한이 주관해 편집·발행한 한국광복군 제2지대 선전위원회의 노래집인 『광복군가집』에 처음 수집되어 소개되었다. 게재된 악보와 가사는 다음과 같다.[13]

악보 원본

1. 최후의 결전을 맞으러 가자
   생사적 운명의 판가리로
   나가자 나가자 굳게 뭉치어
   원수를 소탕하러 나가자
2. 무거운 쇠사슬을 풀어헤치고
   뼈속에 사무친 분을 풀자
   삼천만 동포여 모두 뭉치자
   승리는 우리를 재촉한다

(후렴) 총칼을 메고 혈전의 길로
다 앞으로 동지들아
혁명의 기는 우리 앞에 날린다
다 앞으로 동지들아

가사

『앞길』19호 1937.7에 실린 〈민족혁명당당가〉 악보와 가사

〈바르샤바 노동자의 노래〉의 원곡에서 '적의를 가진 소용돌이가 우리 위에서 불어나고'는 '최후의 결전을 맞으러 가자'로 개사되었고, '정의롭고 거룩한 선혈이 쟁투를 향해 / 앞으로 행진하라 노동자 인민이여'라는 가사는 '혁명이 깃발 우리 앞에 날린다 / 다 앞으로 동지들아'로 훈련대원들의 사기를 북돋아 주기 위해 바꿔 불렀

13 〈最後의 決戰〉『광복군가집』, 한국광복군제2지대선전위원회, 1943, 6쪽.

다. 이후 노래는 한국광복군과 조선의용대의 훈련과정은 물론 중국군과의 각종 문화행사 때에도 국제적 연대를 강조하기 위해 널리 불리었다.[14]

星子分校에서 6개월간의 군사훈련을 받은 학생들은 1938년 5월 24일 졸업식을 마친 후 조선의용대의 주력 부대원이 되었다. 민족전선연맹은 1938년 10월 10일 漢口의 中華基督教青年會 강당에서 朝鮮義勇隊를 창립하였다. 대장은 김원봉이 맡았으며, 金學武·金星淑·柳子明을 비롯해 중국인 5명이 지도위원으로 참여하였다. 창립 당시 대원은 대부분 군관학교 출신자 97명이었지만, 곧 200여 명으로 증가하였으며 3개의 구대의 편제를 갖추었다. 창립식 당시 중국공산당의 周恩來가 참석해 축하 연설을 하였고 정치부 제3청장 郭末若이 축시를 낭송해 주었다고 한다.[15]

창립 사흘째인 10월 13일 저녁 조선의용대 창설을 축하하는 遊藝會가 개최되었다. 참석 관중이 700여 명에 이를 정도로 대성황을 이룬 이날 행사에 조선의용대 대원들은 〈민족해방가〉와 〈자유의 빛〉 등의 노래를 비롯해 4인 중창으로 〈아리랑〉을 불러 청중의 큰 호응을 받았다. 특히 여성 대원인 金煒가 한국민요를 불러 청중들의 각별한 찬사를 받았다고 한다.[16]

---

14 김관웅·사방예, 「조선의용군 항일가요 〈최후의 결전〉의 혼종성에 대한 탐구」, 『근대서지』 13호, 2016.

15 현금옥·리정문, 『광활한 대지우에서』, 중국:료녕민족출판사, 1987, 6~7쪽.

16 「朝鮮義勇隊成立 慶祝 文藝萬會」, 『新華日報』 1938년 10월 14일. 원문에는 青韋로 표기되어 있으나, 저명한 영화배우 金焰의 여동생 金煒(본명 金幼鴻)의 오기로 여겨진다.

2. 조선의용대의 항일음악 창작과 문화선전활동

조선의용대 창설 보름만인 1938년 10월 25일 武漢이 일본군에게 함락되었다. 이에 따라 의용대 본부는 중국 군사위원회 정치부를 좇아 11월 말경 漢口를 탈출해 廣西省의 수도인 桂林으로 이동하였다.[17] 제1구대는 제9전구 소재지인 湖南省 長沙로, 제2구대는 제5전구인 湖北省 老河口와 제1전구 소재지인 河南省 洛陽으로 각각 이동하였다. 桂林으로 이동해 온 조선의용대 대본부 인원은 대장 김원봉과 정치조장 김성숙을 비롯해 대원 尹世胄 등 13명이었다. 이어 1939년 7월경에는 重慶에 있었던 李貞浩·李和林 등이 합류하였다.[18]

1940년 2월 무렵 본부 요원은 94명으로 증가하였다. 인원의 증가에 따라 대본부 산하에는 기존의 技謠조와 정치조·총무조에 이어 유동선전대·편집위원회·부녀복무단등이 증설되었다. 유동선전대는 기존 선전대를 확대해 廣西省 전역은 물론 제2구대 작전지역인 제5전구로 넓혀 갔으며, 부녀복무단(단장 박차정)에서는 신입 대원들에게 중국어와 조선의 역사를 교육하였다. 편집위원회는 1939년 1월 21일 순간으로 『朝鮮義勇隊通訊』을 발행했고, 대본부가 重京으로 이전한 후부터는 제34기부터 『朝鮮義勇隊』로 제호를 바꿔 월간으로 발행하였다. 본부 기관지 이외에도 의용대의 각 구대와 분대가 저마다 경쟁적으로 국한문판으로 선전지와 소식지를 냈다. 의용

---

17 「柳桂朝鮮義勇隊 將上演'朝鮮女兒'」, 『救亡日報』 1939년 1월 21일자.

18 『朝鮮義勇隊通訊』 18(1939.7.11.) ; 『朝鮮義勇隊通訊』 18·19(1939.8.1.)

대 본부에서는 국한문판 선전지 『戰鼓』를 발행했다.

조선의용대의 항일 기관지 발행은 경북 달성 출신으로 1925년 중국으로 망명해 민족혁명당에서 활동한 李斗山본명 李賢壽, 1896~?이 총괄책임을 맡았다. 그는 한·중 연대와 동방 피압박 민족과의 연대를 지향하는 잡지사인 東方戰友社를 廣西省 梧州에서 창립해 1939년 1월 15일부터 반월간으로 『東方戰友』를 발행했다가 그해 6월부터 桂林으로 옮겨 월간으로 발행했다. 『조선의용대통신』의 편집위원회 주임을 맡은 이두산은 휘하에 韓文刊주편위원회와 中文刊주편위원회를 두었는데, 金科奉과 韓志成·柳子明·金奎光·李達 등 간부급 인사들이 위원회에 포진하여 다양한 선전활동을 펼쳤다.[19]

이두산은 중국과 일본 문학에 대한 비평은 물론 시가와 수필, 회고록, 사론 등 다양한 장르의 텍스트를 창작하였고, 중국 문단에도 적지 않은 글을 기고하였다. 『東方戰友』와 『朝鮮義勇隊通訊』을 비롯해 『中國詩壇』 등에 게재된 그의 시가는 〈그대는 의용의 전사〉1939.3과 〈어머니의 묘소에서〉1939.4, 〈1940년 행진곡〉1940.1와 〈방가放歌〉1940 등이 있다. 그의 시가에는 조선의용대에 가담하고자 하는 청년 용사들의 영웅적 모습을 서사적으로 보여주면서 항일투쟁에 임하는 독립지사의 격앙된 심경을 표현하고 있다.[20]

---

19 최기영, 「이두산의 재중독립운동과 항일언론활동」, 『중국관내 한국독립운동가의 삶과 투쟁』, 일조각, 2015 ; 조은경, 「『동방전우』를 통해 본 李斗山의 국제연대 인식과 활동」, 『한국독립운동사연구』 42, 2007.

20 김병민, 「망명문인 이두산의 문학사상과 창작특징에 대한 고찰」, 『국어국문학』 192, 2019 ; 시림, 「망명과 선전:중일전쟁시기 이두산의 문필활동과 의식변화」, 『한국학논집』 79, 2020.

음악 창작에도 재능을 보인 이두산은 민족혁명당과 조선의용대 본부에서부터 작사·작곡에 힘썼다. 그는 조선의용대에서 주최한 각종 행사에서 독창자로 나설 정도로 음악에 높은 재능이 있었다.[21] 1939년경 桂林에서 활동하던 그가 작사·작곡한 것으로 알려진 〈先鋒隊〉는 1942년 한국광복군 제2지대 선전위원회에서 발행한 군가집인 『광복군가집』에 처음 수집해 소개되었다. 악보와 가사는 다음과 같다.[22]

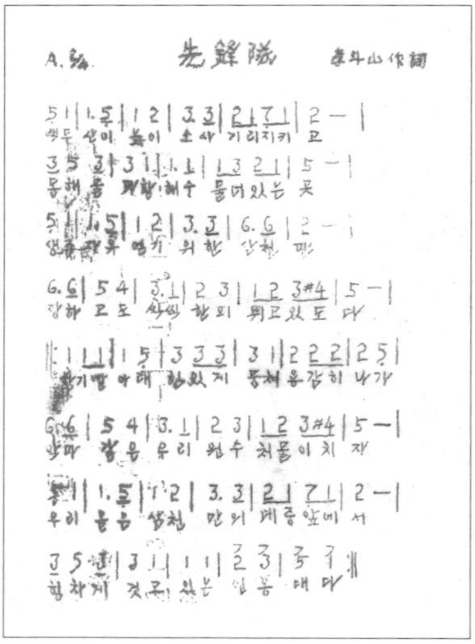

악보 원본

백두산이 높이 솟아 길이 지키고
동해물과 황해수 둘러있는 곳
생존자유 얻기위한 삼천만
장하고도 씩씩한 피 뛰고 있도다
한깃발 아래 힘있게 뭉쳐 용감히 나가
악마같은 우리 원수 쳐 물리치자
우리들은 삼천만의 대중 앞에서
힘차게 걷고 있는 선봉대다
한깃발 아래 힘있게 뭉쳐 용감히 나가
악마 같은 우리 원수 쳐 물리치자
우리들은 삼천만의 대중 앞에서
힘차게 걷고 있는 선봉대다.

가사

『광복군가집』 1943에 실린 〈선봉대〉의 악보와 가사

---

21 〈歡迎日本的兄弟們(中)〉, 『救亡日報』 1939년 6월 25일자.

22 〈선봉대〉『광복군가집』, 한국광복군제2지대선전위원회, 1943, 5쪽 ; 독립군가보존회, 『광복의 메아리』, 1982, 91쪽.

가사에서 보여지듯, 노래에는 '백두산'과 '동해물'로 상징되는 조국에 대한 그리움과 민족에 대한 긍지가 묻어있다. 나아가 '악마 같은 일본군'을 무찌르고 '삼천만 대중'의 생존과 자유를 되찾아 주고자 하는 항일 선봉대로의 긍지를 갖자고 주장하고 있다. 이러한 그의 정서와 묘사는 광복군으로 편입한 이후인 1943년경 작사·작곡한 〈광복군가〉에서도 찾아볼 수 있다.

조선의용대 대본대가 廣西省 桂林에 주둔하는 동안, 대원들은 지역주민들에게 다양한 연예활동과 오락회를 제공해 전투사기 진작과 공동 항일항전의 의지를 다져 나갔다. 연예활동과 오락회 등은 민중에 대한 항일교육에 주로 활용되었는데, 실례로 조선의용대가 주둔했던 岳陽縣 제3구 三合鄉 陳家大屋에서의 군민연예회를 들 수 있다. 1938년 10월 저녁 7시경부터 군인 3백여 명과 중국 민중 150여 명이 참석한 이날 연예회에서는 중국군과 조선의용대 지도자들의 연설이 있었지만, 조선민요 〈아리랑〉과 조선 춤 공연이 큰 인기를 끌었다고 한다. 대원들은 틈틈이 주민들에게 노래를 가르쳐 주어 주둔지의 아이들이 〈아리랑〉을 비롯해 〈고향을 지키자〉, 〈게릴라군대〉 등의 항일노래를 부를 수 있을 지경에 이르렀다고 한다.[23]

1938년 12월 25일 열린 제2차 中華民族復興節서안사변 해결과 장개석 무사귀환을 기념에서도 조선의용대는 여러 단체와 함께 연예회에 참가하였다. 의용대 대원들은 「조선의용대 성립경과와 목전의 과정」이

[23] 劉金鏞編譯, 〈火線上的朝鮮義勇隊〉1939년 9월(『崔鳳春 번역, 『朝鮮義勇隊血戰實記』, 2006, 178쪽).

란 제목의 삐라 1천부를 관중들에게 배포하는 한편, 노래와 연극, 탭댄스 프로그램에도 참여하였다. 그중에서 한국말 노래와 두 대원의 탭댄스가 관중들의 큰 호응을 받았다.[24] 또한 야간 문예행사에서 가수 겸 여배우인 金煒 대원이 무대에 올라 〈우리는 조선의용대 대원〉이란 시를 낭독하여 관중들의 감동 어린 박수를 받았다고 한다.[25]

조선의용대는 1939년 3월 1일 오후 중국 국민당과 문화기관 등 각계 대표 1백여 명을 樂群社 강당으로 초청해 '3·1운동 20주년 기념식'을 거행하였다. 이어 저녁에는 桂林 시내 新華戲院에서 선전대 대장 金昌滿에서 준비한 가극 『아리랑』과 연극 『조선의 딸』을 공연하였다. 1개월 동안 준비한 연극 『조선의 딸』은 일제의 압박과 착취로 신음하는 조선 민족의 고통과 저항정신을 그린 작품으로 다음날인 2일과 3일에도 공연하였다. 무대에 오른 연기자들은 주로 한국인이었지만, 중국 제5로군 총정치부 국방예술사의 사원들인 중

---

24 劉金鏞編譯, 〈火線上的朝鮮義勇隊〉 1939년 9월(『崔鳳春 번역, 『朝鮮義勇隊血戰實記』, 2006, 147쪽).

25 『新華日報』 1939년 2월 5일. 이날 조선의용대 여대원 이화림이 전하는 김위의 낭송시 내용은 다음과 같다. "우리는 조선의용대 대원 / 아득히 먼 옛날부터 조선과 중국은 제일 친밀한 형제였다네. /오늘 중국과 조선은 동일한 고통을 겪고 있다네 / 중화민족의 해방을 위하여 / 피바다 속에서 신음하는 조선인의 자유 독립을 위하여 / 우리는 중국의 대지에서 일본의 파시즘 강도와 싸우네! / 중국의 형제들과 같이 전투하며 함께 피 흘리네. / 우리는 정의의 총알을 동방의 폭군에게 겨눈다네 / 우리는 이미 투쟁의 팔뚝을 들어올려 / 중국에 뻗었고 한국에 뻗었으며 전 세계 형제들에게 내밀었다네. / 피 비린내 나는 파시즘에 더렵혀진 동방 / 우리는 승리의 혈전을 준비하고 있네 / 우리는 질퍽한 피바다 속에서 / 새로운 중국과 새로운 조선을 만들고자 하네 / 휘양 찬란한 태양이 새로운 세계를 밝게 비추게 하세! (이화림, 『이화림 회고록』, 차이나하우스, 2015, 240쪽).

국인들도 참여하였다. 이에 정치조장 김성숙별명 金奎光은 공연을 도와준 중국 각계인사들에 감사를 표하고 공동 항일전 의 승리를 위해 문화대가 크게 기여할 것이라고 의의를 강조하였다.[26]

가극과 연극 공연을 본 중국 기자들과 문화 인사들도 매우 감동적이었다는 평을 보였다. "가슴이 뛰는 듯한 감동의 여운이 남아있다."는 평에서부터 "뛰어난 연기와 내용에 깊은 인상을 주었다"며 극운동을 전개하고 있는 중국인들에게 큰 도움이 되었다는 보도가 연일 일간지인『救亡日報』에 실렸다.[27] 이러한 격려 어린 비평은 조선의용대 대원들을 자극하여 역량을 더욱 향상시키는데 기여하였다.

조선의용대는 1939년 6월 23일 21명의 일본군 포로들을 초청해 위로연을 베풀어 반전운동을 지원하였다. 1천여 명의 대군중을 樂群社 강당으로 초청해 다과회를 연 조선의용대는 주석을 맡은 李達의 개회사에 이어 일본 포로들의 답사, 대만·중국 대표들의 환영사의 순서로 진행되었다. 이어진 여흥시간에는 조선의용대 대원들의 합창곡과 金煒·李斗山의 독창이 있었는데, 두 사람은 특히 〈일본반전가〉를 불러 많은 박수를 받았다고 한다. 보도로 알려진 이 노래의 가사는 다음과 같다.

듣거라 일본의 병사들이여 / 우리는 다 같은 피압박자

---

26 金奎光,「公演'朝鲜的女兒'的革命的意義」,『朝鮮義勇隊通訊』6호(1939년 3월11일)

27「對于朝鮮義勇隊公演的感言」;「朝鮮民族的光榮史'朝鮮女兒'觀後」;「'朝鮮的女兒' 觀後感」,『救亡日報』1939년 3월 3일.

어찌하여 형제간에 / 죽고 죽이는 비극이 벌어지는가
진정한 우리의 적을 향해 / 총구를 돌려라
전쟁의 원흉인 군벌과 재벌을 소멸시켜 / 동아의 평화를 실현하자
우리함께 뜨거운 피를 혁명의 길에 뿌리자
반침략의 전선으로 함께 나가자.[28]

또한 〈일본의 형제들이여〉라는 제목의 독창공연과 함께 일본군 포로들이 일본 전통가곡을 하모니카와 함께 연주하여 매우 감동적인 시간을 가졌다고 한다. 이러한 반전운동 지원활동으로 인해 일부 일본군 출신 병사들은 조선의용대의 이후 각종 문화공작에 헌신적으로 참가하였다.[29]

조선의용대는 1939년 8월 모일 중국 중앙군관학교 제6분교 졸업식 행사에 참여해 문화공연을 가졌다. 저녁 7시부터 시작된 졸업식은 중국 국가 제창에 이어 군관학교 정치부 주임과 조선의용대 이두산이 대표 연설로 진행되었다. 뒤이은 연예 오락시간에서 조선의용대 대원들은 '戰旗歌'[30]와 '白頭山'을 합창해 주었다고 한다. 또

[28] 「歡迎日本的兄弟們」, 『救亡日報』 1939년 6월 24일 ; 6월 25일자.

[29] 王繼賢, 「中國戰場의 朝鮮義勇隊」 1939 ; 염인호, 「중국 桂林에서 전개한 조선의용대 대본부의 항일운동(1938.11~1940.3)」, 『한국사학보』 35, 2009.

[30] 劉金鏞, 「軍校六分校一日」, 『朝鮮義勇隊通訊』 22호(1939년 8월 21일)의 원문에는 '戰地歌'로 표기되어 있으나, 이 곡은 전해지지 않아 '戰旗歌'의 오자가 아닌가 싶다. 1920년대 의열단과 남경 조선혁명군사정치간부학교의 훈련가로 널리 불린 것으로 알려진 〈戰旗歌〉의 가사는 다음과 같다. "피 끓는 참된동무 쇠줄같이 단결해 / 戰旗를 높이 들고 나가자 쌈 싸우러 / 동방의 강도 일본을 우리 칼로 무찔러 / 쌓인 한 풀고서 새나라 새 역사를 열자."(『한민족독립운동사자료집 30-의열투쟁3』 「安貞得 訊問調書(제3회)」, 1934.12.28.)

한 여성대원인 金華가 조선 전통춤을 추었으며, 金煒와 趙少卿이 독창을 불러 큰 호응을 받았다고 한다.[31]

Ⅲ. 조선의용대(군)의 분화와 항일음악 창작활동

1. 조선의용대 본대의 광복군 편입과 항일음악 창작

1940년 3월 16일 조선의용대 대본부 선발대는 중국 군사위원회의 명에 따라 桂林을 떠나 북상길에 올라 20일 만에 4월 6일 重慶에 도착하였다.[32] 이어 의용대 총대부 2진이 5월 초순에 합류해 사무청사를 南岸 大佛壇에 설치하고, 기관지 편집처도 각각 합류하였다.[33]

桂林에서 重慶까지의 험난한 수천여리 이동 과정에서 역사적인 항일음악이 다수 탄생하였다. 李斗山의 장남 李貞浩1913~1990는 일찍이 中山대학교 재직 중에 〈혁명군가〉를 작사·작곡한 바[34] 있는 음

[31] 劉金鏞, 「軍校六分校一日」, 『朝鮮義勇隊通訊』 22호(1939년 8월 21일)

[32] 「本隊消息」, 『朝鮮義勇隊通訊』 20기(1940.3.1.) 34기(1940.5.15.)

[33] 『朝鮮義勇隊通訊』 34기(1940.5.15.) ; 40기(1941.10월)

[34] 「洪加勒 訊問調書(제7회)」, 1934년 11월 29일에 별첨된 「혁명군가」의 가사는 다음과 같다.

1. 동지들아 굳게굳게 단결해 생사를 같이하고 / 여하한 박해와 압박에도 끝까지 굴함 없이 / 우리들은 피 끓는 젊은이 혁명군의 선봉대

악가로 조선의용대 제1지대에서 조사주임으로 활동했다. 1940년 2월 洛陽으로 북상할 무렵, 이정호가 행진노래를 여러 곡 지었다. 제목이 알려지지 않았지만, 그와 함께 행군한 동지가 기억하는 노래의 가사는 다음과 같다.

> 동지들이여, 단단히 단결하세 / 같이 투쟁하고 생사를 같이하세
> 어떤 고난과 역경도 / 우리를 굴복시킬 순 없다네
> 우리들은 열혈청년 / 적진 함락에 앞장선다네.[35]

이와 함께 이정호는 조선의용대의 행진 광경을 노래한 〈중국의 광활한 대지 위에〉라는 곡을 작사 작곡해 발표했다. 이 곡은 조선의용대가 양자강과 황하를 건너는 장면을 묘사하는 한편, 이후 만주로 진출해 일본군과 결전을 치른 뒤 조국 땅을 해방시키자는 희망찬 의지를 반영한 노래이다. 가사는 다음과 같다.

> 〈중국의 광활한 대지 위에〉 이정호 작사, 이정호 작곡
>
> 중국의 광활한 대지 위에 / 조선의 젊은이 행진하네
> 발맞춰 나가자 다 앞으로
> 지리한 어둔 밤 지나가고 / 빛나는 새 날이 닥쳐오네

---

2. 닥쳐오는 혈전은 우리의 필승을 보여주네 / 압박 없고 착취 없는 새 사회를 과감히 쟁취하자 / 우리들은 피 끓는 젊은이 혁명군의 선봉대. (경성지방법원, 『경성지방법원 형사사건기록 : 洪加勒외 3인 형사소송기록』, 1935(『한민족독립운동사자료 31-의열투쟁4』).

[35] 이화림, 『이화림 회고록』, 차이나하우스, 2105, 253쪽.

우렁찬 혁명의 함성 속에 / 의용군 깃발이 휘날린다
나가자 피 끓는 동무야 / 뚫어라 원수의 철사방
양자와 황하를 뛰어넘고 / 피 묻은 만주벌 결승전에
원수를 동해로 내어몰자 / 전진 전진 광명한 저 앞길로.[36]

후일 〈조선의용군행진곡〉으로 널리 알려져 있는 이 노래의 곡조는 가사 내용에 따라 크게 세부분의 선율흐름으로 나뉘어졌다. 10마디까지 조선의용대 대원들이 행진하는 모습, 의용군 깃발을 휘날리며 나아가 일본군을 동해로 내모는 모습, 마지막에 짧은 세마디가 "전진, 전진" 함성을 지르며 광명한 앞길로 내딛는 부분이 그것이다.

洛陽으로 집결한 조선의용대의 3개 지대는 중국군의 필요에 따라 각 지역에 분산 배치되었다. 즉 朴孝三이 이끄는 제1지대78명는 제9전구인 湖南省 長沙 방면에서, 李益星이 지대장을 맡은 제2지대75명는 洛陽과 西安 방면으로 이동해 실전 배치되었고, 1939년 12월 신설된 제3지대지대장:金世日, 63명은 江西省에서 전투에 참여했다. 각 지대는 중국 국민군이나 현지 게릴라 부대와 협력해 항일 최전선에서 대적 무장선전과 협동작전, 민중교육 등 여러 방면에서 뛰어난 공적을 쌓았다. 조선의용대 대원들은 항일전투에서 많은 실

[36] '조선의용군발자취' 집필조, 『중국의 광활한 대지우에서』, 연변인민출판사, 1987, 37쪽 ; 『동북군정대학 노래집』(1990) ; 『조선족항일투쟁노래 선집』(1995). 화북의 팔로군 근거지로 이동해 창설된 조선의용대 화북지대는 1942년 7월 조선의용군으로 개편되었는데, 이 노래는 〈조선의용군 행진곡〉으로 이름이 바뀌어 만주 일대와 해방 후 북한지역에서 널리 불려졌다.

적을 쌓았을 뿐만 아니라 일본어에도 뛰어나 일본군 포로의 심문과 반전 선전활동, 대중 문화선전 등에서 큰 성과를 거두어 호평을 받았다.[37]

그러나 중국국민당 지국에 국한된 선전활동은 조선의용대 내부의 불만을 야기시켰다. 특히 1939년 1월 국민당 5기 5중전회를 계기로 한 반공 노선의 강화와 대일전에서의 소극항전 방침은 대원들을 크게 동요시켰다. 결국 화북지역에서의 무장투쟁을 요구하던 崔昌益을 비롯한 일부 대원들은 北進 지대를 결성해 1939년 12월 북상을 단행했다. 중국공산당 지구로 들어간 최창익 일파는 延安의 抗日軍政大學에 입교한 후 조선 학생들을 규합해 1941년 1월 華北朝鮮青年聯合會를 결성했다. 이어 국공내전이 격화된 '皖南事變'을 계기로 조선의용대 주력부대가 1941년 6월 황하를 넘어 중국공산당 관할 지구로 2차 진출하였다.

조선의용대 대원 80%에 해당하는 주력부대가 두 차례에 걸쳐 華北으로 진출하게 되자, 重慶에 남은 김원봉을 비롯해 노약자와 여성 등 소수 간부 대원들은 후방지원 활동에 주력하였다. 1941년 12월 10일 민족혁명당은 제6차 전당대회를 개최해 임시정부에 참가하기로 결의하였다. 1942년 5월 15일 중국 군사위원회는 국민당 통치구역에 잔류하고 있던 김원봉과 조선의용대 總隊府에게 한국광복군에 편입하도록 지시하였다. 1942년 7월 조선의용대는 광복군 제1지대로 개편되었고, 김원봉이 광복군 부사령 및 제1지대

37 김영범, 「조선의용대의 항일전투(참가) 실적과 화북진출문제 재론」, 『한국독립운동사연구』 67집, 2019.

장으로 취임하였다. 이로써 조선의용대는 만 3년 9개월의 역사를 마감하고 말았다. 다만 조직 편제상 한국광복군에 편제되었지만, 제1지대 대원들은 민족혁명당 당원들이기에 당 조직을 통해 지휘되었다.

1942년 5월 중국 군사위원회에 보고된 한국광복군 제1지대는 지대장 김원봉·부지대장 申岳을 비롯해 본부에 14명, 제1구대구대장 金俊 8명, 제2구대구대장 李蘇民 6명, 제3구대구대장 朴孝三 8명 등 36명이다. 이중 제3구대 구대장 朴孝三과 부구대장 李益成 등은 이미 북상하여 華北支隊에서 활동하고 있어 실제와는 차이를 보인다. 이와 달리 1942년 11월 5일 한국광복군 총사령부에서 보낸 조선의용대 출신의 광복군 1지대 대원은 간부진 14명과 분대원 25명 등 39명이다. 조선의용대의 한국광복군 편입이 적지 않은 우여곡절을 거쳐 이루어졌음을 유추해 볼 수 있다.[38]

1944년 4월 지대장 김원봉이 군무부장으로 선임됨에 따라 총사령부 고급 참모인 宋虎聲이 제1지대장으로 부임하였지만, 본부의 인원은 42명으로 큰 변동이 없었다. 나아가 河北省 老河口에 제1구대와 浙江省 金華에 제2구대를 갖추고, 각 구대에 3개 분대로 편제하였다. 대원수는 대약 지대본부에 42명, 제1구대에 27명, 제2구대에 23명 등 모두 92명 정도였다.[39]

조선의용대 대원들이 다수를 차지한 광복군 제1지대의 지대가는

38 장세윤, 「조선의용대의 조직편성과 구성원」, 『한국근현대사연구』 11집, 1999, 69~72쪽.

39 한시준, 『한국광복군연구』, 일조각, 1994, 156~168쪽.

언제 누가 작사와 작곡을 했는지는 알 수 없으나, 후일 대원들의 회고에 의해 전해지고 있다. 현전하는 〈광복군 제1지대가〉의 가사는 다음과 같다.

1. 동지들아 굳게굳게 단결해 / 생사를 같이하자
   여하한 박해와 압박에도 / 끝까지 굴함 없이
   우리들은 피끓는 젊은이 / 광복군 제1지대

2. 닥쳐오는 결전은 우리의 / 필승을 보여주자
   압박없는 자유와 독립을 / 과감히 쟁취하자
   우리들은 피끓는 젊은이 / 광복군 제1지대[40]

한편, 조선의용대에서 항일음악을 창작한 李斗山은 1942년 重慶으로 이동한 이후 화북으로 가지 않고 남아 한국광복군에 합류하였다. 그는 민족혁명당의 당직은 맡지 않았으며, 임시정부의 직임을 맡았다. 1942년 8월 申翼熙·張建相 등과 함께 임시정부의 외교연구위원에 선임되었으니 그의 국제관계를 고려한 인사로 여겨진다.[41]

이두산은 1945년 1월 내무부 차장의 직책을 맡은 데 이어 그해 5월 한국광복군총사령부의 정훈처장으로 보임되었다. 민족혁명당 간부이면서 광복군 참모장을 맡은 金弘壹은 그에게 參將의 계급을

---

40 〈光復軍歌〉, 『광복군가집』, 한국광복군 제2지대 선전위원회, 1943, 3쪽. 독립군가보존회 편, 『광복의 메아리』(1991, 93쪽)에서는 〈광복군행진곡〉으로 소개되어 있다.

41 최기영, 「이두산의 재중독립운동」, 『한국근현대사연구』 42집, 2007.

부여하였다. 대한민국 임시정부 요인으로 복무하는 도중 이두산은 또 다른 대표작품인 〈광복군가〉를 작사·작곡하였다. '광복군행진곡'으로도 알려진 이 노래는 중국 관내와 만주일대에서도 널리 불려졌다. 1943년 한국광복군 제2지대 선전위원회에서 발행한 『광복군가집』에 처음 실린 그의 창작곡 〈光復軍歌〉의 악보와 가사는 다음과 같다.[42]

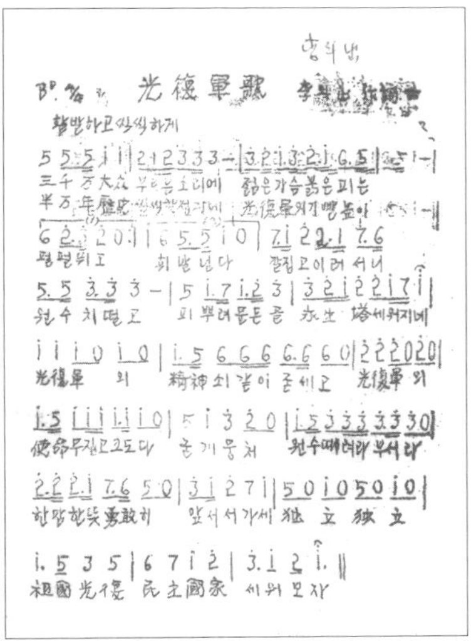

악보 원본

삼천만 대중 부르는 소리에 /
젊은 가슴 붉은 피는 펄펄 뛰고
반만년 역사 씩씩한 정기에 /
광복군의 깃발 높이 휘날린다
칼 짚고 일어서니 원수 치떨고 /
피 뿌려 물든 골 영생탑 세워지네
광복군의 정신 쇠같이 굳세고 /
광복군의 사명 무겁고 크도다
굳게 뭉쳐 원수 때려라 부셔라 /
한 맘 한 뜻 용감히 앞서서 가세
독립 독립 조국광복 민주국가 세워보자

가사

『광복군가집』에 실린 〈광복군가〉의 악보와 가사

곡조는 내림나장조에 4분의 4박자 세도막형식으로 첫 네마디의 행진곡풍 리듬이 중심이 되어 곡 전체가 절도 있고 박진감 넘쳐 투

42 〈光復軍歌〉, 『광복군가집』, 한국광복군 제2지대 선전위원회, 1943, 3쪽. 독립군가보존회 편, 『광복의 메아리』(1991, 93쪽)에서는 〈광복군행진곡〉으로 소개되어 있다.

지를 불태우게 하였다. 가사는 한국광복군의 씩씩한 정기와 굳센 정신, 그리고 막중한 사명을 노래하고 있다. 마지막 절에 '조국광복'과 '민주국가를 세우자'는 가사는 당시 대한민국임시정부의 건국이념인 자주독립과 민주국가 건설에 공감하고 있음을 알 수 있다. 리듬 변화에 맞춰 동음 반복진행이나 순차진행의 선율을 다양하게 활용하면 한국광복군의 진취적인 기상, 용맹, 그리고 굳센 의지를 음악적으로 잘 표현하고 있다.[43]

이두산과 함께 조선의용대 본대에 남은 장남 이정호는 1942년 5월 조선의용대가 한국광복군에 편입되자 광복군 제1지대 대원으로서 정훈조에 배치되었다. 1942년 10월 임시의정원 의원에 선출되어 경상도의원으로 활동하였다. 이정호는 1943년 외부무 총무과장과 선전부 선전위원을 겸하였고, 1944년에는 외무부 정보과장, 외교연구위원 등을 맡았다.[44] 이처럼 이두산과 그의 장남 이정호는 모두 임시정부와 한국광복군에서 요직을 맡아 활동했다. 다만 차남인 李東浩는 화북으로 진출해 조선의용군에서 활동했다.

2. 조선의용대의 화북 진출과 조선의용군의 항일음악

조선의용대의 북상과 화북 진출은 사실상 1940년 11월 4일 重

---

43 반혜성, 「『광복군가집 제1집』(1943)의 특징과 의의」, 『한국음악연구』 68집, 2020.

44 『대한민국임시정부자료집』 1 ; 최기영, 「이두산의 재중독립운동」, 『한국근현대사연구』 42집, 2007.

慶의 대본부에서 열린 제 1차 확대간부회의에서 결정되었다. 의용대 총대부는 중국군사위원회에 정식으로 '북상항일'을 건의해 승인을 받았다. 이미 북상한 제1구대는 洛陽 방면의 제1전구 지역으로 이동했고, 제2구대와 3구대는 10월경 洛陽으로 집결하여 재훈련의 기간을 가졌다. 이후 조선의용대는 1941년 봄에서 여름에 걸쳐 4개 그룹으로 나뉘어 황하를 건너고자 하였다.[45]

그러던 중 1941년 1월 중국국민당 군대가 공산계열의 신사군 부대를 습격해 많은 희생을 일으킨 '皖南事變'이 발발되었다. 중국 내의 국-공 내전이 재발되어 의미 없이 희생될 수 있다는 위협을 느낀 조선의용대 대원들은 황하를 건너기로 하였다. 이에 주력 80여 명은 그해 4월 黃河를 건너기 시작해 6월 공산당八路軍 지구인 화북의 太行山 근거지로 진입하였다.[46]

험난한 여정을 거쳐 1942년 7월 초 太行山 구역으로 이동한 조선의용대 대원들은 중국공산당 군대인 팔로군의 큰 환대를 받았다. 이 부대는 곧 화북조선독립동맹대표 金枓奉에 편입되는 한편, 7월 7일 조선의용군 화북지대사령관 金武亭로 정식 개편되었다. 조선의용군 화북지대는 중국국민당 통치구역 하의 조선의용대나 한국광복군과는 확연히 구별되는 중국공산당 지휘하에서 항일투쟁을 진행하는 무장부대가 된 것이다.

太行山脈으로 이동해 중공 팔로군과 함께 활동하게 된 조선의용

45 염인호, 『조선의용군의 독립운동』, 나남출판, 2001, 95~100쪽 ; 김영범, 『혁명과 의열-한국독립운동의 내면』, 경인문화사, 2010, 234~246쪽.

46 염인호, 『조선의용군의 독립운동』, 나남출판, 2001, 95~100쪽 ; 김영범, 『혁명과 의열-한국독립운동의 내면』, 경인문화사, 2010, 246~252쪽.

군 화북지대는 1941년과 1942년 여러 번의 항일전투를 치르며 상당수의 희생자를 내었다. 1941년 12월 胡家庄 전투에서 孫一峯 등 4명이, 1942년 5월 河北省 涉縣과 麻田 일대의 '5월 소탕전'에서 尹世胄·陳光華본명 金昌華 등 7명 등이 희생되었다. 중국공산당 지도부는 순국한 대원들을 추모하는 장례식을 성대하게 치루었고, 《解放日報》 등 기관지에 추도사와 시를 실어 추모하였다. 희생된 동지들을 추모하며 조선의용군 대원 金學鐵과 柳新본명 金容燮이 작사·작곡한 〈조선의용군추도가〉의 가사는 다음과 같다.

〈(조선의용군)추도가〉(김학철 작사 류신 작곡)

사나운 비바람이 치는 길가에 /
다 못 가고 쓰러지는 너의 뜻을 /
이어서 이룰 것을 맹세하노니 /
진리의 그늘 밑에 길이길이 잠들어라 /
불멸의 영령[47]

각종 항일전투에 참전하는 와중에도 조선의용군 화북지대 대원들은 중국 현지주민들을 위해 많은 문화공연을 하였다. 그들은 공연에서 〈화북은 일본의 것이 아니다〉 등의 연극공연을 하면서 〈우리는 영원히 함께〉·〈자유는 빛난다〉·〈조선의용군행진곡〉·〈반전가〉 등의 항일가요를 부르고, 한국 민요와 일본 가요를 비롯해 재

[47] 김학철, 〈나의 전우들〉, 『중국의 광활한 대지우에서』, 연변인민출판사, 1987, 178쪽 ; 김학철, 『최후의 분대장 김학철자서전』, 문학과지성사, 1995, 249~250쪽.

담 등을 무대에 올렸다. 이 공연을 본 중국 대중의 수은 매번 600여 명 이상이며 연인원 1만여 명에 달하였다고 중국 언론에서 전한다.[48]

한편, 조선의용군이 활동한 華北의 중국공산당 지역에서는 일찍이 鄭律成1917~1976이 항일음악 작곡가로 활동했다.[49] 전남 광주 출신으로 1933년 중국 南京으로 망명해 朝鮮革命幹部學校에서 비밀활동을 하며 피아노를 배운 그는 上海에서 성악을 배운 후 1937년 10월경 西安을 거쳐 延安으로 가 陜北工學에 입학했다. 예술그룹에 속했던 그는 聶耳·洗星海의 가곡에 예술적 영감을 받아 〈陜工卒業同學歌〉를 창작하였다. 1938년 2월 魯迅藝術學院 음악학부에 입학한 정율성은 동료 여학생 莫耶가 지은 시 '옌안을 노래한다'에 곡을 붙여 〈延安頌〉을 작곡하였다. 옌안의 장엄하고도 아름다운 성과 석양 비낀 산마루 寶塔, 맑은 延河水, 동녘에 떠오르는 달, 끓어오르는 감성과 열정, 항전 의지를 잘 표현한 이 곡의 가사는 다음과 같다.

〈연안송延安頌〉(모예[莫耶] 작사 정율성 작곡)

석양은 산마루의 보탑寶塔에 비끼고 / 달빛은 강가의 반디불 비추네
봄바람 광야에 불어오고 / 뭇산들 튼튼한 성새 이뤘네

---

48 『해방일보』 1943년 6월 2일(염인호, 『조선의용대·조선의용군』, 215쪽에서 재인용).

49 송한용, 「정율성의 사상형성과 지향-1945년 이전 중국에서의 활동을 중심으로」, 『호남사학회』 29, 2007 ; 김주용, 「정율성의 생애와 항일민족운동」, 『동국사학』 51, 2011 ; 임영언·김재기, 「중국에서 정율성의 항일독립운동과 디아스포라적 삶」, 『Journal of China Studies』 18권2호, 2015.

아 연안! 장엄하고 웅위한 옛성 / 곳곳에 항전의 노래 울리네
아 연안! 장엄하고 웅위한 옛성 / 네 가슴에 더운 피가 끓는다
역동의 심장마다 복수의 불길이 타오르네
천백만 젊은 마음에 사무치는 적개심을 품었다
산과 들에 늘어진 대오 튼튼한 전선을 이뤘다
보라! 민중의 각오를 보라! / 민중들 일어섰네
수많은 마음 하나로 뭉쳐 원수를 향해 포효하네
병사들 총대잡고 판가리 싸움에 나섰네
아 연안! 장엄하고 웅위한 성벽 / 튼튼한 항일전선 이뤘다
너의 이름 만고에 빛나리 / 역사에 길이 빛나리라.[50]

행진곡 풍의 이 곡은 1938년 봄 延安 강당에서 毛澤東 등 중공 지도자들이 참석한 집회에서 큰 환호를 받았다고 한다. 항일투쟁의 중심지인 延安의 기상과 의지가 잘 담겨 있어 〈延安頌〉은 곧 항일음악의 상징이 되었다. 당 지도부는 정율성에게 개인 사무실을 마련해 주어 항일음악 창작에 전념하도록 지원하였다.

이어 정율성은 항일군정대학 정치부에 진학하여 정치처 선전과장인 시인 熊復의 가사를 받아 〈延水謠〉를 작곡하였다. 사랑하는 사람이 항일군에 입대하자 전선의 영웅이 되기를 기원하면서 후방 지원을 약속하는 서정적인 민요풍의 항일가곡이다.[51] 이 노래는 중

---

50 『鄭律成歌曲選』, 료녕인민출판사, 1984(리혜선, 『정률성평전』, 중국:민족출판사, 2013, 217쪽에서 재인용).

51 〈연수요〉의 가사는 다음과 같다. 1. 연수요 연수요 / 내님 오빠 군대가요 / 군대요 항일군이죠 / 남자라면 군대죠 / 호미 들고 농사짓고 / 총을 들면 싸우죠 / 구국 멋지요 2. 연수요 연수요 / 난 오빠 군대 보내요 / 오빠는 전방서 싸워요 / 적을 힘껏 족쳐요 /

국 서북부의 민간음조로 사랑과 항일의지를 여성의 곡진한 심경을 담아 표현하고 있다. 4분의 2박자로 우아하게 부르는 이 곡조는 21 마디를 동일하게 반복하면서 첫 마디를 최종적으로 장식하며 연하수의 흐름을 노래한다. 정율성은 이어 1939년 말에 창작한 합창곡 「팔로군대합창」에 나오는 노래 중 〈팔로군행진곡〉을 작곡하였다. 작사는 公木이 맡았는데, 가사는 다음과 같다.

〈팔로군행진곡〉 꽁무[公木] 작사 정율성 작곡

전진 전진 전진!
태양을 향한 대오 / 조국의 대지 위에 섰다
민족의 희망을 안은 / 우리 힘 막을 자 그 누구냐
우리는 싸움의 전위 / 우리는 민중의 무장
두려움 없이 굴복 없이 / 영용하게 싸워
왜놈들을 국경 밖으로 몰아내자
자유의 기치 높이 날리자
아! 나팔소리 울린다 / 아! 항전노래 우렁차다
동지여 발을 맞춰 해방의 싸움터로 / 동지여 발을 맞춰 적들의 후방으로
전진, 전진, 태양을 향한 우리 대오 / 나가자 화북벌로 ! 장성 밖으로.[52]

난 천 짜고 농사해 / 솜옷 식량 만들죠 / 나 걱정 말아요 [후렴] 연수요 연수요 / 내님 오빠 군대가요.(『鄭律成歌曲選』, 료녕인민출판사, 1984, 리혜선, 『정률성평전』, 중국: 민족출판사, 2013, 241쪽에서 재인용)

52 '조선의용군발자취' 집필조, 『중국의 광활한 대지우에서』, 연변인민출판사, 1987,

이 곡은 1941년 延安의 '5·4청년절' 응모작에서 음악 1등상을 수상했고, 팔로군군사위원회의 공인 작품으로 널리 불리면서 「인민해방군 행진곡」으로 곡명이 바뀌어 공연되었다.[53] 곡조는 기본적으로 중국의 5음 음계에 서양의 장음계 다장조를 융합한 민가 풍에 전진하는 행진곡풍 리듬으로 이루어져 중국의 항일군가 창작의 전형성과 성숙성을 보여준다.

이후 정율성은 太行山에 있는 중국 팔로군 총본부로 가 華北朝鮮革命軍政學校의 교무주임을 맡았다. 그는 여러 전투에 참가하는 한편, 조선의용군의 활동을 묘사하는 노래를 창작하였다. 일제의 패망이 가까워진 1945년 무렵 그가 조선의용군 대원들과 함께 조속히 만주로 진격해 그리운 조국으로 향해 나아가자는 의미로 〈조국 향해 나가자〉는 곡을 작사하고 작곡했다. 가사는 다음과 같다.

〈조국 향해 나가자〉 정율성 작사 정율성 작곡

하나둘셋 발맞춰 총을 메고 나가자 / 씩씩하고 용감한 조선의 용사들
오늘은 화북거쳐 내일은 만주 지나 / 앞의장애 물리치고 조국 향해 나가자
진리로 굳게뭉친 우리강철 대오는 / 모든정신 행동 인민위해 노력해
용감히 싸우리라 조국의 해방 위해 / 끝까지 싸우리라 인민의 자유

30~31쪽.

[53] 1951년 중화인민공화국은 이 노래를 「인민해방군 군가」로 채택하고, 1988년 현재와 같이 「중국 인민해방군 군가」로 정식화되었다.

위해.[54]

이 곡의 곡조는 5음계에 4분의 3박자, 32마디로 구성되었다. 화북의 延安을 출발해 만주를 거쳐 압록강을 건너 조국으로 나아가려는 조선의용군의 기상을 행진곡풍으로 잘 묘사하고 있다. 정율성은 조선의용군의 항일전투에 직접 참가하는 한편, 항일노래를 가르치고 보급하는 이른바 '군중창작활동'을 지도하였다.

한편, 太行山 근거지의 조선의용군은 일본군의 대규모 공습과 치열한 소탕작전에 맞서 싸우는 한편, 부족한 물자와 식량난으로 인해 고난을 겪어야 했다. 심각한 경제난으로 식량이 부족해지자, '자기 힘으로 먹고 입자'는 구호 아래 황무지를 개간하고 감자와 옥수수를 심는 '대생산운동'에 나섰다. 이 무렵 太行山에서의 항일투쟁과 황무지 개간에 전념하는 조선의용군 사이에 불려진 〈우리는 타이항산에 있다네〉라는 노래가 전해진다.[55]

황무지 개간사업에 참여한 조선의용군 대원들은 쉬는 시간에 노

---

54 『리홍광지대혁명가곡선집』, 료녕인민출판사, 1979; 리혜선, 『정률성평전』, 중국: 민족출판사, 2013, 365~366쪽.

55 타이항산에서 항일투쟁을 벌인 이화림이 기억하는 〈우리는 타이항산에 있다네〉의 노래가사는 다음과 같다. "붉은 해가 동방을 두루 비추고 / 자유의 신이 마음껏 노래하네. 보아라! 산천에 겹겹의 골짜기와 철통같은 수비를 / 타이항산에 타오르는 항일의 봉화를 /위풍당당한 기세를 / 들어라! 어머니가 일본 놈을 치라는 소리를, / 아내가 남편을 전쟁터로 보내는 소리를 / 우리는 타이항산에 올랐다네 / 우리는 타이항산에 왔다네 / 산은 높고 숲이 빽빽하고 / 병사는 강하고 말은 튼실하니 / 적군이 어디에서 쳐들어오든 / 우리들은 그들이 쳐들어오는 곳에서 멸하네 / 적군이 어디에서 쳐들어오든 / 우리들이 그들이 쳐들어오는 곳에서 멸하네!"(이화림, 『이화림 회고록』, 2015, 288쪽).

동요를 직접 작사 및 작곡하여 노동을 예찬했다. 부녀대장인 李和林이 현지 민요의 곡조를 이용해 지어 부른 노동요[56]와 한국민요 〈도라지〉의 곡조에 새로운 가사를 넣어 만든 〈미나리타령〉, 〈호메가〉 등이 대표적이다. 〈미나리타령〉의 가사는 다음과 같다.

1. 미나리, 미나리, 산미나리 / 타이항산 골짜기의 산미나리.
   한 다발 또 한 다발을 캐니 / 대바구니에 넘쳐나는구나.
   에헤헤헤요, 에에에에요, 에헤요,
   우리들의 근거지 정말로 정겹구나 / 우리들의 타이항산, 정말로 아름다구나.

2. 우리는 괭이를 메고 산언덕을 오르네 / 길고 긴 행렬에 휘날리는 붉은 깃발
   개간하고 또 개간해서 / 감자랑 옥수수를 심는구나.
   에헤헤헤요, 에에에에요, 에헤요.
   우리들의 근거지 정말로 정겹구나 / 우리들의 타이항산, 정말로 아름다워.

3. 공산당 마오 주석님 안녕하세요 / 적 후방으로 깊이 들어가 유격

[56] 이화림이 작사했다고 기술한 제목을 알 수 없는 노동요의 가사는 다음과 같다. "남자 동지들은 총과 괭이를 메고 / 타이항산의 도랑을 돌아다니면서 / 땅속에 있는 돌과 나무뿌리를 캐내고 / 옥수수와 호박 그리고 감자를 심는다. / 어야디야 어기여차 / 승리의 노래는 영원히 끝나지 않네. / 공산당, 마오쩌둥 지도자님 안녕하세요 / 개간하고, 농사짓고, 대량 생산하는 것 / 이것들은 우리들의 혁명의 일부입니다 / 일본을 물리치고 집안을 재건합니다 / 어야디야 어기여차 / 승리의 노래는 영원히 끝나지 않네."(이화림, 『이화림 회고록』, 2015, 291쪽).

전을 벌이네.
한 마을 또 한 마을을 되찾아 / 결국 제국주의를 무찌르는구나.
에헤헤헤요, 에에에에요, 에헤요,
우리들의 근거지 정말로 정겹구나 / 우리들의 타이항산, 정말로 아름답구나.[57]

한국의 고전민요를 바탕으로 이화림에 의해 만들어진 〈미나리〉 또는 〈미나리타령〉과 류동호 작사의 〈호메가〉[58] 등 부녀자들의 노동요는 1943년 신년회 행사에 여성소합창 형식으로 공연으로 소개되었다. 저녁만찬에서 〈미나리타령〉공연은 조선의용군을 비롯한 전 객석에서 뜨거운 호응을 받았다고 한다.

1943년 12월 중국공산당 중앙은 조선의용군 각 지대에게 일부만 太行山에 남고 대부분은 延安의 조선의용군 군정학교로 가서 교육훈련을 받으라는 결정을 내렸다. 이에 많은 대원들이 1944년 1월 太行山을 떠나 2천여 리를 행군한 끝에 4월 7일 延安에 도착했다.

太行山에서는 1944년 9월 9일 독립동맹 太行분맹이 있던 涉縣 河南店 南庄의 한 절간에서 華北朝鮮青年軍事政治幹部學校 일명 '태항

57 이화림, 『이화림 회고록』, 2015, 295쪽.

58 류동호가 평안도 민요를 바탕으로 작사하고 김유가 작곡한 〈호메가〉의 가사는 다음과 같다. "1. 동산천리 돋으신 해는 / 점심때가 되어온다 2. 알뜰하게 가꾸어라 / 땀에서 나오는 곡식이로다 3. 일하면서도 배울 수 있는 / 즐거운 일터로다 4. 오늘 맬 김 다둘러 매고 / 오던 길로 돌아가자 5. 삼복철이 다 지나가고 / 추석날에 찰떡 쳐먹자.(후렴) 에헤라 에라에라 호호메야 / 호메 호메를 메고 가자."(류동호, 〈격정세월〉, 『중국의 광활한 대지우에서』, 연변인민출판사, 1987, 549~553쪽 ; 『60청춘닐리리』, 1992, 32쪽).

산군정학교'가 개교하였고, 山東軍區에서는 山東分校가 10월 1일 개교하였다. 200여 명의 한인·중국인·일본인이 참가한 개교 기념식에서는 윤세주가 작사한 〈최후의 결전〉이 울려 퍼졌다고 한다.[59] 이와 함께 延安의 조선군정학교는 1945년 2월 5일 정식 개교했으며, 太行山의 군정학교도 3월 1일 개교하였다. 개교식에서는 〈조선의용군행진곡〉이 울려 퍼졌으며, 졸업식 때에도 일본말과 한국말로 〈최후의 결전〉을 함께 불렀다고 한다.[60]

군정학교의 교육은 군사교육 60%와 정치학습 40%로 배분해 가르쳤다. 정규수업 이외에는 文化俱樂部 활동이 있는데, 학습·벽보·문체·생활 등 각 부문에 위원이 있었다. 俱樂部에서는 아코디언·색스폰·코르넷·북·제금·하모니카·피리 등을 활용하여 합주도 하였고, 무용이나 연극을 상연하기도 하였다.[61]

1945년 8월 6일 일본 히로시마에 원자폭탄이 떨어지고, 8일 소련군이 대일 선전포고를 발표하여 일본 관동군에 대한 공격을 개시했다. 8월 10일 일본군의 항복 소식이 전해지자, 중공 팔로군 총사령부는 11일 조선의용군 사령부에게 "팔로군과 동북군 각 부대를 따라 동북으로 진병하라"는 명령 제6호를 발하였다. 이에 따라 연안의 조선의용군 대원들은 9월 중순부터 동북 만주를 향해, 그리던 고국 땅을 해방 시키려 출발하였다.

59 『解放日報』 1944년 10월 2일자.

60 『解放日報』 1945년 2월 19일자 ; 이화림, 『이화림 회고록』, 2015, 318쪽.

61 정철수(고철), 『나의 청춘』, 동북조선민족교육출판사, 1993, 110쪽.

Ⅳ. 맺음말

이상 일제의 중국 본토 침략으로 결성된 조선의용대의 항일투쟁과 1942년 한국광복군으로의 편입 및 화북 조선의용군으로의 개편 과정에서 만들어지고 불리운 항일음악의 창작배경과 그 역할에 대해 검토하였다. 이를 통해 몇가지 논의내용을 정리할 수 있겠다.

첫째, 1938년 10월 10일 창립하여 桂林으로 활동거점을 옮긴 조선의용대는 항일전선에 직접 전투에 참전하는 한편, 대중들에게 항일사상 교육과 문화선전을 위해 항일음악을 만들고 널리 보급하였다. 민족혁명당의 핵심간부이며 조선의용대 교관인 윤세주가 힘든 군사훈련을 받는 대원들의 사기를 돋우기 위해 만든 〈최후의 결전〉은 이후 조선의용대와 한국광복군의 개교식이나 졸업식 등 공식행사나 행군 시에 널리 불리우는 항일음악이 되었다. 또한 저명한 항일 문필활동가인 李斗山이 1939년 작사·작곡한 노래 〈先鋒隊〉는 광복군 군가집에 실리어 널리 보급되었다.

둘째, 桂林에 주둔하는 동안 조선의용대 대본대는 중국 당·정·군 간부들은 물론 지역주민들을 위한 각종 문화선전 활동을 적극 펼쳤다. 문화선전대에서 준비한 가극 『아리랑』과 『조선의 딸』 공연은 중국인들에게 큰 호응을 받으며 감명을 주었다. 또한 일본군 포로를 초청해 연 다과회와 중국 군관학교 졸업식 행사에서 불려진 〈일본반전가〉와 〈전기가〉 등의 노래공연은 중국 언론을 통해 널리 알려졌다.

셋째, 桂林에서 重慶으로 근거지를 옮긴 조선의용대는 험난한 이동 과정에서 역사적인 항일음악을 다수 창작하였다. 조선의용대 제1지대에서 조사주임으로 활동 중이던 이두산의 장남 李貞浩는 1940년 2월 洛陽으로 북상하면서 조선의용대의 행진 광경을 노래한 〈중국의 광활한 대지 위에〉라는 곡을 작사 작곡해 발표했다. 이 곡은 향후 조선의용대가 揚子江과 黃河를 넘어 만주에서 결전을 치른 뒤 일제를 조국 땅에서 몰아내기 위해 진군하는 장면을 묘사한 노래로서 후일 〈조선의용군행진곡〉으로 동북 만주 일대와 북한지역에 널리 보급되어 불리었다.

넷째, 조선의용대는 1942년 7월 중국 군사위원회의 지시에 따라 한국광복군 제1지대로 편입되었는데, 문필활동과 음악을 창작한 이두산도 대한민국 임시정부에 합류하였다. 외교연구위원으로 활동하면서 그는 〈광복군가〉를 작곡했는데, 이 곡은 〈광복군행진곡〉으로 알려져 광복군과 만주 일대에서 널리 불리었다.

다섯째, 중국 국·공 내전의 위협 속에 화북으로 진출한 조선의용대 화북지대는 1942년 7월 조선의용군 화북지대로 개편되었다. 조선의용군은 太行山에서의 항일전투를 치르고 자급자족적 대생산운동을 펼치는 한편, 항일군가를 만들어 보급시키는 '군중창작활동'도 게을리하지 않았다. 〈연안송〉에 이어 〈팔로군행진곡〉을 작곡해 저명인사가 된 정율성은 여러 전투에 참가하는 한편, 조선의용군의 활동을 묘사하는 노래를 창작하였다. 전문 창작자는 아니지만, 의용군 대원으로 활동한 김학철과 이화림 등은 항일전투로 희생된 동지들을 추모하는 내용의 〈조선의용군추도가〉나 황무지 개간하면서 전통민요를 개사한 〈미나리타령〉·〈호메가〉 등 노동요를 창작하였다. 일제의 패망 직전, 정율성은 만주를 거쳐 압록강을 건너 조국으로 나아가려는 조선의용군의 기상을 행진곡풍으로 묘사한 〈조국향해 나가자〉를 작사·작곡해 항일전쟁의 기백을 널리 떨치었다.

참고 문헌

김강·김병민, 「조선의용대 항전문예 활동에 대한 고찰」, 『한중인문학연구』 66, 2020.

김관웅·사방예, 「조선의용군 항일가요 〈최후의 결전〉의 혼종성에 대한 탐구」, 『근대서지』 13호, 2016.

김병민, 「'조선의용대' 관련 항일서사에 대한 문학적 고찰」, 『통일인문학』 72, 2019.

김병민, 「망명문인 이두산의 문학사상과 창작특징에 대한 고찰」, 『국어국문학』 192, 2020.

김영범, 「조선의용대의 항일전투(참가) 실적과 화북진출문제 재론」, 『한국독립운동사연구』 67집, 2019.

김영범, 『의열단·민족혁명당·조선의용대의 영혼 윤세주』, 역사공간, 2013.

김주용, 「정율성의 생애와 항일민족운동」, 『동국사학』 51, 2011.

김주용, 「중국언론에 비친 조선의용대」, 『사학연구』 104, 2011.

김학철, 『최후의 분대장 김학철자서전』, 문학과지성사, 1995.

독립군가보존회, 『광복의 메아리』, 1982.

반혜성, 「『광복군가집 제1집』(1943)의 특징과 의의」, 『한국음악연구』 68집, 2020.

송한용, 「정율성의 사상형성과 지향-1945년 이전 중국에서의 활동을 중심으로」, 『호남사학회』 29, 2007

시림, 「망명과 선전;중일전쟁시기 李斗山의 문필활동과 의식변화」, 『한국학논집』79, 2020.

양지선, 「재중 한인독립운동세력의 항일연극 공연과 의의」, 『드라마연구』

56, 2018.
양지선, 「한국광복군 군가 연구」, 『한국근현대사연구』 95, 2020.
유동훈, 「항일 독립군가의 분석 및 영향 연구」, 상명대학교 석사학위논문, 2016.
염인호, 「중국 桂林에서 전개한 조선의용대 대본부의 항일운동(1938. 11~1940.3)」, 『한국사학보』35, 2009.
이선이, 「중국이주 여성독립운동가 이화림의 생애에 대한 고찰」, 『여성과 역사』 31, 2019.
이화림, 『이화림 회고록』, 차이나하우스, 2015
임영언·김재기, 「중국에서 정율성의 항일독립운동과 디아스포라적 삶」, 『Journal of China Studies』 18권 2, 2010.
장세윤, 「조선의용대의 조직편성과 구성원」, 『한국근현대산연구』 11집, 1999.
정철수(고철), 『나의 청춘』, 동북조선민족교육출판사, 1993.
조은경, 「『東方戰友』를 통해 본 李斗山의 국제연대 인식과 활동」, 『한국독립운동사연구』 42, 2007.
'조선의용군발자취' 집필조, 『중국의 광활한 대지우에서』, 연변인민출판사, 1987.
중국조선족음악연구회, 『20세기중국조선족음악문화』, 민족출판사, 2005.
최기영, 「李斗山의 재중독립운동」, 『한국근현대사연구』 11, 2007.
한유한 편, 『광복군가집』, 한국광복군제2지대선전위원회, 1943.
현금옥·리정문, 『광활한 대지우에서』, 중국: 료녕민족출판사, 1987.

한국광복군 군가 연구*

양지선(대한민국임시정부기념관 학예연구관)

* 이 글은 『한국근현대사연구』 제96집, 한국근현대사학회, 2020년에 수록한 것을 수정·보완한 것이다.

Ⅰ. 머리말

한국광복군이하 '광복군' 약칭은 1940년 9월 17일 重慶충칭 嘉陵賓館자링빈관에서 성립전례식을 가졌다. 성립 당시 20여 명의 지도부에서 시작한 광복군은 총사령부의 西安시안 이전 후 제1, 제2, 제3 지대의 규모를 갖추게 되었고, 이들은 충칭, 시안, 阜陽푸양등 중국 각지에서 활동하였다. 이 과정에서 많은 광복군가가 만들어지고 불렀다.

광복군가는 대한민국 임시정부이하 '임시정부' 약칭의 국군인 광복군이 창작 과정에 참여하거나 혹은 직접 부른 노래를 말한다. 군인 신분의 광복군이 부른 노래는 기본적으로 군가에 속한다. 군가란 본래 군대에서 부대 내 훈육이나 동질감 형성, 사기 고양의 목적을 가지고 만들어진 노래이다. 특히 광복군은 전시 상황에서 조직되어 활동하였으므로 이들이 부른 노래의 내용 대부분은 그들의 군사 활동과 관련이 깊다. 이 밖에 사병들이 사적인 자리에서 자신들의 고달픈 처지를 자학하는 방식으로 부르는 노래 역시 군가에 포함시킬 수 있다. 따라서 광복군이 훈련, 활동 중 전의를 고취시키고, 선전활동에 사용 하는 등 '항일'의 기능을 가졌던 노래,[1] 혹은 그 과정

---

[1] 광복군의 어원은 1920년 7월 임정 교령 제6호 대한광복군총사령부규정의 공포로 항일독립투쟁하는 모든 독립군을 대표하는 칭호로 쓰이게 되었다. 또한 1907년 8월을 광복군 창설의 날이라 하며, 한국광복군이야말로 의병에 뒤이어 만주에서 투쟁한 독립군인 광복군의 정신을 이어받아 임정 밑에서 재건된 것이라 한다는 기록으로 본다면, 의병활동 이후 전 무장투쟁세력에 의해 창작된 노래들까지 모두 광복군가로 포함

에서 자신의 처지를 위로하며 부른 노래를 통틀어서 광복군가라 할 수 있다.

하지만 현재 광복군가의 정확한 범위를 한정 짓기는 쉽지 않다. 각각의 기준이 모두 상이할 뿐만 아니라 기존에 알려진 광복군가의 창작자나 가창 주체가 명확하지 않은 경우가 많기 때문이다. 다만 광복군이 직접 창작에 참여한 경우, 광복군 활동 중 공식, 비공식 자리에서 부르거나, 광복군의 활동 내용을 가사로 만들어 부른 노래임을 확인할 수 있는 경우 통상적으로 광복군가로 분류할 수 있다.

광복군가에 대해 본격적인 담론이 시작된 것은 독립군가보존회가 독립운동과 관련한 노래들을 모아 노래집으로 발간하면서부터이다.[2] 이 노래집은 광복군 출신들이 광복군 시절 부르던 노래를 모아 다시 악보로 만들고 구술을 통해 노래가 만들어지고 불린 배경을 고증하는 등 연구의 기초를 마련하였다. 이러한 노력은 독립군가가 교과서에 실리는 성과로 이어졌다. 하지만, 광복군가에 대해 전문적으로 연구하는 학문적 단계로까지 발전하지는 못하였다. 1990년대 후반에 들어서야 비로소 한유한 등 광복군 출신 음악가와 그의 음악에 대한 연구가 이루어졌다. 그가 만든 광복군가의 음악적 분류를 시도하고, 멜로디와 가사 등을 고찰하는 방식이 주를 이루었다. 이를 통해 광복군이자 음악가로 활동한 한유한과 그가

시켜야 하지만, 본 논문에서는 1940년 충칭(重慶)에서 창설된 한국광복군총사령부와 직접적인 관계가 있는 곡들만 선별하여 연구 대상으로 삼았다.

[2] 독립군가보존회 편, 『광복의 메아리』, 독립군가보존회, 1982.

만든 광복군가가 주목 받기 시작하였다.[3] 이 역시 한유한 개인에 대한 연구에 집중되다 보니 광복군가 전체에 대한 정의나 세부 분류, 특징 등을 종합적으로 연구하지는 못하였다. 광복군가가 항일이라는 시대적 요구와 그에 대한 고민들을 직접 음악으로 담아낸 투영체와 같음에도 불구하고 큰 관심을 두지 않았던 것이다. 최근들어 광복군가를 포괄하는 항일음악에 관해 국문, 역사, 음악계의 폭넓은 연구가 이루어지고 있다.[4]

본 논문은 한국광복군 창설 80주년을 맞아 역사적 관점에서 광복군가에 대한 정의와 그 범주를 규정해 보려는 최초의 시도이다. 이를 위해 먼저 광복군에서 공식적으로 발행한 광복군가 노래집을 중심으로 임시정부의 군가제정 추진 배경, 그리고 그 결과물이라 할 수 있는 『광복군가집』 제1집의 발행 과정과 수록곡들을 살펴볼

---

3 梁茂春, 「抗日時期 作曲家 韓悠韓에 對한 基礎調査 報告書」, 『韓國音樂史學報』 제20집, 한국음악사학회, 1998; 이건상, 『항일음악전사 정성률』, 대동문화, 2007; 김창욱, 「한유한의 광복군가 연구」, 『항도부산』 24권, 부산광역시 시사편찬위원회, 2008; 백현주, 「한유한의 가극 "아리랑"의 음악적 특징에 관한 고찰-작곡가의 필사본을 중심으로」, 한국예술종합학교 석사학위논문, 2012; 양지선, 「항일가극 〈아리랑〉을 통해 본 한유한의 예술구국활동」, 『한국근현대사연구』 83, 한국근현대사학회, 2017; 강경준, 『한유한 평전』, 산지니, 2020이 있다.

4 김덕균, 「윤세주의 항일가요 '최후의 결전'에 대하여」, 『한국음악사학보』 7, 한국음악사학회, 1991; 김덕균, 「우리 겨레의 항일가요 연구」, 제2회국제음악학술심포지움, 1998; 황선열, 「일제시대 독립군 시가 연구」, 『오늘의 문예비평』 54, 오늘의 문예비평, 2004; 길태숙, 「재만조선인 항일투쟁노래의 과거와 현재적 의미-〈신흥무관학교 교가〉를 중심으로-」, 『동방학지』 144, 연세대학교출판부, 2008; 유동훈, 「항일 독립군가의 분석 및 영향 연구」, 상명대학교석사학위논문, 2016; 허영춘, 「독립 운동 가요의 고찰 및 음악교육으로의 수용적 가치」, 한국교원대학교박사학위논문, 2018 등 항일음악 전반에 관한 연구가 있지만 광복군가만을 연구주제로 삼은 연구성과는 아직까지 없는 실정이다.

것이다. 하지만 『광복군가집』 제1집에 수록되지 않은 광복군가들도 다수 존재한다. 이에 수록곡 이외의 광복군가들은 각각 지대별로 분류해 그 종류와 특징들 또한 알아볼 것이다. 마지막으로 광복군가를 생산한 주요 작사가와 작곡가를 중심으로 이들이 만든 광복군가의 곡조 및 가사 등을 분석하고자 한다.

광복군가는 항일투쟁이라는 특수한 사건을 배경으로 생산된 역사, 문화적 창조물로 이를 기록, 보존하고 전승해야 할 가치가 있다. 당시 한국인들이 항일이라는 시대적 소명에 부흥한 노력의 결과물이기 때문이다. 따라서 항일성을 담보로 만들어진 광복군가에 대한 연구는 독립운동사의 연구 범위를 항일음악으로까지 확장시키는 계기가 되며, 동시에 음악을 통한 정신사적 계보를 추적함으로써 그 역사성을 한층 더 깊이 있게 이해할 수 있는 기반이 된다.

Ⅱ. 군가 제정 논의와 군가집 발행

1. 군가 제정에 대한 논의

대한민국 임시정부는 1940년 8월 4일 열린 국무회의에서 한국광복군 창설을 공식적으로 결정하였다. 임시정부가 광복군 창설을 결심한 것은 두 가지 이유 때문이다. 주관적으로는 조국의 독립과 민족의 자유를 위해 적과 싸우다 희생된 그들의 뜨거운 피와 고귀한 혁명정신을 계승하기 위함이며, 객관적으로는 일본이 중국 전구에 동원한 한적사병 수천 명을 한국의 국기 아래로 집결시켜 일본의 독계를 타파하고 항일 역량을 강화하기 위함이었다.[5]

임시정부는 大韓民國陸軍臨時軍制 중의 총사령부 직제에 근거하여 한국광복군 총사령부를 조직하기로 하고, 李靑天 위원을 총사령관으로 임명하였다.[6] 한국광복군은 1940년 9월 15일, 蔣介石장제스의 형식적인 동의만을 얻은 상태에서 총사령부 창설을 선포하였으며,[7] 9월 17일 6시, 충칭의 자링빈관嘉陵賓館에서 성립전례식을 가졌다.[8]

그러나 당시 광복군이 정연한 체계를 갖추고 창설되었다고는 말하기 어렵다. 비록 총사령부와 4개의 단위부대 등으로 구성되었으나, 총사령부의 인원은 30여 명 내외였던 것으로 알려져 있다. 더구나 장제스의 원칙적인 승인은 있었지만, 중국의 원조에 의해 성립된 것이 아니고, 中國軍事委員會의 인준을 받아 성립된 것도 아니었다. 임시정부의 군사조직법에 의해, 그리고 미주동포들의 재정적

---

5 『益世報』 1940년 12월 4일, 「韩国光复运动 希望传播海外」.

6 「大韓民國臨時政府公報 號外」, 『大韓民國臨時政府 公報』 1940년 8월 15일.

7 「한국광복군 선언문」, 1940년 9월 15일(국사편찬위원회 편, 『대한민국임시정부자료집 10(한국광복군 I)』, 국사편찬위원회, 2006, 22쪽).

8 『大公報』 1940년 9월 16일, 「韓光復軍總司令部明日成立」; 『大公報』 1940년 9월 17일, 「中韓聯合戰線 韓國光復軍特准組織 定月底擧行成立典禮」; 『益世報』 1940년 9월18일, 「韓國光復軍昨日成立」; 「亡國三十年韓光復軍成立」, 《明灯》 제2권 제3기, 1940, 15쪽.

지원을 기반으로 하여 비로소 성립될 수 있었다.[9]

중국의 공식 비준절차를 밟지 않은 상태에서 독자적으로 창설된 광복군은 중국 내 활동 등에서 큰 어려움을 겪어야 했다. 중국군사위원회가 승인 이전까지 광복군의 활동을 엄밀 취체 하라는 통령을 각지의 군사장관들에게 내리는 등[10] 광복군을 중국군에 예속시키기 위해 활동에 대한 제한을 두도록 하였다. 이에 창설 초부터 兵源이 부족했던 광복군이 초모공작을 중심으로 활동을 계획했지만, 이는 중국 각 전구 사령관의 협조가 절대적으로 필요했으므로 사실상 활동이 불가능하였다.[11] 결국 광복군은 1941년 11월 재정부족과 활동제약에 따른 어려움을 이유로 중국 측이 보내온 한국광복군9개행동준승이하 '9개준승' 약칭을 '忍痛接受'하였다.[12]

9개준승 접수를 통해 광복군은 비록 중국군사위원회의 통제 하에 있었지만, 중국 경내에서의 활동 및 항전 참여에 대한 중국 측의 승인과 원조를 받아 본격적인 행보를 시작할 수 있었다. 이때 임시정부의 정규군으로서의 공식 행사가 늘자 그 체계와 위상을 보여줘야 할 필요가 대두되면서 광복군을 상징하는 군가의 제정문제가 처음으로 제기되었다. 중국군사위원회에 예속되어 있기는 했지만, 중국군과 차별화된 독자적이고 독립된 군대라는 정체성을 명확히 하려는 의도에서였다.

---

[9] 한시준, 『한국광복군 연구』, 일조각, 1993, 93~95쪽.

[10] 독립운동사 편찬위원회 편, 「한국군 조직의 실제와 장애」, 『독립운동사자료집』 별집2, 독립유공자 사업기금 운동위원회, 1973, 97쪽.

[11] 한시준, 『한국광복군 연구』, 104쪽.

[12] 『益世報』 1942년 9월 17일, 「韓光復軍紀念二周年」.

당시 군가는 광복군으로서의 정체성 부여라는 사상적 측면뿐만 아니라 기능적으로도 높은 평가를 받았다. 먼저 광복군의 활동방략인 초모와 선전활동에 있어서 중요한 수단으로 활용할 수 있었다. 창설 당시부터 광복군은 '당면전략'을 통해 한국민족의 항일투쟁에 관한 대외적인 선전과 병력 확보를 위한 대대적인 선전방략을 강조해왔다.[13] 이에 조직조례와 함께 〈대한민국임시정부 선전위원회 규정〉을 공포함은 물론 선전계획 수립과 선전진행 방침에 관한 사항을 전담할 수 있는 선전위원회를 설치하였다.[14] 실제로 선전위원회는 일본군 내 한적사병이나 敵占領區 내의 한인들에게 선전·선동 구호와 함께 고향에 대한 그리움 혹은 민족의식 등을 담은 군가를 불러줌으로써 적군의 사기를 떨어뜨리거나 귀순을 유도하는 전략을 썼다. 이러한 전략전술을 수행하는 데에 군가는 매우 유용한 도구 중 하나로 여겨졌다.

군가는 또한 광복군의 내부 결속에도 기여하였다. 군가 제정 논의가 시작되기 직전인 1942년 한국청년전지공작대이하 '전지공작대' 약칭에 이어 조선의용대가 광복군으로 합편되면서 광복군의 규모는 크게 확대되었다. 하지만, 오랜 기간 다른 길을 걸어온 조선의용대였던 만큼 임시정부는 지대 간 결속을 신경 쓰지 않을 수 없었다. 이에 독립운동의 지도이념인 건국강령을 준수하는 국군으로서의 책임과 의무를 훈육시키고 지대 간 단결을 도모하고자 했다. 임시

---

13 김광재, 『한국독립운동의역사52(한국광복군)』, 독립기념관 한국독립운동사연구소, 2007, 186쪽.

14 「대한민국임시정부공보 호외(1940.10.9.)」(국사편찬위원회 편, 『대한민국임시정부자료집 3(임시의정원II)』, 국사편찬위원회, 2005, 7쪽).

정부의 지도이념이나 지향점, 전우애 등을 담은 통일된 군가를 부르게 함으로써 광복군으로서 소속감과 정체성을 심어주는 효과를 기대할 수 있었다.

군가 제정 논의의 시발점이 된 것은 1942년 10월 개최된 제34회 임시의정원회의이다. 이 자리에서 申榮三이 처음으로 군가 제정을 제안하였다. 그는 "국가가 없어 애국가를 대신 부르고 있는 상황이지만, 애국가의 가사가 아름답지 못하고, 또한 합창할 때 폐단이 많다"고 지적하며 이를 새로 제정하자고 제안했다. 嚴恒燮도 힘을 보탰다. "군가는 대체할 만한 노래조차 없으니 공식적으로 군가를 제정하자"는 것이다. 그는 특히 "군가가 없어 군대 내에서 사용할 만한 것도 없으니, 군가를 제정해야 한다"고 강조하였다. 또한 "최근 중한문화협회를 개식할 때에도 공식 군가가 없어 〈애국가〉를 불렀다"며, 〈애국가〉로 군가를 대신하고 있는 현실을 안타까워했다.[15] 이때의 〈애국가〉는 현재 우리가 부르고 있는 安益泰 작곡, 佚名 작사작사가를 일부러 감춤의 〈애국가〉였던 것으로 보인다.[16] 이마저도 정식 국가가 아닌 임시로 부르던 실정이었으므로 국가와 군가 제정 논의가 동시에 시작된 것이다. 다만, 국가는 대체할 수 있는 것이 있으므로 당분간 그대로 사용하기로 하였다. 하지만 정규군임에도 불구하고 공식 군가가 없어 〈애국가〉로 대체하고 있었으며, 엄항섭의 설명대로라면 부를만한 군가도 제대로 없는 상태였다. 전시임을 고

[15] 국사편찬위원회 편, 『대한민국임시정부자료집 3(임시의정원II)』, 59쪽.

[16] 1945년 해방 직후 韓僑를 비롯한 南京의 상황을 보도하면서 안익태의 〈애국가〉 악보를 함께 실었다. 통상적으로 〈애국가〉를 국가 대신 사용했기 때문에 이를 게재했을 것으로 생각된다(『中央日報』 1945년 12월 21일, 「韓國愛國歌 佚名 安益泰 閔中麟中」).

려했을 때 국가 보다 군가 제정을 더 시급한 사안으로 인식하였다.

나머지 임시의정원 의원들 역시 군가는 꼭 불러야 한다는 이유를 들어 군가 제정 주장에 대체로 찬성하였다. 다만, 현실적으로 당장 임시정부 요인들 가운데 작사, 작곡이 가능한 인물의 존재여부가 불확실하기 때문에 대외 징모를 하자는 의견이 제기되었고, 이에 대해 엄항섭과 崔東旿가 재청, 삼청하면서[17] 국가와 군가 제정안은 원안대로 통과되었다.[18] 〈국가, 군가 제정안〉 통과 소식은 곧바로 주석 김구에게 보고되었으며,[19] 이를 계기로 광복군의 군가 정리와 군가집 발행 작업이 본격적으로 추진되었다.

2. 『광복군가집』 발행

임시의정원에서의 〈국가 및 군가 제정안〉이 통과된 후 군가의 정리와 제정 작업을 본격적으로 시작하였다. 각 지대별로 지대가가 만들어졌음은 물론 광복군 사이에서 불리던 노래들을 모아 『광복군가집』 발행을 추진한 것이다. 그런데 전시 상황에서 군가 제정과 노래집 발행은 쉽지 않았다. 인적, 물적 기반이 미비했기 때문이다. 우선 군가들을 정리하고 노래집 발행을 책임질 수 있는 인물이 필

---

[17] 국사편찬위원회 편, 『대한민국임시정부자료집 3(임시의정원Ⅱ)』, 59쪽.

[18] 국사편찬위원회 편, 『대한민국임시정부자료집 5(임시의정원Ⅳ)』, 국사편찬위원회, 2005, 8쪽.

[19] 국사편찬위원회 편, 『대한민국임시정부자료집 5(임시의정원Ⅳ)』, 53쪽.

요하였다.

임시정부는 줄곧 광복군의 신념을 노래로 표현함으로써 독립에 대한 의지를 심어 주고, 사기를 진작시키고자 노력해 왔지만, 광복군의 정체성을 담은 노래를 만들어낼 수 있는 음악가를 찾지 못하였다. 당시 군가는 물론이거니와 국가의 부재에 있어 가장 큰 걸림돌 역시 곡조였는데 광복군 내에 이를 해결 할 수 있는 음악적 능력을 갖춘 인물이 부재했기 때문이다. 이를 해결한 사람이 바로 上海新華藝術大學과 國立音樂院을 졸업한 韓悠韓이다.[20]

그는 예술대학에서 음악교육 등을 전공했지만, 다시 국립음악원에 입학해 작곡·화성·합창 등의 과목들을 이수한 전문 음악가였다.[21] 중일전쟁 발발 후 항일투쟁에 몸담아 오던 그는 1939년 시안에서 전지공작대를 만나 함께 활동하였다. 1941년 전지공작대가 광복군으로 합편되면서 작곡이 가능했을 뿐만 아니라 광복군들 사이에서 구전으로 전해지던 노래들을 記譜할 수 있던 그가 『광복군가집』 발행의 적임자로 선출 되었다. 한유한은 1942년 4월 1일 광복군 제2지대 선전조장으로 임명되어 활동하였다.[22]

『광복군가집』 발행 임무를 맡은 한유한은 제2지대 내에 군가 정리 및 군가집 발행을 전담하기 위한 조직체로 선전대 결성을 추진하였다. 인적, 물적 자원에 한계가 있던 시안에서 군가를 만들고 이를 군가집으로 출판하거나 연주 할 수 있는 등의 일을 전담할 인사

---

20 양지선, 「항일가극 〈아리랑〉을 통해 본 한유한의 예술구국활동」, 『한국근현대사연구』 제83집, 209쪽.

21 「한유한 이력서」; 「국립음악원 성적표」(한유한 子 한종수 제공).

22 「한유한 제2지대 선전조장 임명장」(한유한 子 한종수 제공).

와 기구가 필요했기 때문이다. 그는 해방 후 직접 남긴 자필 이력서를 통해 광복군제2지대 선전대장으로서 선전대 조직과 관련된 구상 및 그 조직도를 남겼다.[23] 그가 구상한 선전대의 조직구성은 다음과 같다.

〈표 1〉 선전대 조직표

부서	總務部	籌劃部	音樂部	文藝部	國際新闻部	美術部	電影部
구성	支隊組	編導組	舞蹈組(附)	編譯出版組		绘畫組	攝影組
	庶務組	舞台技術組	声樂組	诗歌朗诵組		木刻組	編導組
	文書組	劃務組	器樂組	通讯組			材料組
	会計組		作曲 指揮組				
	宣传組						

군가 정리 및 군가집 발행을 담당한 제2지대 선전대는 정훈처의 선전과와 비교해 음악, 미술, 영화 등 예술 전 분야를 대상으로 하고 있으며, 음악, 영화 등을 완성하는 것과 관련해 구체적인 하부조직을 갖춘 것이 큰 특징이다. 각부에 설치된 조를 살펴보면 이를 확인할 수 있다.

선전대의 음악부는 노래를 만들어 연주, 합창할 때 필요한 업무를 각 조로 편성하였고, 미술부는 회화와 조각, 영화는 촬영과 편집을, 그리고 이와 관련된 공연을 위한 무대장치 등에 필요한 각각의 조 또한 설치하였다. 단순히 예술 창작에만 그치지 않고 이를 대중

[23] 「한유한 메모」; 「한유한 이력서」(한유한 子 한종수 제공).

화하여 선전의 도구로 활용하려 했음을 알 수 있다. 광복군 한유한은 노래집 발행은 물론 당시 임시정부와 광복군 선전을 위해 가극《아리랑》을 무대에 올려 선전과 모금활동 등을 진행하기도 했다.[24]

선전대에는 총무부 등 모두 7개의 부서를 두었으며, 부서와 관련된 세부 업무를 담당할 하부조직인 조를 별도로 두고 실무를 처리하도록 했다. 책임위원과 隊長, 行使対外対內行政事宣隊委 겸 外部長이 조직을 이끌어 나갔다. 선전대 대원은 한국대원 18명, 한국의 友人 12명, 公友 2명 등이 있었으며, 대장은 한유한이 맡았다.[25] 선전대 내의 한국대원에게는 月 60元, 한국의 友人 12명에게는 月 150元을 지급하였으며, 여기에 경상비를 포함하는 필요 경비 약 60元을 더해 매달 270元이 소요되었다.[26] 특이한 점은 한국의 친구 혹은 여러 친구와 같은 외부 인력들이 참여하고 있다는 점이다. 작곡가 등 전문 음악인이 부족한 현실에서 시안을 중심으로 활동하고 있던 중국 등 외국인 전문가들에게 도움을 청했던 것이다.[27]

선전대 조직 이후의 상황과 활동상에 대해서는 아직까지 구체적으로 알려진 바가 없다. 하지만 한유한이 이끄는 제2지대의 선전대를 중심으로 『광복군가집』 발행 작업은 원활히 이루어졌던 것으로 보인다. 조직표를 통해서도 확인할 수 있듯이 선전대 안에 작곡과 연주를 담당하는 음악부와 출판을 담당하는 문예부를 별도로 두

---

24 양지선, 「항일가극 〈아리랑〉을 통해 본 한유한의 예술구국활동」, 『한국근현대사연구』 제83집, 227~230쪽.

25 「한유한 이력서」(한유한 子 한종수 제공).

26 「한유한 메모」(한유한 子 한종수 제공).

27 「한유한 이력서」(한유한 子 한종수 제공).

고 있어 이들이 광복군가를 만들고, 정리하여 『광복군가집』으로 발행하는 일을 주도해 나갈 수 있었다. 비교적 안전했던 전시수도 충칭의 광복군총사령부 명의가 아닌 제2지대 선전위원회의 이름으로 『광복군가집』 제1집을 발행한 사실로도 이를 확인할 수 있다.

『광복군가집』 제1집은 1943년 10월 시안에서 발행되었다. 따라서 이곳에 모여 활동하던 최전선의 광복군들에게 즉시 배포가 가능했을 것으로 보인다. 사실상 광복군의 주력군인 제2지대원들이 시안에 집결하여 훈련을 받고 있었으므로 이곳에서 제작해 배포하는 것이 효율적이었다. 때문에 전선의 병사들을 고려해 『광복군가집』 제1집은 휴대가 간편하도록 작은 사이즈로 제작되었다. 일반적인 노래집 보다 크기를 줄여 제작함으로써 시안의 야전 훈련장 혹은 최전선의 전장에서도 언제든 사용이 가능하도록 휴대성과 편의성을 고려하여 만들었다.

실제 시안 야전훈련장에서는 『광복군가집』 제1집이 사용되었다. O.S.S. 야전훈련 마지막 날 『광복군가집』 제1집의 〈압록강행진곡〉을 합창했다는 한유한의 기록으로 이를 확인할 수 있다. 1945년 8월 金九는 훈련을 마친 특파단의 최종점검을 위해 충칭을 출발해 야외 훈련장을 찾았다.[28] 이때 한인훈련반원들은 한유한의 지휘에 맞춰 다 함께 이 노래를 부르며, “압록강을 건너 국내로 진공하여 반드시 독립에 성공하겠다는 의지를 다졌다”고 한다.[29] 특히 이 날은 국내진공을 앞두고 O.S.S.의 미국 측 책임자인 도너반과 김구

[28] 김구(도진순주해), 『백범일지』, 도서출판 돌베개, 2004, 396~397쪽.

[29] 「자필메모」(한유한 子 한종수 제공).

주석이 참석해 마지막으로 훈련의 성과를 확인하는 중요한 자리였으므로 훈련 과정에서 교재를 통해 합창을 연습한 뒤 당일 악보에 맞춰 정식으로 이를 선보였던 것이다.

광복군은 제1집 발행 이후에도 『광복군가집』 발행 사업을 지속해나갈 생각이었다. 만일 지대의 군가를 정리하기 위해 일회성으로 『광복군가집』을 발행했다면 제1집이라는 호수를 붙이지 않았을 것이다. 실제 『광복군가집』 제2집이 함께 발행되었다는 사실은 이미 잘 알려져 있다. 한유한은 자신의 출판물로 『광복군가집』 제1집과 제2집을 함께 소개하기도 했다.[30] 그런 의미에서 『광복군가집』 제1집과 제2집은 인적, 물적 자원이 부족한 전시 상황에서 광복군가 제정 작업에 가장 적합했던 제2지대가 앞장서 군가를 정리해 발행한 최초의 광복군의 공식 군가집이라 하겠다.

Ⅲ. 광복군가의 실제와 규모

1. 『광복군가집』 수록 군가

1943년 시안에서 발행된 『광복군가집』 제1집에는 〈국기가〉, 〈애국가〉, 〈광복군가광복군행진곡〉 등 총 16곡이 수록되어 있다. 이 가운

---

30 「한유한 이력서」(한유한 子 한종수 제공).

데 14곡의 출처가 확인된다. 나머지 한곡은 편곡자만 전해질 뿐이며, 다른 한곡의 경우는 작사가와 작곡가 모두 확인이 어렵다. 전체 수록곡 목록은 〈표 2〉와 같다.

〈표2〉『광복군가집』 제1집 수록곡[31]

번호	곡명	작사	작곡
1	國旗歌	이범석	한유한
2	애국가	미상	안익태
3	광복군가(광복군행진곡)	이두산	이두산
4	광복군제2지대가	이해평	한유한
5	先鋒隊	이두산	이두산
6	最後의 決戰	미상	윤세주 편곡
7	광복군아리랑	김학규	전통민요
8	新出發	신덕영	한유한
9	용진가	미상	미상
10	광복군석탄가; 혁명의 불길	김학규	전통민요
11	鴨綠江行進曲	박영만	한유한
12	祖國行進曲	신덕영	한유한
13	앞으로 行進曲	김의한	신하균
14	黎明의 노래	이해평	한유한
15	우리나라어머니	신덕영	한유한
16	흘러가는 저 구름	신덕영	한유한

수록곡 가운데 1번 〈국기가〉, 4번 〈광복군제2지대가〉, 8번 〈신출발〉, 11번 〈압록강행진곡〉, 12번 〈조국행진곡〉, 14번 〈여명의

[31] 광복군제2지대 선전위원회, 『광복군가집』 제1집, 1943(한유한 子 한종수 제공).

노래〉, 15번 〈우리나라 어머니〉, 16번 〈흘러가는 저 구름〉은 모두 제2지대 소속의 한유한이 작곡하였다. 3번 〈광복군가〉와 5번 〈선봉대〉는 제1지대의 李斗山이 작사, 작곡하였으며, 6번 〈최후의 결전〉은 조선의용대에서 활동한 尹世胄가 편곡하였지만 원곡의 출처는 확인할 수 없다. 또한 제3지대 지대장 金學奎가 작사한 7번 〈광복군아리랑〉과 10번 〈광복군석탄가〉도 수록되어 있다. 작사가와 작곡가를 모두 확인할 수 없는 9번 〈용진가〉도 담겼다.

이처럼 『광복군가집』 제1집은 비록 광복군 제2지대 선전대의 명의로 발행되었고, 제2지대 소속인 한유한의 곡이 절반을 넘지만, 제1지대와 제3지대원이 만들거나 부르던 노래들까지 모두 포함하고 있다. 수록곡들은 기존에 있던 곡조에 가사만 바꿔 붙인 경우와 완전히 새로운 곡조를 사용한 경우 등 다양한 형태를 띠고 있다. 이 가운데 한유한이 광복군으로 편입하기 전 만든 곡조에 다시 한국어 가사를 붙여 만든 것이 가장 일반적이다. 군가를 만들기 위해 많은 곡조가 필요했지만, 단시간에 혼자서 모든 곡조를 새로 만들 수 없어 기존에 만들어 놓은 것을 차용한 것이다. 현실적으로 광복군가가 부족하고, 전시 중에 멀리 떨어진 지대의 광복군가를 모두 조사할 수 없어 먼저 한유한의 곡을 중심으로 군가집을 꾸려 발행한 것으로 보인다.

한유한 곡의 가사 대부분은 광복군에서 함께 활동하던 동지들이 써 주었다. 한유한이 직접 한국어 가사를 쓰기는 어려웠기 때문이다. 그는 다섯 살에 중국으로 건너가 1948년 귀환 때까지 줄곧 중국에서 생활하였으므로 한국어에 능숙하지 못했다. 실제 해방 후

돌아와서도 한국어가 서툴러 완전한 구사는 어려웠다고 한다.[32] 곡조에 맞춰 의미 전달을 해야 했으므로 그가 한국어로 작사를 하는 것은 쉽지 않았을 것이다.

가사만 바꾸어서 만든 가장 대표적인 곡은 우리에게도 잘 알려져 있는 한유한 작곡의 〈압록강행진곡〉이다. 이 곡의 원곡은 1934년 그가 작곡한 〈新革命軍歌〉이다. 〈新革命軍歌〉가 항일가극 《아리랑》에 〈한국행진곡〉으로 삽입되었고, 이후 박영만이 '압록강을 건너 국내로 진공하겠다'는 내용의 가사를 붙여 〈압록강행진곡〉이라는 노래를 만들었다.[33]

〈여명의 노래〉라는 제목의 한유한 곡은 모두 세 곡이 있다. 원곡은 1937년 한유한이 '罕西한시'라는 이름으로 만들었는데 가사는 文心원신이 붙였다. 한유한이 만든 가극 《麗娜리나》에서 그는 이 곡을 직접 독창으로 불렀다. 1939년 《新中國萬歲》라는 가극에는 이 도합창곡으로 삽입되었다. 한유한이 곡을 만들고 李嘉리쟈가 가사를 붙여 완성하였다. 제목은 같지만 곡조와 가사는 모두 다르다. 동서지간이던 두 사람은 시안의 終南山쫑난산전투에 참여하던 한 달 가량의 시간 동안 많은 곡을 함께 만들었다고 한다.[34] 당시 두 사람 모두 중국군 소속이었고, 리쟈는 중국인이었으므로 가사는 중국 항전에 관한 내용이다. 전투가 끝난 후 각자 다른 부대로 배치를 받으

---

32 한유한 子 한종수 구술(2020년 2월 6일 부산 자택).

33 『한국청년』 제4기, 1941년 9월 1일(국사편찬위원회 편, 『대한민국임시정부자료집 15(한국광복군Ⅵ)』, 235쪽.

34 부산근대역사관, 『대륙에 울려 퍼진 항일정신 먼구름 한유한의 생애와 독립운동』, 부산근대역사관, 2006, 161쪽.

면서 胡宗南후종난 부대로 오게 된 한유한이 그곳에서 전지공작대에 참여하게 되었다. 얼마 지나지 않아 전지공작대가 광복군으로 합편되면서 李在賢이 원곡인 《리나》에 삽입된 〈黎明之歌〉의 곡조에 일부 가사를 참고하여 〈여명의 노래〉를 완성하였다. 따라서 원곡 〈黎明之歌〉와 『광복군가집』에 수록된 〈여명의 노래〉 앞부분의 가사가 동일하다.

이재현은 한유한이 작곡한 〈광복군제2지대가〉의 가사도 직접 지었다. 그런데 〈광복군제2지대가〉는 전지공작대의 〈隊歌필자 주: 한국청년전지공작대가〉와 동일한 곡으로 추정된다. 전지공작대는 훈련을 마친 후 8시 반에 점호를 하고 마지막으로 〈대가〉를 부르면서 하루의 모든 일과를 마무리 하곤 했다.[35] 이미 전지공작대의 〈대가〉가 존재했던 것이다. 하지만 전지공작대는 1941년 광복군제5지대로 합편되었으며, 후에 다시 제2지대로 개편되었다. 이때 이재현과 한유한이 〈광복군제2지대가〉를 만들었던 것 같다. 인적구성의 큰 변화 없이 전지공작대가 광복군으로 합편된 상태에서 오랫동안 불러오던 전지공작대 〈대가〉의 곡조를 새로 바꾸지 않고, 이재현이 전지공작대 〈대가〉의 가사만 수정하여 〈광복군제2지대가〉로 불렀을 가능성이 크다.

이재현과 더불어 申應泳도 한유한의 많은 노래에 가사를 붙였다. 그는 〈신출발〉, 〈조국행진곡〉, 〈우리나라 어머니〉, 〈흘러가는 저 구름〉 등의 작사를 맡았다. 1943년 北京大學 지하공작대와 접선 활

---

[35] 『한국청년』 제1기, 1940년 7월 15일(국사편찬위원회 편, 『대한민국임시정부자료집 15(광복군VI)』, 국사편찬위원회, 2006, 28쪽).

동 중 1943년 광복군에 입대해 한유한과 함께 O.S.S에서 훈련을 받았다. 이때 알게 된 두 사람이 『광복군가집』 제1집 발행을 위해 기존의 곡에 새롭게 가사를 붙여 여러 곡의 광복군가를 만들었던 것이다.

한편, 『광복군가집』에 실린 곡 가운데에는 한유한의 곡 외에도 우리에게 잘 알려진 기존의 곡에 독립운동 관련 가사를 붙여 만든 광복군가도 여럿 담겨있다. 광복군 제2지대장이던 李範奭이 가사를 붙인 〈국기가〉도 그중 한 곡이다. 〈국기가〉는 한국광복군이 국기를 게양할 때 부르던 노래이며, 아침 조회 시간에 국기를 게양하면서 가장 먼저 부르던 곡이라고 한다. 〈승기가〉라는 제목으로도 알려져 있다.[36]

김학규는 〈국기가〉 외에도 우리나라의 전통곡조를 가져와 새롭게 가사를 붙여 〈광복군아리랑〉, 〈광복군석탄가〉를 만들었다. 우리의 전통곡조를 차용한 것은 한민족의 정서와 애국의 정신을 불어넣는 데에 주목적이 있었다고 하겠다.[37] 〈광복군아리랑〉의 원곡인 〈밀양아리랑〉은 한국인 대부분이 알고 있어 누구나 쉽게 따라 부를 수 있었으므로 광복군들 사이에서 많이 불렸던 것 같다. 기존의 익숙한 곡조에 전달하고자 하는 메시지를 친숙하고 쉬운 가사로 표현하여 자연스럽게 광복군들의 애창가가 되었고, 『광복군가집』에도 실릴 수 있었다.

이처럼 『광복군가집』 수록곡은 기존의 곡을 개사한 경우가 대부

[36] 독립군가보존회 편, 『광복의 메아리』, 92쪽.

[37] 독립군가보존회 편, 『광복의 메아리』, 20쪽.

분으로 완전히 새로운 곡은 많지 않은데 〈앞으로행진곡〉은 申河均이 작곡하고, 金毅漢이 작사한 완전한 창작곡이다. 신하균이 1941년 광복군에 입대하여 정위로 활약하였으므로 이 노래 역시 1941년 이후 만들어졌다고 보는 것이 합리적이다. 신하균은 申翼熙, 김의한은 金嘉鎭의 장남이기도 하다. 모두 일찍이 중국으로 망명하여 선친을 따라 독립운동에 투신하였다는 공통점이 있다. 중국에서 대학을 나온 신하균이 곡조를 만들고, 여기에 대종교와 관련이 깊은 김의한이 '고구려의 상무정신과 신라의 삼국통일 기상을 이어받아 독립을 쟁취하자'는 내용을 담은 대종교풍의 가사를 붙였다. 『광복군가집』에 수록된 것으로 보아 당시 광복군들이 애창하던 곡 중에 하나로 추정된다.

제2지대, 제3지대의 애창곡은 물론 제1지대에서 불리던 곡도 『광복군가집』에 실렸다. 바로 1942년 광복군으로 합편된 조선의용대 출신이자 제1지대에서 활동한 李斗山이 만든 두 곡을 꼽을 수 있다. 이두산의 본명은 李賢壽이고, 李然浩라는 이름으로도 활동했다. 1917년 上海상하이로 망명해 임시정부와 병인의용대 등에서 활동하다가 1937년 이후 민족혁명당에 가담하였다. 1942년 민족혁명당과 조선의용대가 임시정부와 광복군에 참여한 후에는 법무부 차장을 역임하였다. 그가 만든 〈광복군가〉는 제목과 가사 내용으로 볼 때 1942년 조선의용대의 광복군 편입 후에 만들어진 것이 확실하다. 반면 〈선봉대가〉는 조선의용대 시절인 1938년 漢口한커우에서 만든 것으로, 제1지대뿐만 아니라 모든 광복군들 사이에서 이

노래가 폭넓게 불렸음을 알 수 있다.[38]

『광복군가집』 수록곡들 가운데에는 이례적으로 일본의 곡조를 차용한 곡도 있었다. 바로 〈용진가〉의 경우이다. 중국으로 망명해 독립운동을 전개하던 많은 독립운동가 사이에서 〈용진가〉는 매우 광범위하게 불렸다. 〈용진가〉는 그 가사에 따라 세 가지로 나뉜다. 그런데 金佐鎭이 작곡한 것으로 알려진 곡을 제외한 나머지 두 곡 모두 일본의 곡조를 차용해 만들어졌다. 현재 중국 동북지역에서 〈독립군용진가〉로 알려진 것은 神長瞭月카미나가 료게츠 작곡의 〈ハイカラ節하이카라부시〉를 차용한 것인데, 만주에서 활동한 독립군 시절부터 애창되었다. 또 다른 〈용진가〉는 多梅稚오오노 우메와카의 〈철도창가〉를 원곡으로 하고 있다. 비록 일본의 곡조이기는 하나 곡조가 단순하여 부르기 쉽고, 군가에 적합하여 여러 지역에서 이를 차용해 군가로 만들어 불렀다. 이 가운데 『광복군가집』 제1집에 수록된 〈용진가〉는 "요동만주"로 시작하는 〈용진가〉이다. 특히 이 곡은 1920년대 만주 독립군 사이에서 많이 불린 것으로 알려져 있는데 광복군의 주축을 이뤘던 만주지역 독립군 출신들의 영향이 있었을 것으로 보인다. 또한 정신적으로 만주 독립군을 계승한다는 정신사적인 의미에서 『광복군가집』에 수록한 것이 아닌가 생각된다.

---

38 독립군가보존회 편, 『광복의 메아리』, 91~93쪽.

2. 『광복군가집』 수록 외의 군가

광복군이 발행한 『광복군가집』 제1집 수록곡 외에도 많은 광복군가가 존재한다. 이를 살펴보면 크게 창작자를 알 수 있는 경우와 그렇지 않은 경우로 나눌 수 있다. 현재 총 7곡 정도는 작사가와 작곡가를 모두 확인할 수 없다. 이 같은 경우 창작자를 통해 광복군과의 직접적인 연관성을 찾기 쉽지 않다. 따라서 제목 혹은 가사에 광복군이라는 단어가 포함되었거나, 가사의 내용으로 광복군과의 관련성을 확인한 경우, 또 관련 연구를 통해 광복군이 가창자라는 사실이 확인된 경우에만 광복군가로 분류하였다. 작사가, 작곡가가 알려지지 않은 광복군가의 목록은 〈표 3〉과 같다.

〈표 3〉 작사가, 작곡가 미상의 광복군가

번호	곡명	작사	작곡
1	광복군맹진곡(『배달』, 348쪽; 『님』, 107쪽; 『항일』, 313쪽)	미상	미상
2	광복군돌진가(光復軍突進歌)(『배달』, 349쪽; 『님』, 106쪽; 『항일』, 312쪽; 『중국』, 296쪽)	미상	미상
3	세기행진곡(世紀行進曲)(『광복』, 111쪽; 『배달』, 359쪽; 『신대한』, 220쪽; 『님』, 225쪽)	미상	미상
4	기상나팔(『광복』, 107쪽; 『배달』, 360쪽; 『신대한』, 221쪽; 『님』, 133쪽; 『항일』, 340쪽)	미상	미상
5	동지의 노래(『배달』, 495쪽, 『광복』, 105쪽; 『신대한』, 391쪽, 『님』, 170쪽; 『항일』, 340쪽)	미상	미상
6	앞으로 갓(『광복』, 102쪽; 『신대한』, 221쪽)	미상	미상
7	용사의 노래(진군나팔)(『광복』, 106쪽; 『배달』, 360쪽; 『님』, 280쪽; 『항일』, 390쪽)	미상	미상

* 이하 본문의 〈표〉에서 곡명 다음 괄호 내용은 출처 책명을 약어로 표기하고,

그 쪽수를 밝힌 것이다(독립군가보존회 편, 『광복의 메아리』, 독립군가보존회, 1982→『광복』; 한철수, 『배달의 맥박』, 송산출판사, 1986→『배달』; 이중연, 『신대한국독립군의 백만용사야』, 혜안, 1998→『신대한』; 황선열, 『님 찾아 가는 길』, 한국문화사, 2001→『님』; 김동훈 외, 『항일가요 및 기타』, 보고사, 2007→『항일가요』; 김춘선, 『중국 조선족 사료 전집 문화예술편1』, 연변인민출판사, 2013→『중국』, 노동은, 『항일음악 330곡집』, 민족문제연구소, 2017→『330곡집』; 김문택, 『(광복군 김문택 수기)광복군 하』, 독립기념관 한국독립운동사연구소, 2005→『광복군』).

총 7곡 가운데 2곡은 제목에 광복군이 포함되어 있으며, 나머지 5곡은 광복군이 불렀다는 사실을 관련인사들의 구술을 통해 확인할 수 있다. 광복군의 국기게양식이나 국내진공을 목표로 사기를 진작하는 가사내용으로도 광복군가로 분류하는 데에는 큰 문제가 없어 보인다.

창작자가 모두 알려지지 않은 경우와 달리 창작자가 한 명이라도 알려진 광복군가의 경우에는 그들의 활동이나 가창자의 소속에 따라 지대별로 분류가 가능하다. 먼저 광복군 제1지대와 관련된 곡을 정리하면 〈표 4〉와 같다.

〈표 4〉 제1지대 관련 광복군가

번호	곡명	작사	작곡
1	광복군제1지대가(『광복』, 96쪽; 『신대한』, 210쪽; 『님』, 110쪽; 『항일』, 31쪽)	이정호	이정호
2	혁명가(『배달』, 341쪽, 『신대한』, 200쪽; 『항일』, 193쪽; 『330곡집』, 589쪽)	이정호	이정호
3	중국의 광활한 대지 위에(『신대한』, 203~204쪽; 『항일』, 190쪽. 『330곡집』, 679쪽)	이정호	이정호

제1지대에서 불리던 광복군가는 총 3곡으로 그 수가 많지는 않다. 조선의용대의 주력부대가 華北화베이로 이동한 후 1942년에서야 뒤늦게 광복군으로 합편되면서 다양한 노래가 알려지기 어려운 환경이었기 때문이다. 이러한 이유로 광복군 편입 후에도 조선의용대 시절 불리던 몇몇 곡의 가사를 바꿔 부르는 정도에 그쳤다.

제2지대 관련 광복군가는 앞서 살펴본 바와 같이 다수가 『광복군가집』 제1집에 수록되어 있다. 그 외의 관련 곡 목록은 〈표 5〉와 같다.

〈표 5〉 제2지대 관련 광복군가[39]

번호	곡명	작사	작곡
1	승기가(『광복』, 92쪽)	이범석	한유한
2	望鄕曲(『광복』, 79쪽, 『배달』, 428쪽; 『신대한』, 363쪽; 『님』,180쪽)	이범석	이범석
3	봄이 왔네(한국산노래)		한유한 편곡
4	목동의 노래		한유한
5	아리랑		한국민요
6	韓國進行曲(부제: 弱小民族進行曲)	里凡西 (이범석으로 추정)	한유한
7	고향을 그리며		한유한 편곡
8	한국행진곡(압록강행진곡과 동일)		한유한

제2지대는 주로 훈련이나 기념행사, 가극 《아리랑》과 같은 공연 등에서 광복군가를 불렀다.[40] 1941년 7월 5일 제2지대원들이 본부

[39] 3번부터 8번곡(『한국청년』 제2기, 1940년 9월(국사편찬위원회 편, 『대한민국임시정부자료집 15 - 한국광복군Ⅵ-』, 57쪽).

[40] 한유한은 1941년 〈麗栗麗婭〉라는 가극을 완성하여 공연을 앞두고 있었다. 가극 〈麗栗麗婭〉의 극정에 대해서는 알려져 있지 않지만, 1940년 부산에서 일어난 소위 '노다

가 있던 杜曲두취에서 야전훈련장이 있던 쫑난산을 향해 행군을 시작할 때 부르던 곡도 그 중 하나이다. 본부와 두취까지의 거리는 15리 정도이다. 이들은 오전 9시경 목적지인 쫑난산 아래의 泉子頭취안즈도우 마을에 도착하였고, 훈련과 교육을 마친 후 귀대 도중 행진 동작과 열을 맞춰 보면서 군가를 불렀다고 한다.[41] 이때는 광복군이 창설된 지 몇 개월 지나지 않은 시점으로, 아직 정식으로 군가가 제정되지는 않았지만, 훈련이나 교육을 받을 때 각 지대에서 부르던 군가가 존재했음을 알 수 있다.

실제 훈련과정에서 군가는 매우 중요하게 다루어졌다. O.S.S. 훈련은 시안에서 활동하던 광복군 제2지대원의 가장 중요한 활동 가운데 하나로 꼽힌다. 1945년 5월 11일 미국전략첩보국에서는 Clyde, B.Sargent싸전트 대위가 두취에 도착해 야전사령관으로 부임한 후 土橋투챠오에 머무르고 있던 한광반 19명과 제2지대원 50명을 1기로 O.S.S. 훈련을 시작하였다. 이들은 하루 8시간씩 훈련을 받았으며, 6월 20일경 기본훈련을 마쳤다.[42] 제2지대원들은 이

이사건'의 내용을 극에 반영한 것이 아닌가 생각된다. 한유한은 가극 〈麗栗麗婭〉가 가극《아리랑》보다 훨씬 비장하고 위대한 작품이 될 것으로 기대하였다. 또한 전반적으로 동방적인 색채가 짙게 깔린 것이 특징이라고 했다(『한국청년』 제4기, 1941년 9월 1일(국사편찬위원회 편, 『대한민국임시정부자료집 15(한국광복군VI)』, 240쪽). 제목을 통해서도 이를 확인할 수 있는데, 〈麗栗麗婭〉의 발음이 우리의 전통민요인 〈닐리리아〉로 추정되는 것으로 보아 가극 〈아리랑〉 때와 마찬가지로 전통민요 〈닐리리아〉를 주요 삽입곡으로 사용했을 것으로 보인다. 그러한 경우 〈닐리리아〉 역시 제2지대의 광복군가로 포함시킬 수 있는 여지가 있다.

41 『한국청년』 제4기, 1941년 9월 1일(국사편찬위원회 편, 『대한민국임시정부자료집 15(한국광복군VI)』, 235~236쪽).

42 김광재, 「韓國光復軍의 活動 硏究」, 동국대학교 박사학위 논문, 1999, 70~72쪽.

과정에서 많은 노래를 배우고 불렀으나, 그 종류나 내용 등을 자세히 알 수는 없다. 다만, 이들의 첫째 주 기본훈련 과정에 음악시간이 포함되어 있어 관련 상황을 추정해 볼 수 있다.

O.S.S. 훈련반 제1기의 6월 첫째 주 즉, 6월 4일부터 6월 9일까지의 교육훈련 과정을 살펴보면 월요일부터 토요일까지 매일 아침 8시부터 저녁 6시까지 고단한 교육이 진행되었다. 무전이나 심리전술, 첩보 등 국내 침투에 필요한 훈련과 교육이 주를 이루었지만, 일주일에 세 번 월·수·금요일 5시부터 6시까지는 영어교육이, 또 화·목·토요일에는 영어 대신 음악교육이 이루어졌다. 모든 훈련이 미군에 의해 진행되었고 명령을 받았으므로 한국인 훈련생과 미국인 교관, 요원 간 의사소통에 있어 영어는 매우 중요한 수단이었다. 언어상 제약을 극복하기 위해 O.S.S. 측은 무엇보다 영어교육에 심혈을 기울였다.[43] 그런 영어교육과정과 동일한 비중으로 음악시간을 배정한 것은 음악교육 역시 상당히 중요한 훈련과정으로 인식했음을 의미한다. 음악을 단순한 오락이 아닌 심리전 이용, 사기 진작, 선전, 적군 회유 등에 전략적으로 활용하고자 했던 것으로 보인다.

이밖에 광복군 제2지대 명의로 치러진 공연이나 기념행사에서 부르던 광복군가도 있다. 특히 한유한이 만든 가극 《아리랑》은 그가 속한 청년전지공작대가 광복군으로 합편된 이후에도 선전, 3·1절 기념, 부상병 위로와 지원 등을 목적으로 계속되었다. 따라서 가

[43] 김광재, 「韓國光復軍의 活動 硏究」, 73쪽.

극 《아리랑》에 삽입된 7곡가사가 없는 〈서곡〉 제외 또한 광복군가의 성격을 갖는다고 하겠다. 이 가운데 6번곡인 〈韓國進行曲〉은 〈弱小民族進行曲〉이라는 부제가 달려 있다.[44] 한유한이 두 곡을 구분하기 위해 별도로 부제를 달고, 아리랑 삽입곡임을 표기하였던 것이다. 해방 후에는 다시 항일가극 《아리랑》을 무대에 올리기 위해 삽입곡들을 정리하면서 제목을 〈대한국行進曲-아리랑삽입곡-〉으로 바꾸었다.[45] 지금까지는 8번 삽입곡인 〈韓國行進曲〉과 동일곡으로 잘못 알려져 왔다. 그러나 두 곡의 곡조와 가사는 완전히 다르다. 8번 〈한국행진곡압록강행진곡〉은 상술한 바와 같이 〈신혁명군가〉를 원곡으로 해 가사만 바꾼 것이다. 이 곡의 가사 내용을 살펴보면 "중국과 함께 연대하여 압록강을 건너 백두산 위에서 광명과 자유를 보자"라는 부분이 나오는데, '압록강', '백두산' 등의 단어를 통해 작사가가 한국인임을 알 수 있다. 곡조는 항일가극 《아리랑》 서곡에 일부 차용되기도 했다.[46]

이 곡은 제2지대 대원들이 개선가처럼 부른 노래이기도 하다. 베

---

44 『한국청년』 제2기, 1940년 9월(국사편찬위원회편, 『대한민국임시정부자료집 15(한국광복군Ⅵ)』, 57쪽).

45 〈대한민국進行曲-아이랑삽입곡-〉, 한유한 子 한종수 제공.

46 필자는 2017년 「항일가극 《아리랑》을 통해 본 한유한의 구국 예술활동」에서 6번 삽입곡과 8번 삽입곡을 동일한 곡으로 보는 기존 학계의 견해를 수용했던 바 있다(양지선, 「한일가극 〈아리랑〉을 통해 본 한유한의 예술구국활동」, 『한국근현대사연구』 제83집, 222쪽). 하지만, 2021년 2월 25일 동양학연구원 항일음악팀에서 주최한 국제학술대회에서 〈韓國進行曲〉의 멜로디가 항일가극 《아리랑》의 〈서곡〉과 유사하며, 기존의 〈신혁명군가〉의 멜로디를 차용한 〈한국행진곡〉과는 완전히 다른 《아리랑》의 삽입곡임을 최초로 밝히며 오류를 바로 잡았다(양지선, 「한유한의 항일음악 연구」, 『국제학술대회발표집』, 단국대학교동양학연구원, 2021.

이징에서 일본군 번역관으로 근무를 시작한 광복군의 한 대원은 소속 부대를 따라 山西 남부에 이르렀고, 1940년 1월 중앙군이 일본군을 포위 공격하는 기회를 틈타 탈출에 성공하였다. 그를 위한 환영식에 모인 제2지대원들은 모두 흥분하여 열정에 사로잡혔고, 환영식이 열리고 있던 교실 안은 순식간에 외침과 노랫소리로 떠나갈 듯하였다. 이들은 모두 승리의 내일이 도래하기를 바라며 환영식 말미에서 마치 개선하는 군대처럼 유쾌한 기분으로 이 노래를 부렀으며, 이때 부른 〈韓國進行曲약소민족행진곡〉의 여운이 밤새 뇌리에 맴돌 정도였다고 한다.[47]

한편, 한유한은 광복군의 신분으로 외교활동을 펼치는 과정에서 많은 중국어 노래를 남겼다. 제2지대 선전조장 한유한은 중국 측의 요청으로 1942년 11월 陝西第二保育院 아동예술반주임으로 파견되었고, 그곳에서 많은 항전 관련 곡들을 만들었다.[48] 한국과 중국이 협력하여 공동 항전을 원활하게 수행하기 위해서였다. 산시제이보육원은 장제스의 부인인 宋美齡송메이링이 직접 운영하던 보호시설 중의 한 곳이다. 임시정부로서는 중국 측 지원이 절실했으므로 광복군에서도 한유한의 보육원 파견을 적극 지원해 주었다. 한유한은 이곳에서 아동가극에 삽입할 노래를 만들어 직접 무대에 올렸다. 비록 중국항전에 관한 내용의 중국어 노래이지만, 광복군의 신분으로 한중공동항일투쟁을 위해 공식 파견된 상태에서 만든 노

47 『한국청년』 제2기, 1940년 9월(국사편찬위원회편, 『대한민국임시정부자료집 15(한국광복군Ⅵ)』, 103~104쪽).

48 「한유한 이력서」(한유한 子 한종수 제공).

래들이므로 이 역시 광의의 범주에서는 광복군가에 포함시킬 수 있다.

제1지대, 제2지대와 달리 제3지대와 관련된 광복군가는 金文澤이 남긴 수기를 통해 그 종류와 가창 배경, 창작 주체 등을 비교적 자세히 확인할 수 있다. 광복군 창설 후 푸양지역에는 김학규를 주임으로 하여 징모제6분처가 조직되었다가 1945년 제6분처가 제3지대로 재편되었다. 제3지대가 활동하던 푸양은 중국군 제10전구 사령관 湯恩伯탕언보어 장군의 관할 지역으로, 그와 끈질기게 협의하여 푸양현성 동북방 150리 지점에 있는 臨泉린취안 주둔 중국군 제10전구 사령부 예하부대 제10분구 간부훈련단 안에 한광반 즉 한국광복군반을 특설하였다. 이곳은 중국군의 기성장교를 재훈련시키는 기관이었으므로 교장은 장제스가, 부교장 겸 교무처장은 탕언보어가 맡았다.[49] 한광반을 중심으로 한 제3지대에는 다양한 출신의 광복군들이 모여 활동하고 있었으므로 여러 종류의 광복군가가 만들어지고, 가창되었을 가능성이 크다. 광복군제3지대와 관련된 곡들은 〈표 6〉과 같다.

〈표 6〉 제3지대 관련 광복군가

번호	곡명	작사	작곡
1	광복군항일전투가(『광복』, 101쪽; 『배달』, 345쪽; 『님』, 114쪽; 『중국』, 302쪽)	송호성	일본곡
2	광복군제3지대가(『광복』, 98쪽; 『배달』, 347쪽; 『님』, 112쪽; 『항일』, 317쪽)	장호강	장호강

[49] 김문택, 『(광복군 김문택 수기)광복군 하』, 63쪽.

번호	곡명	작사	작곡
3	광복군 지하공작대가	장호강	장호강
4	광복군아리랑(『광복』, 102쪽; 『배달』, 358쪽; 『신대한』, 224쪽; 『님』, 109쪽)	김학규	한국민요
5	광복군 닐리리아	장조민	한국민요
6	님 찾아가는 길(『광복』, 88쪽; 『배달』, 402쪽)	오광심	미상
7	전우추모가 (『광복』, 88쪽; 『배달』, 419쪽; 『항일』, 386쪽; 『중국』, 360쪽)	김학규	김학규
8	지평선의 노래(『광복』, 107쪽; 『배달』, 419쪽; 『님』, 304쪽; 『항일』, 386쪽)	옥인찬	옥인찬
9	광복군석탄가(『광복』, 103쪽; 『배달』, 396쪽; 『님』, 108쪽; 『중국』, 360쪽)	김학규	한국민요
10	특전용사의 노래(『광복』, 106쪽; 『배달』, 325쪽; 『신대한』, 215쪽)	이신성	미상
11	黃河夜曲(『광복』, 112쪽; 『님』, 354쪽; 『중국』, 353쪽)	장호강	중국민요
12	용진가(『광복군』, 92쪽; 『광복』, 44쪽; 『배달』, 332쪽; 『님』, 281쪽; 『중국』, 413쪽	미상	미상
13	① 한국의 노래(『광복군』, 17~18쪽) ② 대한의 노래((『광복』, 167쪽; 『배달』, 492쪽) ③ 조선의 노래(『신대한』, 241쪽;『중국』, 413쪽)	미상	미상
14	삼민주의중국국민당가(『광복군』, 94쪽)	胡汉民,戴季陶, 廖仲恺,邵元冲	程懋筠
15	① 천연의 미(자연미)		
16	황성옛터(원 제목은 荒城의 蹟)(『광복군』, 101쪽; 『광복』, 170쪽; 『배달』, 418쪽)	왕평	전수린
17	① 봄노래 ② 봄노래 ③ 봄날	미상	미상
18	① 독립군의 노래 ② 독립군가		
19	낙화암(『광복』, 45쪽; 『배달』, 329쪽; 『신대한』, 120쪽; 『330곡집』, 233쪽)	옥인찬 제공	

제3지대원들은 일과, 훈련 등 군사활동 시에는 전형적인 군가풍의 노래를, 일과를 마친 후 개인적인 시간에는 고향 산천을 그리는 이향의 감정을 담은 서정적인 노래 등을 주로 불렀다.그 중에서도 제3지대원들이 자주 부르던 노래로 〈용진가〉를 꼽을 수 있다. 제3지대원 김문택은 자신은 물론 제3지대원들이 늘 〈용진가〉를 불렀다고 밝혔는데, 제3지대원들이 즐겨 부르던 〈용진가〉가 어느 곡조인지 현재 확인할 수는 없다. 다양한 종류의 〈용진가〉가 전해지는 것은 그만큼 광복군이 이 곡을 애창했다는 근거가 된다. 광복군들은 아침 조회 시간, 묵념과 훈화 후 구보를 할 때 항상 〈애국가〉와 함께 〈용진가〉를 불렀다고 한다.[50] 1945년 3월 경, 제3지대를 푸양성 안으로 이전한 후에도 점호 시간에 〈용진가〉를 불렀으며,[51] 전우들을 적장이나 다른 곳으로 파견하면서 연 환송연회과 같은 각종 의례 때에도 쓸쓸한 마음을 달래기 위해 씩씩한 분위기를 자아내는 〈용진가〉를 부르곤 했다.[52] 이처럼 〈용진가〉는 제3지대 내에서 행하는 의례의 대미를 장식하던 가장 중요한 광복군가 중 한 곡이었다.

한편, 중국인을 상대로 하는 공연에서는 〈三民主義歌〉 등의 중국 노래들도 불렀다. 이 곡은 본래 黃埔軍官學校황푸군관학교의 교가로, 1924년 6월 16일 개교전례식을 통해 처음으로 외부에 알려졌다. 북벌 성공 후 중국국민당이 이 곡을 黨歌로 쓰기로 하고, 어울리는

50 김문택, 『(광복군 김문택 수기)광복군 하』, 5쪽.
51 김문택, 『(광복군 김문택 수기)광복군 하』, 92쪽.
52 김문택, 『(광복군 김문택 수기)광복군 하』, 160쪽.

곡조를 공모한 결과 139곡 가운데 程懋筠청마오윈의 곡조가 선정되었다. 그 후 1937년 중앙당무위원회가 〈삼민주의가〉를 국가로 삼는 안건을 비준해 1943년부터 정식으로 중화민국의 국가로 사용되기 시작했다.[53]

제3지대원들이 중국국가를 무대 위에서 부른 이유는 중국인들에게 광복군을 홍보함과 동시에 한중 두 나라가 운명의 공동체라는 사실을 널리 알리기 위해서였다. 이들은 푸양성 안의 푸양극장을 빌려 며칠을 연습한 뒤 〈탈출기〉라는 공연을 무대에 올렸고, 애국가와 중화민국의 국가인 〈삼민주의가〉를 부르며 공연을 마무리했다. 제3지대원들은 연극공연에서 〈삼민주의가〉를 애국가와 함께 부름으로써 우리의 상황에 중국인들의 감정을 이입시켜 그들의 항일의지를 고취시키고 한국독립운동에 대한 지지를 이끌어 내고자 했다. 실제로 이들이 공연한 〈탈출기〉는 훗날 중국의 15만 학도종군운동에 자극을 주었다.[54] 양국의 국가를 함께 부름으로써 한중우의를 다지고, 공동항일투쟁에 기여하였으므로 또한 중요한 의미가 있다고 하겠다.

제1지대, 제2지대와 비교해 제3지대에서는 국내외의 다양한 곡들이 만들어지고 불리었는데 이는 제3지대의 부대 특성과도 관련이 있어 보인다. 제3지대는 일본군을 탈출한 학병은 물론 일본 점령지역을 탈출한 일반인 등 여러 계층의 사람들이 모여 함께 활동하였다. 따라서 교육수준이 비교적 높아 작사와 작곡이 가능한 사

[53] http://m.500shou.cc/view.php?aid=42.

[54] 김문택, 『(광복군 김문택 수기)광복군 하』, 94쪽; 108쪽.

람들이 많았던 것 같다. 창설 초기에는 대체적으로 대원들의 학식이 그리 높지 않았으나, 학병들이 참여하면서 그 수준이 향상되었다.[55] 제3지대의 한광반에서는 한인청년 등 50여 명이 1944년 6월에서 10월 말까지 장교교육을 받고 있었으며,[56] 이들 대다수는 학병 출신자들이었다. 그 가운데 37명은 훈련 후 충칭 광복군총사령부로 이동하였다. 충칭에서 이들을 만난 싸전트 역시 이들에게 강한 인상을 받았다고 한다. "모두가 지적이고, 기민하고 빈틈이 없었다. 본인이 본 군인 집단 가운데 가장 지적인 집단이었다. 그들 대부분은 대학 졸업자들이라고 들었다"는 것이다.[57] 뿐만 아니라 한중일 등의 문화를 경험한 사람들이 모여 활동한 만큼 일본식 창가와 군가, 중국 민요 등 여러 음악들이 소개되면서 다양한 군가들이 만들어지고 전파될 수 있었다.

광복군 지대는 아니지만, 土橋隊 출신들이 불렀을 것으로 추정되는 노래들도 전해진다. 토교대는 충칭에서 약 20km 정도 떨어져 있는 있던 한인 집단 거주지에 조직된 임시 편제였다. 주로 탈출병이나 한광반 출신자 등이 올 때마다 임시로 편성되는 보충병의 성격을 가졌다.[58] 초대 토교대 제2대 대장과 경위대장을 지낸 韓聖島는 자신의 수첩에 이제까지 알려지지 않았던 〈한국남아가〉를 포함한 4곡의 가사를 남겨 놓았다. 그 목록은 〈표 7〉과 같다.

---

[55] 李炫熙 對談, 『韓國獨立運動證言資料集』, 韓國精神文化硏究院, 1986, 130쪽.

[56] 김문택, 『(광복군 김문택 수기)광복군 하』, 63쪽.

[57] 「싸전트의 한국인 마을 방문」, 1945년 4월 3일.

[58] 한시준, 『한국광복군 연구』, 226쪽.

〈표 7〉 토교대 관련 광복군가[59]

번호	곡명	작사	작곡
1	한국남아가	미상	미상
2	광복군가	이두산	이두산
3	유랑가(필자주: 방랑가)	미상	미상
4	낙화 삼천 간 곳 어데냐(낙화 삼천-필자 주)	미상	미상

수첩에는 제목과 가사만 적혀 있어 곡조를 확인할 수 없다. 제목 역시 정확하지 않아 가사를 통해 제목을 확인하였는데, 세 번째 곡인 〈유랑가〉는 〈방랑가〉와 〈낙화 삼천 간 곳 어데냐〉는 〈낙화 삼천〉과 가사가 동일하였다. 한성도가 충칭에서 활동할 때 광복군들 사이에서 널리 불렸던 곡들로 보인다.

Ⅳ. 광복군가의 주요 작사가 및 작곡가

1. 작사가

『광복군가집』제1집 수록곡을 제외한 광복군가의 주요 작사가, 작곡가를 지대별로 구분하여 알아보고자 한다. 단, 작사가, 작곡가가 동일할 경우에는 작곡가로 분류하였다. 제1지대와 관련된 2곡

59 「한성도 수첩」(한성도 子 한명해 제공).

은 모두 작사가, 작곡가가 동일할 뿐만 아니라, 한 곡이 『광복군가집』에 수록되어 있어 논외로 하였다.

제2지대를 먼저 살펴보면, 제2지대에서 만들어 부른 많은 노래들은 『광복군가집』제1집에 수록되어 있으며, 한유한의 곡에 가사를 붙인 이재현, 신덕영 등에 대해서는 이미 앞에서 언급하였다. 이외에 제2지대와 관련된 곡은 가극 《아리랑》에 삽입된 7곡과 제2지대장인 이범석이 가사를 쓴 2곡이 남아 있다.

이범석이 첫 번째로 작사한 곡은 〈국기가〉이며, 제2지대 선전대 대장인 한유한의 곡조를 사용하였다. 한유한이 이범석을 만나게 되는 것은 전지공작대가 제5지대로 편입된 1941년 이후이므로, 이곡 역시 그 후에 만들어진 것으로 추정된다. 〈국기가〉는 〈승기가〉로도 알려져 있다. 다만 〈국기가〉와 〈승기가〉의 가사는 차이가 있으며 특히 〈승기가〉의 1절은 한국어, 2절은 중국어로 되어 있다. 역시 이범석이 작사한 것으로 알려졌다. 그는 중국 망명 후 雲南講武堂원난강무당에서 수학하였기 때문에 간단한 중국어로는 작사가 가능했을 것으로 보인다. 적을 몰아내고 자유를 되찾아 백두산에 승리의 태극기를 휘날리자는 내용으로, 제2지대가 시안에서 국내진공작전을 추진하는 등 곧 한반도로 진격해 광복을 이룰 수 있을 것이라는 희망을 담았다.

이범석이 두 번째로 작사한 곡은 〈망향곡〉이다. 주로 고향에 대한 그리움을 표현하였다. 그런데 이범석 작사의 〈망향가〉와 제목과 가사는 같지만, 4절로 이루어진 또 다른 〈망향곡〉이 존재한다. 두 곡의 가사는 동일하지만 곡조는 완전히 다르다. 이 곡의 작사가는

李相定으로 알려져 있다. 따라서 <망향곡>의 실제 작사가가 이범석인지, 이범석 작사의 <망향곡>에 이상정이 1절의 가사를 덧붙인 것인지 명확하지 않다. 광복군가가 구전되어 전파되는 과정에서 곡조만 변형되었을 가능성도 배제할 수 없다.

제3지대 관련 곡에서는 보다 많은 대원들이 작사에 참여하는 모습을 확인할 수 있다. 제3지대는 학력과 출신성분, 활동지역 등이 다양해 자신이 알고 있는 곡조 혹은 누군가가 만든 곡조에 자신의 경험과 희망 등을 가사로 붙여 많은 노래들이 만들어졌다. 제3지대원인 李信成 역시 그러한 경우이다. 1944년 8월 제3지대에 입대해 지하공작원과 특수훈련단 무전반 등에서 활약한 그는 <특전용사의 노래>의 가사를 지었다. 어떠한 고난이 있어도 국내에 상륙하여 적을 몰아내고 독립에 성공하겠다는 대원들의 의지를 담고 있다.

제3지대 吳光心도 만주에서 關內로 이동하는 고된 과정을 노래 가사로 남겼다. 그녀는 조선혁명군으로서 독립운동에 몸담았으며, 1940년 9월 광복군 사령부에 입대하여 1941년부터 1945년까지 기밀비서직으로 일하였다. 그녀가 김학규와 함께 만주에서 관내로 임시정부를 찾아 올 무렵 <님 찾아 가는 길>의 가사를 지은 사실은 널리 알려져 있다. 오랫동안 만주를 무대로 활동해온 조선혁명군은 일본의 만주침공 이후 중국 의용군과 연대활동을 전개했으나 큰 타격을 입고 관내로의 이동을 결정하였다. 일부는 그대로 만주에 남아 중국의용군에 합류하였지만, 대부분은 관내로 이동해 임시정부에서 활동을 이어나갔다. 그 지난한 과정 역시 '독립'을 위해서 거쳐야 하는 길이었으므로, 당시의 상황을 <님 찾아 가는 길>이라는 은유적이면서도 희망을 담은 가사로 표현하였다. 이처럼 광복군가는 광복군이 직접 작사에 참여한 경우가 대부분이기 때문에 전황, 전적, 우공, 사기진작, 훈육 등 그들의 활동과 관련된 내용들이 주를 이루었다.

오광심의 남편인 제3지대장 김학규도 〈밀양아리랑〉의 곡조를 차용해 광복군의 독립염원을 담은 가사를 썼다. 같은 곡조에 가사만 다른 여러 종류의 곡이 전해지고 있지만, 제3지대에서 부르던 〈광복군아리랑〉은 5절로 이루어져 있다. 기존에 알려진 것과 달리 2절 "광복군 요리는 김치 깍두기/양요리 중요리 다 일이 없오"라는 구절이 포함되어 있는 것이 특징이다. 이 노래는 1940년 광복군 성립전례식에서 뿐만 아니라 1945년 3.1절 기념식과 신입대원들 환영회 등 광복군의 중요한 의례 때마다 함께 부르곤 했다. 기념식의 분위기가 정점에 다다랐을 때 참석자들 모두가 이 노래를 소리 높여 불렀다고 한다.[60] '아리랑'은 한민족을 상징하기도 했으므로 민족정체성을 확인하고 이를 통해 독립에 대한 열망을 발산하고자 제목에 '아리랑'을 직접 삽입한 것으로 보인다. 광복군들에게 아리랑은 "한국 3천만 전체 군중의 고통이 하나로 결집된 군중의 노래"로 평가되어[61] 가사만 바꾼 채 여러 버전으로 만들어진 후 널리 전파되었다.

張朝民도 김학규와 마찬가지로 전통민요 〈늴리리야〉에 가사를

60 김문택, 『(광복군 김문택 수기)광복군 하』, 17쪽; 104쪽.

61 『독립신문(重慶版)』 제6호, 1945년 3월 1일자(국사편찬위원회 편, 『대한민국임시정부자료집(별책 1)』, 국사편찬위원회, 2005, 91쪽).

붙여 〈광복군늴리리아〉를 완성하였다. 그는 1942년 6월 푸양에서 광복군 초모위원회 주임으로 주로 대적후방공작을 전개하였다. 1943년에는 제3지대본부비서실 주임을 맡아 한광반 조직 및 한적사병 초모훈련 등의 방면에서 크게 활약하였다. 노래가 만들어진 연도는 확인되지 않지만, 제목을 보면 광복군 입대 후에 만들어졌음을 알 수 있다. 독립된 조국에 곧 돌아가리라는 의지와 염원을 담은 가사를 〈늴리리아〉의 쉽고 경쾌한 곡조에 맞춰 표현하였다.

그런데 제3지대에서 불리던 광복군가 가운데에도 일본 곡조를 차용해 만든 경우가 있었다. 바로 宋虎聲이 일본군가 〈군함행진곡〉의 곡조에 가사를 붙여 만든 〈광복군항일투쟁가〉이다.[62] 宋虎라고도 불리던 그는 保定軍官學校바오딩군관학교를 졸업하고 전술교관으로 복무하였으며, 광복군 창설 후 광복군에 가담해 1942년 3월 1일 제5지대장인 羅月煥이 암살된 후 10월까지 지대장을 맡았다.[63] 후에는 제1지대장을 역임하기도 했다. 그런 그가 일본군가임을 알고도 이를 차용해 광복군가를 완성했다고는 생각되지 않는다. 더구나 〈군함행진곡〉은 현재 세계 3대 군가로 꼽히며, 〈군함〉으로도 잘 알려져 있는 유명곡이다. 또한 일본군으로서 가져야 할 자세와 책무가 주된 가사 내용으로 제국주의적 색채를 강하게 표현한 것이 특징이다.[64] 송호성이 원곡에 대해 정확히 인지하지 못한 채 가사만

62 『광복의 메아리』에는 작사가 미상으로 되어 있다(광복군가보존회 편, 『광복의 메아리』, 110쪽).

63 李炫熙 對談, 『韓國獨立運動證言資料集』, 103쪽.

64 1900년 4월 초연되었으며, 태평양전쟁 중에도 활발히 연주되어 라디오를 통해 반복적으로 흘러 나왔다고 한다. 일본어 가사는 '守るも攻むるも黒鉄の(지키는 것도 공격

바꾸어 광복군가로 만들었을 가능성이 크다. 송호성 뿐만 아니라 1916년에 발행한 『애국창가』에 실린 〈가졍가〉와 1920년대 중국 동북지역에서 불리던 것으로 추정되는 〈3·1행진곡〉, 김좌진이 작사한 〈독립군행진곡〉에도 이 곡조가 사용되었다. 송호성을 비롯해 이미 많은 광복군들이 이 곡조에 익숙해 있었음을 짐작할 수 있다. 우리가 만든 곡조가 부족했고, 식민지 교육 체계 하에서 일본식 창가수업을 받으면서 일본의 곡조에 이미 익숙했기 때문이다. 그러므로 광복군가를 정의할 때에는 곡조 보다는 창작자의 정체성과 가창 주체, 가사 내용, 가창의 목적이 보다 중요하게 고려되어야 한다.

일본 곡조 보다는 빈도가 높지 않지만, 중국 현지의 곡조를 차용해 광복군가를 완성한 경우도 있었다. 타 지대에서는 광복군의 활동지가 중국이었음에도 불구하고 중국의 곡조를 차용한 경우는 거의 없다. 특히 제3지대의 경우 학병 등으로 국내외에서 중국으로 와 광복군에 참여해 활동했으므로 일본 곡에 비해 중국의 곡조가 훨씬 생소했으리라 생각된다. 따라서 중국과 연대하는 과정에서 자주 접하던 곡을 부르거나 일찍이 중국으로 망명해 활동한 일부 대원이 중국 곡을 차용했을 가능성이 크다. 중국 민요에 가사를 붙여 〈황하야곡〉을 만든 張虎崗이 바로 그러한 경우이다. 그는 일찍이 중국으로 망명해 중국에서 군관학교를 졸업하는 등 오랜 시간 생활하였으므로 중국 곡조에 비교적 익숙하였다. 중국군과 함께 활동해야 하는 만큼 중국과의 연대활동 과정에서는 중국 곡조를 직접 차

하는 것도 강철과 같이)', '皇国の四方を守るべし(황국의 사방을 지켜야 한다)' 등이다.

용할 경우 더욱 큰 효과를 기대할 수 있었다.

2. 작곡가

광복군가와 관련된 작곡가 가운데 단연 돋보이는 사람은 바로 한유한이다. 그는 『광복군가집』제1집에 수록된 16곡 가운데 8곡을 작곡하였다. 그와 함께 전문 음악인은 아니지만, 광복군으로 복무하며 직접 군가를 작곡한 사람으로 제1지대 李貞浩, 제3지대 김학규, 장호강, 玉仁讚 등을 꼽을 수 있다.

조선의용대 출신이자 이두산의 아들이기도 한 이정호는 조선의용대의 주력부대가 화북으로 이동하면서 洛陽뤄양으로 북상할 때 〈중국의 광활한 대지 위에〉를 작사, 작곡해 발표하였다. 이 노래는 조선의용대 화북지대가 1942년 7월 조선의용군으로 개편되면서 〈의용군의 행진곡〉, 〈조선의용군행진곡〉으로 이름이 바뀌었다.[65] 또한 이정호가 만든 〈혁명가〉는 제1지대가로 지정되기도 했다.

제3지대장으로 활동한 김학규는 1934년 관내로 넘어와 광복군에 참여하기 전 중국 동북의 南滿洲 일대에서 조선혁명군으로 활동하였다. 그는 일찍이 우리의 전통 곡조에 새롭게 가사를 붙여 군가를 만들었을 뿐만 아니라 직접 새로운 곡을 만들어내기도 했다. 조선혁명군으로 활동할 당시 그는 전사한 전우를 추모하기 위해 〈전

---

[65] 김명섭, 「한국청년전지공작대와 한국광복군의 항일음악」, 동양학연구원 학술세미나, 2020. 02. 05.

우추모가〉를 직접 만들었으며, 이 곡은 특히 동북지역에서 활동하던 많은 독립운동가들 사이에서 불렸다. 이 밖에 김학규가 관내로 이동한 후에 전통민요를 차용해 만든 〈광복군아리랑〉, 〈광복군석탄가〉 역시 『광복군가집』제1집에 실릴 정도로 광복군들에게 널리 인정받은 노래이다. 이 가운데 〈광복군아리랑〉은 주로 제3지대의 기념식 등 의례과정에서 자주 불리곤 했다.

김학규의 〈광복군아리랑〉과 함께 의례에서 흥을 돋우며 부른 또 다른 노래가 바로 玄濟明이 작곡한 〈한국의 노래〉이다. 김문택은 다른 동지들이 청해 이 노래를 자주 불렀다고 회고하였다. 다만, 제3지대의 다른 대원들은 대부분 이 노래를 알지 못했다고 한다. 그는 이 노래를 득신학교 시절 배웠다.[66] 득신학교는 선교사가 세운 학교로, 이 학교는 일제가 강요한 신사참배를 거부해 폐교될 정도로 반일의식이 강했다. 하지만, 이 노래를 만든 현제명은 음악으로 內鮮一體를 공고히 하자는 경성음악협회를 조직해 활동한 인물이다. 노래를 만든 작곡가의 성향과는 달리 민족주의 성향이 강한 학교에서 이 곡을 학생들에게 가르쳤을 정도로 국내에서는 항일성을 띤 노래로 알려졌던 것 같다.

이 곡의 원제목은 〈조선의 노래〉이며 李殷相 작사, 현제명 작곡이다. 1931년 동아일보사에서 '신춘대현상모집'으로 창가분야의 으뜸 당선작으로 익명성후에 이은상으로 밝혀짐의 작품을 선정하였고, 이 가사를 가지고 현제명과 蔡東鮮에게 작곡을 의뢰하여 각각

[66] 김문택, 『(광복군 김문택 수기)광복군 하』, 17~18쪽.

1931년 4월 1일자와 3일자로 발표하였다. 현재 전해지는 가사는 기록마다 다소의 차이를 보인다. 1924년 동아일보에서 민족의식을 고취하기 위해 선정하였다고 하나 관련 기사를 찾아볼 수는 없다. 국내에서 만들어져 국외로 전파되었으므로 중국에서 생활하다가 광복군으로 탈출해 합류한 사람들에게는 낯선 노래였던 것이다.

장호강과 옥인찬 역시 김학규와 함께 제3지대에서 활동하며 여러 곡의 광복군가를 만들었다. 장호강은 平安北道 鐵山 출신이며, 중국중앙군관학교를 졸업하고 1945년 2월 광복군 제3지대에 입대해 본부 부관실에서 일하였다. 이때 만든 광복군가가 바로 〈광복군 제3지대가〉이다. 그는 주로 開封카이펑 등지에서 초모활동과 같은 지하공작을 전개하다가 해방을 맞았다. 장호강과 마찬가지로 제3지대원은 특히 초모활동을 적극적으로 전개해 큰 성과를 올렸는데 이러한 활약상을 담아 만든 곡이 바로 〈광복군지하공작대가〉이다. 새로운 곡조로 광복군가를 완성할 만큼 음악에 대한 관심과 재능이 뛰어났던 것으로 보인다.

옥인찬은 〈지평선의 노래〉를 작사, 작곡하였다. 그는 상하이에 설립된 한인학교인 인성학교를 졸업했으며, 이후 광복군 제3지대에 입대하여 활동하였다. 다른 노래들과 마찬가지로 광복군의 활동에 대한 희망과 기대를 담고 있어, 광복군 창설 이후 만들어진 것으로 추정되나, 정확한 시기는 확인하기 어렵다. 이처럼 제3지대에서는 비교적 많은 독립운동가들이 독립운동을 전개하는 과정에서 다양한 광복군가가 만들어졌다.

제3지대원들은 대체로 새로운 동지들의 환영식이나 송별식 등

기념식 등에서 광복군가를 불렀다. 특히 환영식에서는 광복군가를 부름으로써 광복군으로서의 위상과 의지를 신입대원들에게 심어주고자 했다. 제3지대원들은 내일의 영광을 위하여 오늘의 기염을 토하고자 또한 한국의 애국청년들이 독립에 대한 의지를 다지고자 다 같이 군가를 불렀다. 멀리 타국에서 조국, 동포, 고향을 그리워하며 서로 의지하는 마음을 노래에 담았다. 목숨을 걸고 탈출에 성공하여 광복군을 찾아온 젊은이들은 그들의 열정을 광복군가의 가사를 통해 전달하기도 했다. 김문택은 당시 동지들과 함께 부르던 광복군가에 대해 "노랫소리가 아직도 九里溝지우리거우에 메아리치고 있다"며[67] 광복군가에 대한 특별한 기억을 남긴 바 있다.

제3지대원들의 광복군가에 대한 관심과 애정은 해방 이후로도 이어졌다. 장호강, 옥인찬 등 제3지대 출신자들은 해방 후 항일음악과 관련된 사업에 줄곧 참여하며, '독립군가'를 정리하기 위해 1973년 조직된 독립군가보존회 회장으로 활동하였고, 10여 년간 독립군가를 수집, 정리해 『광복의 메아리』의 발간을 주도하였다. 옥인찬, 신덕영, 이신성 등 제3지대에서 함께 활동하던 동지들 또한 편찬위원으로 참여하였으며, 한유한이 직접 수록곡의 악보 등을 제공하고 감수하였다. 이러한 옛 광복군들의 노력들로 그들이 직접 만들고 부른 광복군가가 보존, 계승되어 잊고 있던 광복군가의 의미를 되새길 수 있는 계기를 마련할 수 있었다.

---

[67] 김문택, 『(광복군 김문택 수기)광복군 하』, 102쪽; 독립군가보존회 편, 『광복의 메아리』, 123쪽.

V. 맺음말

군가 제정논의의 시발점이 된 것은 1942년 10월 개최된 제34회 임시의정원회의에서이다. 제34회 의정원은 조선의용대가 광복군으로 합편된 후 좌우가 모두 참여한 최초의 의정원회의였다. 확대된 정부와 의정원 등 달라진 국가위상에 걸맞은 국가와 군가제정의 필요성이 제기되었다. 신영삼이 나서 국가와 군가 제정을 제안하였고, 원안 그대로 통과되었다. 〈국가, 군가 제정안〉 통과 소식은 곧 바로 주석 김구에게 보고되었고, 이를 계기로 광복군의 군가 정리와 군가집 발행 작업이 추진되었다.

군가 제정에 가장 적합한 인물로 광복군 제2지대의 한유한이 선발되었다. 군가 제정과 이를 위한 기존의 노래들을 정리하기 위해서는 전문 음악인이 필요했으나 광복군 내에서 이를 책임질 수 있는 인물이 없었다. 한유한은 광복군 내에서는 유일하게 상하이 신화예술대학과 국립음악원에서 음악을 전공한 전문음악가였다.

그는 『광복군가집』 발행 임무를 맡은 후 제2지대 내에 군가 정리 및 군가집 발행을 전담할 수 있는 제2지대 선전대를 조직하였다. 한유한이 이끄는 제2지대의 선전대를 중심으로 『광복군가집』 발행 작업은 원활히 이루어져 1943년 10월 『광복군가집』 제1집을 발행하였다.

『광복군가집』 제1집은 '광복군 제2지대 선전위원회'의 명의로 시안에서 발행되었고, 제2지대 소속인 한유한이 수록곡의 절반이 넘는 곡을 만들었지만, 제2지대 관련 곡은 물론 제1지대, 제3지대원이 만들거나 부르던 노래들도 포함하였다. 따라서 『광복군가집』 제1집은 제2지대에 한정하지 않고, 광복군 전체에서 부르던 노래들을 모아 정리한 후 여기에 새로운 곡을 더해 만든 광복군 최초의 공식적인 군가집이라 할 수 있다.

『광복군가집』 제1집에 수록된 곡은 총 16곡이다. 〈국기가〉, 〈애국가〉, 〈광복군가광복군행진곡〉 등이며, 이 가운데 곡의 창작자를 확인할 수 있는 경우는 모두 14곡이다. 나머지 한곡은 편곡자만 전해지며, 다른 한곡은 작사가와 작곡가 모두 확인이 어렵다.

『광복군가집』에 수록되지 않은 곡 외에도 다수의 광복군가가 전해진다. 그중 현재까지 작사가나 작곡가 모두가 알려지지 않은 것은 7곡 정도이다. 그 가운데 2곡은 제목에 광복군이 포함되어 있으며, 나머지 5곡은 광복군들 사이에서 불렸다는 사실을 확인할 수 있어 광복군가로 정의할 수 있다. 이와 달리 창작자를 알 수 있는 광복군가의 경우, 그들의 활동이나 혹은 가창자의 소속에 따라 지대별로의 분류가 가능하다. 대부분 광복군이 직접 작사 혹은 작곡에 참여한 경우가 많다. 대표적으로 제1지대 이정호, 제2지대 한유한, 김학규, 제3지대 장호강, 옥인찬 등을 꼽을 수 있다.

각 지대별로 관련 곡을 살펴보면, 먼저 제1지대의 경우 이정호가 만든 〈중국의 광활한 대지 위에〉와 〈혁명가〉 2곡을 꼽을 수 있다. 광복군 합편 시간이 길지 않고, 기타 광복군과의 접촉 기회도 많지 않아 많은 곡이 알려지지는 않았다. 제2지대의 경우, 관련 광복군가 대부분이 『광복군가집』 제1집에 수록되어 있다. 수록곡 외에는 가극 《아리랑》 삽입곡과 이범석이 가사를 쓴 2곡을 꼽을 수 있다.

한편, 제3지대 관련 광복군가는 비교적 많이 알려져 있다. 김문택이 수기를 통해 제3지대에서 부른 광복군가의 가창 배경이나 종류 등을 상세히 기록해 놓았기 때문이다. 그럼에도 불구하고 『광복군가집』이 제2지대에 의해 시안에서 발행되었기 때문에 상대적으로 『광복군가집』에 수록된 곡의 수가 많지 않았던 것 같다. 또한 제2지대와 달리 제3지대 광복군가는 많은 사람들이 작사와 작곡에 참여하고 있다는 것이 큰 특징이다. 대원들의 다양한 출신성분과 학도병 출신의 높은 문화수준 등을 그 이유로 꼽을 수 있다. 광복군의 지대는 아니지만 토교대장 출신 한성도가 자신의 수첩에 기록한 광복군가도 전해진다.

광복군가의 내용은 대부분 그들의 활동과 관련된 전황, 전적, 우공, 사기진작, 훈육 등이 많다. 또 곡조의 경우는 크게 새롭게 작곡한 경우, 또 기존의 곡조를 차용한 경우로 나눌 수 있으며, 기존 곡조를 차용한 경우 많은 사람들이 알고 있는 곡이나 우리 전통 민요를 차용하였다. 이 외에도 소수이기는 하지만 일본 제국주의를 선전하는 일본군가와 중국 민요를 차용한 경우도 있었다. 따라서 광복군가는 곡조 즉 선율 보다는 가사의 내용, 곡의 목적성, 가창자의 신분 등을 중심으로 그 성격을 규정해야 할 것이다.

지금까지는 광복군가에 대한 고증과 연구가 이루어지지 못해 명확한 정의와 구분이 힘들었다. 이는 일부 곡에 대한 친일성 논란 등으로 이어져 보급과 활용에 많은 어려움을 겪었다. 이번 시도가 향후 광복군가를 보급하고 활용하는 데에 조금이나마 도움이 되었으면 한다.

참고 문헌

「한유한 子 제공 자료」, 「한성도 子 제공 자료」

『獨立新聞』, 『大公報』, 『益世報』

국사편찬위원회 편, 『대한민국임시정부자료집(3, 5, 10, 15)』, 국사편찬위원회, 2005~2006.

梁茂春, 「抗日時期 作曲家 韓悠韓에 對한 基礎調査 報告書」, 『韓國音樂史學報』 제20집, 한국음악사학회, 1998.

김광재, 「韓國光復軍의 活動 硏究」, 동국대학교 박사학위 논문, 1999.

김창욱, 「한유한의 광복군가 연구」, 『항도부산』 24권, 부산광역시 시사편찬위원회, 2008.

백현주, 「한유한의 가극 "아리랑"의 음악적 특징에 관한 고찰-작곡가의 필사본을 중심으로」, 한국예술종합학교 석사학위논문, 2012.

독립군가보존회 편, 『광복의 메아리』, 독립군가보존회, 1982.

李炫熙 對談, 『韓國獨立運動證言資料集』, 韓國精神文化硏究院, 1986.

한철수, 『배달의 맥박』, 송산출판사, 1986.

한시준, 『한국광복군 연구』, 일조각, 1993.

이중연, 『신대한국독립군의 백만용사야』, 혜안, 1998.

황선열, 『님 찾아 가는 길』, 한국문화사, 2001.

김문택, 『(광복군 김문택 수기)광복군 하』, 독립기념관 한국독립운동사연구소, 2005.

부산근대역사관, 『대륙에 울려 퍼진 항일정신 먼구름 한유한의 생애와 독립운동』, 부산근대역사관, 2006.

노동은, 『항일음악 330곡집』, 민족문제연구소, 2017.

양지선, 「항일가극 〈아리랑〉을 통해 본 한유한의 예술구국활동」, 『한국근현대사연구』 83, 한국근현대사학회, 2017.

애국과 독립을 노래하라

2022년 2월 5일 초판 인쇄
2022년 2월 8일 초판 발행

엮은곳 _ 단국대학교 동양학연구원
펴낸이 _ 김수복
기　획 _ 김남필
제　작 _ 성두현
마케팅 _ 김민배
펴낸곳 _ 단국대학교출판부
등　록 _ 1968.2.27 : No. 제03-00095호
주　소 _ 경기도 용인시 수지구 죽전로 152
전　화 _ 031-8005-2405
팩　스 _ 031-8021-7154

값 25,000원

ISBN 978-89-7092-777-0 94910
ISBN 978-89-7092-374-1 (세 트)